HUANAN
ARCHAEOLOGY

華南考古

广州市文物考古研究所
广东省文物考古研究所 编
深圳市文物考古鉴定所

2

文物出版社

书名题签：严文明

封面设计：周晓玮、陈培辉

责任印制：张道奇

责任编辑：秦 彧

图书在版编目（CIP）数据

华南考古2／广州市文物考古研究所、广东省文物考古研究所、深圳市文物考古鉴定所编．－北京：文物出版社，2008.10

ISBN 978-7-5010-2425-4

Ⅰ. 华…　Ⅱ. ①广…②广…③深…　Ⅲ. 考古工作-华南地区-文集　Ⅳ. K872.604

中国版本图书馆 CIP 数据核字（2008）第 015120 号

华 南 考 古

2

广州市文物考古研究所

广东省文物考古研究所　编

深圳市文物考古鉴定所

文 物 出 版 社 出 版 发 行

（北京东直门内北小街2号楼）

http：／／www．wenwu．com

E－mail：web＠wenwu．com

北京美通印刷有限公司印刷

新 华 书 店 经 销

787×1092　1/16　印张：26.75　插页：1

2008 年 10 月第 1 版　2008 年 10 月第 1 次印刷

ISBN 978－7－5010－2425－4　定价：180.00 元

目　　录

Contents

福建三明万寿岩遗址哺乳动物群划分、时代和生态环境问题的探讨

范雪春（福建博物院）、李建军（福建三明市文管办）

英文提要　Three paleolithic layers and four mammalian faunas were found at Wanshouyan. The mammalian faunas are divided into Lingfengdong Fauna，Longjingdong Fauna，Chuanfandong Fauna ang Shuangliandong Fauna respectively dated to the late Middle Pleistocene，early Lower Pleistocene，middle Lower Pleistocene and late Lower Pleistocene. Longjingdong Faunas which includes the biggest and most typical Ailuropoda – Stegodon Fauna saw the warm and moist tropical – semitropical climate and ecological entironment.

三明市岩前盆地万寿岩的灵峰洞和船帆洞，是福建省两个最重要的旧石器时代洞穴遗址（图一；图版一，1）。自1999年发现以来备受关注，尤其是船帆洞遗址在靠近洞

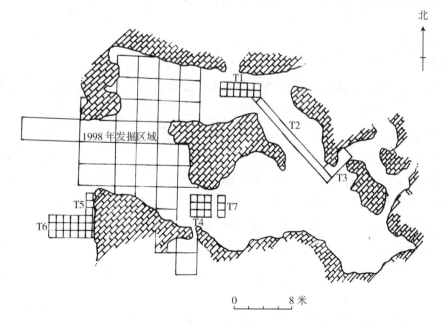

图一　2004年万寿岩船帆洞遗址考古发掘位置图

口处揭露出的人工石铺地面遗存，是我国旧石器考古的一次重大发现。陈子文等在《福建三明船帆洞旧石器遗址》一文中作了报道，并记述了船帆洞上、下文化层中出土的文化遗物和哺乳动物化石[①]；李建军等在《灵峰洞——福建省首次发现的旧石器时代早期遗址》中，也记述了灵峰洞所发现的遗物和一批哺乳动物化石[②]。但两文未对哺乳动物群的组合及有关问题进一步讨论。

2004 年 2～4 月，为配合船帆洞遗址第一期抢险保护工程施工时进行短期考古发掘，作者等除对船帆洞洞内沉积物进一步划分外，还在上、下文化层和东南壁的一个支洞中（3 号集水井位置）发现大量哺乳动物化石。本文就此次和以往出土的化石重新进行鉴定，并就哺乳动物群的划分、时代和生态环境等问题作初步探讨。不妥之处请学界同仁批评指正。

一　灵峰洞遗址和船帆洞遗址出土的哺乳动物群

灵峰洞遗址坐落在万寿岩西南坡上，洞口距地面高度 37 米，文化遗物与共生的哺乳动物化石出自淡灰黄色含钙沙质黏土（已胶结成为坚硬的钙板层）中，哺乳动物化石计 8 种：蝙蝠（*Vespertilionidae*）、鼯鼠（*Petaurista* sp.）、社鼠（*Niviventer* sp.）、竹鼠（*Rhizomys* sp.）、鼬（*Mustela* sp.）、中国犀（*Rhinocerod sinensis*）、华南巨貘（*Megatapirus augustus*）、牛（*Bovidae*）。根据南京师范大学沈冠军对钙板样品进行铀系测定，上钙板层上部为距今 185ka BP；上钙板层下部为距今 262ka BP。

船帆洞遗址位于万寿岩西坡脚下，洞口距地面 3 米，洞内地层系列可划分为四套，自上而下：第四套，杂色沙质土、淡棕黄色黏土（全新统）；第三套，黄色沙质黏土与淡褐色含沙黏土、褐色黏土与黄绿色沙质黏土（上更新统上、中部）；第二套，灰绿色黏土、淡黄色沙质黏土互层（上更新统下部）；第一套，灰黄色角砾、棕黄色粗沙与黏土（中更新统上部）。其中第一套地层无论从岩性、胶结物成分和所含哺乳动物化石，都与灵峰洞遗址的相当。

船帆洞遗址下文化层遗物与共存的哺乳动物化石出自第三套地层下部的褐色黏土与黄绿色沙质黏土层中，哺乳动物化石计有 14 种：南蝠（*Ia io*）、菊头蝠（*Rhinolophus* sp.）、竹鼠（*Rhizomys* sp.）、黑鼠（*Rattus* sp.）、豪猪（*Hystrix* sp.）、猕猴（*Macaca* sp.）、鬣狗（*Crocuta* sp.）、虎（*Panthera* sp.）、棕熊（*Ursus atctos*）、犬科（*Canidae indet.*）、华南巨貘（*Megatapirus argustus*）、中国犀（*Rhinoceros sinensis*）、水牛（*Bubalus* sp.）、鹿（*Cervus* sp.）。

船帆洞遗址上文化层遗物与伴生的哺乳动物化石产自第三套地层上部的淡褐色含沙黏土层中。经北京大学用 [14]C 年代测定，该层年代为距今 29～30ka BP。哺乳动物化石计11种：竹鼠（*Rhizomys* sp.）、豪猪（*Hystrix* sp.）、猕猴（*Macaca* sp.）、狼（*Canis lupus*）、豺（*Cuon* sp.）、熊（*Ursus* sp.）、野猪（*Sus* sp.）、鹿（*Cervus* sp.）、斑鹿（*Pseudaxis* sp.）、麂（*Muntiacus* sp.）、水牛（*Bubalus* sp.）。

船帆洞东南壁一小支洞中1999年发掘时曾采集到一些哺乳动物化石，其所在层位属船帆洞洞内地层系列第二套堆积物的灰绿色黏土层。2004年在同一地点又出土大量化石，经鉴定计有：南蝠（*Ia io*）、岩松鼠（*Sciurotamis* sp.）、竹鼠（*Rhizomys* sp.）、无颈鬃豪猪（*Hystrix subcristata*）、硕猕猴（*Macaca robustus*）、大熊猫（*Ailulopoda* sp.）、狼（*Canis* sp.）、黑熊（*Ursus thibetanus*）、最后鬣狗（*Crocuta ultima*）、豺（*Cuon* sp.）、沙獾（*Arctonix* sp.）、虎（*Panthera tigris*）、豹（*Pathera pardus*）、猎豹（*Acinonyx* sp.）、东方剑齿象（*Stegodon orientalis*）、华南巨貘（*Megatapirus augustus*）、中国貘（*Megatapirus sinensis*）、中国犀（*Rhinoceros sinensis*）、犀（*Rhinoceros* sp.）、野猪（*Sus scrofa*）、小猪（*Sus xiaozhu*）、水鹿（*Cervus unicolor*）、斑鹿（*Pseudaxis* sp.）、麂（*Muntiacus* sp.）、山羊（*Capra* sp.）、水牛（*Bubalus bubalus*）、牛（*Bubalus* sp.）等27种。

灵峰洞遗址出土的哺乳动物化石可称为灵峰洞动物群；船帆洞东壁小支洞（3号洞）的沉积物与龙井洞的相当，故将其命名为龙井洞动物群；船帆洞下文化层出土的哺乳动物化石，称为船帆洞动物群；上文化层出土的哺乳动物化石称双连洞动物群。

在灵峰洞动物群8个成员中，小哺乳类4种；小食肉类1种；奇蹄类2种；偶蹄类1种。龙井洞动物群27个成员中，啮齿类4种；灵长类1种；食肉类9种；长鼻类1种；奇蹄类4种；偶蹄类8种。船帆洞动物群14个成员中小哺乳类占5种；灵长类1种；食肉类4种；奇蹄类2种；偶蹄类2种。双连洞动物群11个成员中小哺乳类2种；灵长类1种；食肉类3种；偶蹄类5种。从4个哺乳动物群成员组成看，灵峰洞动物群小哺乳类占优势，却缺少大型食肉类，偶蹄类也显得缺乏，可鉴定到种的绝灭种2种，占25%。龙井洞动物群成员比灵峰洞动物群显然多得多，可鉴定到种的绝灭种5种，占22.2%。龙井洞动物群的面貌与邻近明溪剪刀乾动物群[③]、重庆奉节兴隆洞动物群[④]十分相似，前者年代为距今118ka BP；后者年代为距今120～130ka BP.。船帆洞动物群中食肉类所占比例较大（约1/3），但奇蹄类和偶蹄类的种数显得缺乏，绝灭种占21.5%；双连洞动物群中没有奇蹄类，全部都属现生种。结合已知测年数据，以上4个哺乳动物群可以作如下排列：

双连洞动物群，30ka BP.；

船帆洞动物群，≈50ka BP.；

龙井洞动物群，≈118ka BP.；

灵峰洞动物群，180～200ka BP.。

二　若干哺乳动物化石记述

豪猪属 *Hystrix* L，1758

无颈鬃豪猪 *Hystrix subcristata* Swinhoe，1870

材料：完整的左、右下颌骨各1具，标本编号：99SST11⑤B：5（图版一，2），以及大量门齿、前臼齿和臼齿。

简述：无颈鬃豪猪是一种个体较大的豪猪，下颌骨粗壮，前后不延长；上门齿弯曲度较大；下门齿较直；前臼齿和臼齿的横断面大约呈圆形，其中以第四前臼齿的尺寸最大。本文记述的下颌骨标本，测量数据可见表1；下颌骨唇面具有两个下骸孔，一个位于第四前臼齿以下略靠前；另一个在第四前臼齿和第一臼齿之间的下端；第四前臼齿和臼齿磨蚀后的5个珐琅质圈比现生的大得多，颊齿横断面略呈圆形。

无颈鬃豪猪左下颌骨（*Hystrix subcristata*，标本号：99SST11⑤B：5）测量（表1）。

层位：船帆洞洞内第二套地层中部、第三套地层上部。

时代：晚更新世。

表1　　　　　　　　　　　　　无颈鬃豪猪左下颌骨的测量

测量项目	数据（单位：毫米）
下颌骨长×宽×高	57×16×25
第四前臼齿长×宽	11.5×8
第一臼齿长×宽	7×7.4
第二臼齿长×宽	7.5×7.8
第三臼齿长×宽	6.8×6.5

猕猴属 *Macaca* Desmarest，1799

硕猕猴 *Macaca robustus* Young，1934

材料：1具残破左下颌骨，上带第二、第三臼齿；右上第一、第二臼齿各1枚，标本编号为：99SST11⑥：9（图版一，3）。

简述：左下颌骨余长74毫米，厚18毫米，臼齿比现生猕猴的大得多，下第二臼齿具明显的4个尖，长宽为9.8×7.2毫米，磨蚀后横崎相连呈双棱状；下第三臼齿具5尖，长宽为10.2×9.4毫米，大于下第二臼齿，从磨蚀程度看应属一成年个体。上臼齿近方形，4尖。第二臼齿长10.5毫米，磨损较深；第一臼齿长9.5毫米，磨损较浅。硕猕猴是我国南方更新世地层中常见的化石种之一，但在福建过去所知的仅有永安寨岩坑地点1枚不完整的臼齿[⑤]，其他地点都为现生种，因此，此材料对了解福建更新世哺乳动物组成和分布提供了重要参考。

层位：船帆洞洞内第三套地层上部（残破下颌骨）；第二套地层中部（上第一、第二臼齿）。

时代：晚更新世早－晚期。

大熊猫属 *Ailuropoda* Milne－Edwards，1870

　　大熊猫 *Aililopoda* sp.

材料：右上第三、右下第二前臼齿各 1 枚；残破左上第三臼齿 1 枚，编号分别为：04T4M1－5（图版一，4）。

简述：前臼齿略呈三角形，前尖和后附尖较大，尺寸较小；上第三臼齿仅留有后半部，可见瘤壮突起，内齿带发达。福建过去许多地点曾有发现，而且数量很多，但灵峰洞和船帆洞文化层中未见，仅在船帆洞东南小支洞中有发现，但数量很少，从尺寸看也较其他地点的小，应属现生种。

层位：船帆洞洞内第二套地层中部。

时代：晚更新世早期。

斑鬣狗属 *Crocuta* Kaup，1828

　　最后鬣狗 *Crocuta ultima* Matsumoto，1915

材料：3 件右上裂齿，编号 04T4M2－1、2、3；若干前臼齿和犬齿。

简述：上裂齿大，切割型，尺寸为：长 38 毫米；宽 15 毫米；第一叶退化（长 8.5 毫米），第二叶大且高（高 19 毫米），第三叶延长（17.1 毫米），内尖小，犬齿和前臼齿强大，粗壮；无齿带。根据其特征和大小可认定为最后鬣狗（图版二，1）。值得提出的是，有 1 件残破的右上颌骨，标本号：04T4M3－1（图版二，2），上带完整齿列。第一前臼齿齿冠略破损，其他前臼齿完好。另有 3 枚上裂齿和 10 枚前臼齿。残破右上颌骨保存长度 114 毫米；上裂齿长 42 毫米，前叶较小，但高于第二叶；第三叶延长，内尖发达；前臼齿粗壮，齿尖较钝，前、后和内缘齿带均发育，后根座突出。从已经掉损的门齿痕迹看，门齿很小，第三门齿稍大，与前臼齿之间有较长的齿缺，这些特征不同于缟鬣狗属，而应归入斑鬣狗属中。但它与最后鬣狗又有明显差别，故暂定为斑鬣狗属未定种（*Crocata* sp.）。

层位：船帆洞洞内第二套地层中部。

时代：晚更新世早期。

剑齿象属 *Stegodon* Falconer，1857

　　东方剑齿象 *Stegodon orientalis* Owen，1870

材料：一具完整的右上第二臼齿，标本编号：04T4M4 - 1（图版二，3）；6 具完整和接近完整的下第二、第三乳齿，以及大批破碎的齿板。

右上第二臼齿具有 8 个齿板，前后有发育的根座；齿板间比较分离，白垩质发育，每个齿板的乳突数在 6～11 个之间，全长 180 毫米，尺寸比常见的东方剑齿象标本稍短；乳齿的齿板在 4～6 个之间，均有一定程度的磨蚀，尺寸 40～70 毫米。另有若干件残破臼齿齿板，乳突较大、宽，属于破碎了的第三臼齿齿板。

层位：船帆洞洞内第二套地层。

时代：晚更新世早期。

巨貘属 *Megatapirus* Matthew et Granger，1923

华南巨貘 *Megatapirus augustus* Matthew et Granger，1923

材料：大量上、下，左、右前臼齿和臼齿。

简述：标本编号：04T4M5 - 1（图版二，4），出自船帆洞洞内第二套地层中部，尺寸较大，长宽为：34 × 39 毫米，为一种个体较大的貘，前臼齿臼齿化；内尖和齿带都比较发达，臼齿磨蚀后嚼面上的两个嵴在内侧分离。此标本从个体看，要比灵峰洞动物群和船帆洞动物群中的巨貘大得多，其原因可能与气候环境有关。

附：在貘属的材料中，有 1 件右上第二臼齿，长宽分别为 26.1 × 31 毫米；若干残破前臼齿和臼齿，尺寸相当小，齿带不甚发育，磨蚀后嚼面上的两个嵴在内侧靠拢（图版二，5），明显与巨貘的特征不同，可能属中国貘（*Tapirus sinensis*）

层位：灵峰洞洞内钙板层，船帆洞洞内第二套地层中部、第三套地层下部。

时代：中更新世晚期至晚更新世中期。

犀属 *Rhinoceros* L，1758

中国犀 *Rhinoceros sinensis* Owen，1870

材料：大量各类前臼齿和臼齿，标本编号 04T4M6 - 1 - 20；

简述：龙井洞动物群中的犀类化石存在两个不同的种类：一种是中国犀（*Rhinoceros sinensis*），另一种犀个体比中国犀小得多。中国犀的材料十分丰富，颊齿的基本特征是：前臼齿和臼齿的外侧具有强烈的两个外肋，前肋高大，外侧面具小而密集的褶皱；嚼面上有较大的前刺，但无反前刺和小刺；臼齿磨蚀后存在大而深的后窝，属中国犀无疑。龙井洞动物群的中国犀从个体看要比灵峰洞动物群和船帆洞动物群中的中国犀大。标本 04T4M7 - 1 - 27 号。04T4M6 - 1 为一中国犀右上第二臼齿，长 59、宽 48、高 57 毫米（图版二，6）。另一种尺寸很小的犀类，臼齿相当于中国犀的 3/5；具有反前刺和小刺；外肋不明显，外壁较平，属另一种犀类，但因材料较少，暂定为犀（*Rhinoceros* sp.）。

层位：灵峰洞洞内钙板层，船帆洞洞内第二套地层中部、第三套地层下部。

时代：中更新世晚期至晚更新世中期。

鹿属 *Cervus* L，1758

　斑鹿亚属 *Pseudaxis* Gray，1875

　　斑鹿 *Pseudaxis* sp.

材料：一件保存主枝的左角，标本编号：04 下 T7M1 – 1（图版二，7）；另有 200 余件上、下门齿、前臼齿和臼齿（图版二，8）。

简述：此件鹿角的眉枝位置有被人工砍过的痕迹，主枝保留长度 230 毫米，角 4 个分叉，第二叉较直，与主枝夹角近 90°，长 85 毫米；第三叉小；角纤细，角面大多已磨损，部分角面保留密而深的沟槽和小的瘤状突起，横断面椭圆形，最大径 34 毫米；最小径 26 毫米。列齿中等大小，高冠，齿柱低而壮，臼齿长宽比 3∶2，前后叶大小相当。

层位：船帆洞洞内第二套地层中部、洞口第 5 层（相当于船帆洞洞内第三套地层上部）。

时代：晚更新世。

水鹿 *Cervus unicolor* Kerr，1729

材料：若干左右角的残段；数百件门齿、前臼齿和臼齿。

简述：从角的残段看，角粗大，表面有深的纵沟和棱嵴；臼齿比斑鹿的大得多，牙齿高冠，嚼面褶皱简单，外侧面向上变宽；齿柱发育，齿柱高达中部，锥形（图版二，9）。水鹿在我国南方第四纪地层中甚为常见，是大熊猫 – 剑齿象动物群中的主要成员之一。在龙井洞动物群中其数量超过三分之一。

层位：船帆洞洞内第二套地层中部。

时代：晚更新世早期。

麂属 *Muntiacus* Rafinesque，1815

　赤麂 *Mentiacus muntiak* Zimmermann，1780

材料：一件基本完整的左角（标本号 04T4M8 – 1），但角基部和角柄断损；另有大量各类牙齿。

简述：角小、简单，主支稍向后斜伸，但直；眉支在基部较高的位置向前上伸，但很短，眉枝和主枝以锐角分开，角面光滑，无沟棱，断面略呈圆形，角柄长。臼齿嚼面珐琅质褶皱简单；牙齿侧面光滑无皱纹，齿柱不发育，为一个很小的刺状突起。

　　层位：船帆洞洞内第二套地层中部。

　　时代：晚更新世早期。

三　动物群与生态环境

　　万寿岩灵峰洞和船帆洞两个遗址的四个时代不同的动物群，从成员结构可以看出之间有所差别。最早的灵峰洞动物群小哺乳动物占多数，成员大多属于广适型，热带、亚热带型的动物只有中国犀、巨貘 2 种。龙井洞动物群适于热带、亚热带气候条件下生活的成员 8 种，约占 30%，食肉类种数高达 9 种，奇蹄类和偶蹄类的数量很大，说明生态环境较佳。船帆洞动物群中的食肉类和食草类以及数量有明显减少趋势；双连洞动物群中大型动物则大量减少，反映环境发生显著变化[6]。

　　有关我国东部沿海地区第四纪时期动物群演化与气候变化问题，已有许多学者进行过讨论[7][8][9][10]，大多认为，大约在 150～200ka. BP 中更新世晚期阶段，正处在里斯冰期的后期，因此，灵峰洞动物群成员不多，喜暖分子数量有限，表明气候偏凉和疏林景观。杨子赓等[11][12]在论及我国东部陆架第四纪时期的演变和环境效应时提出，在距今 4～50ka BP. 期间，我国东南沿海有一次明显的海侵，气候比较暖和，与此同时，浙江、福建两省依然存在缓慢隆起。船帆洞动物群的成员与数量都有明显的增加。双连洞动物群大型动物和喜暖分子的减少说明这时正处在最后冰期（距今 28000a～15000 ka BP）的前期。黄万波等认为，从这时起，北方动物群已经开始南侵，降温的影响一度波及到北纬 24 度地区。

　　龙井洞动物群和明溪剪刀乾山动物群无论在成员的组成上，或各成员的数量上都存在惊人的相似性，都是典型的大熊猫－剑齿象动物群，虽然在时代上比重庆奉节兴隆洞动物群稍晚，但动物群的性质却是相同的。灵峰洞、船帆洞两个洞穴遗址的 4 个哺乳动物群的年代、地层及其与生态环境的关系可见下表（表 2）。

表 2　　　　　　　　　　　万寿岩 4 个动物群年代其与地层、生态的关系

动物群种数	地层层位	年代（单位：kaBP）	气候环境
双连洞动物群 11 种	船帆洞第三套地层上部 （上文化层）	晚更新世晚期 30	偏凉干、疏林
船帆洞动物群 14 种	船帆洞第三套地层下部 （下文化层）	晚更新世中期 50	偏暖、森林
龙井洞动物群 27 种	船帆洞第二套地层	晚更新世早期 110	暖湿、雨林
灵峰洞动物群 8 种	灵峰洞上层钙板 相当于船帆洞第一套地层	中更新世晚期 180～200	偏凉、疏林

此次发掘是在高星教授和林公务研究馆员指导下进行的；现场负责人范雪春、李建军；彭菲、刘冠军、朱凯、吴彩同参加发掘和整理，张建群清绘图件，特此致谢。

注　释：

① 陈子文、李建军、余生富：《福建三明船帆洞旧石器遗址》，《人类学学报》，2001，20（4）：256～270。

② 李建军、陈子文、余生富：《灵峰洞——福建省首次发现的旧石器时代早期遗址》，《人类学学报》，2001，20（4）：247～255。

③ 尤玉柱、蔡保全：《福建更新世地层、哺乳动物与生态环境》，《人类学学报》，1996，15［4］，335～346。

④ 黄万波：《重庆奉节兴隆洞第二次发掘简报》，《龙骨坡史前文化志》，2002，（4），22～28。

⑤ 杨启成、祁国琴、文本亨：《福建永安第四纪哺乳动物化石》，《古脊椎动物与古人类》，1975，13（3），192～194。

⑥ 吴汝康、吴新智、张森水主编：《中国远古人类［m］》，1～436，科学出版社，1989年。

⑦ 计宏祥：《华南第四纪哺乳动物群的划分问题》，《古脊椎动物与古人类》，1977，14（1），59～66。

⑧ 李炎贤：《我国南方第四纪哺乳动物的划分和演变》，《古脊椎动物与古人类》，1981，10（1），67～76。

⑨ 尤玉柱：《中国动物群及人类文化的气候变迁记录》，《中国气候变化及其影响》，178～190，海洋出版社，1992年。

⑩ 黄万波：《第四纪哺乳动物与气候变迁》，《中国第四纪研究》，1986［2］，54～60。

⑪ 杨子赓：《中国东部陆架第四纪时期的演变及其效应》，梁名胜主编：《中国海陆第四纪对比研究》，1～20，科学出版社，1991年。

⑫ 郑光膺等：《黄海第四纪地质》，科学出版社，1991年。

试析北江流域新石器文化的年代序列及其与周邻地区文化的关系

易西兵

英文提要 Lasting from 10000 B. P. to 3500 B. P. , the Neolithic culture in the valley of Beijiang River can divided into four stages. On the first or early stage, it carried on the tradition of the Paleolithic culture in Lingnan region. During the second or middle stage, the local Neolithic culture was influenced strongly by the Neolithic cultures from Pearl River Delta and the region to the north of Nanling Mountain. After the third or the late stage, the local culture exchanged with neighbouring cultures and formed its own characteristics.

北江发源于南岭山麓，是珠江的三大支流之一，自北向南流经广东北部，在三水附近注入珠江。流域内以山地和低矮丘陵为主，在众多支流两岸又形成山间盆地或河旁台地，适合人类生存。

北江流域的考古工作始于20世纪50年代，通过考古调查发现了100多处史前遗址[①]，但大多只是发现了一些遗物，这批遗址可能包含了新石器时代和青铜时代两个不同时期的文化遗存，由于没有进行考古发掘，缺乏明确的层位关系，难以进行系统全面的研究。60年代在翁源青塘发现几处洞穴文化遗存[②]，也因为没有进行系统发掘及缺乏可以相比较的材料，当时并未形成深入的认识，直到最近才有学者作了比较全面的研究[③]。70年代发现和发掘了石峡遗址，以此命名的"石峡文化"引起国内外考古学家的关注[④]。90年代末期，英德牛栏洞遗址和史佬墩遗址的发掘[⑤]，部分填补了北江流域新石器时代早期和中期文化的空白，也为建立本地区新石器文化的年代序列及探索其发生和发展轨迹提供了重要材料。

本文拟以现有的材料为基础，对北江流域的新石器时代文化遗存进行梳理，并对其发展轨迹及与周边地区文化的交流和相互影响进行粗浅探讨，不当之处，敬请方家指正。

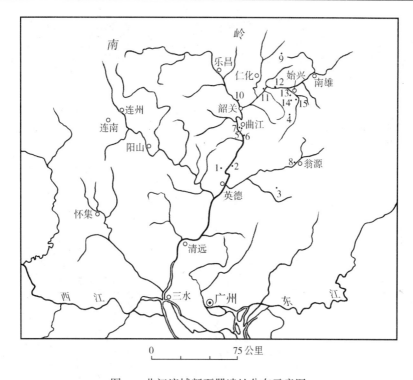

图一　北江流域新石器遗址分布示意图

1. 牛栏洞　2. 史佬墩　3. 青塘　4. 玲珑岩　5. 石峡　6. 床板样　7. 狮头岩　8. 下角垅　9. 覆船岭　10. 走马冈　11. 鲶鱼转　12. 马蹄坪　13. 澄陂村　14. 中镇村

一　典型文化遗存

目前北江流域调查发现的 100 余处新石器文化遗存中，经过较系统发掘的遗址不到 10 处，较典型的有英德牛栏洞、史佬墩、曲江石峡和仁化覆船岭等（图一）。

（一）牛栏洞第Ⅲ期文化遗存

牛栏洞遗址位于英德市云岭镇东南狮子山南麓。狮子山为一座石灰岩孤峰，相对高度约 100 米，周围是石灰岩地区的蚀余丘陵山地。1983 年调查发现，1996、1998 年进行了两次发掘。文化遗存分为三期，第Ⅰ期距今约 1.2～1.1 万年；第Ⅱ期距今约 1.1～1 万年；第Ⅲ期距今约 1～0.8 万年，属于新石器时代早期。第Ⅲ期又可分为两段，其中前段距今 1～0.9 万年，后段距今 0.9～0.8 万年。本期文化遗存的特征是：打制石器数量和种类均十分丰富，有两端刃器、双刃陡刃器、盘状砍砸器、多边刃砍砸器、直刃砍砸器、斧形器、凿形器、矛形器和钻等，出现了刃部磨制石器和磨制骨器的砺石；蚌器有刀和矛形器；陶器仅有极少量夹砂陶，部分饰绳纹，器形不可辨（图二）。牛栏洞Ⅱ、Ⅲ期文化遗存中均发现了水稻硅质体，经鉴定属非籼非粳类型[6]。

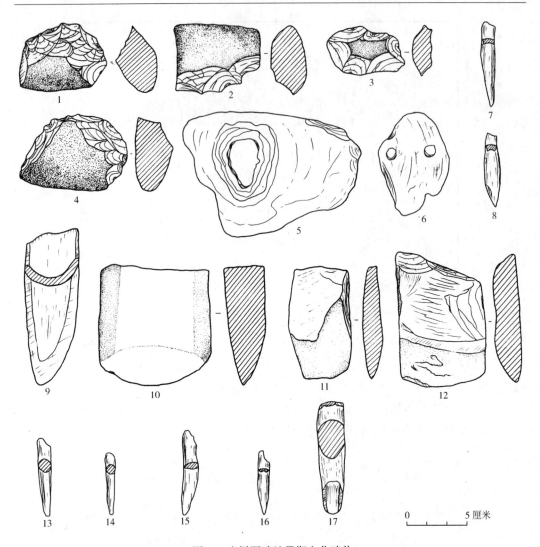

图二　牛栏洞遗址Ⅲ期文化遗物

1、4. 砍砸器　2、3. 刮削器　5. 蚌刀　6. 坠饰　7、8、16. 骨锥　9. 骨铲

10. 石斧　11、12. 切割器　13、14. 骨针　15. 牙锥　17. 角铲

（二）青塘洞穴遗存

　　位于英德市青塘镇，北江支流翁江和青塘河流贯其间，遗址所在地属石灰岩喀斯特地形。1959 年调查发现，1961 年进行了小规模发掘。调查发现有朱屋岩、仙佛岩、黄门岩等 10 处人类文化遗存，其中黄岩门 2 号洞属新石器时代早期遗存，文化遗物有红色和黑色夹砂粗陶片，以及简单的打制石器。陶器尚处于初始状态，石器则保留了岭南旧石器时代晚期的风貌[⑦]。

（三）史佬墩遗址

位于英德沙口镇清溪村，北江自北向南流经遗址西侧。1996 年发现并进行试掘，1998 年又进行了较大规模发掘。遗址位于北江东岸一级台地上，地貌上表现为馒头状的小土丘，遗址总面积近 3000 平方米。文化遗存分为两期，其中第一期Ⅱ、Ⅲ段属新石器时代中期文化遗存，第Ⅱ段年代在距今 6000 年左右，第Ⅲ段年代距今 6000～5000 年之间。依发掘报告分析，遗址为新石器时代中期的石器制造场，而非居住场所。两次发掘清理出 27 组石器制作遗迹，但没有发现石器制作分工的证据。文化遗物以石器居多。石器以磨制为主，85% 以泥质灰岩为原料，器类简单，以常型斧、锛、凿为主，舌形石斧、斜顶和尖顶石锛较有特色，同时还出现了少量折背石斧、双肩石锛、半月形石刀、长方形石刀。打制石器种类有砍砸器、刮削器、尖状器、石矛、雕刻器等，均以砂岩砾石为原料，其中砍砸器、刮削器、尖状器为石核工具，以单面单向打击法为主，少量为双向交互式打击，石矛、雕刻器为石片石器，使用了琢制技术（图三）。陶器极少，仅发现 5 片夹砂陶，可辨陶釜口沿 1 件[⑧]。

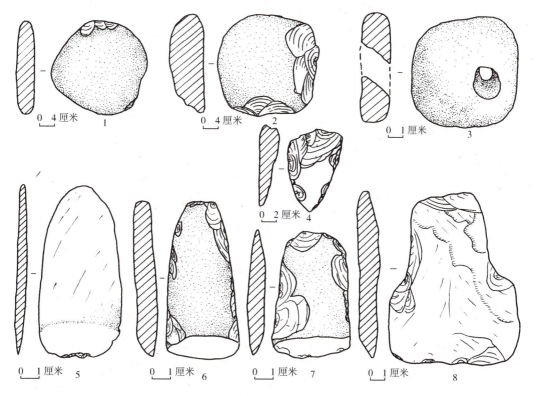

图三　史佬墩遗址出土石器
1. 砍砸器　2. 砍砸器　3. 穿孔石器　4. 石矛　5. 石斧　6. 石锛　7. 石斧　8. 双角石锛

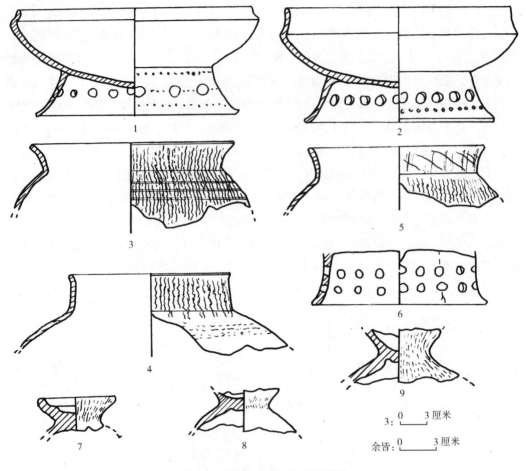

图四　石峡第一期文化遗存陶器

1、2. 圈足盘　3、5. 釜　4. 罐　6. 圈足　7、8、9. 器盖

（四）石峡遗址

位于曲江县城西南狮头与狮尾两山之间的峡地，西面紧靠著名的"马坝人"洞穴遗址，遗址属岗地类型。综合试掘和两次正式发掘的材料，遗址包含四个时期的文化遗存，其中第一、二期属新石器时代在学界已是共识。

第一期文化遗存　主要是 1985 年发现，材料未全面公布，散见于相关学者的论著中。其文化面貌为：陶器有夹砂陶和泥质陶两大系，夹砂陶中出现一种夹细沙的直口鼓腹圜底罐，器形不大，口颈和器身以饰细绳纹、篦划纹为主。泥质陶有一种矮圈足盘，橙黄皮，有的经磨光，圈足上饰小圆镂孔和刺点纹。另一类是橙黄或灰褐陶罐类，器形较大，都为破片，质地松软（图四）。在本期的居住生活遗迹上还发现栽培稻谷壳和炭化稻米。本期文化遗存年代距今 6000～5500 年[9]。

第二期文化遗存 即"石峡文化"层。其文化特征为：葬俗以一次葬和二次葬并行，盛行长方形竖穴土坑墓，墓坑多经火烧，二次葬墓中通常置放两套随葬品。陶器有泥质陶和夹砂陶两类，盛行三足器、圈足器和圜底器，器形以鼎、盘、釜、豆、壶、罐为主，以浅盘、子母口的三足盘、圈足盘和子母口、带盖的盘鼎、釜鼎及甑最有地方特色。石制生产工具在随葬品中占相当大的比例，器类有锛、斧、铲、钺、镞、矛、镂等，形制多样，其中锛有长型、双肩、有段等几种形制，卷刃凹口锛、凿及长身亚腰大斜弧形石钺富有地方特色。此外，还有一定数量制作精美的装饰品，如琮、璧、瑗、环、玦、璜、笄、珠、管和玉片等（图五）。石峡文化的年代距今 4700～4300 年[⑩]。

属石峡文化的还有仁化覆船岭早期[⑪]、曲江乌石床板样[⑫]、翁源下角垅早期[⑬]等遗存。仁化覆船岭遗址包含早晚两期文化遗存，其中早期遗存与石峡二期墓葬年代相当，遗址出土陶器以素面为主，流行三足器、圈足器和圜底器，以鼎、釜、盘和豆为基本组合。乌石床板样墓葬同石峡文化三期墓葬年代相当，陶器有夹砂陶釜、豆，泥质陶罐、豆、三足盘等，石器有石锛和石镞，此外在遗址中还采集到石环和石琮。

以上是目前北江流域已发现并经过较系统发掘的几处典型新石器文化遗存，关于它们的文化面貌和性质，学术界基本取得共识。除上述遗存外，在北江流域还发现一类年代稍晚的文化遗存，以石峡第三期文化遗存、仁化覆船岭晚期遗存、韶关走马岗、曲江马蹄坪和鲶鱼转[⑭]等遗存为代表。这类遗存的文化面貌为：陶器的器型和纹饰与石峡文化已有很大区别，一个重要的变化就是几何印纹陶的比例增大，纹饰有方格纹、复线方格凸点纹、曲折纹、细绳纹、弦纹、划纹等，器型流行敞口、折肩或折腹，圜底或圈足器，器类有夹砂陶釜、罐、器座、折腹豆、纺轮等。石器有隆背石锛、三棱石镞、石戈等（图六）。在曲江鲶鱼转和韶关走马冈遗址还发现有房址和窑址。发掘简报将这类遗存定为夏商时期[⑮]，也有学者将其定为"相当于商时期"[⑯]。笔者认为，这种结论只是从相对年代上进行分析，而并未明确讨论这类遗存究竟是仍处于新石器时代还是已进入青铜时代。也有学者将这类遗存归入新石器时代末期[⑰]，笔者赞同此论。距今三、四千年前的中原地区，正处于夏商时期，长江中下游地区也已进入青铜时代，它们作为强势文化，对南岭以南地区产生影响是不可避免的。即便如此，由于地域发展的不平衡，包括北江流域在内的岭南地区，在新石器时代晚期表现出滞后性，尽管吸收了岭北地区青铜文化的某些因素，但其经济形态和社会结构未发生根本性变化。虽然，从相对年代上，这类文化遗存与中原地区的夏或商时代相当，在文化面貌上也与该区域以"石峡文化"为代表的新石器时代晚期文化有明显区别，但从目前出土的考古材料来看，没有明显的证据表明它们已发展到青铜时代，而是仍处于石器时代的最后阶段，故可称为新石器时代末期。

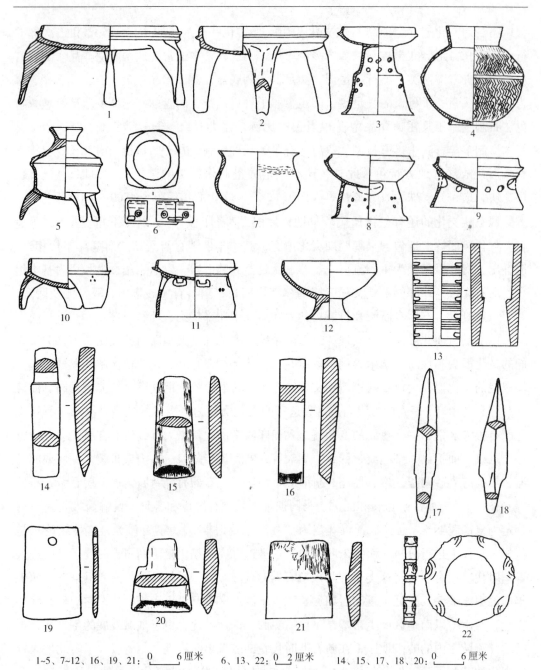

1~5、7~12、16、19、21: ⊢—⊣ 6厘米   6、13、22: ⊢—⊣ 2厘米   14、15、17、18、20: ⊢—⊣ 6厘米

图五 石峡文化遗物

1、2. 盘鼎 3. 圈足盘 4. 罐 5. 盆鼎 6. 琮 7. 釜 8. 圈足盘 9. 圈足盘 10. 三足盘 11. 圈足盘 12.
豆 13. 琮 14. 有段石凿 15. 石锛 16. 石凿 17、18. 石镞 19. 石铲 20. 双肩石锛 21. 有段石锛 22.
龙首纹石环

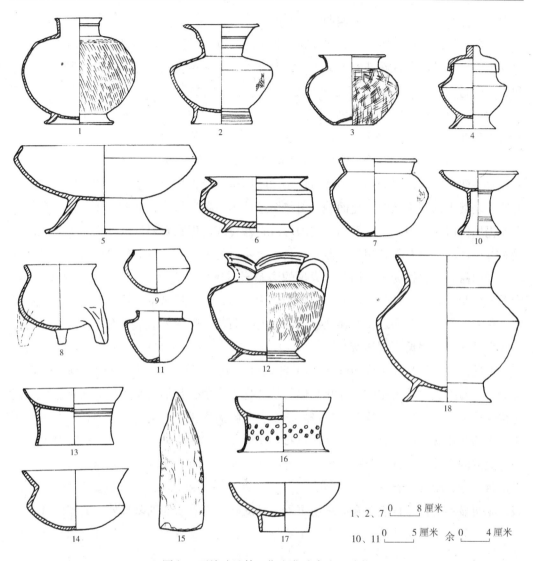

图六　石峡遗址第三期文化遗存出土遗物

1. 瓮　2. 尊　3、7、11. 凹底罐　4. 壶　5、13、16. 盘　6. 簋　8. 鼎　9. 小盂　10、17. 豆　12. 壶　14. 釜　15. 石圭　18. 罐

二　年代序列

综合以上考古材料，北江流域的新石器文化的上限为距今 1 万年，下限在距今 3000 多年前，尽管在时空范围上还存在年代和材料上的空缺，但以现有的材料为基础，参考周边地区的材料和研究成果，已大致可以建立本地区新石器文化遗存的年代序列，

本文将其分为早、中、晚、末四期:

早期:绝对年代在距今 10000~7500 年之间,以牛栏洞Ⅲ期和青塘黄岩门 2 号洞穴遗存为代表。石器以砾石石器为大宗,打制技术较为简单实用,器类以砍砸器、刮削器和尖状器为主,局部磨制和穿孔的石器开始出现。陶器不发达,仅见零星饰绳纹的陶片。这一阶段人类的居址类型仍以洞穴为主,以采集为主要经济活动,但牛栏洞遗址出土有水稻硅质体,为研究这一时期的农业发生提供了重要材料。

中期:绝对年代在距今 7500~5000 年之间。目前发现的材料有史佬墩遗址和石峡遗址第一期文化遗存,分别为河旁台地和山间岗地类型,均处于本期较晚阶段。但这两处遗存表现出截然不同的文化面貌。史佬墩遗址为石器制造场,并非人类居址,在石器方面仍然保留有华南地区旧石器时代的砾石石器传统,但在石料的选择上有了变化,开始有针对性的开采石料来制作石器,这是一个明显的进步。石器种类方面,不再以砍砸器、刮削器和尖状器为主,出现了大量的磨制石器,包括磨制石锛、石斧等新型工具,陶器不发达。石峡遗址第一期遗存的陶器较为发达,矮圈足盘富有特色,其中以饰细绳纹、刻划纹的夹砂灰陶罐,饰镂孔、刻划纹的泥质灰白陶圈足盘最具有特征。石器的种类和数量均少,仅见小型的锛和镞。

晚期:绝对年代在距今 5000~4000 年之间。遗址有岗地、河旁台地、洞穴等多种类型,表明人类居址类型的多样化。以石峡文化为代表,包括石峡第二期文化遗存、仁化覆船岭和乌石床板样等遗址。这一时期石器和陶器均相当丰富,同中期相比有明显变化。本期文化又可细分为两段,早段以石峡文化 1、2 期墓葬为代表,主要面貌表现为一组典型的陶器和石器,其中陶器方面盛行三足器、圈足器和圜底器,器类有鼎、釜、三足盘、豆、罐等,石器有弓背锛、凿、钺、网坠等。晚段以石峡文化 3 期墓葬为代表,其明显的文化特征表现在有一组玉器饰品随葬,除石峡 3 期墓葬外,还有曲江乌石床板样墓葬。本期文化的葬俗还有一个特色,即盛行一次葬和二次葬,并且用火烧烤墓坑壁。

末期:绝对年代上限为距今 4000 年左右,下限为距今 3500 年或更晚。遗址类型与晚期相近。以石峡第三期、仁化覆船岭晚期等遗存为代表。陶器的主要变化是几何印纹陶发达,以曲折纹和长方格纹为主,新出现云雷纹,不见三足器,典型器物有夹砂陶釜、折腹豆、大口尊、圈足或凹底罐、纺轮等;石器有隆背、有肩、有段石锛,三棱石镞和石戈等,装饰品新出凸棱石环(表一)。

表一 北江流域新石器文化年代序列

分期	距今年代	代表性文化遗存	备注
末期	约4000～3500	石峡遗址第三期文化遗存、仁化覆船岭晚期遗存	
晚期	5000～4000	石峡遗址1～3期墓葬、覆船岭早期遗存、乌石床板样墓葬	分早、晚两段
中期	7500～5000	史佬墩一期Ⅱ、Ⅲ段；石峡遗址第一期遗存	可分早晚两段，早段有缺环
早期	10000～7500	牛栏洞Ⅲ期、青塘黄岩门2号洞遗存	

三 北江流域新石器文化的发展及其
与周邻地区文化的关系

北江流域北隔南岭与湘江、赣江流域相邻，东西面分别与东江、西江流域相接，南面紧邻环珠江口地区。关于这一地区新石器文化在发展过程中与周邻地区的关系，不少学者已有论述[18]，本文拟就几方面问题作初步分析。

（一）早期遗存与华南地区旧石器文化的关系

本区新石器时代早期的文化遗存，包括牛栏洞Ⅲ期、黄岩门2号洞等明显受到岭南地区旧石器文化的影响。牛栏洞遗址包含旧石器时代晚期、中石器时代和新石器时代早期三个具有明确层位叠压关系的文化层堆积，三期遗存的石器种类组合和打制技术表现出明显的一脉相承，清晰地展示了从旧石器时代晚期至新石器时代早期的发展轨迹。牛栏洞Ⅲ期和黄岩门2号洞等遗址出土的石器原料仍以河滩砾石为主，石器种类和打制技术均比较简单，器类以砍砸器、刮削器和尖状器为主，打制技术以单面单向加工为主，保留较多的砾石面，这些特点与柳州白莲洞[19]、阳春独石仔[20]、封开黄岩洞[21]等旧石器时代期或中石器时代遗址的砾石石器风格相似，表明本区新石器时代早期文化对华南地区旧石器时代的砾石石器文化传统的继承和发展。

另外，北江流域目前发现的新石器时代早期遗址均为洞穴遗址，这也与岭南地区大多数旧石器时代遗址属同一类型，反映出这两个时期人类在经济形态与居址选择上的一致性。

岭南地区旧石器时代的砾石石器传统对本地区新石器文化的影响还持续到中期甚至更晚。史佬墩遗址第一期遗存中，虽以磨制石器为主，但打制石器所占的比例仍接近30%，均以砂岩砾石为原材料，包括砍砸器、刮削器、尖状器、石矛等类型，以单面单向打击为主要制作方法，仍具有明显的砾石石器风貌。到新石器时代末期的鲶鱼转、马蹄坪和走马冈遗址，还有相当数量的以河滩砾石为原料的砍砸器、敲砸器等打制石器出土，但在整个遗址的石器组合中显然已经不占主导地位了。

（二）中期文化遗存与周邻地区文化的交流

中期文化遗存目前仅见史佬墩遗址和石峡遗址第一期文化遗存。前已述及，史佬墩遗址为一个石器制造场，并非人类居址，石峡遗址第一期文化遗存以陶器为主，未见史佬墩遗址出土的石器，它们显然分属不同的文化系统。史佬墩遗址的石器仍受到岭南地区旧石器文化的影响，同时又有明显的进步，表现在磨制石器的数量和种类都明显增加，并且开始有选择性地开采石料。遗址中出现一件双肩石器，与西樵山遗址的双肩石器形态相似，可能是受西樵山遗存影响的产物。

石峡遗址第一期文化遗存以饰细绳纹和刻划纹的夹砂灰陶罐与饰镂孔、刻划纹的泥质灰白陶圈足盘最具特色，石器不多。由于本区新石器早期文化遗存中仅见零星绳纹夹砂陶片，并且与石峡遗址第一期遗存之间还有一、两千年的年代缺环，因此，这批富有特色的陶器的出现具有很大的"突然性"，从本地区新石器时代早期文化遗存中找不到它发展的渊源。该遗存出土的圈足盘，从其形制和圈足的镂孔、刻划装饰均与珠江三角洲新石器时代中期的彩陶盘和湖南汤家岗遗址印纹白陶盘相近，在年代上，彩陶盘在珠江三角洲地区存在于距今 6500～5700 年前，可能比前石峡遗存略早，汤家岗文化的年代在距今 7000 年左右。据此有学者认为，石峡遗址第一期文化遗存的圈足盘由洞庭湖地区的汤家岗文化传播过来[22]。这一论断值得重视。北江流域和长江中游、湘江流域虽然有南岭相隔，但五岭之间南北向的河谷则成为古代人类迁移和文化交流的重要走廊，在新石器时代中期，南岭南北地区的文化交流是完全可能的。由于石峡遗址第一期遗存表现出与同期史佬墩遗址完全不同的文化面貌，笔者认为，该遗存更有可能是岭北地区史前人类的一支越过岭南、在粤北地区定居后留下的文化遗存，而并不仅仅是文化因素的传播。

（三）石峡文化渊源及与赣鄱平原、珠江三角洲地区新石器文化关系

自石峡遗址发掘以来，学术界关于"石峡文化"的命名、遗址的文化因素分析及其与湘江流域、赣江流域诸遗址之间关系的讨论相当热烈，而其渊源更是学术界相当关注的问题。本地区新石器时代早期的牛栏洞、青塘、玲珑岩[23]、史佬墩等 4 处遗址以石器为主，陶器材料极少，且与石峡文化遗存的年代差距大，难以比较。从已发表的材料来看，石峡遗址第二期文化遗存（即"石峡文化"）堆积与第一期文化遗存存在直接的叠压关系，但两者之间还存在相当大的年代缺环。同时，两者在陶器器型和纹饰方面也存在较大的区别，首先在器型方面，石峡第一期文化遗存中不见三足器，而该遗存富有特色的绳纹划纹夹砂陶罐和矮圈足盘均不见于石峡文化的墓葬中。石峡文化以三足器、圈足器和圜底器富有特色，虽也有圈足盘，圈足有镂孔装饰，但圈足较高，并且在第一期墓葬中不见。其次是陶器纹饰上，石峡文化的陶器虽以素面居多，但纹饰种类比前石峡文化遗存丰富，新出现附加堆纹、凸弦纹、锥刺纹，还有方格纹、曲尺纹等几何印纹。而石器方面，石峡第一期遗存仅见锛和镞，而石峡文化层中的石器种类和数量就丰富多了。总而言之，石峡遗址的"石峡文化"遗存与石峡遗址第一期遗存的差异是极

为明显的，很难证明两者之间有直接的渊源关系。

始兴城南的中镇村遗址或许是探索石峡文化本地渊源的重要线索。1975 年该遗址试掘出土了砺石石斧、刮削器、凿形器、磨光石锛等石器，陶器有夹砂红褐或灰褐陶、素面泥质灰黄陶等，以夹砂陶居多。器类有釜形鼎、釜、三足盘、大镂孔矮圈足泥质陶盘，以及豆、罐等，纹饰仅见篮纹、重圈纹和曲折纹、附加堆纹。发掘者推测遗址的年代"上限大概不会超过石峡下层，下限可能与石峡早期墓衔接"[24]。中镇村遗址出土的陶器与石峡文化层和石峡遗址第一期文化遗存都有一定的共性，尤其重要的是大镂孔矮圈足盘与三足器共存，这正好弥补了石峡遗址第一期文化遗存与石峡文化遗存间的层位缺环，证明了由石峡第一期文化遗存向石峡文化层发展的连续关系。由于中镇村遗址的材料也未全面公开，因此，要证实或修正上述推断，还有待两处遗址考古材料的尽快整理和发表。

如上所述，石峡文化发生已经找到本地的文化渊源，那么，石峡文化在发展的过程中如何形成如此丰富而独特的文化内涵？这需要将其置于南岭南北的大区域范围，通过与年代稍早或大致同时期的文化遗存进行对比分析来探索其发展轨迹。

目前学术界比较一致的意见是，石峡文化遗存与赣都平原的新石器文化，主要是新余拾年山[25]、清江筑卫城[26]和樊城堆[27]、永丰尹家坪[28]等遗址在文化面貌、经济形态等方面有较多的相似之处，它们之间应当有密切的关系。在年代上，筑卫城和樊城堆遗址与石峡文化遗存相近，拾年山遗址略早，尹家坪遗存则稍晚。新余拾年山遗址的新石器时代遗存可分为三期，第二、三期遗存文化面貌相近，以鼎、豆、壶为陶器基本组合，鼎有盆形、钵形、釜形和盘形等形制，二期墓葬有的墓坑用火烧烤墓坑，这些文化因素都存在于石峡文化遗存特别是第一期墓葬中，两者表现出较多的共性。拾年山遗址第二、三期遗存的年代略早于石峡文化遗存，同时，在长江下游东南沿海地区，与拾年山遗存同时期或者更早的新石器文化中，长期盛行三足器。因此，石峡文化的三足器，用火烧烤墓坑壁的葬俗，很可能是受到拾年山遗存或这一地区与其同时期文化的强烈影响，其中三足器则可能早在中镇村遗存时期已经传播到粤北地区，只是到粤北山区后又经过改造，在细部特征，如足部形状发生了变化。

石峡文化遗存与筑卫城、樊城堆遗址年代相近，文化面貌有诸多相似之处，是否属同一考古学文化？学术界意见不一。古运泉先生对石峡文化遗存与筑卫城和樊城堆遗址从器物特征、经济形态、葬俗制度等方面进行了详细的比较分析，得出的结论是：它们之间的差异是主要的，同居次，两种遗存有着各自的发展轨迹，在发展过程中又有一定的相互影响[29]。笔者赞同此论。总言之，石峡文化遗存与筑卫城和樊城堆遗址的文化面貌存在显著差异，属于不同的文化系统，根据考古学文化命名的原则，应当给予不同的考古学文化命名，用"樊城堆－石峡文化"的命名显然是不合适的。当然，石峡文化与筑卫城、樊城堆遗存在各自发展的过程中，产生相互交流和影响是毋庸置疑的。

此外，石峡文化中还有若干文化因素，如陶壶、玉琮、玉璧、玉瑗等，分别受到了长江中游地区屈家岭文化及东南沿海地区崧泽文化、良渚文化等诸文化的影响，已有学者进行了深入比较分析[30]，此不赘述。石峡文化遗存与环珠江口地区新石器时代晚期文化，虽然沿着各自的轨道发展，但两地之间也存在着交流和相互影响。最突出的例证是石峡第三期墓葬开始出现的双肩石锛，虽然数量不多，但其形制与西樵山遗址所出几乎完全一样，显然是受其影响的产物，更有可能就是西樵山的产品。而石峡文化流行的三足器也影响到环珠江口地区，三水银洲出土的1件瓦足鼎[31]，南海灶岗和佛山河宕出土的鼎足[32]，应该都是受石峡文化影响的外来文化因素。其他方面，包括流行夹砂圜底陶釜，陶器表面饰几何印纹也是两地相似的文化因素。

（四）末期文化的发展与演变

以石峡第三期文化遗存及打破或为该层叠压的墓葬为代表的本区新石器时代末期文化与石峡文化遗存相比有明显差异，突出表现是几何印纹陶比例增大，不见石峡文化的三足盘、子母口圈足盘和盆鼎，新出现折肩折腹凹底罐、大口尊、折腹豆等许多新器型，新出现石器有石戈、圭、三棱圆铤镞、刻刀等，显示出两个时期截然不同的文化面貌。有关末期文化与晚期文化的关系，尚有待石峡遗址的考古材料详细公布后比较分析研究。然而在这一阶段，本区的新石器文化受到周邻地区，尤其是岭北地区文化的影响是显而易见的，表现在大口尊、石戈、石圭等新器型，及云雷纹饰的出现，应该是受岭北长江流域，甚至中原地区青铜时代文化的影响。当然，这种影响很大程度上是间接的，即通过岭北湖南、江西等地区向北江流域传播了某些文化因素。正是这些来自岭北青铜时代的文化因素，促进了本地区新石器末期文化开始发生结构性变化，最终走向解体。

与此同时，本地区新石器文化与环珠江口地区的诸文化遗存之间的交流和影响也在继续发生，并且表现出较多的共性。

综上所述，北江流域的新石器文化源于本地区旧石器晚期文化，一方面在早期继承了华南旧石器文化的传统，另一方面在不断发展的过程中，又与南岭南北地区的新石器文化进行密切交流。早、中期文化在石器方面继承了本区旧石器文化的石器传统，以砾石石器为主体，简单实用，陶器方面则表现出落后性和滞后性。至迟到新石器时代中期晚段，生活在北江流域的土著先民开始懂得开采石料来制作石器，并受到珠江三角洲西樵山文化的影响，出现双肩石器，这一阶段的打制石器仍然保留了华南旧石器的传统风貌。与此同时，长江流域的新石器文化开始影响到本地新石器文化的发展。到新石器时代晚期，本地土著文化在不断与外界交流的过程中，吸收了赣南和长江下游地区新石器文化的一些因素，发展成为独具特色的石峡文化，并影响到西江中游和珠江三角洲地区的新石器时代晚期文化，同时也继续受到西樵山石器文化的影响。到新石器时代末期，本区文化在同周边地区进行交流的过程中，可能开始受到中原夏商文化的间接影响，吸收了岭北青铜文化的某些因素，经济形态和社会结构开始发生变化，虽然仍处于石器时代，但已是接近尾声了。

四　结　语

北江流域的新石器文化源于本地区的旧石器时代晚期文化，特别是在其发展的早期具有一脉相承性，主要表现在石器打制技术及种类方面，继承了岭南地区旧石器文化的砾石石器传统风貌，而陶器则表现出落后性和滞后性。从新石器时代中期开始，尽管本地区的土著文化仍然表现出岭南旧石器的传统风貌，但是与周邻地区文化的交流不断加强，一方面受到来自环珠江口地区新石器文化的影响，另一方面，湘江流域新石器文化的陶器因素直接传播到北江流域，促成了本地区新石器文化发展的一个高潮。到新石器时代晚期，北江流域新石器文化在本地区中期文化的基础上，受赣江流域、东南沿海和环珠江口地区新石器文化的强烈影响，形成丰富而独具特色的文化内涵，发展成岭南地区一支代表性的新石器时代晚期文化，并与周邻地区的文化发生了进一步交流和相互影响。到距今3、4千年前，当中原地区和长江流域已进入青铜时代时，本地区仍处于新石器时代末期，表现出一定的滞后性，但在发展过程中受岭北强势文化的影响，吸收了一些青铜文化的因素，经济形态和社会结构开始发生变化，步入石器时代的尾声。

北江流域地处珠江流域与岭北长江流域交界地带，是南岭南北地区史前文化交流的走廊，对北江流域的新石器文化进行研究，对于探讨珠江流域与长江流域新石器文化的相互交流和影响有重要意义。要取得对北江流域新石器文化的全面深入认识，一方面有待对新石器时代各时期文化遗存的科学调查和发掘，以及考古材料的及时、全面整理发表，另一方面，也需要将本地区的新石器文化置于南岭南北的大区域及从旧石器时代至先秦时期的大时间范围进行横向和纵向的研究。

注　释：

① 广东省博物馆：《广东北部地区新石器时代遗存》，《考古》1961 年 11 期。

② 广东省博物馆：《广东翁源县青塘新石器时代遗址》，《考古》1961 年 11 期。

③ 英德市博物馆等：《英德史前考古报告》，214～226 页，广东人民出版社，1999 年。

④ 广东省博物馆等：《广东曲江墓葬发掘简报》，《文物》1978 年 7 期。关于石峡文化的研究参阅：A. 苏秉琦：《石峡文化初论》，《文物》1978 年 7 期。B. 杨式挺：《石峡文化类型遗存的内涵、分布及其与樊城堆文化的关系》，《纪念马坝人化石发现卅周年论文集》，158～168 页，文物出版社，1988 年。C. 黎家芳：《石峡文化与东南沿海原始文化的关系》，《纪念马坝人化石发现卅周年论文集》，182～186 页，文

物出版社，1988 年。

⑤　英德市博物馆等：《英德史前考古报告》，广东人民出版社，1999 年。

⑥　同注⑤，1～122 页。

⑦　同注②。

⑧　同注⑤，123～206 页。

⑨　A. 杨式挺：《广东新石器时代文化与毗邻原始文化的关系》，《中国考古学会第七次年会论文集》，文物
　　出版社，1989 年。B. 李子文：《曲江县石峡新石器时代及青铜时代遗址》，《中国考古学年鉴 1986》，
　　185 页，文物出版社，1988 年。该遗存年代杨式挺先生推定为距今 6000～5500 年，朱非素先生推定为
　　6000～5000 年（参阅朱非素：《试论石峡遗址与珠江三角洲古文化的关系》，《广东省文物考古研究所建
　　所十周年文集》，24～63 页，岭南美术出版社，2001 年）。

⑩　广东省博物馆等：《广东曲江墓葬发掘简报》，《文物》1978 年 7 期。

⑪　广东省文物考古研究所：《广东仁化覆船岭遗址发掘》，《文物》1998 年 7 期。

⑫　刘成德：《曲江乌床板样发现的石峡文化遗址》，《纪念马坝人化石发现卅周年论文集》，193～194 页，
　　文物出版社，1988 年。

⑬　李子文：《翁源县下角垅新石器时代遗址》，《中国考古学年鉴 1988》，222～223 页，文物出版社，1989
　　年。

⑭　广东省文物管理委员会等：《广东曲江鲶鱼转、马蹄坪和韶关走马冈遗址》，《考古》1964 年 7 期。

⑮　杨式挺：《广东新石器时代文化与毗邻原始文化的关系》，《中国考古学会第七次年会论文集》，文物出版
　　社，1989 年。

⑯　古运泉：《论石峡文化与江西新石器时代晚期文化遗存之间的关系》，《广东省文物考古研究所建所十周
　　年文集》，64～84 页，岭南美术出版社，2001 年。

⑰　杨式挺：《广东新石器文化及相关问题的探讨》，《史前研究》1986 年 1～2 期。卢永光：《粤北地区新石
　　器时代末期文化初识》，《纪念马坝人化石发现卅周年论文集》，218～225 页，文物出版社，1988 年。

⑱　A. 杨式挺：《广东新石器时代文化与毗邻原始文化的关系》，《中国考古学会第七次年会论文集》，文物
　　出版社，1989 年。B. 曾骐：《石峡新石器遗址的文化因素分析》，《纪念马坝人化石发现卅周年论文集》，
　　175～181 页，文物出版社，1988 年。C. 古运泉：《论石峡文化与江西新石器时代晚期文化遗存之间的关
　　系》，《广东省文物考古研究所建所十周年文集》，64～84 页，岭南美术出版社，2001 年。D. 朱非素：
　　《试论石峡遗址与珠江三角洲古文化的关系》，《广东省文物考古研究所建所十周年文集》，24～63 页，
　　岭南美术出版社，2001 年。E. 贺刚：《南岭南北地区新石器时代中晚期文化的关系》，《中国考古学会第
　　九次年会论文集 1993》，175～194 页，文物出版社，1997 年。

⑲　柳州白莲洞洞穴科学博物馆等：《广西柳州白莲洞石器时代洞穴遗址发掘报告》，《南方民族考古》1987
　　年第 1 辑。

⑳　邱立诚等：《广东阳春独石仔新石器时代洞穴遗址发掘》，《考古》1982 年 5 期。

㉑　宋方义等：《广东封开黄岩洞洞穴遗址》，《考古》1983 年 1 期。

㉒　区家发：《浅谈长江中下游诸原始文化向广东地区的传播与消亡》，《岭南古越族文化论文集》，24～33
　　页，香港市政局，1993 年。

㉓　该遗址材料未正式公布，参阅苏秉琦：《石峡文化初论》，《文物》1978 年 7 期。

㉔　杨式挺：《石峡文化类型遗存的内涵、分布及其与樊城堆文化的关系》，《纪念马坝人化石发现卅周年论

文集》，158～168 页，文物出版社，1988 年。另：苏秉琦先生在《石峡文化初论》一文中提及始兴城南新村北遗址，疑与中镇村为同一遗址。

㉕ 江西省文物考古研究所等：《江西新余市拾年山遗址》，《考古学报》1991 年 3 期。

㉖ 江西省博物馆等：《清江筑卫城遗址发掘简报》，《考古》1976 年 6 期。江西省博物馆等：《清江筑卫城遗址第二次发掘》，《考古》1982 年 2 期。

㉗ 江西省文物工作队：《清江樊城堆遗址发掘简报》，《考古与文物》1989 年 2 期。

㉘ 江西省文物工作队：《江西永丰县尹家坪遗址试掘简报》，《江西历史文物》1986 年 2 期。

㉙ 古运泉：《论石峡文化与江西新石器时代晚期文化遗存之间的关系》，《广东省文物考古研究所建所十周年文集》，64～84 页，岭南美术出版社，2001 年。

㉚ 曾骐：《石峡新石器遗址的文化因素分析》，《纪念马坝人化石发现卅周年论文集》，175～181 页，文物出版社，1988 年。

㉛ 广东省文物考古研究所等：《广东三水市银洲贝丘遗址发掘简报》，《考古》2000 年 6 期。

㉜ 广东省博物馆：《广东南海县灶岗贝丘遗址发掘简报》，《考古》1984 年 3 期。杨式挺：《谈谈佛山河宕遗址的重要发现》，《文物集刊》1981 年第 3 辑。

中国广西与越南的贝丘遗址及其文化关系

李珍、黄云忠

英文提要　The shell mound sites have been universally found both in Guangxi of China and Vietnam. They resemble each other in many aspects such as unearthed objects, burial custom and economic patterns. There is a close cultural interrelationship among this kind of sites in the two regions.

广西地处我国的南部，其西南与越南接壤，两地山水相连，河海相通，自然地理环境相似，民族、语言、风俗相同，在文化面貌上有着许多的共性。从考古发现来看，两地从旧石器时代晚期到新石器时代的总体文化面貌上有着许多相似的特征，其中两地所发现的贝丘遗址在文化内涵和年代上就非常接近，它们之间有着十分密切的关系。因此，本文就现有的考古学材料拟对两地贝丘遗址的概况、文化特征及其关系进行初步的探讨。

一　两地发现的贝丘遗址及文化特征

广西目前所发现的贝丘遗址主要分布在南部的河流两岸和滨海地区，有河岸型和海岸型贝丘两类，以河岸贝丘为主。河岸贝丘遗址的分布范围大致从西起龙州、东至桂平，北到象州、南达宁明的左江、右江、邕江、郁江、黔江及其支流两岸的台地上，有大湾、花山、青山、豹子头、灰窑田、顶蛳山、秋江、西津、江口、南沙湾等30余处，其中以南宁、邕宁为中心的邕江流域最为集中，遗址数量多且分布密集。顶蛳山、秋江、西津、豹子头、江口、南沙湾等遗址出土的各类文化遗物最为丰富，也是广西河岸贝丘遗址中最具代表性的。河岸贝丘遗址一般地处河流的拐弯处或大小河流交汇的三角嘴上，为河岸第一级阶地，前紧临江，后靠低矮的小山岭，遗址周围有较开阔的低地。遗址的地层堆积以大量的淡水性螺蚌壳和人类食用后丢弃的水、陆生动物遗骸为主，地层堆积厚，一般都在1米以上，最厚达3米左右；文化内涵十分丰富，包含大量的陶器、石器、骨器和蚌器以及数量众多的墓葬。出土遗物中陶器以夹砂陶为主，羼和料主要是石英石颗粒和蚌末，早期夹砂较粗，往后变细，并出现夹炭陶和极少量泥质陶；烧制的火候低，易碎；陶色以红褐为主，部分器物内外颜色不一，出现外红内黑现象；器表纹饰以滚压的绳纹为主，另有少量篮纹；器形主要为直口、敛口或敞口的圜底罐和釜类，器体较大，多广口、深腹。石器以磨制为主，少量的小型打制石器；磨制石器大多体型较小，形状不规整，大部分器物先打制成形后再稍加磨制，有的则利用天然砾石稍经打制和琢磨，除刃部磨制较精外，大部分器身保留有天然面和打击痕迹，通体磨制器物很少。器形以斧、锛为主，另有少量的凿、矛、刀、杵、锤、磨棒、网坠等。蚌器数量多，以用较厚重的三角帆蚌制成的穿孔蚌刀为主，部分为三角形和饭勺形的蚌匕（铲）及鱼钩、网坠等。骨器以锥、镞为主，另有一定数量的鱼钩、锛、斧、甲刀、针等，大部分磨制较精，其中骨鱼钩和鳖甲刀是河岸贝丘遗址最有特点的器物。墓葬多集中分布在一定的区域，有氏族公共墓地；墓坑多不明显，尸骨上多压有大小不一的石块；大部分没有随葬品，有的也只是一、二件石、骨或蚌器，不随葬陶器；盛行单人葬，葬式以各式屈肢葬为主，包括仰身屈肢、侧身屈肢、俯身屈肢和屈肢蹲葬，顶蛳山遗址第三期发现一定数量的肢解葬；经济形态以采集、渔猎和捕捞为主，农业经济的成分基本不见。

广西河岸贝丘遗址延续的时间比较长，分布地域也较广，从遗址测定的年代和出土遗物可以看出，这类贝丘遗址并不是同时并存的，各遗址间和遗址本身都存在着早晚关系，文化内涵上也有地方差异。顶蛳山遗址发掘后，发掘者依据明确的地层叠压关系将顶蛳山遗址分为四期，其中以螺蚌壳堆积为主的第二、第三期为顶蛳山遗址的主要堆积[①]。对照顶蛳山遗址的分期，将广西河岸贝丘遗址分为四期或四个文化类型。

第一期文化以顶蛳山第二期为代表，包括豹子头早期、秋江早期。陶器以灰褐色夹颗粒大、棱角分明的石英碎粒的粗陶为主，烧成火候低，器表颜色驳杂不匀；纹饰以浅篮纹为主，少量粗绳纹，多从口沿往下滚压而成；器类全为圜底器，以近直口、敛口或敞口、平沿或斜平沿、束颈、溜肩、鼓腹的圜底罐为主。石器数量较少，器类单一，以磨制的斧、锛为主；斧、锛多用灰岩打出胚体之后稍加磨制而成，未经琢打。大多数器物磨制较粗，仅刃部精磨，器体多略加磨制，器表和两侧留有较多深而大的打击疤痕。器形多不规整，以平面近梯形和三角形为主，有的则利用岩石的自然形态稍加打磨而成。器体较小，长度多在10厘米以下，一般在6厘米左右。蚌器数量较多，以状似鱼头、制作较精的穿孔蚌刀为主。骨器有锛、斧、镞、铲、锥、针等，以锛、斧、铲和锥为主，制作较精但数量较少。墓葬不多，葬式有仰身、侧身、俯身屈肢和蹲踞葬，蹲踞葬很少，屈肢葬中大部分卷屈不甚，有相当部分下肢大腿伸直，只从膝盖处将小腿回屈，这种葬式只在该期发现，应是屈肢葬中较早的类型。

第二期文化以顶蛳山遗址第三期为代表，包括豹子头晚期、牛栏石、凌屋、那北嘴等遗址，是河岸贝丘遗址各期文化中遗址最多、文化内容也最丰富的一期文化。其文化内涵及特征与第一期文化有较多的相似性，表现出明显的传承关系，但已经有很明显的变化。陶器以夹砂较细的红褐和灰褐陶为主，用粗石英沙作羼和料的情况已基本不见；陶器火候较高，胎体较硬；器表纹饰以中绳纹为主，少量细绳纹，篮纹极少或不见。器类较一期增多，一期常见的束颈、鼓腹圜底罐继续盛行，但束颈已变得不太明显，多为微束颈；新出现敛口或直口、深腹的圜底釜和高领圜底罐，部分陶器颈部有穿孔。石、骨、蚌器的数量比前期增多，但器形、种类和制作方法却没有什么变化，石器仍以磨制的斧、锛为主，骨器多锥、镞类，开始出现骨制鱼钩；蚌器除穿孔或不穿孔的蚌刀外，新出现蚌铲（匕）。本期墓葬数量多，分布密集，葬式仍以各式屈肢葬为主，其屈肢程度较甚，上下肢多屈于胸前，整个身子卷曲成一团，埋葬前似经过捆绑，蹲踞葬的数量增多，且新出现了葬式奇特的肢解葬。

　　第三期文化遗存以西津为代表，江口也大致相当于此期。文化遗物虽仍是陶、石、骨、蚌器，但石、骨、蚌器的内容却发生了较大的变化。石器中除磨制外，还出现较多琢制石器；器类比前两期增多，有斧、锛、凿、矛、刀、镞、锄、网坠、杵、磨棒、锤、砧、砺石等，以梯形和长条形的斧、锛为主，出现了一定数量的有肩石器。由于琢制技术的使用，斧、锛类器形均较规整，器体变大，一般都在 8～10 厘米；长条形石凿、用扁薄的天然砾石片仅磨出刃部的石刀、制作精致、两端两侧有一对凹口的长条形和用球形或扁圆形砾石磨出一周凹槽的球形网坠是本期最具特点的器物。蚌器主要为用三角帆蚌的腹部厚重处制成的饭勺形和三角形蚌匕（铲），在此之前流行的穿孔蚌刀则很少见。骨器除较多的锛、锥、镞外，制作精致、数量较多的鱼钩和梯形鳖甲刀是这期的特色。陶器以夹细砂为主，并有少量泥质陶，器表纹饰多中、细绳纹，出现刻划纹；器类与二期相比变化不大，以敞口、微束颈的圜底罐和敛口或直口、深圆腹的圜底釜为主，少量高领罐，但圜底罐的束颈已很不明显，部分已大致变成一条斜直线，在器内壁相当于颈部的位置，胎体加厚，形成一个近三角形的内凸，溜肩更甚，腹壁近斜直，腹下坠，最大径在腹下部近底处；新出现折沿罐，部分器物颈部仍流行穿孔。墓葬多而集中，葬式仍盛行屈肢葬，以卷曲很甚的蹲踞葬为主[②]。

　　第四期文化遗存仅见于南沙湾遗址。石器主要为通体磨制、器形规整的斧、锛，并有有肩石器同出；骨器数量很少，多为锥类，不见蚌器。陶器均为夹砂陶，羼和料主要是细石英粒和蚌壳粉末，陶色以红褐、灰黑为主；器表多从口沿起往底部通体施纹，纹饰粗而规整，以粗绳纹为主，不见细绳纹，部分器口有压印的锯齿状花边，少量素面；器类单一，主要为敞口、束颈、折沿、圜底的釜（罐）类，部分沿外翻[③]。

　　第一期文化的遗物少且表现出较多的原始性，第二期文化则在继承的基础上有了新的发展，第三期文化中的西津遗址虽然在文化内涵上大体与顶蛳山遗址第二、三期相同，但从陶器、石器的制作技术和器形的发展与演变来看，西津遗址与顶蛳山第三期相比已经有了明显的进步，如泥质陶、有肩石器的出现等。第四期文化与前三期有着较大的差异，如不见蚌器和墓葬，折沿陶罐（釜）在前三期文化中也基本不见等。这种差异可能代表着广西贝丘文化中一种新的文化类型，也可能是年代较晚显示出的进步性，因为折沿陶罐（釜）在岭南地区史前文化中多见于新石器时代晚期的遗址中④。

广西河岸贝丘遗址的聚落规模较小，以小型聚落为主，分布密而相对集中；而且聚落内已有了明确的功能分区，不仅有完善的房屋建筑和公共墓地，还有了手工作坊和祭祀场所。顶蛳山、江口、南沙湾等遗址中都发现有大小不一、近圆形或椭圆形的柱洞，江口遗址的柱洞底大多放置有石块，说明当时已经筑房而居。由于发掘面积较小，房屋的规模不清。从遗址中发现的墓葬多集中分布及房屋建筑来看，其聚落已有了较为明确的功能划分，以顶蛳山遗址为例，大致上分为居住区、墓葬区和垃圾区三部分。居住区位于遗址的东北部最高处，发现柱洞 22 个，其中 14 个成排分布，分三排呈南北向排列，南北长 13、东西宽 6 米。柱洞直径在 14～33、深 9～45 厘米之间，根据柱洞排列及其构造，估计应为长方形干栏式建筑。其西部为生活垃圾区，堆积着大量人类食用后遗弃的螺蚌壳、动物遗骸及人类的生产工具和生活用具等。其堆积从东往西逐渐增厚，说明人类在遗址上的活动是从居住区由近及远的。墓葬区在遗址的中部、居住区之西，呈东北－西南方向的带状分布，主要集中在长约 90、宽约 10 米的范围内。从墓葬年代来看，早期的墓葬多离居住区较近，有的就在房屋之旁，然后逐步往远处埋葬，形成了氏族的公共墓地。此外在遗址的西北和中部，还发现了两处用自然的石灰石块堆积而成、直径约 1 米的圆形石堆，估计可能是当时的某种宗教祭祀活动场所。另在豹子头遗址 T127、T128、T137 等几个相邻探方的底部，距离现今地表约 3.0 米，发现一处人类活动面，面上密集分布有蚌壳、蚌刀、陶器、陶片、红烧土、兽骨、龟甲等遗物，部分遗物及螺壳经火烧呈黑色，有的形成黑的碎螺带，用火痕迹明显；此外还发现一堆直径约 40 厘米、已经调和好的陶土，陶土为红色黏土，其羼和料为较粗的石英石颗粒，这与遗址出土的陶器中所夹的砂粒完全相同，发掘者据此推测为一处制陶场所⑤。

广西海岸型贝丘遗址主要分布在北部湾畔的防城港、钦州、北海市等地，以防城港市最为集中；遗址一般地处临海的山岗上，前临水，背靠山，高出海面约 10 米，而且附近必有淡水入海。主要有亚菩山、马兰嘴、杯较山、高高墩等 11 处⑥。其中亚菩山、马兰嘴两处遗址经过试掘。遗址的地层堆积以大量的文蛤、牡蛎等海洋贝壳和人类食用后丢弃的水、陆生动物遗骸为主，文化遗物有较多的陶器、石器、骨器和蚌器。陶器均为夹砂粒和蚌末的粗陶，陶色以红、灰黑为主，部分粗黑陶表面挂有红色陶衣；纹饰以细绳纹为主，少量篮纹和划纹。火候低，胎较薄；器形只有小敞口一种，多为圜底的罐类。石器有打制和磨制两类，以打制石器为主。打制石器全部是石核石器，主要是选用扁椭圆形的河滩砾石用石锤在它的边缘上交互打击而成,片疤深而短,二次加工多简单、粗糙,石器普遍保留砾石面。器型主要为器体厚重、具有尖端和厚刃的蠔蛎啄以及砍砸器、手斧状石器、三角形石器、石球和网坠等。从石器比较定型,器型比较复杂和加工方法具有普遍规律来看,打制石器已相当进步。磨制石器数量较少,石料大多是燧石,制作大部分很粗糙,器身普遍保留有打制疤痕,通体磨光者较少。器体小,长8～9厘米。器型主要有斧、锛、凿、磨盘、杵、石饼和砺石,以扁长方形的斧、锛为主,另有部分有肩斧、锛和梯形小石锛;凿多为狭长形。骨蚌器数量较少,但大多磨制。骨器有锥、镞和穿孔饰品,以用鱼的脊椎骨制成的穿孔饰品为主;蚌器有铲、环、网坠,网坠多系将蚌壳的顶部敲打出一圆孔而成⑦。

越南的贝丘遗址主要分布在北部和中部的清化、宜安、河盛附近的沿海地区和近海的内陆湖泊盆地,属海岸型和湖岸型贝丘,以海岸型贝丘为主。湖岸型贝丘主要分布在清化省的永禄县,遗址有多笔、本水、马子脖、驼乡、同园等,其所处的地理环境一般为面向湖泊,背靠大土丘;遗址的地层堆积很厚,最厚的有5米,包含物以大量的蚬壳以及少量淡水贝壳和人类食用后丢弃的水、陆生动物遗骸为主,文化遗物有陶器、石器、骨器和蚌器,并发现数量较多的墓葬。陶器多为夹砂粗陶,火候较低,陶色驳杂,以灰褐色为主;胎厚、底部厚约2厘米。器表从口沿开始通体施纹,纹饰以篮纹为主,纹痕深而紧密,底部多交错重叠。器型单调,多为直口、敞口或敛口折圆底罐(釜),器物的口径较大,一般为25～30厘米。石器有打制和磨制两种,打制石器大部分用砾石直接打击而成,打制方法一般较简单,大多数采用单面打击法,只有少数是交互打击,器形有盘状器、短斧和龟甲形器等。磨制石器有用砾石打制后只刃部磨光、器型粗大的磨刃石斧和通体磨制的小梯形石斧,磨刃石斧多见于年代较早的遗址中,晚期则少见,小梯形石斧正好与之相反;另外还普遍存在一种中心穿孔的扁圆石器以及部分网坠、石杵、磨盘和磨棒等。骨器有磨制的鱼镖、镞和锥等。墓葬主要发现于本水、多笔和马子脖遗址之中,其中马子脖遗址发现的数量多且非常集中,在200平方米的发掘面积中发现人骨架102具;有单人葬、多人葬和母子合葬,葬式普遍为屈肢蹲葬;还有石块围成墓圹和在死者身上撒赤铁矿粉的现象。根据越南学者的研究,湖岸型贝丘遗址被命名为多笔文化,其年代大约为距今7000～5000年⑧。

海岸贝丘遗址主要分布在越南中北部的宜安、河盛附近,有琼文、琼红、琼松、琼化、富尼哈、东岸、昆地寨、煌干、德林、福寿、保卓等遗址;年代较晚,大约为距今6000～4000年间,分属于新石器时代中晚期的琼文文化(QUYNH VAN)和保卓文化(BAU TRO)。琼文文化遗址的地层堆积很厚,最厚可达5～6米,堆积物以蚬壳和螺为主以及数量较多的水、陆生动物遗骸,文化遗物以陶、石、骨器为主。陶器多为夹砂粗陶,大部分素面,少量饰绳纹,以圜底器为主。石器以磨制的为主,并有较多的石片工具；石器主要有斧（有樺）、砺石、杵、臼、单面刮削器等。石料是天然的火成岩石块或石片。骨器主要有用鱼骨制成的穿孔骨针和骨锥等。在遗址中还发现较多的葬墓，大部分以屈肢蹲坐的葬式埋在圆形的墓坑里；随葬品少，通常为石制工具和带穿孔的贝壳饰品。保卓文化（BAU TRO）发现的石器主要为磨制较精的斧类，有椭圆刃斧、方形斧、有段斧和有肩斧，其中有肩石器的数量较多。陶器的纹饰有了较大的变化，种类增多，有刻划纹和印纹等。骨器主要是用鱼骨做成的锥类[9]。

二 两地贝丘遗址的文化关系

广西、越南两地的贝丘遗址在许多方面有相似之处。聚落规模较小，以小型聚落为主，分布密而相对集中；聚落内已有了明确的功能分区，如顶蛳山遗址有明确的居住区和墓葬区。磨制石器以长方形、梯形的斧、锛为主，大多体型较小，形状不规整，大部分器物先打制成形后再稍加磨制，有的则利用天然砾石稍经打制和琢磨，除刃部磨制较精外，大部分器身保留有天然面和打击痕迹，通体磨制的器物很少，年代较晚的遗址中出现通体磨光的小梯形石斧、锛和有肩石器。如越南多笔文化中的只初步加工的多笔式石斧与广西江口遗址所出的琢制石斧相同[10]。加工简单的砾石打制石器在海岸贝丘遗址中普遍存在，且占有较大的比例，器形也以带尖端和厚刃的"蠔砺啄"为主。陶器则为以多笔文化为代表的湖岸型贝丘遗址与以顶蛳山文化为代表的河岸贝丘遗址所出的比较接近，以夹砂粗陶为主，胎厚，陶色驳杂，火候较低。器表纹饰以绳纹、篮纹为主，且都是从口沿开始施纹，晚期有部分刻划纹。器型简单，主要是直口、敞口或敛口的圜底釜、罐类；器体较大，器物的口径一般为 20 厘米左右。此外，口沿下穿孔也是两种文化中陶器的共同特征。海岸贝丘遗址中部分陶器的器表上还有红色陶衣。骨器的数量较多，以锥、镞为主，海岸贝丘遗址中的骨器多用鱼骨制成。埋葬习俗上，有公共的氏族墓地，墓葬分布密集而零乱，如顶蛳山遗址发掘面积 1000 余平方米，发现墓葬 330 余座，且集中分布在很小的范围。西津遗址发掘面积 144 平方米，共发现人骨架 100 多具。越南马子脖遗址在 200 平方米的发掘面积中，发现 102 具人骨骼。盛行单人葬、多人合葬，葬式多为屈肢蹲葬；墓坑均不明显，墓葬中多在尸骨上压大小不一的自然石块，如琼文遗址的一座墓中，人骨架上压一块大石，与顶蛳山遗址 M26 相同；还有用石块围成墓圹和在死者身上撒赤铁矿粉的现象。大部分墓葬中没有随葬品，有随葬品的也数量很少，多为一、二件石器、骨器、蚌器等生产工具和装饰品，不随葬陶器。经济形态相同，主要为采集、渔猎和捕捞。

但是，两地的贝丘遗址也有一定的差别，广西的以淡水性螺蚌壳堆积的河岸型贝丘为主，海岸型较少，而越南则以海岸型为主，少量为湖泊型，堆积物以海洋贝类为主，堆积也比较厚。出土遗物中，广西贝丘遗址中数量较多的穿孔蚌器及蚌制工具在越南地区少见或不见，骨器中体形较大的斧、锛、甲刀及鱼钩不见于越南的贝丘遗址，代替鱼钩的则是较多的石、陶网坠；打制石器在越南的贝丘遗址中普遍存在，而广西多见于海岸贝丘之中，河岸型中少见或不见。葬式中的肢解葬，侧、俯身屈肢葬在越南不见或少见。陶器中的尖底器不见于广西的贝丘遗址中，多笔文化的纹饰以粗篮纹为主，纹痕较深等。

从出土遗物来看，越南的湖岸贝丘在文化内涵上与广西河岸贝丘比较接近，海岸贝丘则基本相似，这反映出两地贝丘遗址的关系是非常密切的。在大的文化系统上可能是相同的，其间的差异也许是微观环境的不同所形成。从年代上看，广西贝丘遗址的年代约为距今 8000～5000 年间，比越南的要早，而且，贝丘遗址出现的年代从北往南逐渐偏晚，有一个从北往南传播的过程，因此，广西的贝丘文化对越南的贝丘文化产生过较深的影响，这在文化遗物上可以清晰地见到。当然，贝丘遗址中的这些共同文化因素可能是由于当时的人类在相同的生态环境下采取相似的生存方式而形成相似的文化，但两地相距很近，河海相通，交通便捷，为相互间的往来提供了十分有利的条件；而且广西的河岸贝丘遗址部分就在中越边境，海岸贝丘则同在北部湾畔，两地间的相互往来是不可避免的，因此彼此之间通过交流出现相似或相同的文化特征也就非常自然了。

注　释：

① 中国社会科学院考古研究所广西工作队等：《广西邕宁县顶蛳山遗址的发掘》，《考古》1998 年 11 期。

② 彭书琳等：《广西西津贝丘遗址及其有肩石器》，《东南文化》1991 年 3、4 期。

③ 广西壮族自治区文物工作队：《象州南沙湾贝丘遗址 1999—2000 年度发掘简报》，《广西考古文集》，文物出版社，2004 年。

④ 李珍：《广西河岸贝丘遗址的发现与研究》，《广西博物馆文集》第一辑，广西人民出版社，2004 年。

⑤ 中国社会科学院考古研究所广西工作队等：《广西南宁市豹子头贝丘遗址的发掘》，《考古》2003 年 10 期。

⑥ 蒋廷瑜：《广西贝丘遗址的考察与研究》，《香港考古学会会刊》第 14 期。

⑦ 广东省博物馆：《广东东兴新石器时代贝丘遗址》，《考古》1961 年 12 期。

⑧ 阮文好：《越南的多笔文化》、《华南及东南亚地区史前考古——纪念甑皮岩遗址发掘三十周年国际学术研讨会论文集》，文物出版社，2006 年。

⑨ 埃德蒙·索兰等：《印度支那半岛的史前文化》、杰里米·戴维森：《越南近年来的考古活动》均载《考古学参考资料》第 2 辑，文物出版社，1979 年。

⑩ 广西壮族自治区文物工作队：《广西横县江口新石器时代遗址的发掘》，《考古》2000 年 1 期。

岭南与东南亚大陆考古学
文化关系的对比研究

彭长林

英文提要　The cultural exchange between Lingnan and the continent of south – eastern Asia appeared from the Paleolithic age. In the Neolithic Age, the culture of Lingnan exerted more and more influences on that of the later. From the Bronze Age to Qin and Han Dynasty there existed multi – level and large scale political, economic and cultural exchanges between the two regions.

岭南与东南亚大陆是相互毗邻的两个地理单元，岭南西部与越南北部仅有一些地势不高的低山相隔，珠江支流之一的左江即发源于越南北部的东部山区，与红河支流相距不远，通过水路和山间小路可以便捷地往来。此外，岭南与东南亚大陆均为南海沿岸地区，海上交通也十分发达，西汉中期以后开辟的"海上丝绸之路"就是通过东南亚大陆和岭南的沿海航线贯通中西的。便利的水陆交通使得两地的经济、文化交流自古以来就已存在，在考古资料和文献记载中均有所反映。在文献记载阙如的史前时期，通过考古学的研究，可以使我们对两地之间的早期文化关系有更深的认识。本文通过对岭南和东南亚大陆考古材料的梳理，将两地的考古学文化进行对比，找出二者文化的相关之处，进而探讨这种关系形成的原因。

一

岭南地区旧石器时代早期文化主要集中在桂西北部百色盆地内，而东南亚大陆有缅甸北部的早期安雅斯文化（Early Anyathian）、泰国的芬内文化（Fingnoian）、马来西亚的淡边文化（Tampanian）。它们相似之处颇多，均属于典型的砾石器工业，多为粗大的重型工具，制作粗糙，打片、加工均以锤击法为主，多为单面加工，均以砍砸器数量最多，其次为刮削器、手斧、手镐等。不同之处在于百色旧石器的薄刃斧和巨型石制品在东南亚大陆没有发现，碰砧法的技术也少见于东南亚大陆。对这两地文化面貌诸多共性的成因，有学者认为主要是由于生活环境的相似性所产生的相似的文化结果[①]。但从另一个角度来看，相似的自然环境也不一定产生相似的文化，特别是两地相似的文化因素较多就很难用自然环境的相似性解释，文化间的交流在两地文化因素相似方面也起了一定的作用。旧石器时代中期越南北部出现度山（Nui Do）文化，石片石器开始占绝大多数，以刮削器为主，砍砸器、手斧、石核也有相当数量[②]。而岭南这一时期的文化很少发现，难以进行对比，但度山文化砍砸器、手斧等砾石石器的存在说明其仍然延续了部分岭南和东南亚大陆旧石器时代早期文化的传统。

　　岭南旧石器时代晚期有洞穴遗址和露天遗址两种，前者有桂林宝积岩、柳州白莲洞、田东定模洞等遗址，后者有百色百达、南宁虎头岭、梧州牛粪冲等遗址。石器工业也分成两者类型。一种类型是以柳州白莲洞遗址第一期和鲤鱼嘴遗址第一期为代表，砾石石器和石片石器并存，有不少器体较小的燧石小石器，多用锤击法打片，修理石器为反向加工，器类有砍砸器、刮削器、尖状器等。另一种类型为典型的砾石石器工业，宝积岩、定模洞等绝大多数遗址皆属此类，这是继承早期百色旧石器的传统，多用锤击法打片，修理石器为正面加工，器体粗大，器类有砍砸器、刮削器和尖状器等[③]。其中有一种平刃石器被称为"黄岩洞式石器"[④]，这种石器在岭南普遍分布，延续时间较长，直到新石器时代早、中期都有不少发现。

　　东南亚大陆旧石器时代晚期文化主要发现于越南北部和泰国南部。时代较早的有越南北部翁（Nguom）遗址第四、五层，为小型石片石器，石片边缘有修理痕迹，无固定形制，典型器物有刮削器和小型尖状器。此后出现的山韦（San Vi）文化则发生了较大变化，属于砾石石器工业，石器形体粗大，以边刃和端刃砍砸器为主，也有大尖状器。[⑤]泰国南部时代较早的朗龙连山洞遗址下文化层和摩桥洞遗址第一文化层都还是以单面加工的砾石石器为主，但至旧石器时代末期的摩桥洞遗址第二文化层则发生了很大变化，黑硅石和碧玉石制成的石片石器增多，新出现小石镞[⑥]。

　　从两地的石器对比来看，以白莲洞遗址第一期为代表的石器类型与越南北部翁遗址第四、五层的小型石片石器很相似，都用锤击法打制石片和反向加工的技术，器形和器类也相似。岭南的砾石石器工业也与越北山韦文化有较多相似之处，山韦文化的主体石器与岭南常见的"黄岩洞式石器"器形一样，而磨制骨角器的技术都没有出现。从两地的对比结果可以看出，至迟在旧石器时代晚期开始，岭南和越南北部之间的交流已经十分频繁。过去有学者将岭南这类砾石石器遗址归入和平文化的范畴。从技术传统和出现的时代先后来看，越南的这类器物更有可能是从岭南传入，因为岭南旧石器时代晚期砾石石器是承继早期的传统而来，而越南北部的砾石石器则是在石片石器工业之后新出现的，它很有可能是受岭南的影响而出现的。泰国南部的旧石器时代晚期砾石石器继承了本地早期旧石器的传统，而末期出现的石片石器的技术特点则基本属于南中国范畴的石片石器工业，均用直接打击法制成，大多数没有二次加工的痕迹，不见复合工具，不属于典型细石器而被称为小石器[⑦]，应该与南中国的同期文化有一定的联系。

二

由于东南亚大陆所称的"和平文化阶段"或"前新石器时代"与华南的中石器时代并不一致，大部分文化的年代与华南新石器时代早期文化相当，部分地区甚至延续至距今 6000 年前。尽管我们对岭南的中石器时代了解较为清楚，但却无法与东南亚大陆的中石器时代文化进行直接对比，而且两地中石器时代文化与新石器时代早期文化相差不太明显，因此我们将中石器时代文化纳入新石器时代早期文化之内进行探讨。

岭南中石器时代主要是洞穴遗址，共发现十几处，主要有桂林大岩遗址第二期、柳州鲤鱼嘴遗址第一期、柳州白莲洞遗址第二期、阳春独石仔遗址、封开黄岩洞遗址、英德牛栏洞遗址第二期等。大部分继承了旧石器时代晚期的特点，仍以打制砾石石器为主，器形有砍砸器、刮削器、尖状器等，也有燧石小石器，新出现少量刃部磨光的石器和磨制的骨锥及穿孔石器、穿孔蚌器等；并开始出现烧制的陶土块，成为陶器起源的先导；墓葬葬式有仰身、侧身屈肢葬和蹲踞葬，还有在死者头骨和肢骨部位压放石块的习俗。新石器时代早期岭南主要有桂东北的甑皮岩文化、桂中的柳州鲤鱼嘴遗址第二期、粤北的英德牛栏洞遗址第三期和英德青塘遗址第二期等，各地文化基本相似，大部分延续了中石器时代的文化特点，以甑皮岩文化最为发达。石器仍以打制砾石石器为主，但数量逐渐减少，而磨制石器、骨器、蚌器的种类和数量逐渐增多，磨制石器多为磨刃石器；陶器开始出现，以绳纹或篮纹的圜底釜、罐为基本容器；墓葬葬式与中石器时代相似，新发现在死者身上撒赤铁矿粉的习俗；经济形态为狩猎、采集方式，贝类在食物中占有较大比例[⑧]。

东南亚大陆中石器时代至新石器时代早期遗址主要分布在越南北部和泰国。越南北部和平（Hoa Binh）文化早期也属于砾石石器工业，典型器物为"苏门答腊"（Sumartalith）石器和短斧；此外还有骨针、骨锥及蚌器；墓葬分两种，一种为二次葬，无随葬品，另一种为屈肢葬，随葬石器并在死者身上撒赤铁矿粉。稍后的北山（Bac Son）文化，基本延续和平文化的特点，新出现磨刃石器，陶器纹饰为篮纹和绳纹[⑨]。泰国发现的遗址较多，北部的仙人洞（Spirit Cave）遗址第一文化层发现苏门答腊型石器，第二文化层新出现有刃部磨光的石锛和石刀，还有绳纹和素面陶器；距其不远的班演河谷洞（Banyan Vally Cave）遗址与仙人洞遗址特征相似，有石矛、石斧和"苏门答腊"石器；南部的朗龙连山洞遗址中文化层出土打制的砍砸器、短斧等；摩桥洞遗址第三文化

层发现屈肢葬和单面打制的石器；此外中部的北碧府、华富里府、叻丕府等多处地点都
有遗址发现⑩。这些遗址的石器与和平文化的石器有较多相似之处，墓葬则有屈肢葬和
仰身直肢葬，随葬石器或在死者身上压上石块并在死者身上撒红土。从仙人洞遗址出土
的大量动植物遗存来看，东南亚大陆各地都属于一种广谱采集渔猎经济。

　　这一时期两地文化相似之处很多。从遗址特点来看，都以洞穴遗址为主，都采用采
集渔猎的广谱经济形态，显然是与两地的自然环境相似有关。年代较早的遗址都以打制
石器为主，和平文化中的"苏门答腊"石器和短斧在东南亚大陆其他地区和岭南的砾
石石器工业中也很常见，延续时间都很长；都出现有穿孔石器和磨刃石器；柳州鲤鱼嘴
遗址和白莲洞遗址的小石器在泰国仙人洞遗址也有发现，砍砸器、刮削器、尖状器等器
类也相似；都有利用石片不经修理作为工具的现象。石器工业的相似表明两地在石器加
工技术方面存在着相当多的交流。骨器和蚌器出现的时间也大体相当。而从墓葬的葬式
来看，都盛行屈肢葬的葬式，在死者身上压石块和撒赤铁矿粉或红土的葬俗也相同。这
种宗教习俗的相似不仅仅是一种巧合，因为精神领域是不容易受到环境变化的显著影响
的，出现这种相似的丧葬习俗应该与两地的直接往来有关。两地最大的不同在于岭南陶
器早于磨刃石器出现而东南亚大陆正好相反，前者陶器远较后者发达，而且一直延续至
新石器时代中期。这种情况的出现可能与文化传统有关，岭南的圜底釜、罐类陶器出现
时间早，延续时间长，从新石器时代直至青铜时代都大量存在，是岭南陶器的传统器
型；东南亚大陆则较晚出现陶器，可能与当地一直使用竹木类容器有关。

　　新石器时代中期岭南形成了两支各具特点的文化，一支以桂南为中心的顶蛳山文
化，另一支以珠江三角洲为中心的西樵山一期文化。顶蛳山文化的特点是：石器数量较
少，有的通体磨光，大部分仅刃部磨制较精，有斧、锛、穿孔石器、矛、网坠等，单肩
或双肩石器开始出现；蚌刀数量较多，大多穿一孔，少数有两个穿孔，部分作鱼头形；
骨器数量也很多，有斧、锛、铲、锥、针、镞等；陶器为手制，均夹砂，器表多饰以印
痕较浅的篮纹，并有极少量的绳纹，器类简单，仅见直口、敞口或敛口的圜底釜、罐及
高领罐等；墓葬葬式有仰身、侧身或俯身屈肢葬和蹲踞葬等，还发现了数量较多的肢解
葬，有的在人骨四周撒有赤铁矿粉；经济形态以渔猎、采集为主，贝类在食物中占有重
要地位，农业经济的痕迹不明显；时代为距今 8000～7000 年⑪。西樵山一期文化的特
点是：以霏细岩为主要原料的有肩石斧、石锛、石铲最多见，还常见一种有肩有段石
锛，刃部磨制或通体磨光；陶器手制或模制，多为夹砂陶，也有少量泥质磨光红陶，纹
饰以各种绳纹、刻划纹、篦点纹为主，还有少量彩陶，器类有圜底釜和罐、镂空圈足
盘、杯、豆、平底盆、器座等；墓葬发现较少，有二次瓮棺葬和火葬、土葬；经济生活
也属于狩猎、采集的生产方式，贝类和水、陆栖动物来源丰富，无农业痕迹；距今约
6000～5000 年⑫。

东南亚大陆主要发现在越南北部，其他地区少有发现。越南北部距今 6000～5500 年的多笔（Da But）文化，石器还有打制的砍砸器、刮削器、盘状器、短斧等，也有磨刃或通体磨光的石斧、网坠；骨器有鱼镖、镞、锥等；陶器使用泥敷模制法，均夹粗沙，纹饰以篮纹为主，器形为直口、敞口或敛口的圜底釜、罐；墓葬有单人葬、多人葬，普遍存在蹲踞葬和在死者身上撒赤铁矿粉的做法。另一支年代相当的琼文（Quyen Van）文化，以打制的砍砸器、尖状器、刮削器、石刀、石核、石片等为主；陶器均手制，有泥条盘筑法，纹饰有绳纹和篮纹，大部分为尖底器，少量为圜底器，器形有深腹尖底罐等；墓葬有蹲踞葬[13]。泰国北部距今 7500～5500 年的绝壁（Steep Cliff）洞出土不少动物骨骼，与早期的仙人洞基本一致[14]。

新石器时代中期东南亚大陆文化远不及岭南发达，发现的遗址数量少，时代也较晚。石器种类少，仍以打制石器居多，制作不如岭南精致，也没有岭南常见双肩石器；陶器数量较少，仍使用较为原始的泥敷模制法，不见泥制陶，纹饰简单，刻划纹很少，无彩陶，器类简单，仅有圜底釜、尖底罐和直腹平底罐等少量器型，显示出东南亚大陆此时处在一种缓慢的发展进程中。因此我们很难将二者进行比较，只有少量因素可以看出两地还是有一些相似之处。多笔文化中的绳纹直口圜底罐与顶蛳山第四期的同类器物基本一样，或许二者之间有某种传承关系。蹲踞葬葬式和在死者身上撒赤铁矿粉的葬俗在两地都有发现，与早期的葬俗相同。就这一时期的关系而言，东南亚大陆主要是越南北部与距离较近的顶蛳山文化有一些联系，而距离较远的西樵山一期文化的特点在东南亚大陆基本没有发现。

新石器时代晚期岭南出现了几支较为繁盛的地方文化，粤北的石峡文化、珠江三角洲的西樵山二期文化、桂南的大石铲文化都盛极一时，对周边施加了强大的影响，甚至在距离较远的地区也有其文化因素存在。石峡文化石器有磨光石镬、锛、钺、凿、镞、磨棒、磨盘等工具及琮、璧、璜、环、玦等装饰品；陶器夹砂和泥质均有，出现几何形印纹陶，器形有鼎、圜底釜、圈足或圜底罐、豆、盖豆、器座等；形成了氏族公共墓地；经济形态以稻作农业为主[15]。西樵山二期文化以有肩石器和有肩有段石器为典型器，陶器有发达的几何形印纹陶，器形以圜底釜、罐居多，墓葬葬式为仰身直肢葬，有拔牙风俗，经济形态似仍以采集、狩猎形态为主，贝类和其他水生动物居多[16]。大石铲文化出土的遗物较为单纯，以形制特殊的磨光石铲为主要特征，不少石铲发现于灰坑中并以一定的组合形式排列成队列、U 形、圆圈等形状，以刃部朝上、直立或斜立的为主，据研究是与农业祭祀活动有关的遗存[17]。

东南亚大陆这一时期的文化也开始多见，在越南北部、南部和泰国等地均有发现。越南北部文化较为繁荣。河江（Ha Giang）文化以双肩石器和方格槽树皮布石拍最具特色。麦花（Mai Hua）文化则多梯形石斧，也有少量双肩石器、平行条状槽树皮布石拍以及"T"形石环、石玦、贝饰、骨饰等；陶器使用轮制，纹饰多样，以绳纹最多，还有刻划花瓣、动物纹及镂孔等，器形有敞口圜底钵、圈足碗、敞口折沿四耳罐、双系罐、圆饼形纺轮等。下龙（Ha Long）文化有部分打制的砍砸器、磨制双肩或梯形斧和锛、钺等，装饰品较多，多见石环，还有石玦、骨管、蚌珠等；陶器有敞口高领圜底罐、花边口折沿高领罐、圜底钵等，纹饰以各种刻划"S"形纹、直线或斜线纹最有特色。越南中南部的海湖（Bien Ho）文化出土双肩石铲、斧和锛较多，还有石锄、"T"形石环等，陶器有敞口卷沿圈足罐、敛口圈足罐、敞口卷沿圜底釜、圈足盘等[18]。泰国东北部和中部遗址众多，文化面貌基本相似。东北部的班清（Ban Chiang）遗址最下层随葬富有特色的磨光或刻划黑陶，以稻糠为掺和料。农诺他（Non Nok Tha）遗址陶器数量较多，有大圜底罐、耸肩小平底罐、小圈足罐和少量施彩罐；墓葬为仰身直肢的土坑墓，有的用整个或部分牛、猪、狗、鹿随葬。中部的班考（Ban Kao）遗址，石器多梯形斧、锛、锄；骨器丰富，有矛、镞、锥、鱼钩、鱼镖、饰品等；蚌珠数量很多；陶器种类较多，有敞口圜底罐、折腹圈足罐、敞口折腹釜、高领平底罐、空心三足釜形鼎、圜底钵、豆、高领圈足壶、直腹圈足杯等；墓葬主要为仰身直肢葬，还有少量侧身屈肢葬。中部另一科恰伦（Khok Charoen）遗址常见磨光石锛、蚌珠等，陶器有折腹三足罐、直口直腹圈足罐、圈足盘、圈足碗、豆等。暹罗湾沿岸的农诺（Nong Nor）遗址有磨光石器和较多的骨器；陶器有磨光和刻纹陶器；葬式为蹲踞葬；经济形态仍为采集渔猎为主，海洋类动物居多，贝类食物很多，陆生动物较少，无农业痕迹。距今4000～3500年的科帕农第（Khok Phanom Di）遗址出土有磨光的双肩石锛、梯形石斧、石珠、"T"形石环、骨鱼钩、骨鱼镖、蚌耳饰和二十多万枚蚌珠；陶器制作精致，刻划复杂的纹饰，器形有喇叭口或盘口高领折腹釜、折沿圜底罐、圜底钵、撇口圈足碗、网坠、陶拍等；墓葬数量较多，为仰身直肢葬，部分婴儿用瓮棺葬，拔牙习俗较为常见，随葬品数量相差悬殊；经济形态出现稻作农业[19]。

　　从两地的文化来看，这一时期的文化都比较繁荣，出现了不少富有地方特色的文化类型，而且都有向外扩张其影响的趋势，相互之间的交流和互动也较多。两广类型的双肩石器在越北大部分文化中都是常见甚至是主要的石制工具，而且一直向南都有分布，在越南中南部的海湖文化中发现有几种类型的双肩石器，泰国的科帕农第遗址也有双肩石锛出现。海湖文化中的石锄也与广西的大龙潭遗址和独料遗址出土的同类器物相似。在越南北部的高平、谅山、广宁、宣光、海防五省发现的 15 件大龙潭类型的大石铲是该文化向南传播最远的地方[20]。河江文化的方格槽树皮布石拍与桂西新石器时代中期革新桥遗址及晚期感驮岩遗址的同类器物相似，在泰国各地也发现有数件方格槽树皮布石拍[21]，而这类器物以环珠江口地区出现时代最早，数量最多，形制也最齐全，上述地区出现的树皮布石拍应是从珠江三角洲向南、向西传播的结果[22]。"T"形石（或玉）环最早起源于中国华北地区的，公元前2000多至1000多年在广东、香港和越南北部、南部以及泰国中部、马来半岛都出现了这种特殊器物，其中似有从北向南传播的路线[23]。麦花文化中的敞口圜底钵、圈足碗、下龙文化的敞口高领圜底罐在武鸣岜旺、弄山岩洞葬中发现较多[24]，下龙文化的花边口做法在感驮岩遗址比较流行。海湖文化的敞口卷沿圈足罐、敞口卷沿圜底釜、圈足盘等与西樵山二期文化的同类器形有相似之处。泰国各地的陶器制作精美，形制和纹饰独特，显然有其独立的文化传承，但也有很多器物与岭南不无相似之处。班考遗址的敞口圜底罐、折腹圈足罐、豆、直腹圈足杯、敞口折腹釜、圜底钵、高领圈足壶和科恰伦遗址的圈足盘、豆及科帕农第遗址的折沿圜底罐、圜底钵等与西樵山二期文化相似；班考遗址的空心三足釜形鼎虽然空心足不见于其他地方外，但釜形鼎的形制和用途还是接近于东南沿海一带的同类器物；科帕农第遗址的喇叭口高领折腹釜在广东中山龙穴遗址、珠海亚婆湾遗址、博罗横岭山墓地、香港马湾岛东湾仔遗址等有类似器物，只是广东和香港的这类器物多为带流器形[25]；班考遗址、科帕农第遗址的仰身直肢葬在西樵山二期文化也很常见；科帕农第遗址的拔牙习俗在西樵山二期文化中普遍存在。此外，东南亚的稻作农业出现的时间大约是公元前2400年至2000年，其来源应是长江流域。而岭南在公元前3000多年的石峡文化和大石铲文化中稻作农业就已十分普遍，长江流域的稻作农业呈波浪式向南先传播到岭南，再继续南下至东南亚大陆一带[26]。几乎与农业在东南亚大陆同时发生的是狗的出现，从其头盖骨的结构来看与狼相似，而本地并无野生的狼类动物，因此也极有可能是伴随着稻作农业的南传引进的[27]。

总的来看，岭南在此前长期发展的基础上有了较大的扩张，此时已经达到一个鼎盛时期。而东南亚大陆各地的发展不太平衡，越南北部红河三角洲由于此前处在长期的海侵时期，文化发展受到很大限制，处在缓慢发展过程中，只是到了新石器末期才重新繁荣起来。泰国大多数新石器晚期遗址也是在距今4500～3500年左右。因此，从两地文化关系上说，岭南对东南亚大陆的单向影响要更多一些，特别是靠近岭南的越南北部，受到广西同期文化的影响更大，交流的密度和广度大大超过了此前，但处在东南亚内陆的班清遗址和能诺他遗址与岭南文化的接触要少得多。另外，越南中南部的海湖文化有一定数量的圈足盘，在广西和越南北部均未发现，但珠江三角洲多见，而在暹罗湾沿岸的科帕农第遗址、科恰伦遗址和靠近暹罗湾的班考遗址虽然距离岭南较远，但其所包含的珠江三角洲文化因素较多而少见岭南内陆文化因素，其来源显然都是通过海路传播而来。由此可见沿海的远距离海上交通也已经出现，虽然规模还很小。

三

岭南青铜时代大体可分为肇始期、形成期和繁荣期三期。

肇始期大概在商至周初。广东主要粤东的浮滨类型、粤北的石峡中层类型和珠江三角洲南部沿海的村头类型[28]。石器数量多,种类丰富,以石戈和"T"形石环最富特征;陶器以釉陶和几何形印纹、曲折纹等为主,有刻划符号出现,器型有大口尊、圈足盘、折腹圜凹底罐、垂腹圜底釜、豆、束腰形器座等;铜器少见,浮滨类型出有直内无胡戈,还有斧、钺之类。广西则仅有桂西那坡感驮岩遗址第二期和忻城矮山、武鸣岜马山、大化北景等岩洞葬。石器和玉器种类较多,有斧、锛、凿、矛、环、镯、锯、范等,骨器有牙璋、铲、锥、镞、簪、管、饰片等,陶器流行绳纹上加成组刻划纹的做法,还有刻划几何形纹和戳印、彩绘等,口沿流行拍印花边,器表磨光,多圜底和圈足器,有敞口釜、杯形罐、圈足罐、壶、盆、杯、钵、纺轮等,铜器仅有铃一种,还有较多的炭化粟和稻[29]。总体而言,岭南这一时期仅有少量小件铜器如戈、铃及斧、钺或石范等,还有岭北南传而来的铜尊、卣、盉、铙、甬钟、戈等,青铜文化尚处在萌芽状态。

西周至春秋时期是岭南青铜文化的形成期,本地特点的青铜器种类明显增多,可以分成两大区域。广东全境和桂东文化基本一致,典型遗址和墓地有粤北的石峡遗址上层、粤西的罗定南门洞墓、背夫山墓、四会鸟旦山墓、粤中的清远马头岗墓、深圳叠石山遗址、屋背岭墓群、桂东北的恭城嘉会墓等。石器数量开始减少,出现大型农具如镬、铲、耜等和成套的环、玦类饰物;陶器以夔纹陶最富特征,流行夔纹和云雷纹、方格纹的组合纹,刻划符号普遍,器类以平底或圜底的瓮、罐、缶、瓿、折腹豆为基本组合,出现原始瓷;铜器种类繁多,工具有斧、锛、凿、刮刀、锄、锸、镬、镰、锯等,武器有戈、矛、剑、钺、镞等,容器有鼎、尊、缶、罍、盉、盘、壶等,乐器有钟、铎、钲、淳于等,青铜器受岭北文化的影响较大[30]。另一区域为桂西地区,主要为武鸣马头墓群和来宾古旺山、宜州六桥等岩洞葬。石器有锛、斧、凿、钺及斧、钺、镞、刀的范和砺石等;玉器有环、玦、玦、管饰等;陶器均夹砂,有素面和绳纹、刻划纹等,器类有折沿釜、圜底罐、高领罐、圈足壶、圈足碗、圈足杯等;铜器有盘、卣、矛、靴形钺、斧、剑、刀、镞、凿、铃、钟等,有较强的地方色彩,但也受到岭北文化的影响[31]。

战国中晚期是岭南青铜文化的繁荣期,石器工具锐减,青铜器数量大幅度增加,晚期开始使用铁器。广东全境和桂东典型遗址和墓地有粤北乐昌对面山墓群、粤东揭阳中厦墓群、粤西广宁铜鼓岗墓群、封开立羊墩墓群、粤中增城西瓜岭遗址、桂东平乐银山岭墓群、贺州高屋背岭墓群等,石器少见,以砺石为主,陶器纹饰简化,种类减少,以米字纹和重方格交叉纹为主,弦纹、水波纹增多,原始瓷有所发展,器类有碗、杯、瓿、匜、瓮、罐、壶等,铜器除此前的器类外,新出现提梁壶、蹄足鼎、长剑、带钩、镜等[32]。桂西有武鸣安等秧墓群、宾阳韦坡墓、田东南哈坡墓、锅盖岭墓及武鸣独山岩洞葬等,玉石器数量较多,有玦、璜等饰品,陶器有敞口圜底的夹砂釜和泥质罐、杯、钵、纺轮等,铜器以斧、剑最多,还有矛、钺、镞、刮刀、叉形器、镯、玦、铃、带钩及万家坝型铜鼓等[33]。秦汉以后，汉文化大量涌入并逐渐占据主导地位，岭南地方特色的文化因素急剧减少，只有铜鼓、羊角钮钟、人面弓形格剑等少量器物还保存着明显的地方风格，但数量很少，也只在少数地区分布。

东南亚大陆青铜时代出现的时期，最早在班清遗址和农诺他遗址发掘以后，发掘者认为东南亚大陆青铜器出现的时间远远早于人们的想象，大约在公元前 3000 多年就开始制造青铜制品，并认为东南亚是世界上最早出现青铜器的地方，中国的青铜器是在泰国青铜文化的影响下产生的。这显然是走向了一个极端，因为各遗址所测定的碳十四数据相差太大，可信度较小。王大道先生通过对各种碳十四测年的比较，认为班清文化的年代大约在距今 3040±50 至 2300±50 之间[34]。因此东南亚大陆青铜时代开始比较可信的时间应在公元前 1500 年以后[35]。这个年代与岭南青铜时代出现的时间相差不大。东南亚大陆青铜文化主要有越南北部、中部、东南部、泰国东北部和中部几个区域，各区域文化发展并不一致，差别较大。

越南北部青铜时代肇始于冯原（Phung Nguyen）文化，约在公元前 1400～1000 年左右。石器以戈、牙璋、环、镯较有特点，陶器纹饰以刻划圆圈、菱形、水波和锥刺纹为主，圈足器数量较多，器型有敞口圈足杯、直口圈足罐、豆、纺轮等，未发现铜器，但一些石珠和石管上的洞可能是由铜钻钻成的。其后的铜豆（Dong Dau）文化年代约在西周时期，开始出现小型铜器，有斧、锛、凿、鱼钩、针、尖叶形或带倒刺的镞、实心或空心圆骹矛；石器以斧、锛、"T"形石环、镯、有"角"石玦等为主；陶器多圜底和圈足器，纹饰有刻划水波纹、菱形纹和绳纹、席纹等，器型有圜底釜和罐、敞口圈足杯、靴形杯和圆饼形、算珠形、梯形纺轮以及鸡和牛的塑像。青铜文化的发展期为鹅莫（Go Mun）文化，年代约在春秋至战国初期。青铜工具和武器种类都增多，有靴形斧和钺、管銎戈、矛、镞、镰等，陶器有折沿盆、圜底钵、折腹圈足罐、鸡（或鸭）形壶等。此后即进入了越南北部青铜文化的鼎盛期——东山（Dong Son）文化，从战国直至西汉时期。铜器种类丰富，地方特色浓厚，制作精美，纹饰复杂，器型有方銎斧、靴形钺、尖叶形锄、凿、一字格剑、镂孔圆茎剑、动物或人物茎剑、柳叶形和尖叶形矛、叉、桶、壶、铜鼓、羊角钮钟、饰牌、串铃、人物或动物塑像等，后期出现铁锸、斧、镰等；陶器多饰梳齿纹、刻划纹、印纹、附加堆纹等，有折沿釜、平底罐、折肩罐、折腹罐、圈足盘、喇叭口杯等；石器有玦、环、管等饰品[36]。从该地区青铜文化的发展过程来看，经历了一个相对独立的演变过程，地方特色十分浓厚，是东南亚大陆的一个文化中心，但也与周围地区发生了很多联系，其中与岭南的青铜文化的交流就十分频繁，后文将对此进行分析。

越南中部青铜文化称为沙莹（Sa Huynh）文化，它的发展经历了三个时期，与北部的年代基本相当。早期的松贡（Xom Con）遗址、龙盛（Long Thanh）遗址石器较多,有斧、锛、钻、石网坠、有"角"石玦等,陶器有圜底釜、罐、长颈壶、圈足盘、钵等,不见铜器。中期的平洲(Binh Chau)遗址出现铜斧、镞、鱼钩等,陶器刻划纹丰富,器型有折肩圜底罐、高柄豆等。晚期沙莹等遗址的青铜器急剧衰落,而铁斧、镰、锄、铲、矛、刀、剑等多见,玉石器有双头兽饰件、有"角"玦等,陶器种类丰富,有圈足盘和垂腹圈足罐、折腹圜底罐、折腹釜、直腹瓮等,墓葬以瓮棺葬居多[㉜]。

越南南部和柬埔寨都位于湄公河三角洲,文化特点有不少相近之处。越南南部的石器中有肩和梯形石斧数量较多,青铜器有斧、矛、戈、刀、镰、镖、动物塑像等,陶器有圈足盘、盘口折腹罐、豆等[㉝]。柬埔寨的三隆盛(Sanrong Sen)遗址也有矛、斧、钟等铜器,陶器纹饰多刻划纹,器型有圈足盘、圜底钵等[㉞]。

泰国青铜文化主要在东北部和中部,公元前 1500~500 年之间是青铜文化繁荣期,公元前 500 左右开始出现铁器,但青铜器仍大量使用。泰国东北部遗址数量较多,内涵丰富,显然是东南亚大陆的另一个文化中心,出土的青铜器大多数是装饰品或工具,有手镯、踝镯、环、斧、锛之类。从各遗址的内涵来看,彼此之间差别较大,即使是同位于东北部地区的能诺他、班清等遗址。而目前对泰国青铜文化的整体把握不清,未能归纳出不同内涵的文化类型,因此我们只能通过一些典型遗址进行介绍。能诺他遗址铜器较少,只有有肩和束腰形斧、钺及镯等,不见彩陶。班清遗址铜器制作粗糙,有束腰形斧、靴形钺、矛、戈、戒指、手镯、脚镯、项圈、人像、牛俑、象俑、骑象者俑和铜鼓形杖头饰等;但彩陶十分发达,多在几何形或圆涡形的刻划纹内加红色彩绘,常见在陶器腹部以一圈凸起的泥箍作装饰,器型有圜底罐、圈足罐、折腹罐、大口杯等;公元前 300~200 年进入铁器时代,广泛使用铁来制作工具。班纳底(Ban Na Di)遗址铜镯多见,陶器有圜底罐、圈足盘、坩埚、牛、象和人物塑像,晚期出土铁环、铁刀、铁矛等。班朗考(Ban Lum Khao)遗址陶器制作发达,装饰有绳纹或为素面,器型有卷沿釜、高领球腹圜底罐、喇叭口折腹圈足壶。泰国中部的暖乌洛(Noen U-Loke)遗址,年代在公元前 300~200 年,已进入铁器时代,铁项圈、斧、矛等常见;铜器多为镯、戒指及腰带等饰品;还有管、项圈、珠等玛瑙饰品;陶器有不少磨光黑陶,胎壁极薄,器型有敞口高领球腹圜底罐、敞口斜腹小平底瓮、圜底钵、垂腹釜、盒等;墓葬流行在底部垫一层稻米。此外,在东北部的普隆(Phu Lon)遗址、中部的农帕外(Non Pa Wai)遗址、尼肯翰(Nil Kham Haeng)遗址等发现有采矿的矿井和坑道,以及大量的石制工具、石砧、坩埚碎块、木炭、孔雀石、铜矿渣和陶、石范等,说明当时已从采矿、选矿到炼铜和生产成品都已形成规模化生产[㉚]。

青铜时代岭南与东南亚大陆的文化复杂,地方类型多样,各自经历了不同的发展过程。岭南的青铜文化是在长江流域的影响下出现的,而且一直受到长江流域甚至中原文化的强烈影响,但也保存了相当多的地方文化因素,特别是在陶器和玉石器方面,在发展到最顶峰的时候被中原文化所征服，并迅速融入汉文化系统中。而东南亚大陆情况有所不同，内部差异较大。越南北部受到岭南和云贵高原的影响较大，甚至四川盆地的巴蜀文化和长江中游的楚文化也对其施加了不小的影响，同时越南北部的青铜文化也积极北上，在岭南和云贵高原甚至更远的长江流域都发现其文化因素的存在，与上述地区联系十分密切，特别是在战国晚期至西汉时期随着蜀文化和汉文化的先后突入，这种往来就更频繁，最后也融入了汉文化系统中。其他地区则基本是在比较独立的环境中发展起来的，与南中国的联系相对较少。这种关系的亲疏在各地的考古学文化中也反映得比较清楚。但相比过去而言，岭南和东南亚大陆的联系还是有所加强，特别是海上交通的迅速发展使南海沿岸地区的交流规模逐步扩大，成为联结中西往来的重要通道。西汉前期在岭南发现了为数不少的西方物品，如南越王墓中出土的来自西亚、地中海一带和非洲的扁球形银盒、乳香、金泡、银泡、象牙等[41]，以及《汉书·南粤传》、《西京杂记》记载南越国向汉皇室进贡的犀角、珊瑚等都是东南亚一带的物产，表明这一海上交通路线不仅在岭南和东南亚地区之间存在，而且还延伸至遥远的西方。至西汉中期开通岭南至西方的"海上丝绸之路"后，联系岭南和东南亚直至南亚、西亚、地中海一带及非洲的海上交通线正式形成，岭南与东南亚大陆的交流也不再是小规模的相互往来，而是政府与民间大规模多层次的双向交流活动，彼此之间的关系也日渐紧密地联系在一起。

青铜时代初期岭南呈现出一定的颓势，新石器时代晚期在岭南势力强大的三支文化衰退后，没有出现一支规模较大的文化，而是显得比较分散，遗址的规模和数量均远远不及从前，这种情况与长江中下游比较类似。而越南北部则逐渐强盛起来，与岭南的关系发生了显著变化，一改过去基本为岭南文化南下的模式，越南北部的文化也开始北上影响岭南的文化，特别是在靠近越南北部的桂西地区更为明显。感驮岩遗址第二期有在陶器绳纹上加刻划纹和在打磨的器表饰以填充戳印纹的带状刻划纹及彩绘等装饰风格在国内基本没有发现，而在越北冯原文化中却发现不少，显然是受其影响的结果[42]。冯原文化的高领圆鼓腹壶在感驮岩遗址第二期和武鸣岜马山都有类似器物出现，它们之间应有直接的联系。石戈在岭南分布较多，而冯原文化也出土的石戈在越南北部极少见，相信是来自岭南。另外，广东、香港和冯原文化出土了几件牙璋，有学者认为是商王朝与南方发生直接关系的证据，这些牙璋的主人可能是来自中原的使臣，《墨子·节用》"古者尧治天下，南抚交趾"、《尚书·尧典》"申命羲叔宅南交"等记载可以为证，而中原大量的海龟、海贝的来源之一包括岭南和越南北部一带，从越南北部到中原的交通线应是通过广西的左江、邕江、柳江、桂江等中间环节连接起来的[43]。此外，四川广汉三星堆文化出土了数量较多的牙璋，同时桂西感驮岩遗址也出土了骨制牙璋，冯原文化的牙璋也有可能是三星堆文化通过云贵高原和桂西南下影响至越南北部的。冯原文化的豆与广东青铜文化初期的豆形制一样,不见于桂西,应是从海路传播而来的。铜豆、鹅莫文化中的椭圆銎束腰形和靴形斧、钺在桂西、滇南一带都有较多分布,在泰国班清文化中也有发现。铜豆文化中的刻划平行斜线、曲线纹的圜底罐在桂西的岩洞葬中普遍发现,看来也是桂西传播至此的。有"角"石玦最早出现在石峡文化中,其后广泛分布于东南沿海一带,岭南是分布最多的区域,越南北部的铜豆文化和中部龙盛遗址出土的少量有"角"石玦应是来自岭南。铜豆文化有陶鸡和牛的塑像,班纳底遗址有陶牛、象和人物塑像,在广东的博罗圆洲梅花墩遗址和银岗遗址也有不少陶牛、羊、鸡等塑像,相信三者之间有一定的关系[44]。鹅莫文化中出土的鸡(或鸭)形壶与粤东较多出现的鸡形壶有一定的相似之处,或许二者有某种关系。东山文化时期与岭南的交流应该很多,特别是西汉前期南越国兼并越南北部以后,东山文化与岭南属同一政权统治。因此有学者认为广西田东锅盖岭战国墓、贵县罗泊湾汉墓和西林铜鼓墓所出的铜鼓都是东山系的石寨山型铜鼓;浙江安吉县上马山古墓区出土的 1 件小铜鼓在中国境内仅见,但在越南则较多见,说明这是东山文化的实物;东山文化常见的铜缸也在贵县罗泊湾汉墓、广东肇庆汉墓和广州南越王墓中发现;在越南北部海防市越溪墓中也发现有楚国生产的铜器和漆器[45]。羊角钮钟在岭南和东山文化中都有发现,可能都是源于云贵高原的青铜文化。这两种带有礼器性质的乐器的出现显示出两地在宗教信仰方面的某些共通之处,与两地之间长期的文化往来有关。人面弓形格剑是北方草原文化因素传至岭南后与本土文化因素结合而出现的一种特殊兵器,在东山文化中发现一把人面弓形格剑显然是属于岭南铜剑系统的[46]。此外,东山文化陶器纹饰中也有部分几何形印纹陶,如方格纹、菱形纹、席纹、叶脉纹、曲折纹、云雷纹等,与中国南方的几何学印纹陶类同,有的花纹在器物上的装饰部位和结构布局都表现得近似,还有一些制陶工具如陶拍、印模、叉形器等和中国南方地区传统的也很相似;往南则几何形印纹陶逐渐减少,在马来西亚还有少量发现,这种现象说明东南亚的几何形印纹陶是中国南方印纹陶向南影响和传播的[47]。圈足器和圜底器是东山文化的基本器类,在岭南也是最典型的器类,折沿釜、圜底罐、折肩罐、折腹罐、圈足盘等器型与岭南的同类器物近似,表明两地间的陶器制作存在一定程度的交流。

越南中部松贡遗址与岭南文化特点很相似,典型陶器饰绳纹、曲折纹的敞口折沿鼓腹圜底釜、罐、高领罐在岭南新时期晚期到青铜时代初期是常见器型,圈足盘则在珠江三角洲一带多见,但广西很少发现。从松贡遗址位置来看,通过海路与岭南的联系更方便,而陆路则较远,从这点来看,南海沿岸的海上交通已经在一定程度上开展起来了。平洲遗址的竹节高柄陶豆也属于汉文化系统,在泰国内陆的普隆遗址也有出现。沙莹文化的不少器物如圈足盘、釜、折腹罐及有"角"石玦等都常见于岭南。从这些情况来看,越南中部与岭南的交流主要是通过海路实现的。

越南南部地方特色浓厚，与岭南关系不多，只有部分因素与岭南相似，有肩和梯形石斧、铜斧、铜矛、铜戈、陶圈足盘、陶豆等在岭南也十分常见，有些应是从岭南传入或仿制品。

泰国青铜文化特色与岭南相去甚远，班清的彩陶和青铜镯不仅数量多，而且极有特色，但在岭南毫无迹象，岭南的大部分器物也不见于泰国，泰国发达的青铜冶炼技术也不见于岭南，但也有少量相似的文化因素显示出与岭南的零星关系。班清遗址陶器以圜底器和圈足器为主与岭南类似；器型中的圜底罐、圈足罐、折腹罐等在岭南也常见；还有流行在陶器腹部以一圈凸起的泥箍作装饰，班考遗址也有在口沿以凸起的泥箍作装饰的做法，在广西都安北大岭遗址发现一件在陶罐口沿装饰这种凸起的泥箍[48]，周边地区均没有发现这种做法，是否来源于东南亚大陆还有待更多的证据。班朗考出土的双肩石器和卷沿陶釜在岭南常见，高领球腹圜底罐在暖乌洛遗址也有发现，形制与桂西武鸣岜马山岩洞葬及那坡感驮岩遗址第二期的同类器物十分相似，班塔坎（Ban Tha Kae）遗址出土的高领折肩圜底罐也在感驮岩遗址第二期出现[49]。

东汉以后，岭南和越南北部都完全汉化，与中原文化基本同步，而东南亚大陆其他地区也进入了早期国家的阶段，彼此之间的关系也更密切，在史籍中有不少记载，语言学和民族学的研究也证明两地之间的文化密切相关，并且还有大规模的人群迁徙，从铜鼓的演变中我们可以看出一些线索。冷水冲型铜鼓最早在西汉中期形成越南北部的红河式，到东汉初期越南北部的地方文化被汉文化排挤到桂西南一带后其形制由红河式演变成邕江式[50]。但由于各地文化的地方性减弱而同一性增强，从考古学文化中就很难辨认出它们亲疏关系的程度来。

结　语

岭南与东南亚大陆从旧石器时代早期就开始发生关系，处于同一个砾石石器工业区，旧石器时代晚期东南亚大陆的石器工业受岭南的影响出现相似的特点。新石器时代以后两地之间的交流日渐增多，从生产工具、生活用具到宗教习俗和经济形态等方面都可看到岭南对东南亚大陆的影响。青铜时代开始中原文化也通过岭南到达东南亚大陆，当然东南亚大陆也对岭南施加了微弱的影响。至秦汉时期这种交流则逐步成为政府和民间的多层次大规模的政治和商业活动，其往来的频繁是毋庸置疑的。从两地内部来看，桂西与越南北部的关系最为密切，百越族系中的骆越主要包括了这两个地区，从文化上看也是一致的。越南中部、南部和泰国中部靠近暹罗湾一带与珠江三角洲的文化交流较多，是受南越文化影响较多的地区，从中也能看出南海海上交通的久远。而东南亚大陆内陆地区则与岭南关系较远，只有零星的交流而已。

注 释：

① 广西壮族自治区博物馆编：《百色旧石器》，94～108 页，文物出版社，2003 年。

②、⑤、⑨、⑬、⑱、㉜、㉝、㉞ （越）何文缙主编：《越南考古学》卷 I 《越南石器时代》，社会科学出版社，河内，1998 年。

③ 谢光茂：《广西旧石器时代考古回顾与瞻望》，《广西考古文集》（第二辑），科学出版社，2006 年。

④ 邓聪：《华南土著文化圈之考古学举要》，《东南考古研究》（第二辑），厦门大学出版社，1999 年。

⑥ 覃圣敏主编：《壮泰民族传统文化比较研究》（第一卷），512～516 页，广西人民出版社，2003 年。

⑦ 童恩正：《论南中国与东南亚的中石器时代》，《南方文明》，重庆出版社，2004 年。

⑧ 傅宪国等：《桂林地区史前文化面貌轮廓初现》，《中国文物报》2001 年 4 月 4 日。柳州市博物馆等：《柳州市大龙潭鲤鱼嘴新石器时代贝丘遗址》，《考古》1983 年 9 期。柳州白莲洞洞穴科学博物馆等：《柳州白莲洞石器时代遗址发掘报告》，《南方民族考古》（第一辑），四川大学出版社，1987 年。英德市博物馆等：《英德史前考古报告》，广东人民出版社，1999 年。广西壮族自治区文物工作队等：《广西桂林甑皮岩洞穴遗址的试掘》，《考古》1976 年 3 期。中国社会科学院考古研究所等：《桂林甑皮岩》，文物出版社，2003 年。

⑩ Charles Higham 2002. Early Cultures Of Mainland Southeast Asia. British Library Cataloguing – in – Publication Data. 覃圣敏主编：《壮泰民族传统文化比较研究》（第一卷），广西人民出版社，2003 年。

⑪ 中国社会科学院考古研究所广西工作队等：《广西邕宁县顶蛳山遗址的发掘》，《考古》1998 年 11 期。

⑫、⑯ 杨式挺：《试论西樵山文化》，《岭南文物考古论集》，广东省地图出版社，1998 年。

⑭、⑲、㉗、㊵、㊾ Charles Higham 2002. Early Cultures Of Mainland Southeast Asia. British Library Cataloguing – in – Publication Data.

⑮ 杨式挺：《石硖文化类型遗存的内涵分布及其与樊城堆文化的关系》，《岭南文物考古论集》，广东省地图出版社，1998 年。

⑰ 广西壮族自治区文物工作队：《广西隆安大龙潭新石器时代遗址发掘简报》，《考古》1982 年 1 期。

⑳ （越）Trinh Nang Chung：《中国广西大石铲文化与越南北部的关系》，《考古学》1999 年第 3 期（河内）。

㉑ Amara Srisuchat：《泰国的树皮布石拍》，《东南考古研究》（第三辑），厦门大学出版社，2003 年。

㉒ 邓聪：《华南土著文化圈之考古学举要》，《东南考古研究》（第二辑），厦门大学出版社，1999 年。

㉓ （日）吉开将人：《论 "T" 字玉环》，《南中国及邻近地区古文化研究》，（香港）中文大学出版社，1994 年。

㉔ 广西壮族自治区文物工作队等：《广西武鸣县岜旺、弄山岩洞葬发掘报告》，《广西考古文集》（第二辑），科学出版社，2006 年。

㉕ 中山市博物馆等：《中山历史文化图集》，1991 年。珠海博物馆等：《淇澳岛亚婆湾、南芒湾遗址调查》，《珠海考古发现与研究》，广东人民出版社，1991 年。广东省文物考古研究所编著：《博罗横岭山》，科学出版社，2005 年。香港古物古迹办事处等：《香港马湾岛东湾仔北史前遗址发掘简报》，《考古》1999 年 6 期。

㉖、㉗ 科林·伦福儒、保罗·巴恩著，中国社会科学院考古研究所译：《考古学理论方法与实践》，527 页，文物出版社，2004 年。

㉘ 李岩：《广东早期青铜时代遗存述略》，《考古》2001 年 3 期。

㉙ 广西壮族自治区文物工作队等：《广西那坡县感驮岩遗址发掘简报》，《考古》2003 年 10 期。广西壮族

自治区文物工作队：《广西先秦崖洞葬综述》，《广西考古文集》，文物出版社，2004 年。

㉚、㉜　邱立诚：《广东青铜文化的土著特色》，《考古与文物》1999 年 2 期。韦江：《广西先秦考古述评》，《广西考古文集》（第二辑），科学出版社，2006 年。

㉛　广西壮族自治区文物工作队等：《广西武鸣马头元龙坡墓葬发掘简报》，《文物》1988 年 12 期。广西壮族自治区文物工作队：《广西先秦崖洞葬综述》，《广西考古文集》，文物出版社，2004 年。

㉝　韦江：《广西先秦考古述评》，《广西考古文集》（第二辑），科学出版社，2006 年。

㉞　王大道：《云南青铜文化及其与越南东山文化泰国班清文化的关系》，《云南考古文集》，云南民族出版社，1998 年。

㉟　傅宪国：《泰国早期青铜文化的发现与研究》，《华夏考古》1996 年 4 期。

㊱、㊲、㊳　（越）何文缙主编：《越南考古学》卷Ⅱ《越南金属时代》，社会科学出版社，河内，1998 年。

㊴　肖明华译：《越南、柬埔寨早期青铜冶金的发展》，《云南文物》第 39 期。

㊶　广州市文物管理委员会：《西汉南越王墓》，文物出版社，1991 年。

㊷　广西壮族自治区文物工作队等：《广西那坡县感驮岩遗址发掘简报》，《考古》2003 年 10 期。

㊸　裴安平：《中原商代「牙璋」南下沿海的路线与意义》，《南中国及邻近地区古文化研究》，（香港）中文大学出版社，1994 年。

㊹　广东省文物考古研究所等：《广东博罗县园洲梅花墩窑址的发掘》，《考古》1998 年 7 期。广东省文物考古研究所：《广东博罗银岗遗址发掘简报》，《文物》1998 年 7 期。

㊺　（越南）郑生：《中国浙江信发现的东山铜鼓》，《中国古代铜鼓研究通讯》第十八期，2002 年 12 月。

㊻　邓聪：《再论人面弓形格铜剑》，《东南亚考古论文集》，香港大学美术博物馆，1995 年。

㊼　彭适凡：《中国南方古代印纹陶》，371 页，文物出版社，1987 年。

㊽　林强等：《广西都安北大岭遗址考古发掘取得重要成果》，《中国文物报》2005 年 12 月 2 日。

㊿　蒋廷瑜：《古代铜鼓通论》，106～107 页，紫禁城出版社，1998 年。

百越文化传播与交流的考古学证据

邱立诚

英文提要　Culture is the fruit of social activities of human beings. Many cultural phenomena witnesses the exchange and spreading of cultures. This paper observes the cultural phenomena from the "Hundred Yue" region which indicates the interrelationships of cultures. The author also labors on the important significance of cultural exchange and spreading.

文化是人类社会活动的产物，事实上，许多文化现象都带有人类活动中相互交流或传播的印记。本文从考古学的角度观察百越地区中部分具有相互关系的文化现象，并以此论述文化传播与交流的重要意义。

一　先越文化的传播与交流

1. 岭南史前考古文化中的良渚文化因素

本文所指的先越文化，是指百越文化分布区中越族形成以前的史前考古文化。良渚文化①是新石器时期的晚期文化，分布于浙江、上海和江苏地区。广东地区的同期考古文化中，与良渚文化关系最为密切的是石峡文化②，其文化遗物中，玉琮、石铲都含有浓厚的良渚文化因素；此外，陶器中的壶类，在良渚文化也多少可见相近的器物。玉琮是良渚文化高度发达的玉文化中具有宗教礼器用途的一种器物，在中华民族的古代文明发展过程中有重要的贡献，它那具有神秘感的兽面图案，给人以极大的震撼力。石峡文化的人们从东方的良渚文化中接受了玉琮这类神器所赋予的意念并进而制作这类用器，其思想意识也应有相当程度的感染。"石峡人"还将这种神器的观念向西传播，广东省封开县杏花鹿尾村新石器时代墓葬也发现这种玉琮③，即是一例。由此可见，在文化传播与交流中，史前时期的百越居民也有着大致相近的宗教观念。

石峡文化在有选择地与良渚文化进行交流之时，更多的是与江西的樊城堆文化进行交流和融合④，它们是文化面貌较为相近的两个考古学文化，是史前时期岭南北地区文化关系十分密切的两种先越人在同一时期进行生息活动的证据。

石峡文化主要分布于粤北区的曲江、始兴、翁源等地，向东在连平、和平一线，转向南到达河源、揭阳一带，向西可达西江上游的封开。在珠江三角洲地区，石峡文化的因素（如三足陶器、石铲等）在三水银洲遗址[⑤]、滨海的珠海高栏岛宝镜湾遗址[⑥]以及香港涌浪遗址[⑦]也可寻其踪迹。有意思的是，良渚文化的遗物也曾通过海路到达南海之滨。在广东海丰的田墘出土了四件玉器[⑧]，按其玉质、器形及兽面纹样考察，应为良渚文化之器，其中二件为石琮，是良渚文化南渐的物证。由于没有发现与之共存的陶器，目前无法判定是良渚文化的居民带来之物，抑或是南海之滨的居民从东海带回之物，但它是两地文化交流的结果则是毫无疑义的。良渚文化作为当时较为先进的史前人类的一支，其文化的南传对推动岭南地区社会的发展和进步无疑是有着深远的意义，并奠定了岭南北地区越人文化交流与融合的基础。

2. 有段石器与有肩石器的交流与融合

在百越地区，有段石器与有肩石器在考古学以及历史学上都有标志性的意义。从考古类型学的角度观察，有段石器和有肩石器作为石器中的标型器，它是百越地区中各考古学文化的组成部分，同时也是先越各族间有所区别的标识物。

综合观察，有段石器主要分布在浙闽与粤东区，也是良渚文化的内涵特征之一，良渚文化的有段石锛，与石峡文化的同类器几乎如出一辙，应是两地文化交流的结果。在广东，粤东与其他地区有着较为明显的差异，粤东区可以说是有段石器的分布区，它的来源也应是良渚文化间接的影响；该区可见少量有肩石器，是珠三角和粤西区有肩石器文化东传或东渐的见证。珠三角和粤西区则是有肩石器的主要分布区，西樵山遗址是有肩石器的最大的制作场[⑨]，它的输出或影响覆盖了广东的大部分地区，广西区也是有肩石器的主要分布区[⑩]，它的出现与广东区是否同源尚有不同看法，而海南区的有肩石[⑪]受到大陆区的传播与影响则是毫无疑问的。考古学比较表明，广东、广西与海南三地的有肩石器，其中有十分相近的一部分，也有明显差异的一部分，如海南区以长身、弧刃的石铲为其特色，而广西则以宽体、舌形刃的大石铲为其特点，广东区只是在近邻广西的地方有少量出土。这些不同点，正是其后形成南越、西瓯、骆越等越民族的地域基础。

粤北区由于受到有肩石器的影响，与有段石器结合而成有肩有段石器，石器中，有肩石器与有段石器又分别占有相当数量，构成了石峡文化中颇具特色的内涵之一。反过来，珠三角地区的有肩石器受到有段石器的影响，在其大体上呈方形的有肩石器中，也有部分加上了段的形态，成为另一种有肩有段石器。

总的来说，有肩石器与有段石器在广东区形成了三分天下的格局，即粤东区以有段石器为主，珠三角及粤西区以有肩石器为主，而粤北区以有肩有段石器、有肩石器和有段石器兼容混合为其特征，这种情况既是百越地区之间文化传播与交流以及融合的反映，也是土著文化与外来文化相互适应并加以改造的结果。

二　商周时期百越考古文化的交流

1. 垂囊盉与鸡形壶

垂囊盉是华东地区新石器文化的典型陶器之一，曾骐教授研究后指出，它出现于浙江河姆渡遗址，其后发展而演变成鸭形壶，可见于上海马桥、浙江江山肩头弄、福建光泽杨山等地新石器晚期遗存，在福建闽侯黄土仑遗址演变为鬶形壶，至广东东部则演化为鸡形壶[12]。这一过程既显现出文化的传播性，更重要的是体现了文化的影响力和感染力。鸡形壶在粤东的出现大体上已到了夏商之际，同时也表现出从东向西的发展态势，目前出土的情况是，最东的地点是饶平，然后是揭东、普宁、五华、龙川、和平等地[13]，其中以揭东和普宁数量最多，在龙川坑子里变化为圈足鸡形壶。最北是在和平，已接近江西的赣南，最西的地点是深圳，在咸头岭的一座墓出土一件鸡形壶[14]，应是从粤东顺海路所输入，最南的地点是香港马湾东湾仔的浮滨文化墓葬，出土的一件双流陶壶[15]，此器的基本形态与前述之鸡形壶已有较大的区别，而与垂囊盉更为接近。普宁后山遗址中多座墓葬都出土鸡形壶[16]，说明这类用器已为当地人所常用，他们的先祖或许有可能就是从江浙地区迁徙而来，到了粤东仍保留着先人们所习惯的用器，当然，器物的形体已有了较大的变化。

一般而言，华东地区的东夷族，其图腾为鸟，岭南地区出现的陶鸡形壶，既是当地居民怀念先祖的物品，也是他们所崇拜的鸟图腾的反映。由此可见，粤东地区的陶鸡形壶，正是联结华东地区与华南地区两地文化关系的实物，两地之间的文化、宗教、习俗等等，其传播途径及与土著文化的融合在这里表现得淋漓尽致。

2. 吴城文化与浮滨文化

吴城文化[17]是江西发现的商周时期的考古学文化，主要分布在赣江中下游及鄱阳湖西北岸一带。吴城文化作为一支较为发达的土著青铜文化，对分布于粤东与闽西南地区的同时期的浮滨文化[18]以强烈的影响。浮滨文化主要分布在粤东的榕江和韩江流域及闽西南的九龙江和晋江流域，它以施釉陶器、凹底陶器、多种形态的石戈、凹刃石锛和少量的青铜器构成颇具特色的考古学文化，其中釉陶大口尊、石戈和铜戈使我们感觉到与吴城文化的紧密联系，也由此而理解与商代二里岗大口尊、折肩凹底陶器有一定的文化渊源关系。发达的中原商文化正是通过吴城文化作媒介而间接地对浮滨文化给予了影响，并据此推测有一支来自中原或吴城文化地域的群体进入了浮滨文化分布区。这种影响还可从浮滨文化的石璋窥见一斑，因为作为祭祀礼器的牙璋在岭南的出现，毫无例外地是商文化南渐的产物。但这类影响是双向的，浮滨文化多种型式的石戈，所反映的从原始无阑戈到进步的有阑戈，这种演化进程在中原地区并不曾见到。

浮滨文化的内涵不仅体现与来自北面的联系，也有来自于东面的文化关系。浮滨文化的深盘直壁折腹釉陶豆，可以在福建昙石山新石器时代遗址[19]找到它的刍型；在江浙地区商周时期遗存中的同类器（包括原始瓷豆）也能观察到其间的相互关系，它的去向则是泛见于广东地区的浅盘斜折腹或深盘折腹原始瓷豆。这种发展与演变脉络有助于我们认识先秦时期百越地区间互动中的文化关系，它们是动态中的相互促进与影响，并由此而推动了社会的进步和王国或方国的建立。

3. 浮滨文化的西渐与东渐及其影响

就考古学文化的内涵而言，浮滨文化的分期目前还未能解决。但对其年代已有初步的认识，即大体与吴城文化同步，最早在商代中晚期，最晚在西周中期。浮滨文化的遗物或含有浮滨文化因素的遗物在浮滨文化区的外围已有较多的发现，如西面的汕尾海丰，北面的和平、蕉岭，东面的永春、永泰等地。浮滨文化的西渐，似乎更多的是从海路传播的，如增城石滩围山出土的釉陶豆残片、博罗横岭山248号墓出土的釉陶豆、香港大屿山蟹地湾出土的釉陶豆、香港马湾东湾仔C1044墓葬出土的釉陶壶和釉陶盂、珠海淇澳岛亚婆湾釉陶豆和釉陶壶残片、中山翠亨出土的陶壶等等[20]，都毫无疑问地属于浮滨文化的遗物。它们是浮滨人带去抑或是以商品贸易而出现并不重要，重要的是我们看到了文化的传播与两地文化的融合。深圳屋背岭墓地所见的大口尊、珠海前山水涌的一件大口尊、佛山南海大沥的一件大口尊[21]，其造型均可认为受到浮滨文化的强烈影响，珠海前山水涌大口尊底有圈足，饰席纹；南海大沥的大口尊为圜凹底，饰曲折纹，显然是当地的特征。在香港西贡沙下遗址的商时期遗存，出土一件直身、折腹、喇叭形圈足的黑皮豆，颇有浮滨文化釉陶豆的形态风貌。这类器物正是两种考古文化结合而诞生的物品。浮滨王国虽然拥有丰富多样的石兵器和先进的铜兵器，但其文化的西渐看来并不是依靠武力，浮滨人最终没有占领珠三角地区使之划进王国的地域。此外，不应忽视浮滨文化的釉陶器对周时期博罗梅花墩、银岗等窑场[22]原始瓷器的生产所起的影响，正是浮滨文化的西渐带来了施釉的技术使原始瓷器在珠三角地区泛起，并迅速成为原始瓷器的生产大户，缚娄国在这一区域的兴起当与此不无关系。自西周时期起，广东与江浙成为先秦时期两大原始瓷器生产基地，对中国瓷业的发展有着重要的贡献。

浮滨文化在其东面的北邻也有它的足迹或影响，邵武斗米山遗址出土的黑衣长颈折肩陶尊和轮旋纹长颈灰陶尊以及石戈，从中可见与浮滨文化有相关的链条；光泽积谷山遗址出土的长颈折肩陶尊，饰刻划曲折纹和棱格纹，还有原始瓷尊，多少映射出与浮滨文化的密切关联[23]。

三　两周秦汉时期越文化的南渐与西传

1. 夔纹与米字纹陶器的来龙去脉

两周时期的岭南地区，其考古文化以夔纹陶器与米字纹陶器最具特色[24]，也最能反映岭南与中原及其他越文化的关系。夔纹陶器主要分布在广东，其外围东至福建的漳州，北达江西的赣南和湖南的湘西，西面在广西的桂东地区。夔纹陶器的中心区域在珠三角地区，粤东北的五华、粤北的韶关一线与粤西的封开也是夔纹陶器较多的地方，而南路的阳江、湛江和东面的汕头则较为稀少。陶器上的夔纹起源问题目前尚未明了，关键是出现年代还不是很清楚，有学者认为在春秋，是受江浙吴越地区青铜器上的蟠龙纹变异的影响而出现；笔者认为在西周，是受到中原地区青铜器上的夔龙纹的直接影响而产生。商时期，岭南地区的印纹陶已发展到一个转折点，早些时候的漩涡纹、圆圈纹受青铜器上雷纹所影响逐步演变为规整的云雷纹。到西周，从平远石正的竖穴窑[25]发展到博罗园洲梅花墩的龙窑，陶器的火候有很大的提高，烧造出质硬、叩之有金属声的陶器和原始瓷器，也使精美的仿铜器纹样出现在陶器上成为可能，这类夔纹大都与云雷纹、方格纹呈带状组合于陶器上，其装饰技法与青铜器是一致的，这与岭南区青铜冶炼业不发达有很大的关系。相对而言，吴越地区青铜冶炼业较为发达，虽然陶器与原始瓷器也有很好的发展基础，但其注意力在铜器而非陶器，故陶器纹样大不如铜器。吴越地区春秋时期的青铜器上亦见"双f"形的龙纹，有学者据此认为是岭南陶器上的夔纹的源头。但以春秋时期岭南陶器上的夔纹已大为泛滥，此时才受吴越地区青铜器纹饰的影响似乎不大可能。又以浙江德清县春秋时期土墩墓出土原始瓷筒[26]，其上刻划有与夔纹相近的纹样，这种器物的造型明显属西南越人铜提筒的风格，由此看来，其纹样应更多地受岭南陶器上的夔纹的影响。依此，陶器上的"f"形夔纹虽源自岭北，但它与吴越地区同类纹样的相互关系，其传播或影响路线更多的可能是由西南至东北。至于夔纹陶器的消失，则有可能与米字纹的南渐和西进有关。

与夔纹陶器相反，米字纹陶器起源于华东地区，西周中期，宁镇地区就出现了饰重方格（回字）交叉纹的陶器，米字纹就是从重方格（回字）交叉纹简化而来的，此时约在西周晚期至春秋前期。赣闽地区出现米字纹陶器已在春秋晚期至战国早期，进入广东地区，当为战国中期开始。在华东地区，米字纹多与其他纹样组合成复合纹饰，并与云雷纹系列的纹样一起出现。在同一时间段，岭南区正是夔纹与云雷纹大行其道之时。米字纹样传入岭南区（含两广地区）之初，仍有部分与方格纹组成复合纹样，保留了入传时的原始型，但多数是以单一纹样来装饰于陶器表面。在战国晚期，有的米字纹又进一步简化，米字中间减去一横而成"水"字形纹（或称三角形纹）。到南越国时期，米字纹陶器仍有少量出现，尤其是海南地区，米字纹陶器的出现均已是南越国时期。由此可见，米字纹陶器是百越族群中流布最广的一种纹样，也是传播路线最为清楚的一种考古学文化因素。虽然各地越人使用的陶器形态有所区别，但使用同一种纹样，这是其文化趋同性的使然。当然，这是有其历史背景的，公元前355年，越被楚灭，由此，"越以此散，各族子南奔"，米字纹亦由此而向岭南区传播。可以说，米字纹陶器正是南奔的东越人怀念先人的一种物品，并被当地越人所接受而成为流行的纹饰。直至南越国灭亡，米字纹陶器才销声匿迹，被带戳印的方格纹所取代。夔纹陶器与米字纹陶器在岭南区的两种际遇，恰如其分地反映了百越间文化的传播与交流所产生的各地略有异同的社会物质形态，而为社会所接受的最终体现则是文化的融入性与融合性。

2. 从考古文化看秦汉时期东瓯（东越）与闽越、南越的关系

秦时南平百越之地，但越人的文化特色并未消失。自秦末起至汉代前期的一百多年间，越地中主要有闽越与南越两个属国。此外，在浙江南部有东瓯国，有认为即东海国，其地后为闽越国所领。闽越地中又有东越之称，即所谓"二王并立"。其次，闽越与南越之间又有南海国一说，其地望尚不清楚，有认为是遥封之国，实际上并不存在，此说还未成为定论。再者，南越国的西面有西瓯、骆越，其地虽被南越国所辖，但其首领亦称王。这些越人之间，种姓尚多，其文化之间虽有异同，仍可见相互间之密切关系非寻常可比。

从大的方面观察，这时期越地的宫室、官署，其建筑形制与材料均有浓厚的中原风格，反映了秦汉大统一对南方边陲所产生的巨大的影响[27]，如流行高台建筑；建筑材料以绳纹板瓦、筒瓦和云纹、箭镞纹、"万岁"瓦当为主要特征；宫室的局部铺有地砖。其次，汉式陶器如鼎、壶类以及铜器中的镜等器物，也多少显现了中原及楚地对越人的浸染，这是不应忽视的现象。但也应该看到，地方特色仍然是主要的，各越之间的陶器所呈现的大同小异的情况，正是其内在的认同性之纽带。闽越与南越常见的陶器组合是基本一致的[28]，如瓮、罐、瓿、盒、釜、盆、碗、钵，形体仅略有差异而已，尤其是瓿，是从东周时期华东地区开始出现，然后逐渐向南、再向西传播并保留至汉前期，型式略有变化，但基本形制没有大的改变，可说是这一时段越人的典型器皿。陶器纹饰则略有差别，除水波纹、弦纹、篦点纹和方格纹是常见的、普遍的纹样外，带戳印的方格纹成为南越国陶器纹样中的地方特点，这是从岭北的封泥演化而来转而用于陶器装饰上。在岭南地区，这种装饰风格甚至影响了整个西汉时期，直到东汉才式微、衰落并逐步消亡。

历史往往有惊人的相似，闽越和南越两国，其立国与消亡的时间都很接近，闽越在东周时已立国，但秦时被废，汉高祖五年复立（公元前202年），至汉武帝元封元年（公元前110年）灭亡，依此，汉代之闽越国存在时间为92年[29]；南越国则立于汉高祖

三年（公元前 204 年），灭亡于汉武帝元鼎六年（公元前 111 年），存在时间为 93 年[30]。两地的考古文化所表现的一致性或相似性，是因为他们有着同一渊源关系的民族性，这种民族性有地缘相接的一面，更多的理由应是文化的积淀及其传播与融合的结果所使然。虽说百越之地，社会发展相对滞后，越人因掠夺财富而产生"好互相攻击"，但因为"唇齿相依"、"唇亡齿寒，"闽越对南越采取"阴持两端"[31]的态度也就得到合理的解释。

四　结　语

　　百越之地的文化传播与交流可以上溯至距今一万年前后的中石器时代。以细小石器为特色的"漳州文化"[32]，其分布范围达到粤东的南澳和丰顺，并向西传播至广州南郊番禺飘峰山[33]，这种情况有可能是人群的迁徙所致，也有可能是文化传播之显现。新石器时代沿海地区的贝划纹陶器表现出较多的文化趋同性，但同时也有文化的多样化，东南地区的河姆渡文化、良渚文化与珠江口两岸地区受长江流域大溪文化影响的含彩陶、白陶的遗存，表现出较大的文化差异；主要分布于粤北的石峡文化也与沿海地区的沙丘遗址和贝丘遗址在文化面貌上有相当的距离。但以圜底的夹砂陶釜为最大特点的"釜文化"始终是百越区最大的共同点，它与中原及楚地的"鬲文化"形成鲜明的对比。商周时期，中原及楚地的青铜文化给予百越区强烈的影响，各个越人区或多或少接收了许多外来的文化因素，但"釜文化"却岿然不动，"鬲文化"终究不能入侵越地，这种文化的向心力和认同感是令人震撼的。越人之间的文化传播与融合，是形成民族风格及内部族群纽带的主要原因，而外来的文化因素所产生的精神上、观念上或物质上的冲击波，是造成族群内部不稳定的强大动力，同时又是推动社会进步的客观条件。

　　（附记：本文原载《越文化实勘研究论文集》，中华书局 2005 年版。收入本刊时，作者对部分内容做了修改）

注　释：

① 《文明的曙光——良渚文化》，浙江人民出版社，1996 年。

② 苏秉琦：《石峡文化初论》，《文物》1978 年 7 期。

③ 杨式挺等：《广东封开杏花河两岸古遗址调查与发掘》，《考古学集刊》第 6 辑，1986 年。

④ 李家和等：《再论樊城堆——石峡文化》，《东南文化》1989 年 3 期。

⑤ 李子文：《广东三水市银洲贝丘遗址发掘简报》，《考古》2000 年 6 期。

⑥ 广东省文物考古研究所等：《珠海宝镜湾》，科学出版社，2004 年。

⑦ 香港古物古迹办事处：《香港涌浪新石器时代遗址发掘简报》，《考古》1997 年 6 期。

⑧ 杨少祥等：《广东海丰县发现玉琮和青铜兵器》，《考古》1990 年 8 期。

⑨ 曾骐：《珠江文明的灯塔——南海西樵山古遗址》，中山大学出版社，1995 年。

⑩ 彭书琳等：《试论广西的有肩石器》，《纪念黄岩洞遗址发现三十周年论文集》，广东旅游出版社，1991 年。

⑪ 杨式挺：《略论粤、港、海南岛的有肩石器和有段石器》，《东南亚考古论文集》，香港大学美术博物馆，1995 年。

⑫ 曾骐：《潮汕史前文化的新研究》，《潮州学国际研讨会论文集》，暨南大学出版社，1994 年。

⑬ 邱立诚等：《广东揭阳先秦遗存考古调查》，《南方文物》1998 年 1 期。

⑭ 深圳市博物馆等：《深圳市大鹏咸头岭沙丘遗址发掘简报》，《文物》1990 年 11 期。

⑮ 香港古物古迹办事处等：《香港马湾岛东湾仔北史前遗址发掘简报》，《考古》1999 年 6 期。

⑯ 广东省文物考古研究所：《广东普宁市池尾后山遗址发掘简报》，《考古》1998 年 7 期。

⑰ 江西省文物考古研究所等：《江西樟树吴城商代遗址第八次发掘简报》，《南方文物》1995 年 1 期。

⑱ 邱立诚等：《论浮滨文化》，《潮学研究》第 6 辑，汕头大学出版社，1997 年。

⑲ 闽侯县石山遗址的泥质黄陶豆，见《福建文博》2002 年 2 期，彩色插页二。

⑳ 邱立诚：《广东先秦时期考古研究的新进展》，《岭南考古研究》第 2 辑，岭南美术出版社，2002 年。

㉑ 邱立诚：《广东先秦时期考古研究的新进展》，《岭南考古研究》第 2 辑，岭南美术出版社，2002 年。

㉒ 刘成基：《广东博罗园洲梅花墩窑址的发掘》，《考古》1998 年 7 期；邓宏文等：《广东博罗银岗遗址第二次发掘》，《考古》2000 年 6 期。

㉓ 光泽崇仁积谷山遗址、邵武斗米山遗址，见《福建文博》2002 年 2 期，彩色插页三、四。

㉔ 邱立诚：《论广东地区两周时期的考古文化》，《广东省文物考古研究所建所十周年文集》，岭南美术出版社，2001 年。

㉕ 广东省博物馆：《广东平远县西周陶窑发掘简报》，《考古》1983 年 7 期。

㉖ 马希桂：《文物鉴赏丛书——古瓷器》，6~8 页，上海古籍出版社，1997 年。《浙江青瓷》图版 3，香港大学冯平山博物馆出版，1993 年。

㉗ 邱立诚：《粤闽地区汉代建筑遗址的研究》，《冶城历史与福建城市考古论文选》，海风出版社，1999 年。

㉘ 杨琮：《闽越国文化》图一七，福建人民出版社，1998 年。

㉙ 杨琮：《闽越国文化》，17~18 页，福建人民出版社，1998 年。

㉚ 张荣芳等：《南越国史》，广东人民出版社，1995 年。

㉛ 《汉书·闽粤传》。

㉜ 尤玉柱主编：《漳州文化》，福建人民出版社，1991 年。

㉝ 邱立诚：《广东先秦时期考古研究的新进展》，《岭南考古研究》第 2 辑，岭南美术出版社，2002 年。

番禺是西汉海外交往最主要的南方港口

赵善德

英文提要　This paper starts with differentiating the two concepts "departure port" and "chief port". It urges that it is the chief port instead of departure port which can reflect the truth of history. Then based on archaeological material and historical literatures, this paper studies the geographical environment, economic foundation, commercial settings and routes of transportation of the ports mentioned in Hanshu Dilizhi. The author believes that Fanyu takes the lead among the south seaports for oversea communication in the Western Han Dynasty, then Hepu comes the second, Xuwen the third, and Zhangsai of Rinan is only a very – short exited seaport.

《汉书·地理志》的这段文献是本文讨论的中心资料（下称地理志文献），先录出以便于行文。

（粤地）处近海，多犀、象、玳瑁、珠玑、银、铜、果布之凑[①]，中国往商贾者多取富焉。番禺（今广州），其一都会也（下称前段文献）。

自合浦徐闻南入海，得大州，东西南北方千里，武帝元封元年（前110年）略以为儋耳、珠崖郡……（以下54字述海南岛的情况，省之）。自初为郡县，吏卒中国人多侵陵之，故率数岁壹反。元帝时（初元三年，公元前46年）[②]，遂罢弃之（下称中段文献）。

自日南障塞（今越南岘港）、徐闻（今徐闻）、合浦（今北海）船行可五月，有都元国（今越南南圻一带）；又船行可四月，有邑卢没国（今泰国华富里）；又船行可二十余日，有谌离国（指暹罗古都佛统）；步行可十余日，有夫甘都卢国（今缅甸蒲甘地区）。自夫甘都卢国船行可二月余，有黄支国（今印度东岸建志补罗），民俗略与珠崖相类。其州广大，户口多，多异物，自武帝以来皆献见。有译长，属黄门，与应募者俱入海市明珠、璧琉璃、奇石异物，赍黄金杂缯而往。所至国皆禀食为耦，蛮夷贾船，转送致之。亦利交易，剽杀人。又苦逢风波溺死，不者数年来还。大珠至围二寸以下。平帝元始中（公元1～5年），王莽辅政，欲耀威德，厚遗黄支王，令遣使献生犀牛。自黄支船行可八月，到皮奈（今印度尼西亚苏门答腊岛西北部一带）；船行可二月，到日南、象林（日南郡属县中最南一县，今越南广南维川南茶轿地方）界云。黄支之南，有已程不国（Sihadvipa，意为狮子洲，今斯里兰卡），汉之译使自此还矣[③]（下称后段文献）。

一　关于"始发港"的提法

由后段文献知汉武帝时"南海丝绸之路"已经兴起。这方面的研究由来已久，成果丰硕[④]。1980年代末1990年代初，为配合和参与联合国教科文组织的"丝绸之路"综合研究活动，又掀起研究热潮，增添了新成果[⑤]。最近，分别在广东省的湛江徐闻、雷州和广州市召开了与此相关的学术会议，成果也已陆续问世[⑥]。但由于后段文献中仅出现西汉版图中的三个地名，而多数学者只援用后段文献[⑦]，因此番禺是不是"南海丝绸之路"的"始发港"，便成了论题。

"始发港"或"始发港之一"的提法，似本于后段文献中的"自"字。其实这里"自……"，当解释为"从这里计算起……"。因为从广东徐闻或广西合浦出发，均需经过日南，而且航程或航行时间均相近，因此这实际是两条在日南合二为一的航线（从日南航行到都元国，无需5个月，故计算的起始港口应是徐闻或合浦而不是日南）。这样，徐闻和合浦都是"始发港"了。本来"始发港"的提法就暗示着其他港口是中转港，因此后来就生出了"始发港之一"的提法。

其实，海船货运都是沿途泊港补给和卸货、装货的；在一条航线上，只要在某一港口装、卸主要货物，它就是主要港口。例如，这种情况是可能存在的：某些货船在雷州装载了10～20%的货物，起航到徐闻，补充一些淡水、粮食和再装载80～90%的货物，然后远航。若按这种提法，"始发港"应是雷州，但它只装载了10～20%的货物，并不比徐闻重要。又例如，某些货船在番禺装载了80～90%的货物，航行到徐闻再装载10～20%的货物，然后远航。若按离开边境才算"始发"的提法[⑧]，始发港应在徐闻，但这时徐闻并不比番禺重要。因此"始发港"的提法并不能准确地反映历史实际。所以本文提倡使用"主要港口"而不沿用"始发港"或"始发港之一"的提法。

二　番禺是西汉海外交往中的最主要港口

一个重要港口能否生成和发展，必须具备诸如自然、商业和运输等方面的优越环境。下文主要利用考古资料，考察比较地理志文献提及的日南、徐闻、合浦、番禺四个港口及其相关地区这几方面的情况，以说明哪个港口是主要的或次要的。

（一）日南障塞

汉武帝平定南越国后设日南郡，其建制当与北方边郡略同。当时边郡的部都尉直属于郡太守，兼主屯兵、屯田之事，守若干塞（或名障、障塞）。塞由候统辖而与塞尉直属若干部。部有候长、候史，下辖数隧。隧有隧长，率卒数人[⑨]。《居延新简》中的"候粟君所责寇恩事"册说东汉建武初年，客民寇恩受甲渠候粟君雇佣运鱼到（角乐）得出售，二人后因经济纠纷而最终发生狱讼。又说，有些"候"甚至私铸钱币，干起"盗发冢"勾当来[⑩]。可见两汉之际边郡官吏从事商业活动以牟取暴利的普遍和严重程度。由此看来日南郡的太守、候和塞尉经营商业也是完全可能的。因之，西汉王朝的船队到达日南障塞时，在此补充货物或其他给养；或者今东南亚诸国来华商船在此暂作泊靠，卸下部分货物再行北上，都是可能的。

然而，这个障塞不一定与日南郡治（都尉府治）或候官（候之官署）同为一地，例如后段文献中涉及的象林，就是黄支国使者泊靠的港口，但并非日南郡治，也不一定是县治[⑪]；也无法排除在日南郡某地设置了障塞只是汉武帝时昙花一现的事情。

因为汉元帝竟宁元年（前33年）匈奴呼韩邪单于入汉，"请罢边备塞吏卒，以休天子人民。天子令下有司议，议者皆以为便。郎中应候习边事，以为不可许。"后来元帝使车骑将军口谕单于曰："中国四方皆有关梁郡塞，非独以备塞外也。"[⑫]请注意"议者皆以为便"句。又，《后汉书·郡国五》最后有司马彪一段话："世祖中兴，惟官多役烦，乃多并合省郡、国十，县、邑、道、侯国四百余所。"刘昭在该处注曰："世祖中兴，……边陲萧条，靡有孑遗，郭塞破坏，亭队绝灭。"

这两条文献说明至西汉晚期，郭塞破坏，亭队绝灭，是真实的；而且在多数"议者"看来，也不必去缮治它。北方的郭塞尚且如此，远离大陆的日南郭塞就更难长久维持了。

支持这种判断的还有西汉航海造船的由盛转衰和罢郡之事实。武帝建元三年（前138年），"闽越围东瓯，东瓯告急。遣中大夫严助持节发会稽兵，浮海救之。未至，闽越走，兵还。"元鼎六年（前111年）"秋，东越王余善反，攻杀汉将吏。遣横海将军韩说、中尉王温舒出会稽，楼船将军杨仆出豫章，击之。"[⑬]这说明，至汉武晚年，西汉沿海地方政权制造海船和海军作战能力之强。

平定南越前夕，因为"是时越欲与汉用船战逐"，于是大修昆明池"治楼船，高十余丈，旗帜加其上，甚壮。"[⑭]陷番禺时，"吕嘉、建德以夜与其属数百人亡入海"，"（伏波）遣人追。故其校司马苏弘得建德。"[⑮]南越国之河船、海船装备，也如此"甚壮"！元封二年（前109年），"遣楼船将军杨仆、左将军荀彘将应募罪人击朝鲜"[⑯]；"（元封五年）冬，行南巡狩……自浔阳浮江，亲射蛟龙江中，获之。舳舻千里。"[⑰]这次巡幸江海的规模更大。

所以说，汉武帝建元至元封（前140～前105年）年间，巡幸江海诸事频繁，这是西汉航海造船的高峰。但自此之后，史籍中非但未见与海河巡幸相关之事，反倒是因为反逆或大旱、冬无冰以至"罢郡"之事不绝于史。例如，始元元年（前86年），益州廉头等（西南夷别种名）二十四邑皆反；始元五年，罢儋耳、真番郡；元凤五年（前76年），秋，罢象郡，分属郁林，牂柯；甘露二年（前52年），夏四月，遣护军都尉禄将兵击珠崖；初元三年（前46年），珠崖郡山南县反，博谋群臣。待诏贾捐之以为宜弃珠崖，救民饥馑。乃罢珠崖[18]。

广州汉墓获南越国时（即前219年～前111年）的木船模型5件[19]；东山出土的还是彩绘楼船，惜未可复原[20]。要之，随葬品反映人们的欲望，模型并非出于大墓，表示了社会对船的普遍需求。进而说明，南越国的造船业已具相当规模。但西汉中期（至元、成之际）墓所出的木船模型仅有2件[21]，而未见西汉后期（至建武初年）的木船模型。从中了解到广东的航运业也受大背景的影响，经历由盛转衰的过程。

海外边郡的经济发展，是到了西汉末东汉初才开始有起色的："九真俗以射猎为业，不知牛耕，民常告籴交趾，每致困之。"建武初，任延为太守，"乃令铸作田器，教之垦辟。田畴岁岁开广，百姓充给。"[22]"平帝时（公元1～5年），汉中锡光为交趾太守，教导民夷。渐以礼义，化声侔于延。……岭南华风，始于二守焉。"[23]

综合当时的历史情况，均不支持日南郡塞成为相对持久的主要港口；也可能仅是汉武帝时中国远航船只临时泊靠的地点而为地理志文献所提及。

（二）徐闻

唐李吉甫说："雷州徐闻县，本汉旧县……汉置左右候官，在徐闻县南七里，积货物于此，备其所求，与交易有利。故谚曰：欲拔贫，诣徐闻。"[24]西汉王朝意识到徐闻对控制海南岛和有效管辖交趾、九真、日南的重要地位，故在此设候官，而候利用候官的仓库，囤积货物，进行贸易，是完全可能的。这也是候官军需职能的延伸[25]。结合上引汉简所知的汉边郡官吏从事商业活动的情况，可信。

距唐徐闻县治（今麻鞋村）南约7里，即雷州半岛最南端的滘尾湾。现在湾的北部是一片塱地，其间生长着红树林等近岸植物。一条小河自塱地北缘山后逶迤南来，水面逐渐宽阔。湾南面临琼州海峡，近岸水域仍较深。再南远望见三个小州，即清宣统《徐闻县志》中所说的"前临海，峙三墩"。就地理景观言，完全具备主要港口的条件。

1990年，考古工作者在湾两侧隶属于五里镇的仕尾村、二桥村和南湾村一带进行考古调查，采集到板瓦、筒瓦、瓦当和陶片等遗物，乃至"万岁"瓦当和1枚阴刻着"臣固私印"的铜印；1993年又在二桥村东缘临湾的高地上发掘了350平方米。出有墓葬、灰坑、房基和水井。1号墓、2号房基和②C层的年代或为西汉前期，其余则为西汉中期；文化遗存较丰富[26]。又承当地考古工作者告知，2001年夏季还抢救性地清理了几座东汉砖室墓。再联系到以往和最近在此地周边地区的考古发现可知[27]，这里的聚落群略具规模，延续时间较长。甄定为港口遗址不会有什么问题。然而它要成为一个主要港口，还欠缺其他条件。例如，

港口腹地经济的发展水平较低："（徐闻）不产谷实。而海出珠宝，与交趾比境，常通商贩，贸籴粮食。"[28]既然徐闻直至东汉还不生产粮食，西汉时的经济发展水平应当更低。平心而论，上引考古材料中，属于西汉的还很单薄，滘尾湾附近的聚落是在西汉逐渐生成，到了东汉才略具规模的。

又如交通路线，其海路部分应为：横渡琼州海峡后沿着"东西南北方千里的大州"（即今海南岛）的西岸航行到达其西南端某地，休整补给后直航日南郡塞，便与合浦航线合二为一。这段航程近250公里，虽需"横渡"琼州海峡和北部湾南海口，但根据表层海流的情况[29]，以及当时的造船水平和航海技术[30]，不会太难。徐闻港通往内地的路线是由鉴江或南流江而上，经玉林平原，入西江溯其支流漓江而上，过灵渠入湘江，进入长江水系。有认为这虽然几经周折，但在航海技术落后的条件下，这条商路终究是较安全的[31]。但我们认为这段路并不安全也不便捷：第一，有一段100余公里的艰辛陆路。相对于水路来说，陆路效率低，难防强盗杀人掠货，更有甚者还有包括老虎在内的猛兽[32]。第二，上述路线最终要利用灵渠进入长江水系，那么要全走水路的话，则可经番禺溯西江更为便捷，如此番禺的重要作用也就凸现了。

因此说徐闻只是一般重要的港口。

（三）合浦

"合浦郡，武帝元鼎六年开。莽曰桓合。属交州。县五：徐闻，高凉，合浦（有关。莽曰桓亭。），临允，朱卢。都尉治。"[33]虽然合浦不是首县，但设关。可见，西汉王朝把合浦看成一个要地。

西汉合浦县治在今广西合浦县东北。根据蒋廷瑜研究员等提供给"海上丝绸之路与中国南方港学术研讨会"的论文得知，原来的合浦海湾，虽然已被南流江和海水回流夹带的泥沙淤积成大面积的冲积平原和三角洲，但西汉时却是南流江的入海口，环境优越。考古调查发现，合浦县城廉州镇东南、西南侧，约有汉墓5000座，这些汉墓距离现在海岸5～20公里不等，已出土的墓葬随葬品中也不乏舶来品或与之有关的遗物。说明当时生产发展，聚落规模大，商业和手工业繁荣。《盐铁论·力耕第二》云："美玉珊瑚出于昆仑，珠玑犀象出于桂林。"可见这里作为一个港口，在西汉中后期已有相当影响。这里通往内地的路线多为水路，即溯南流江走到尽头，再陆行约20公里，可在今广西北流市进入北流江，顺水进入西江，再溯漓江经过灵渠进入长江水系。

综合上述资料，可说合浦港基本具备了海外贸易主要港口的条件，应是一个比较重要的港口。

（四）番禺

1. 地理环境和经济基础

东周以降，珠江三角洲冲积平原迅速形成，战国晚期这里可能居住着 70 万～80 万人口[34]。而番禺地处珠江三大干流的汇合处，北倚低山丘陵，南面网河平原，均可充分利用"山"、"水"的丰富资源；东西数百里肥沃的冲积平原，利于农耕。驻足于此可信言"负山险阻，东西南北数千里。"[35]

具备了这样的基础，经过南越国近百年的经营，社会经济已有很大的发展。概而言之，南越国时有都城、港口、边关、农业等种类多样的聚落分布各地。人们主要用铁或铜质工具进行农业生产，主食有水稻、黍和粟，副食丰富多样。陶器已发展到了顶峰。漆器的工艺水平还不高，但却是官营的。从木椁室的情况可知，当时已能建造大开间的房屋。纤维布为一般平民的衣着。丝织品乃贵族的衣料，而最高贵族则视之如草筥。这些本地制作的丝织品中，既有代表当时最高工艺水平的锦，也有最高质量的"冰纨"和朱绢，还有颇具特色的黑油绢和砑光云母绢[36]。

2. 商业传统和商业活动

太史公云番禺"乃珠玑、犀、玳瑁、果布之凑。"[37]又说，"故待农而食之，虞而出之，工而成之，商而通之。此宁有政教发征期会哉？人各任其能，竭其力，以得所欲。故物贱之征贵，贵之征贱，各勤其业，乐其事，若水之趋下，日夜无休时，不召而自来，不求而民出之。岂非道之所符，而自然之验邪？"[38]从这段话中可了解到司马迁已多少理解了一般经济规律：农产品，民既赖之为生，也是"工"的原料，而商业促使了手工、农产品（商品）的流通。商品的价格低需求就大，价格高需求就少，自然调节，这就是"道"，非人为所能改变。进而言之，太史公是相对了解了南越国经济情况才将番禺列为一大都会的。

东周时，珠江三角洲冲积平原已形成以陶瓷为纽带的贸易交往圈，而且可能通过水路将其影响扩大到沿海和海外岛屿，番禺很可能就是这个贸易圈的中心[39]。

汉武帝建元六年（前 135 年），番阳令唐蒙出使南越，从吃蜀产的枸酱中打听到"南越以财物役属夜郎"的岭南贸易事实[40]；又，"程郑，山东迁虏也，亦冶铸，贾椎髻之民"[41]，椎髻之民即越人[42]。可见南越国人商业意识之强和商业活动的频繁。

广州南越国时的 1134 号墓和 1153 号墓，棺椁大而精致，随葬品丰富。前者出有 15 件陶质犀角模型和 1 件漆器扁壶，壶外表髹黑漆，两面各以朱漆绘一犀牛；后者出有陶质象牙和犀角模型。一般认为，犀牛产自东南亚、印度和非洲，因此当时可能有生犀或犀角由海路输入[43]。进而可说其墓主人可能是进行贸易交往而"千金之家比一都之君"的"素封"[44]。

南越王墓主墓室出土的银盒（D2）不类中土所制，但在西亚波斯帝国时期的金、银器中却不难找到与之相类似的标本[45]；32 枚金花泡（D138），其焊珠工艺与中国传统的金银细工不同，而巴基斯坦坦叉始逻遗址中出土的用此焊珠工艺制作的多面金珠可早到前 3～2 世纪[46]。西耳室出土的原支大象牙一捆（C254），辨认出是 5 根象牙并排堆放，经过对比，确认为非洲的象牙[47]；一个漆盒内重 26 克的树脂状药物，不排除它是乳香，两汉岭南和其他地方出土的熏炉均较普遍，它是用于焚熏乳香的，而乳香主要产于红海沿岸[48]。

上述都是舶来品的物证，正合《淮南子·人间训》中所记录的"犀角、象齿、翡翠、珠玑"。进一步说，南越国已与海外有较频繁的交往；经营海外贸易活动而致富的也不乏其人。

这种传统到了西汉中晚期仍在发挥作用。也可举出一些输入品和输出品的实例：此时"出土的玻璃珠中，西汉后期的一个样品（3019：58），经过化验，所含元素中的铅、钡成分是微量或没有，这与我国古代玻璃经由中外有关单位化验所得的共同结论是属于低温的铅钡玻璃系统截然不同，反之，与西方的古代玻璃相类。……广州所出的（玛瑙，如 3029：70、3028：33）正如琥珀制品一样，恐怕不会来自云南，应为海外输入。"[49]再看表一以了解总体情况。

表一　　　　　　　　　　《广州汉墓》出土部分与舶来品有关的器物统计

器类　时期	南越国 182 墓	西汉中期 64 墓	西汉后期 32 墓	东汉前期 41 墓	东汉后期 90 墓
陶熏炉	16/15 8.2%	7/7 11%	14/13 41%	21/21 51%	42/41 46%
陶灯俑	无 无	1/1 6%	6/5 15.6%	2/2 4.9%	7/7 7.8
珠饰	3/3 1.6%；1	144/12 19%；12	2849/19 59%；150	3502/16 39%；219	多已被盗，无 法统计

说明：（1）表中"/"左方的数字表示该器类的出土数量，右方的表示出土该种器物墓葬数量。（2）百分数是指出该种器物的墓葬数量与所属时期墓葬总数量之比。（3）珠饰栏百分比后的数字是出土珠饰的墓葬中，平均每座墓所出的数量。

该表所反映的情况是：

陶熏炉　被认为是熏燃输入的龙脑香的，出土量的多寡可大致说明龙脑香输入量的多寡。为了说明其普及程度，未将铜熏炉统计在内。表中的百分比随时间的推移呈递增趋势。

陶灯俑　这种俑的形象与"原始马来族"人接近，它的"模特"可能是中国船队带回，也可能是印度商人贩来而成为贵家豪族家内"奴隶"的[50]。自西汉中期出现后，比较多见。

珠饰　其质料多样，但可肯定其中的部分为输入品。总数量和平均每座墓的出土数量均呈递增趋势。

在印度尼西亚婆罗洲的三代、莫得其利和中爪哇均曾发现汉代的陶器[51]。《广州汉墓》第479页云："加里曼丹出土的一件印圆圈纹的陶魁，与广州西汉后期到东汉前期的同类器形极为相似。"因此很难排除这些陶器与番禺输出无关。

上述的日南、徐闻和合浦无法列举如此丰富的、与商业活动有关的实证。

3. 交通路线。

由番禺通往当时的洛阳、长安有多条路线。一是越城道：由西江进入漓江，经过灵渠进入长江支流湘江，然后顺畅地航运长江。二是九嶷山道：在西江封开进入其支流贺江，经过一段陆路过萌渚岭到达岭北的沱江、湘江，进入长江水系。汉初陆贾出使南越国走的就是这一路线。三是骑田道：走北江，可在连江口进入其支流连江，也可在韶关进入武水，越骑田岭进入春陵水而到达长江水系。四是大庚道：从北江的韶关进入浈水，越大庾岭从岭北的赣江进入鄱阳湖而达长江水系[52]。比较之，越城道无须走陆路，当最便捷。实际上，上面所说的徐闻（乃至合浦）若完全舍弃陆路而走水路，也可以沿海岸航行进入番禺而汇入此越城道。

当然，南越国都城番禺若因为楼船将军火焚之而导致汉武帝时"郡治南迁"，则会衰落而不太可能成为主要港口。但麦英豪先生已有专论否定了南迁[53]。补充之，火焚为《汉书》所记，但未有提及南迁；南迁之说始于明晚期的记载。对待历史事件记述的参商，当以成书早的正史为准。"番禺乃一都会"，并非仅汉武帝时成书的《史记》所言，而经过四人（即彪、固、昭、续）之手，阅三、四十年于东汉和帝时成书的《汉书》，言之更详。既言之为都会也就很难说其衰落或南迁。另，如《表一》所见，广州所发掘的西汉中、后期（跨130多年）的墓葬仅96座，而西汉前期（约110年）的则有182座，孤立地看是有衰落的嫌疑。但是，即使是衰落也只是人口的减少，而舶来品和输出品却是增多了。再，如上文所述，木船模型的少见、罢郡等现象也都反映出经济的衰落，但这种衰落是全国性的，是西汉后期相对于南越国、汉武帝时期而言的，不是番禺相对于"番禺南六十里"的所谓"新郡治"而言的。总之，很难相信雄才大略的汉武帝会放弃地理环境如此优越又经过100多年经营的都会，而在一片荒芜之地建设一座新郡治。

剖析上述几个港口情况不难发现，番禺无论是地理环境和经济基础，还是商业环境和交通路线，都是最优越的；而且在广州西汉墓的随葬品中也不乏与海外交往的物证，理应为最主要的港口。但是史家班固却未在后段文献中提及，引起了现代史学家的讨论。

地理志文献后段虽未提及番禺为出海港，但在前段文献中，言之凿凿"（粤地）处近海，多犀、象、玳瑁、珠玑、银、铜、果布之凑，中国往商贾者多取富焉。番禺，其一都会也。"既然番禺是货物集散，"商贾多取富"的大都会，那么，西汉南海丝绸之路始发港在番禺，出海港在徐闻就不矛盾了[54]。也就是说，前段文献中既然已经提及都会番禺，后段文献也就不必重复了。

因此说，番禺是西汉海外交往中最主要的南方港口。

注　释：

① 广州市文物管理委员会等：《广州汉墓》，478 页，文物出版社，1981 年，主要援引韩淮淮《龙脑香考》（《南洋学报》第二卷第一辑）认为，"果、布"并非两种物品，而是盛产于今东南亚一带的一种香料，叫"果布婆律（Kapur Barus）"，或"婆律"（马来语龙脑香下半 Barus 之音译），或"果布"（为上半 Kapur 的音译），或称"果布婆律"。从之。

② 《汉书·元帝纪》，283 页，中华书局标点本，1962 年，下同。

③ 《汉书·地理志》，1670～1671 页。又，文中古今地名对照依《中国大百科全书·中国历史·南海交通》（光盘版）。

④ 请参陈佳荣：《西汉南海远航之始发点》之附录部分，《广东省博物馆集刊》，1999 年。

⑤ 当时主要出版了几种著作：A、《南海丝绸之路文物图集》，广东科技出版社，1991 年。B、《广州与海上丝绸之路》，广东省社会科学院，1991 年。C、《论广州与海上丝绸之路》，中山大学出版社，1993 年。D、《南海"海上丝绸之路"始发港/雷州城》，海洋出版社，1995 年。

⑥ 前期的成果请参考《岭南文史》2000 年第 4 期（湛江专刊）和 2001 年第 3 期：章深：《广州"海上丝绸之路"及其相关研究的新进展/"广州与'海上丝绸之路'学术座谈会"评述》。后期有：《海上丝绸之路与中国南方港学术讨论会论文集》；黄启臣主编：《广东海上丝绸之路史》，广东经济出版社，2003 年。

⑦ 中山大学黄启臣教授注意到了前段文献的重要性，但未充分发挥，请参黄启臣：《徐闻是西汉南海丝绸之路的出海港》，《岭南文史》2000 年 4 期；陈佳荣先生引全了，但未将三段文献结合起来论述，请参陈佳荣：《西汉南海远航之始发点》，《广东省博物馆集刊》，1999 年。

⑧ 曾昭璇等：《广州：古代海上丝绸之路的起点城市》，广东省社会科学院出版：《广州与海上丝绸之路》，1991 年。

⑨ 陈梦家：《汉简辍述》，68、210 页，中华书局，1980 年。

⑩ 甘肃省文物考古研究所等：《居延新简》，475～478 页，文物出版社，1990 年。

⑪ 一般认为象林即日南郡最南的一个县，这个停泊港口之地即为县治，但没有实证。

⑫ 《汉书·匈奴传》，3803～3805 页。

⑬ 《汉书·武帝纪》，158、189 页。

⑭ 《史记·平准书》，1436 页。

⑮ 《汉书·西南夷两粤朝鲜传》，3854～3858 页。

⑯ 《汉书·武帝纪》，194 页。

⑰ 《汉书·武帝纪》，196 页。

⑱ 可参阅《汉书》中的武、昭、宣、元、咸、哀平帝纪。

⑲ 《广州汉墓》，177 页、475 页，文物出版社，1981 年。

⑳ 黄森章：《广州东山西汉木椁墓发掘记》，《广州文博》1986 年 4 期。

㉑ 《广州汉墓》，246～248 页，文物出版社，1981 年。

㉒ 《后汉书·循吏列传·任延传》，2462 页。

㉓ 《后汉书·循吏列传·任延传》，2462 页。

㉔ 《元和郡县图志·阙卷逸文卷三》，1087 页，中华书局，1983 年。

㉕ 张荣芳等：《汉代徐闻与海上交通》，《海上丝绸之路与中国南方港学术研讨会论文集》，《岭南文史》2002 年增刊。

㉖ 广东省文物考古研究所等：《广东徐闻县五里镇汉代遗址》，《文物》2000 年 9 期。

㉗ 广东省博物馆：《广东徐闻东汉墓——兼论汉代徐闻的地理位置和海上交通》，《考古》1977 年 4 期。

㉘ 《后汉书·循吏传·孟尝传》，2473 页。

㉙ 陈立新：《海上丝路话徐闻》，《岭南文史》2000 年 4 期。

㉚ 《淮南子·齐俗训》："乘船而惑者，不知东西，见斗极则寤矣。"上海古籍出版社影印本，113 页，1989 年。

㉛ 陈代光：《论秦汉时代徐闻、合浦、番禺在我国对外贸易中的地位》，《南洋史地与华侨华人研究》293～306 页，暨南大学出版社，2001 年。

㉜ ［清］屈大均：《广东新语·兽语·虎》531 页："高、雷、廉三郡多虎"，中华书局，1985 年。

㉝ 《汉书·地理志》，1630 页。

㉞ 赵善德：《关于番禺城起源的讨论》，《文博》2002 年 1 期。

㉟ 《汉书·西南夷两粤朝鲜传》，3847 页。

㊱ 广州市文物管理委员会等：《广州南越王墓》，326～357 页，文物出版社，1991 年。

㊲ 《史记·货殖列传》，3269 页。

㊳ 《史记·货殖列传》，3253～3254 页。

㊴ 赵善德：《关于番禺城起源的讨论》，《文博》2002 年 1 期。

㊵ 《汉书·西南夷两粤朝鲜传》，3839 页。

㊶ 《史记·货殖列传》，3278 页。

㊷ 蒙文通：《百越民族考·南越·西瓯》，19～23 页，人民出版社，1983 年。

㊸ 《广州汉墓》，128、174、476 页，文物出版社，1981 年。

㊹ 《史记·货殖列传》，3282～3283 页。

㊺ 《西汉南越王墓》，209～210 页。

㊻ 《西汉南越王墓》，213、346 页。

㊼ 《西汉南越王墓》，139、343 页。

㊽ 《西汉南越王墓》，345～346 页。

㊾ 《广州汉墓》，477 页，文物出版社，1981 年。

㊿ 《广州汉墓》，478 页，文物出版社，1981 年。

51 李知宴：《中国古代陶瓷的对外传播（一）》，《中国文物报》2002 年月 9 日第 5 版。

52 陈代光：《简论南海丝绸之路》，《南洋史地与华侨华人研究》，282～283 页，暨南大学出版社，2001 年。

53 麦英豪：《广州城始建年代及其他》，《中国考古学会第五次年会论文集》，文物出版社，1988 年。

54 黄启臣：《徐闻是西汉南海丝绸之路的出海港》，《岭南文史》2000 年第 4 期。

谈谈岭南青铜文化中的北方草原文化因素

李龙章

英文提要　In the age succeeding the Spring and Autumn times and the Warring States Period, the nomads in north China continuously immigrated south. As a result of this immigration, many cultural factors of the grassland of north China had been brought into the bronze culture in Yunnan and were relayed to the bronze culture of Lingnan in a roundabout way.

岭南东周秦汉时期的青铜文化中有北方草原文化因素，这是学术界共知之事。问题是哪些文物属北方草原文化因素？这些文化因素是如何传入岭南地区？笔者与时贤的看法略有不同。这里谈一点个人的肤浅意见。

一

在迄今已见的岭南东周秦汉青铜器中，鎏金动物纹铜牌饰是典型的北方草原文化因素。这点学者们意见比较一致。这种牌饰目前在两广地区已发现有 19 件，其中广州西汉南越王墓出土 10 件[①]、广州汉墓前期墓 1120、1121、1176 三墓各出土 2 件[②]、广西贺县河东高寨汉墓出土 2 件[③]、平乐银山岭 M94 汉墓出土 1 件[④]。这些牌饰的共同之处是：都作横长方形，表面鎏金。大小相若，长一般为 8～9、宽 4 厘米。正面饰有动物纹，并用穗状纹镶出突边，背面等距位置有两个竖置半环钮。

但主体纹饰有所不同，比较多见的是浮雕两卷角羊相缠相偎图样，共有 14 件，包括南越王墓三对（E21、E22、H26 一对、H51 一对）、广州汉墓三对（1120∶4 一对、1121∶6 一对、1176 一对）、河东高寨 M4 一对[⑤]。其次为透雕一龙二龟纠缠纹，均出自南越王墓，共 4 件（E116 一对、D165、D73－1）。平乐银山岭 M94 单出 1 件，纹饰为浮雕钩啄怪兽纹。

另外在南越王墓与鎏金动物纹牌饰同出的还有 22 件镶嵌浅蓝色平板玻璃的鎏金有穗状纹框的铜牌饰，这些牌饰显然是受到鎏金动物纹牌饰启发而由南越国工匠自行制作的，属间接影响因素。

对照北方草原地区的考古材料，与以上这些牌饰最为接近的是宁夏回族自治区同心县倒墩子村匈奴墓的 5 件牌饰[6]，它们也都作横长方形，长大约在 8～10、宽 5 厘米左右。表面也鎏金，周边有麦穗纹，背面也有一对半环状钮。其中倒墩子 M14：11、12 一对牌饰透雕一龙二龟纠缠图纹最像南越王墓所出。倒墩子 M19：10 牌饰原报告认为是"伏卧状马图案"，但查对附图和图版，知实为双羊图案，只是双羊的位置偏于图案的两边，与岭南所出有所不同。M19：9 与 10 是为一对，但纹饰略有差异。9 号牌饰为浮雕钩啄怪兽纹，与平乐银山岭 M94 牌饰花纹颇为接近。倒墩子 M14：3 牌饰花纹为浮雕伏卧状绵羊图案，这与南越王墓 H51 及广州汉墓 1120：4 牌饰花纹是基本相同的（图一）。

关于这类牌饰的用途，上世纪五十年代在陕西长安客省庄 140 号墓出土两件铜牌饰是横置于人骨的腰部[7]。前苏联时期在叶尼塞河中游克麦罗沃省乌金科湖畔 5 号墓出土的一件毛织物上附有残皮带，皮带上固定一件透雕双牛纹牌饰，由这些知道牌饰为腰带上的饰件[8]。倒墩子墓葬的发现，更进一步证实了这一点，如 M19 死者腰间发现的两件浮雕牌饰，其中一件背部也有残皮带，皮带上有穿钮的小孔，脚端发现的一件透雕牌饰的透孔也穿有皮条。南越王墓出土的牌饰根据发掘现场记录，有四对也应放置在主棺室墓主人的腰间，均为左右侧 2 对配置，其中鎏金透雕牌饰（D165、D73：1）钮孔横贯一段木栓，出土时每件正背面都有裹缠的丝绢。看来这些牌饰也是作为腰带饰件来随葬的。

南越王墓出土的北方草原文化因素还包括 8 片压印弯角羊纹的杏形金叶。这些金叶原是缝缀在丝绢上的饰物，用作覆盖在墓主脸部上的"幎目"。金叶每片高 4.6～4.7、宽 4.3～4.4 厘米，重 2.22～3.03 克，是用金箔片锤鍱而成的。主题纹饰为二尖角羊头纹，两相背向，如同一个羊头的两个侧面，在金叶顶尖处又有一图案化的羊头。金叶下部正中有一穗状纹，杏形金叶周边錾出连续点线纹。金叶上下左右各有小孔一对用以缝缀丝线。与南越王墓杏形金叶相同的文物目前仅见于河北满城西汉中山靖王刘胜墓中，共出 5 片，形状和纹饰完全一样[9]。黄展岳先生认为"金叶上的羊头纹系由两个侧面组成，这却是北方草原所未见的"，"满城 1 号墓的杏形金叶应是汉朝'主陵内器物'的东园匠所制作，南越王墓杏形金叶似为南越宫廷自铸的仿汉朝制品"[10]。黄先生的意见是有道理的。不过近似的金饰片在内蒙古等地是屡见。如东胜市碾房渠战国晚期窖藏所出的 7 块圆角方形金饰片，大小与南越王墓、满城汉墓金叶相若，同样在四角各有一小孔。只是碾坊渠窖藏金饰片锤鍱出的纹饰是双龙纹，与南越王墓金叶纹饰有差别[11]。类似的金饰片还见于准格尔旗西沟畔战国时期匈奴墓[12]、杭锦旗阿鲁柴登匈奴墓[13]。这说明此类金饰片来源还是在北方草原，只是后来为汉代的诸侯王所接受、利用和改造（图二）。

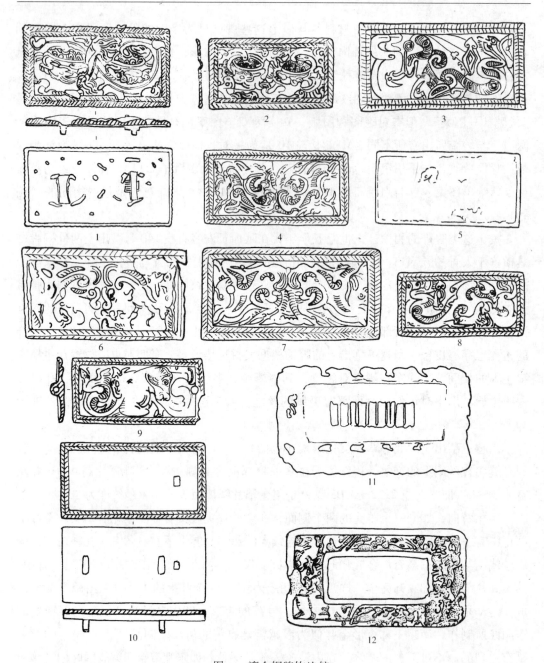

图一　鎏金铜牌饰比较

1. 南越王墓一龙二龟纹鎏金铜牌饰　2. 倒墩子 M14 一龙二龟纹鎏金铜牌饰　3. 南越王墓二羊交缠纹鎏金铜牌
饰　4. 倒墩子 M19：10 二羊纹鎏金铜牌饰　5. 倒墩子 M19：10 背面　6. 平乐银山岭 M94：4 浮雕钩啄怪兽纹鎏
金铜牌饰　7. 倒墩子 M19：9 浮雕钩啄怪兽纹鎏金铜牌饰　8. 广州汉墓 1120：4 伏卧状绵羊纹鎏金铜牌饰　9.
倒墩子 M14：3 伏卧状绵羊鎏金铜牌饰　10. 南越王墓镶嵌蓝色玻璃鎏金铜牌饰　11. 云南江川李家山长方形铜牌
饰　12. 倒墩子 M4：1 鎏金铜牌饰。

图二　动物纹金饰比较

1. 南越王墓羊纹杏形金叶　2. 满城汉墓羊纹杏形金叶　3. 碾房渠双龙纹金饰片　4. 阿鲁柴登羊纹金饰片

此外广西西林普驮铜鼓墓也出土过一批铜牌饰，包括兽面牌饰 3 件、山羊纹牌饰 5 件、绵羊头牌饰 6 件[14]。这些牌饰在两广其他越族青铜墓葬中不见，也具有一定的北方草原文化色彩。例如普驮的兽面牌饰实为虎头造型，尖耳，怒目圆睁，张口露出獠牙，这与阿鲁柴登的银虎头形饰件基本一致。又如普驮出土的山羊纹牌饰形如鞋底，周边有小钻孔，正面压印出突起顾首山羊一只。这种鞋底形牌饰与准格尔旗西沟畔匈奴墓鞋底形虎头节约有几分相近，而羊纹牌饰也是鄂尔多斯式青铜器常见器物，如内蒙古凉城蛮汗山和玉隆太出土的羊纹牌饰和铜饰件分别为站姿和蹲姿羊的形象[15]。再如普驮的绵羊头牌饰为杏形，绵羊头为高浮雕，与之完全相似的器物在北方草原青铜文化中不见，但装饰浮雕动物纹的牌饰同样在鄂尔多斯青铜器中并不鲜见，像鄂尔多斯收集的铜节约（E·1665）表面有浮雕兽头[16]，就有异曲同工的味道。普驮圆形镂孔器也为牌饰，这类圆形牌饰或扣饰在阿鲁柴登金扣饰中是多见的（图三）。

除牌饰外，岭南地区出土的一种双环柄首短剑也值得注意。此种剑最先发现于广州暹岗苏元山，剑通长 29.4、茎长 13.8、腊宽 5 厘米。茎部作尖笠帽形，实心，茎部最大径在中间，首有两个如车轮形并列的小圆环。剑格两端翘起，格中间有八字形缺口。曲刃，尖锋，最宽处在身中部偏下。身上部坦脊，绘有"Y"字形下加二短道的羽球状宽带纹，"Y"形叉口绘有人面纹[17]。1980 年广西灵山县石塘罗坩塘发现另一把双环柄首短剑，此剑通长 39 厘米，外形与苏元山剑大体相同。区别在于出土时剑首只有一圆环，另一并列的圆环缺失。尚存的圆环中间穿孔，有七根如同车轮的辐条；其次剑茎上部两侧有齿状扉棱；再者剑格中间无缺口；纹饰远较苏元山剑复杂，除有人面纹和"Y"形羽球状宽带纹外，其人面纹上绘有双体簪饰，人面纹下垂有带辐条的双轮环[18]。1989 年在广西田阳县隆平村也采集到一把同样的剑。此剑通长 24.2、腊宽 3.95 厘米，外形则与石塘剑十分相似。重要的是，此剑剑首的并列双环保存完好，环径 1.76 厘米。与石塘剑略有不同的是茎上部两侧饰的不是扉棱而是"山"字爪形棱脊；剑身中部无曲刃；"Y"形羽球状纹叉口处饰有人面纹的地方只保留一个三角形框，没有人面纹[19]。

岭南这种双环柄首短剑显然不是传统的东周式剑，既不见于中原和两湖地区，也不

图三　普驮墓铜牌饰比较

1. 普驮鞋底形山羊纹牌饰　2. 准格尔旗西沟畔鞋底形银虎头节约　3. 凉城蛮汗山双羊纹铜饰牌　4. 玉隆太羚羊形铜饰件　5. 普驮虎头牌饰　6. 普驮虎头牌饰　7. 阿鲁柴登银虎头饰件　8. 鄂尔多斯铜兽头饰　9. 普驮绵羊头牌饰　10. 鄂尔多斯兽头形铜节约　11. 鄂尔多斯动物形铜佩饰　12. 阿鲁柴登鸟纹金扣饰　13. 普驮圆形镂孔器　14. 德钦纳古铜圆形牌饰　15. 德钦纳古铜圆形牌饰　16. 阿鲁柴登鸟纹金扣饰

见于以出名剑称著的吴越地区，却与内蒙古鄂尔多斯式双环首短剑倒有几分相近（图四）。例如内蒙古和林格尔范家窑子[20]和河北怀来北辛堡战国墓[21]出土的双环首短剑虽然剑的其他部位与岭南双环柄首短剑并不相同，但剑柄顶部并列的双环首造型是很接近的，也是格外令人注目的。

　　岭南地区还出土一种立体人像首的短剑较有特色（图五）。广东清远马头岗 M2 战

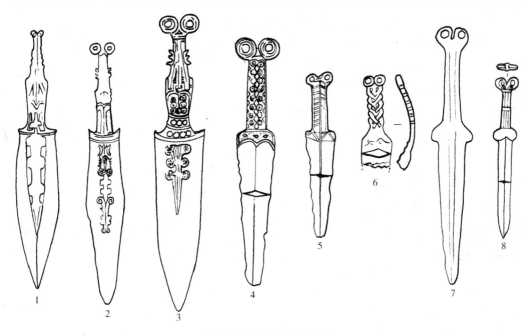

图四 双圆形柄首铜短剑

1. 广州暹岗苏元山剑　2. 广西灵山石塘剑　3. 广西田阳隆平剑　4. 德钦金官龙潭剑　5. 德钦纳古剑　6. 宁蒗大兴铜柄铁剑　7. 和林格尔范家窑子剑　8. 怀来北辛堡剑

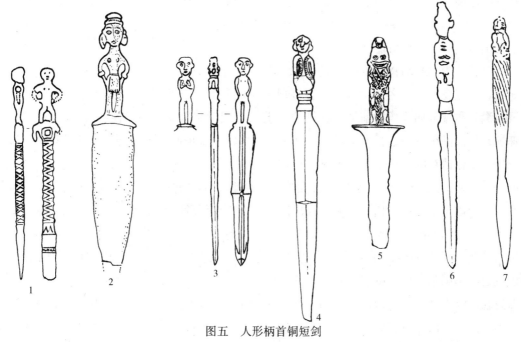

图五 人形柄首铜短剑

1. 清远马头岗 M2 匕首　2. 长沙树木岭匕首　3. 宁城南山根剑　4. 江川李家山剑　5. 晋宁石寨山剑　6. 江川李家山 Ⅱ 型小匕首　7. 江川李家山 Ⅲ 型小匕首

国墓出土 2 件，其中Ⅲ式匕首 1 件茎作扁圆形，环首顶上饰一裸女叉腰立像，尖刺较短，通长 26.5、身长 5.7 厘米。另一件（Ⅱ式）匕首茎作方形，环首顶上缺失立像，刺身较长[22]。此种短剑最显著的特征是在剑的柄首上饰有一立体人像，类似的柄首有立体人像的短剑在湖南长沙树木岭战国墓[23]和越南清化的东山、那山都有发现[24]，而且人像均作双手叉腰或胯状。有学者认为此种"人像装饰匕首"是"古越族的典型器物，只在湖南、广东、广西出土较多"[25]。我觉得此说尚有可商榷的余地，因为此种剑在南方出土数量毕竟不多。况且北方地区也不是没有出土，如内蒙古昭乌达盟宁城南山根夏家店上层文化墓葬中就出土过 1 件人形柄短剑，剑首同样为立体人形。只是此剑的人形是双面的，一面为裸体男人，另一面为裸体女人，剑身则作曲刃形，时间处在春秋早期[26]。这说明南方越人使用的立体人像首短剑并非独立发明的，至少间接受到北方草原文化的一定影响。

二

关于岭南青铜文化中发现的北方草原文化因素，学者们的解读不尽相同，其中对鎏金动物纹铜牌饰的议论较多。影响较大的一种意见认为这些牌饰原为北方草原地区匈奴族人的遗物，应系秦平南越时的秦军带来。同时说明，当日南下的秦军确有一部分是参加过"北却匈奴"的将士。有学者在赞同这种推论的前提下，也提出"但也不能排除南越国仿铸的另一种可能性"[27]。

笔者认为鎏金动物纹铜牌饰是"北却匈奴"秦军将士带到岭南来的这种说法与实际考古发现有不吻合之处。虽然根据乌恩先生的研究"我国北方地区透雕带饰的祖型可上溯到春秋晚期至战国前期，亦即公元前六至四世纪"[28]。但如前所述，与南越王墓牌饰最相似的宁夏同心县倒墩子匈奴墓出土的牌饰已被证明是腰带饰件，而时代较早的前匈奴文化遗存的各种动物纹青铜透雕牌饰究竟是否也是腰带饰件，目前并没有直接的证据[29]。倒墩子式鎏金动物纹铜牌饰在战国晚期至秦时的匈奴墓是否存在，迄今也没有发现。倒墩子墓葬的年代，发掘报告根据出土的五铢钱等断在西汉中晚期。而南越王墓的年代也是明确的，根据墓主身上的玺印及有关封泥、铭刻，再参考《史记》、《汉书》中《南越（粤）列传》所记述的南越国世系，发掘报告认定墓主是南越国文帝赵眜，也就是南越国第二代王赵胡。其大约死于元朔末元狩初，估计在公元前 122 年左右，也即处在西汉中期。平乐银山岭 M94 的年代比南越王墓更晚，根据出土的釜、细颈壶及同类墓出土有汉宣帝、元帝时铸的五铢钱，发掘报告断代在西汉后期。由此可见，鎏金动物纹铜牌饰这种作为腰带使用的器物，其主要流行的时间在西汉中期至西汉后期，此时距秦平岭南已近百年或百年以上。百年后才流行而且在两广多处地点发现的器物恐怕不应该说是秦军"北却匈奴"带来的。

南越国仿铸的说法有根据，因为南越王墓出土的镶嵌浅蓝色平板玻璃的鎏金有穗状纹框的铜牌饰外形与动物纹牌饰是一样的，但镶嵌的浅蓝色平板玻璃则是倒墩子匈奴墓所不见的。说明源自北方的鎏金牌饰已成为当时南越社会的时尚饰物，有可能还是身份的象征物，南越国宫廷不仅仿铸匈奴式动物纹牌饰，而且有自己的创新，用较时髦稀罕的浅蓝色平板玻璃镶嵌铜牌饰就是例证。正因为南越国时期及以后大量仿铸鎏金动物纹铜牌饰，这种器物才有可能在岭南众多地点出土。

不过仿铸说并没能解决北方草原文化因素究竟如何来到岭南的问题。从岭北的考古发现看，鎏金动物纹铜牌饰既没有在中原地区出现，也没有在两湖及长江下游地区出土。换言之，鎏金动物纹铜牌饰目前未发现通过传统的文化传播路线进入岭南的痕迹。那么它究竟通过什么途径影响到岭南然后再为南越国所仿铸成为当地时尚的饰物？这正是本文想着重探讨的问题。

从上述情况看，岭南出土的北方草原文化色彩文物种类以广西为多，除鎏金动物纹铜牌饰外，西林普驮铜鼓墓还出土了几种铜牌饰（扣饰），田阳隆平、灵山石塘出土的双环柄首短剑也是比较突出。

由于广西邻近云南，广西右江流域的青铜文化实际上是骆越文化，骆越族应和滇池区滇族一样，属百濮族群。特别是普驮墓所在的西林县，从地望上说其位于右江上游支流驮娘江，西汉时期属益州刺史部牂柯郡句町县范围，而句町的族属在《华阳国志·南中志》有明确的记载："句町县，故句町王国也，其置自濮，王姓毋，汉时受封"。蒋廷瑜先生认为普驮墓主人应属西汉时期句町族的首领[30]，笔者赞同此说。因此云南青铜文化的因素通过右江的骆越人很自然地影响到岭南广大地区，两广秦汉时期墓葬就出土有石寨山型铜鼓、冷水冲型铜鼓、羊角钮钟、半环钮半橄榄形身铃、一字格剑及某些不对称形铜钺等滇青铜文化的典型器物。广西右江流域出土的青铜器在这方面的色彩更浓厚。如西林普驮墓，从其出土的器物看，除汉文化影响因素外，大部分因素应与云南青铜文化相关，而两广越族青铜文化典型器物在此墓完全不见。关于这点，笔者在拙文《广西右江流域战国秦汉墓研究》已有详细论述[31]。

但值得注意的是，岭南所见的北方草原文化因素会不会也是通过云南青铜文化间接传入的？从云南青铜文化出土器物看，这种可能性是有的。例如北方草原文化流行的鎏金动物纹铜牌饰在云南青铜文化中同样大量存在，单滇池区的晋宁石寨山墓葬群就出土170件[32]，江川李家山墓地出土132件[33]，滇西的楚雄万家坝墓葬[34]和祥云大波那墓葬也有出土[35]。云南青铜文化流行的动物牌饰按形状可分为长方形、圆形和不规则形三种。与北方草原文化出土的铜牌饰一样，云南青铜文化的动物纹铜牌饰也以猛兽扑食为多见。例如石寨山所出的"二虎噬猪"、"三兽噬牛"、李家山所出的"三狼噬羊"等牌饰与内蒙古阿鲁柴登的"四虎噬牛"金牌饰、西沟畔"虎噬猪"金牌饰、凉城崞县夭子和宁夏固原杨郎古墓出土的"虎噬牛（马）"铜牌饰、内蒙古长城地带出土的"鹰虎兽搏斗"[36]铜牌饰及瑞典远东博物馆收藏的"虎噬牛"透雕铜牌饰[37]的风格和造型都有接近之处。

同样，岭南和内蒙古昭乌达盟宁城南山根出土的立体人像首短剑在云南青铜文化中也屡见，如石寨山Ⅻ式剑剑首作空心武士立人像；石寨山Ⅺ式剑之一（M6：68）剑首为一光头人像蹲踞状；石寨山Ⅺ式剑之三（M4：5）剑首也为一立人像；李家山Ⅱ型三式剑茎为一跪坐的女像；李家山Ⅲ型小匕首茎首也为一跪坐人像；李家山Ⅱ型小匕首与南山根剑更像，人像双手作交叉状（图五）。

岭南与北方草原所见的双环柄首短剑在云南也见，永胜县金官龙潭出土的ⅡA型2式剑剑首呈双饼形，剑格部位作山字形纹[38]。德钦县纳古石棺墓采集到的1件剑也为双圆饼形首扁茎[39]，同样的双圆饼形首剑还出土于剑川鳌凤山秦汉时期的土坑墓[40]。另外，在宁蒗县大兴西汉墓采集到的铜柄铁剑也为双圆饼形首，只是茎作镂孔扭辫状，与前面三处地点出土的双圆饼形首剑有所不同[41]。（图四）不过这种扭辫状剑又与内蒙古宁城南山根Ⅱ式扭辫状铜刀风格相似[42]。云南所见的双圆饼形首剑明显处在岭南与北方草原双环柄首短剑形态之间，一方面有的剑剑首（如德钦纳古剑）圆形仍不甚规整，还有鄂尔多斯"触角式"剑首的遗风，甚至两圆饼一大一小一高一低，但另一方面像金官龙潭剑剑首圆形已很规整，这与岭南双环柄首短剑是相似的。

由于云南青铜文化的年代较晚，主要处在战国晚期至秦汉，而北方草原文化的年代相对较早，至少春秋晚期至战国前期已存在。因此北方的游牧民族在南迁的过程中与云南土著的百濮民族接触，从而把固有的文化因素传播到云南青铜文化之中，这也是很自然的。除上述器物外，云南青铜文化存在的北方草原文化因素还包括滇西北德钦纳古出土的曲柄青铜剑、永胜县金官龙潭出土的"触角式"曲柄剑、德钦永芝石棺墓出土的柄端穿孔弧背铜刀[43]、德钦纳古石棺墓、德钦石底墓葬[44]和宁蒗大兴墓葬出土的圆形铜牌饰、双耳平底陶罐、滇池区石寨山、李家山墓地等出土的圆形钏饰、长方形铜牌饰（多镶嵌玉、玛瑙、绿松石，四周有动物等边饰）、牛鹿等杖头饰、边沿穿孔的各种金饰片（特别是兽形金饰片）以及在滇西北、滇西、滇池区青铜文化均见的螺旋纹柄三叉格铜剑和三叉格铜柄铁剑等。

关于云南青铜文化有来自北方草原文化的因素，并为北方南下游牧民族所传入的观点，首先从文献上可以得到印证。《后汉书·西羌传》曰："至爰剑曾孙忍时，秦献公初立，欲复穆公之迹，兵临渭首，灭狄獂戎。忍季父卬畏秦之威，将其种人附落而南，出赐支河曲西数千里，与众羌绝远，不复交通。其后子孙分别，各自为种，任随所之。或为旄牛种，越巂羌是也；或为白马种，广汉羌是也；或为参狼种，武都羌是也"。这段记载透露出来的相关信息是，由于秦国的势力越来越大，原先分布在赐支河曲（今青海东部黄河河曲地带）的羌人被迫迁徙，其中往南迁徙的一支为旄牛种也即越巂羌。汉代越巂郡的地域包括了滇西北，永胜、宁蒗在汉代属越巂郡姑复县，此地正是越巂羌的分布范围，故此在这一带石棺墓中出土北方草原文化的遗物不足为奇。

　　从学术界研究的情况看，虽然对南下入滇的游牧民族具体族称认识有所不同，但对云南青铜文化存在北方游牧民族带来的草原文化因素的观点倒是普遍公认。冯汉骥先生早年通过清理岷江上游的石棺墓后认为石棺墓所表现的文化带有极清晰的北方草原地区文化的色彩，他们可能原系青海、甘肃东南部的一种部族，并对云南晋宁石寨山等墓地产生影响，晋宁出土的许多小金饰片均带有强烈的"鄂尔多斯"风格[45]。沈仲常、李复华先生则进一步认为四川、云南的"石棺葬文化"来源于北方的羌人文化[46]。日本学者白鸟芳郎更认为史汉所载的"昆明蛮"是甘青高原的游牧民族古羌人，云南青铜时代的北方草原文化遗物最早是他们带入的[47]。童恩正先生也认为"根据《史记·西南夷列传》的记载，洱海地区（包括滇西北的澜沧江、金沙江流域在内）在西汉中期以前主要是属于游牧的巂、昆明的居住地。从 C 型剑（包括永胜所出的双圆饼状茎首剑和曲柄剑）的分布地域、时代以及带北方草原民族青铜剑特征等情况看来，属于这些游牧民族的遗物的可能性是很大的"，童恩正又引尤中先生意见指出"从他们随畜迁徙的生产方式和编发的习惯来看，很可能是从北方南下的氐羌系统的一支"[48]。易学钟先生结合永胜金官出土器物指出，金官出土形式多样的青铜短剑正与越巂羌以及这一地区当时仍以游牧为主要经济的古代民族密切相关。[49]张增祺先生则认为将北方草原文化因素带入云南的游牧民族是白狼羌人、旄牛羌人、巂人[50]。

　　综合起来可以认为，云南青铜文化所见的北方草原文化是由迁徙入滇的古羌人传入的，滇西北永胜、德钦等地出土的石棺墓结合文献考证应是羌墓，滇池区石寨山、李家山等滇文化墓地出土的北方草原文化因素则可能由滇西北羌人输入，有的还经过加工改造。而岭南出土的双环柄首短剑、立体人像首短剑以及普驮墓出土的铜牌饰等有可能通过滇池区青铜文化间接传入，也可能由滇西北等地的羌文化传入。

　　当然南越王墓及广州汉墓等出土的鎏金动物纹牌饰、杏形金叶在云南青铜文化中并没有完全相同者，这就不能排除通过其他途径汲取北方草原文化因素的可能。我们都知道，文化传播从来都是双向的，虽然东周秦汉时期中原文化对北方匈奴地区有巨大深远的影响，但不可否认，北方草原文化也对内地有所传播。战国时期赵武灵王推行"胡服骑射"就是北方草原文化对周秦文化最显著的影响例子。宁夏同心倒墩子的匈奴鎏金动物纹牌饰在岭南的发现可以说是"胡服骑射"在西汉时期的后续影响，只是这种影响最显著的反映是出自岭南而不是在中原地区，它确切的传播路线也有待进一步探索。但这与秦军"北却匈奴"后带到岭南的说法是有区别的。

注　释：

① 广州市文管会等：《西汉南越王墓》，文物出版社，1991 年。

② 广州市文管会等：《广州汉墓》，文物出版社，1981 年。

③ 广西壮族自治区文物工作队：《广西贺县河东高寨西汉墓》，《文物资料丛刊 4》，文物出版社，1981 年。

④ 广西壮族自治区文物工作队：《平乐银山岭汉墓》，《考古学报》1978 年 4 期。

⑤ 河东高寨汉墓发掘报告将此对牌饰的纹饰原定为"主纹刻二龙交缠"，但经黄展岳先生向有关方面了解
　得知实为二羊交缠纹，见黄展岳：《关于两广出土北方动物纹牌饰问题》，《考古与文物》1996 年 2 期。

⑥ 宁夏文物考古研究所等：《宁夏同心倒墩子匈奴墓地》，《考古学报》1988 年 3 期。

⑦ 中国科学院考古研究所：《沣西发掘报告》，文物出版社，1963 年。

⑧ 转引自乌恩：《中国北方青铜透雕带饰》，《考古学报》1981 年 1 期。

⑨ 中国社会科学院考古研究所等：《满城汉墓发掘报告》，文物出版社，1980 年。

⑩ 黄展岳：《关于两广出土北方动物纹牌饰问题》，《考古与文物》1996 年 2 期。

⑪ 伊克昭盟文物工作站：《内蒙古东胜市碾坊渠发现金银器窖藏》，《考古》1991 年 5 期。

⑫ 伊克昭盟文物工作站：《西沟畔匈奴墓》，《文物》1980 年 7 期。

⑬ 田广金、郭素新：《内蒙古阿鲁柴登发现的匈奴遗物》，《考古》1980 年 4 期。

⑭ 广西壮族自治区文物工作队：《广西西林县普驮铜鼓墓葬》，《文物》1978 年 9 期。

⑮ 内蒙古自治区文物工作队田广金、郭素新：《鄂尔多斯式青铜器》，文物出版社，1986 年。

⑯ 同注⑮。

⑰ 麦英豪：《广州郊区暹岗古遗址调查》，《文物资料丛刊 1》，文物出版社，1977 年。

⑱ 黄启善：《广西灵山出土青铜短剑》，《考古》1993 年 9 期。

⑲ 蒋廷瑜：《广西所见人面弓形格铜剑》，《广州文物考古集》，文物出版社，1998 年。

⑳ 李逸友：《内蒙古和林格尔县出土的铜器》，《文物》1959 年 6 期。

㉑ 河北省文物局文物工作队：《河北怀来北辛堡战国墓》，《考古》1966 年 5 期。

㉒ 广东省博物馆：《广东清远的东周墓葬》，《考古》1964 年 3 期。

㉓ 湖南省博物馆：《长沙树木岭战国墓阿弥岭西汉墓》，《考古》1984 年 9 期。

㉔ 黎文兰等：《越南青铜时代的第一批遗址》，越南科学出版社，1963 年（梁志明译）。

㉕ 熊传新、吴铭生：《湖南古越族青铜器概论》，《中国考古学会第四次年会论文集》，文物出版社，1985 年。

㉖ 宁城县文化馆等：《宁城县新发现的夏家店上层文化墓葬及其相关遗物的研究》，《文物资料丛刊 9》，文
　物出版社，1985 年。

㉗ 同注⑩。

㉘ 同注⑧。

㉙ 同注⑧。

㉚ 蒋廷瑜：《西林铜鼓与汉代句町国》，《考古》1982 年 2 期。

㉛ 李龙章：《广西右江流域战国秦汉墓研究》，《考古学报》2004 年 3 期。

㉜ 云南省博物馆：《云南晋宁石寨山古墓群发掘报告》，文物出版社，1959 年。

㉝ 云南省博物馆：《云南江川李家山古墓群发掘报告》，《考古学报》1975 年 2 期。

㉞ 云南省文物工作队：《楚雄万家坝古墓群发掘报告》，《考古学报》1983 年 3 期。

㉟ 云南省文物工作队：《云南祥云大波那木椁铜棺墓清理报告》，《考古》1964 年 12 期。

㊱ 同注⑮。

㊲ 同注⑧。

㊳ 易学钟：《永胜金官龙潭青铜器类型及族属》，《云南青铜文化论集》，云南人民出版社，1991 年。

㊴ 云南省博物馆文物工作队：《云南德钦县纳古石棺墓》，《考古》1983 年 3 期。

㊵ 云南省博物馆文物工作队：《剑川鳌凤山古墓发掘报告》，《考古学报》1990 年 2 期。

㊶ 云南省博物馆文物工作队：《云南宁蒗县大兴镇古墓葬》，《考古》1983 年 3 期。

㊷ 中国科学院考古研究所东北工作队：《宁城县南山根的石椁墓》，《考古学报》1973 年 2 期。

㊸ 云南省博物馆文物工作队：《云南德钦永芝发现的古墓葬》，《考古》1975 年 4 期。

㊹ 云南省博物馆文物工作队：《云南德钦县石底古墓》，《考古》1983 年 3 期。

㊺ 冯汉骥：《岷江上游的石棺葬》，《考古学报》1973 年 2 期。

㊻ 沈仲常、李复华：《关于“石棺葬文化”的几个问题》，《中国考古学会第一次年会论文集》，文物出版社，1979 年。

㊼ 白鸟芳郎：《石寨山文化的承担者》，《石棚》1976 年 10 期。

㊽ 童恩正：《我国西南地区青铜剑的研究》，《考古学报》1977 年 2 期。又见尤中：《汉晋时期的“西南夷”》，《历史研究》1957 年 12 期。

㊾ 同注㊳。

㊿ 张增祺：《中国西南民族考古》，第十三章《云南青铜时代的“动物纹”牌饰及北方草原文化遗物》，云南人民出版社，1990 年。

南越国时期两广车马器殉葬初论

胡建

英文提要　There were few real horse – drawn chariot buried in the tombs of the Soruth Yue State. Due to the restriction of trade between Han Dynasty and the special condition of Lingnan, the status of tomb occupant was always confirmed by style of canopy over the chariot.

广东、广西两省是汉初南越国管辖的南海、象郡、桂林三郡主要分布区，目前已发掘墓葬近 500 座。广州地区集中有 300 余座，广东的肇庆、曲江等地也有部分发掘。广西地区的平乐县、贵县和贺县比较密集，清理约 200 余座。墓葬内出土的常用生活用具占绝大多数，礼乐器中的车马器发现很少，仅占墓葬总数的百分之四，发掘者对于车马器随葬论述未能深入探讨，与之相关的研究文章涉及有限。经过一段时间的收集资料，笔者对南越国车马随葬有一些粗浅的认识，现拟对墓葬中的车马殉葬进行分析，以期对南越国社会制度研究提供一些有益的线索。不妥之处，请指正。

一　车马器的分布和埋葬形式

南越王赵佗于公元前 203 年建国，直至公元前 111 年汉武帝派兵灭南越国，前后 93 年的时间。这个时期在广东和广西两地发现的墓葬遗物非常丰富，包含有少部分的车马器。情况简要如下：

1. 广东地区

广东的南越国时期遗迹主要发现在广州地区，这里既是南越国都城番禺的所在地，又是人口聚集和经济发达的交通枢纽。市区的东、西、北郊一带的山岗起伏，是墓葬集中的地方。广州发现的南越国墓葬主要分布在华侨新村、淘金坑、柳园岗一带，而且车马器殉葬现象不是很普遍，只有象岗山南越王墓内较为丰富，其余有先烈路惠州坟场的"姚巳"墓、动物园内麻鹰岗 1174 号、1175 号"辛偃"墓、马鹏岗的 1134 号墓和淘金坑 6 号"臣厈"墓。墓内的车马器发现甚少，个别仅是某一部件。在广州以外的广东地区，南越国墓葬的车马器更是罕见，在已发掘的清远、四会、罗定、德庆、广宁、肇庆和乐昌等地 50 余座墓葬内，基本未见车马器的出土资料（表一）。

表一　　　　　　　　　　　南越国（广东）墓葬车马器统计表

墓名	墓葬类型	车马器	位置	车数等级	年代	墓主身份	注释
广州南越王墓	凿山竖穴石室墓	木车模型 軎、盖弓帽、衡末饰、衔、镳、舆饰、当卢等	墓门外、前室、西耳室、主棺室	室内三辆车、室外一辆车	南越国	诸侯王赵眜（胡）	①
广州汉墓 M1134	竖穴木椁墓	木车模型残件	墓室	一辆车	南越国	官吏或贵族	②
广州汉墓 M1139	竖穴木椁墓	铜铃	墓室	一辆车	南越国	官吏或贵族	②
广州汉墓 M1172	竖穴木椁墓	盖弓帽	墓室	一辆车	南越国	官吏"姚巳"	②
广州汉墓 M1174	竖穴木椁墓	车模型、伞柄饰、	墓室	一辆车	南越国	官吏或贵族	②
广州汉墓 M1175	竖穴木椁墓	伞柄饰、盖弓帽、圆筒形器、	墓室	一辆车	南越国	官吏"辛偃"	②
广州汉墓 M1177	竖穴木椁墓	伞柄饰、衡末饰、辕末饰、盖弓帽	墓室	一辆车	南越国	官吏或贵族	②
广州淘金坑 M6	竖穴木椁墓	铜铃	墓室	一辆车	南越国	官吏"臣丁"	③

广州南越王墓是一座大型竖穴岩坑石室墓，墓道向南，墓室分前后两部分，前部两侧掏洞成左右耳室，后部墓室用红砂岩石板砌筑，共七个室。南越王墓的主人是当时岭南的最高统治者，是目前岭南地区发现的规模最大、随葬品最多的墓葬①。随葬的车马器主要放置在墓内的四个位置。墓道的门前有一辆木车模型，在长方形木箱内盛放着两组盖弓帽，还有御车的殉人棺具。前室西侧置一辆漆木车模型，附近散落有铜伞柄箍、盖弓帽、铜车軎、铁锏和衡末饰等。西耳室内的车马器最丰富，铜、铁共 13 大类，主要有衔、镳、盖弓帽、伞柄箍、当卢、络管饰、缨座和节约等。另外在主棺室的椁面上随葬实用车饰，有伞柄箍、盖弓帽、车軎、轴圈。南越王墓的墓道和墓室内发现的车马器，属于象征殉车的殉葬现象，未找到专设车马坑和埋真马的痕迹。

先烈路惠州坟场的"姚巳"墓、动物园内麻鹰岗 1172 号、1174 号、1175 号"辛偃"墓、1177 号、淘金坑 6 号"臣丁"墓都是竖穴木椁形制，椁室分成前后两部分，有的分棺室、头箱、东边箱、西边箱几个部分。墓葬内零星出土车马器饰件，种类比较简单。"姚巳"墓前室右侧的盖弓帽，麻鹰岗 1174 号的伞柄饰、辕末饰，1172 号的盖弓帽，1175 号"辛偃"墓的车模型、鎏金铜伞柄饰、盖弓帽和圆筒形器，1177 号的辕末饰、衡末饰、伞柄饰、铁箍和盖弓帽②，还有淘金坑 6 号"臣丁"墓的铜铃③。这些墓葬的车马器以零散的随葬品为主，出土位置无规律可循，属于一种象征的表现形式，故与南越王墓一样划入以车器象征殉车的埋葬现象。

2. 广西地区

广西发现的南越国时期的墓葬主要集中在桂东一带，当时属于桂林郡，是地方一级政权的政治中心，经济繁荣，人口稠密，在沿着郁江流域分布着数以百计突兀于地面的封土堆。已发掘的南越国墓葬约有 200 余座，主要发现在贵县罗泊湾和风流岭一带，贺县金钟、平乐县银山岭等地也有发掘报道，在这些地区部分墓葬中有一些关于车马器出土的资料，比较集中，主要在罗泊湾西汉夫妇墓和风流岭 31 号墓（表二）。

表二　　　　　　　　　　　　南越国（广西）墓葬车马器统计表

墓名	墓葬类型	车马器	位置	车数等级	年代	墓主身份	注释
广西贵县罗泊湾 1 号墓	竖穴木椁墓	軎、衡末饰、节约、鞭首等	墓外车坑	二辆车	南越国	西瓯郡守	④
广西贵县罗泊湾 2 号墓	竖穴木椁墓	圆管形器、盖弓帽、	墓室	一辆车	南越国	郡守夫人	④
广西贵县风流岭 31 号墓	竖穴木椁墓	铜马、铜俑、軎、衔、当卢、盖弓帽等	墓道外侧车坑	一辆车	南越国	西瓯郡尉	⑤
广西贺县金钟一号汉墓	竖穴木椁墓	圆管形器（伞柄）	前室中部	一辆车	南越国	郡守夫人	⑥
广西贺县河东高寨西汉 M5	竖穴木椁墓	铜鎏金车轴	前室	一辆车	南越国	官吏	⑦
广西平乐银山岭 M102	竖穴木椁墓	盖弓帽	墓室	一辆车	南越国	官吏、武士	⑧
广西平乐银山岭 M14	竖穴墓	盖弓帽	墓室	一辆车	南越国	官吏、武士	⑧
广西平乐银山岭 M17	竖穴木椁墓	盖弓帽	墓室	一辆车	南越国	官吏、武士	⑧
广西平乐银山岭 M21	竖穴墓	盖弓帽	墓室	一辆车	南越国	官吏、武士	⑧

广西贵县罗泊湾西汉夫妇墓，是两座带墓道的大型木椁墓，一号墓椁室结构复杂。分前、中、后三部分，南北纵向各分成三纵列室，后室东西又横向分出三个后室，随葬品有陶、铜、铁、金银、玉石等大量器物。车马坑位于墓道外的东侧近 5 米处，呈长方形，坑内出土车軎、带扣、衡末、盖弓帽、节约和鞭首等鎏金车马器三十余件。二号墓椁室分成前后两部分，前室没有纵向分隔，后室内纵向分成三室，中室又横向分成前、中、后三室，车马器在前后室均有分布，没有车马坑。前室有盖弓帽、铁箍等铜车器，后室足箱有少量的盖弓帽和一件小型铜车器④。

贵县风流岭 31 号墓是一座规模较大的土坑木椁墓，分前后两室，后室保留木棺两副，属于少见的夫妇合葬墓，可惜墓室被盗，仅在墓道北壁外侧发现一个车马坑，出土有铜器、铁器、漆木器等随葬品。车马器有车曹、衔、当卢、盖弓帽等，其中的铜马俑、御车俑极其珍贵⑤。

贺县地处广西东部一带，在金钟和河东高寨附近分布着十余座汉墓，已发掘的金钟一号汉墓是一座带斜坡墓道的土坑竖穴木椁墓，分前后两室，早年墓室被盗，车器一件似圆形伞柄，可能是实用器⑥。河东高寨五号墓的地面铺有河卵石，车器仅发现一件鎏金车轴⑦。另外位于平乐县的银山岭墓地中也有小部分出土车器，墓主人随葬车器至少有二种现象，其一是随葬鼎和盖帽弓者，其二是随葬剑和盖弓帽者⑧。

根据广东和广西的南越国时期考古发掘现象分析，随葬车马器的位置有墓内和墓道外二种形式。车马器在墓内的称为"墓室随葬"，即在墓室内随葬车马器部件。广州南越王墓的各室内随葬有整套的车马器，没有随葬真车和马的迹象。随葬在墓道外侧的称作"墓外随葬"，在墓道外端随葬真车或者车马器。广西贵县罗泊湾西汉夫妇墓一号墓道外和风流岭31号墓道壁外侧均发现有车坑随葬，同样坑内也没有随葬真车马的现象。商周至汉时期，墓葬外单独的车马坑随葬在中原地区是比较常见现象，在岭南地区则较为少见，说明南北之间在车马礼仪方面存在某些差别。两广地区随葬车马器的墓葬，除南越王墓属于竖穴岩坑石室墓外，其余为竖穴木椁墓形制，在墓葬的底部处理方式存在差别。在广州的墓葬底部衡列两条垫木，随葬器物以鼎、壶、钫等汉文化礼乐器较多，墓主人多为南下岭南的汉人。在广西的墓葬个别有底部铺河卵石和棺下设腰坑的现象，墓内的随葬器物以汉式、楚式为主，可能是汉人和汉化的越人。两地随葬车马器的墓主均有一定的社会地位。

殷商两周时代贵族阶级盛行厚葬之风，凡生前享用的一切用品，死后用来殉葬，岭南地区也遵循这一传统。《礼记·檀弓》："孔子谓为明器者，知丧道矣，备物而不可用也。哀哉，死者而用生者之器也，不殆于用殉乎哉！"又称："夏后氏用明器，示民无知也。殷人用祭器，示民有知也。周人兼用之，示民疑也。夫明器，鬼器也；祭器，人器也。"从考古发现来看，南越国随葬车马器的形式分实用器和明器二种。南越王墓、贵县罗泊湾西汉夫妇墓的车马器以实用器为主，明器其次；其他墓内的随葬车马器则是某一个实用部件，其余均为明器。南越王墓发现有随葬车马器模型的现象，其他墓葬也有模型车器出现，仅是尺寸大小不同而已。用模型来代替真车是长江流域以南出现一种现象，邻近的楚文化分布区较为普遍。南越国随葬车马器明器化的情况与中原地区战国时期出现明器特征相似，主要用来表示墓主人的身份和等级地位，其次要迎合墓葬的礼仪制度。秦始皇陵是墓葬的最高等级，已发掘的铜车马和陶车马显示了车马随葬的最大规模，也是车马明器化的典型代表。西汉文景时期用明器和真车马同时殉葬，而且沿用时间较长，到成帝竟宁元年（公元前33年）诏罢用真车马殉葬后，车马明器化逐渐成为时尚，追随这种墓葬习俗已成为普遍存在的一种现象，所以南越国车马随葬明器化不是一种特殊情况。

二 乘舆和车马结构、数量推测

商周时期的贵族墓葬内往往殉葬死者生前享用的一切生活用具，出行驾乘车马和器具也属于这种厚葬制度的一项重要内容。早在三十年代，安阳殷墟墓葬发掘出随葬的"车马坑"，其后全国各地从商代晚期到汉代各阶段的车马葬陆续发现，主要有长安丰镐西周墓地、三门峡上村岭虢国墓地、山西曲村晋国墓地、北京琉璃河黄土坡燕国墓地、河北平山中山王陵、秦始皇兵马俑和河北满城汉墓等[⑨]。殉葬车马通常埋在墓道和墓葬外，也有墓葬外埋马、墓道或墓室内埋车的现象，车马的数量显示出墓主的身份和地位。

把车拆散，被拆卸的部件按照原车的形态放置在墓葬之内在西周时开始出现，以象征墓主人拥有车马的等级身份。春秋战国时期，传统的礼乐制度开始出现变革，等级制度受到了剧烈的冲击，殉葬车马无论在墓葬的位置上，还是在形制和数量上与传统制度都发生了一些变化。西汉初期，楚汉战争刚刚结束，社会经济处在调整阶段，西汉的礼乐制度尚未形成，各种现象受到一定的限制，诸侯王墓中习惯上沿袭前朝遗留的旧风习俗。汉武帝时期，贵族生活日益奢侈，厚葬之风盛行，凡生时所用之器，皆为从葬之物。诸侯王把生活中的所乘用，并象征其权力、地位和财富的车马葬入墓中，已成相当普遍的现象，车马殉葬制度普遍盛行开来。

岭南地区的南越国兴亡时期，恰好是西汉初始阶段，墓葬中的真车马殉葬与中原地区一样，殉葬车马受到了一些制约，又因岭南地区马匹珍贵，到目前为止，考古很少发现车马坑殉葬的现象，尤其真马殉葬至今未见，与中原地区形成鲜明的对比。所以，两广墓葬内车马器结构和数量的判断，只有依靠拆散、被拆卸的部件、车舆模型和明器来确定了。

南越王墓的后藏室内发现一件银洗的口沿环刻一圈草隶，可辨认的有"乘舆"等字。一般认为，乘、犹载也，舆、犹车也。《后汉书·孝安帝》引蔡邕《独断》曰："乘舆，天子所乘车舆也。不敢斥言尊者，故称乘舆。"《唐律疏议》在"律音义"乘舆条标明"天子百物曰乘舆"，又引蔡邕《独断》："天子车马、衣服、器械。"[⑩]可见乘舆包括车马以及随行的一切物品。《史记·梁孝王》引臣瓒曰："称乘舆驷马，则车马皆往，言不驾六马耳。天子副车驾驷马。"由此推测，南越国时期"乘舆"的包含范围与汉皇帝类似，如果与车舆联系起来分析，这件银洗可能就是南越王乘舆内的组合器物。南越王墓内发现的马具中有四件当卢，表明墓主人日常乘舆是驷马之车，符合《周礼》记载四马之乘的车制，事实上与南越国主的身份也比较一致。可以认为，南越国盛行与汉王朝相同的乘舆制度，车马乘数也相近似，乘舆的车马器和随行组合物与诸侯国等级类同。

从商代造车开始，车结构以独辕为主，至少架二匹马，车辆以"乘"为单位。战国晚期出现双辕车，可以架一匹马，西汉中期以后的交通工具基本上都是双辕车。西汉早期车结构中单辕、双辕并行，车名繁多，主要是辇车、轺车、安车、辎车[11]。南越国时期的墓葬发现的车马器较零散，车模型残破不全，结构难以辨认，根据湖北江陵凤凰山 168 号汉墓出土的车模型推测，其结构应该是安车四马、轺车二马。在这座墓内出土的轺车模型属于一辆车，挽马二匹，双辕，车辐二十根，车舆中部立伞，盖弓帽二十四根。安车模型也是一辆，挽马四匹，单辕，轺轵四件，车辐、盖弓帽与轺车相同[12]。该墓的"遣策"记载："案车一乘，马四匹，有盖，御一人，大奴。""轺车一乘，盖一，马二匹，御一人，大奴。"案车就是安车，安坐之车也。《礼记·曲礼上》："适四方，乘安车。"孔疏："古者乘四马之车，立乘。"轺车是可以乘坐的小车，《说文》："轺，小车也。"《释车》："轺车，轺、遥也，远也，四向远望之车也。"《汉书·平帝》师古注："一马驾轺车，"特指一匹马架双辕的四面敞露的车。安车、轺车是日常生活中的用车，辇车、辎车则是地位较高皇帝和高级贵族的乘舆，在结构上与安车、轺车相近。两广地区车辆结构如下：

1. 广州地区

南越王墓的车马器共约 1500 件，大致可分为车结构和马具零件两类。车结构类有铜车軎、车冒、铁镧和衡末饰，以及轴圈等（图一，13、15、19），车舆的部分主要是伞盖用盖弓帽和伞柄箍，曲尺形舆饰（图一，2、14、16、18）。马具类包括衔、镳、当卢、络管饰、缨座和节约等（图一，19～23）。

车结构中的车軎是判断车数的主要依据，往往以成对的形式出土。南越王墓的车軎在前室出现一对，主棺室一对，部分軎正中处的木轴尚有朽存，属于实用器。前室还发现车辕饰一件，仅存木雕龙头，中心贯通长方形铜质的凹隼。从前室和主棺室的车軎位置，还有一件车辕饰判断，应该是二辆单辕车。

车舆的部分的伞具出土较多，主要有盖弓帽和伞柄箍，盖弓帽在墓道门前发现 2 组、前室 2 组、东耳室 1 组、西耳室 4 组、主棺室 1 组，与盖弓帽相配的伞柄箍发现 8 件。根据秦始皇陵铜车马复原推测，盖弓帽属于车舆内一侧立的铜伞盖的一部分，圆筒形，近口部铸有倒钩状的弓爪。伞柄用铜制的管箍衔接伞杆，以支撑张开的圆伞。从伞具的组合来看，南越王墓内至少有 8 套以上的车伞。

马具类包括衔、镳、当卢、络管饰、缨座和节约等，主要发现于西耳室，共发现铁衔和镳 4 套、铜衔 4 件、当卢 4 件、络管饰 523 件、节约 64 个、缨座 3 件、带扣 9 件，还有泡钉和环等 400 余件。衔、镳、当卢是判断马匹数量的直接依据，若按照 4 件当卢

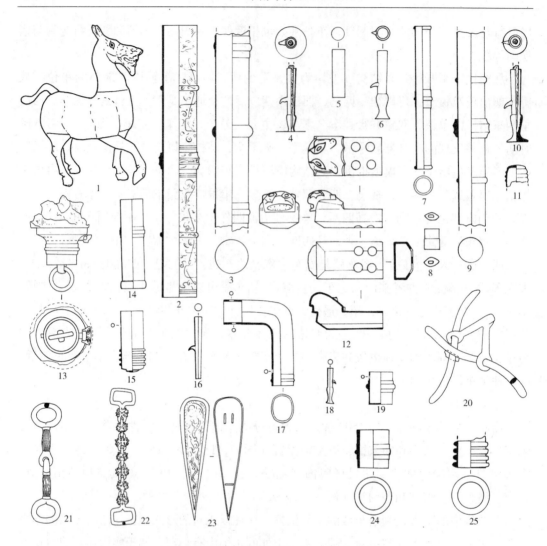

图一　南越国两广墓葬内出土部分车马器

1. 铜马（广西贵县凤流岭 31 号墓道）　2. 错银铜伞柄箍 C230（广州南越王墓西耳室）　3. 伞柄饰 1175：60（广州汉墓）　4. 盖弓帽 1175：59（广州汉墓）　5. 圆筒形器 1175：61（广州汉墓）　6. 盖弓帽 1172：56）（广州汉墓）　7. 伞柄饰 1174：15（广州汉墓）　8. 辕末饰 1174：18（广州汉墓）　9. 伞柄饰 1177：9（广州汉墓）　10. 盖弓帽 1177：10（广州汉墓）　11. 衡末饰 1177：3（广州汉墓）　12. 辕末饰 1177：1（广州汉墓）　13. 车軎 A25（广州南越王墓前室）　14. 伞柄箍 A57（广州南越王墓前室）　15. 车冒 A23（广州南越王墓前室）　16. 盖弓帽 A47（广州南越王墓前室）　17. 曲尺形舆饰 A26（广州南越王墓前室）　18. 盖弓帽 A46（广州南越王墓前室）　19. 衡末饰 A12（广州南越王墓前室）　20. 铁衔镳 C241（广州南越王墓西耳室）　21. 铜衔 C220（广州南越王墓西耳室）　22. 铜衔 C253－2（广州南越王墓西耳室）　23. 铜当卢 C251－5（广州南越王墓西耳室）　24. 衡末饰 M1：187（广西贵县罗泊湾一号汉墓）　25. 衡末饰 M1：191（广西贵县罗泊湾一号汉墓）（1 引自《广西贵县凤流岭三十一号西汉墓清理简报》，见注释⑤。2、13～23 引自《西汉南越王墓》，见注释①。3～12 引自《广州汉墓》，见注释②。24～25 引自《广西贵县罗泊湾汉墓》，见注释④）

数来推断，属于四匹马，配一辆单辕车；按照铁衔和镳四套、铜衔四件来看，则应该为八匹马，配二辆单辕车，属于安车驷马的形式。

墓门外发现一辆木车模型，前室西侧置一辆漆木车模型，附近散落有车马器。这种随葬车马模型的现象在战国时代已普遍存在，黄河以南的淮阳是楚国重要地区，在楚墓内发现用泥马、车模型代替真车真马殉葬[13]。汉代初期的原楚文化分布区，仍然沿袭随葬车马模型的习俗，南越国埋葬习俗与楚文化有某些相似性，南越王墓的墓道和墓室内都未发现专设车马坑和埋真马的痕迹，二辆木车模型可以认为是象征殉车的随葬现象。

广州南越国贵族墓中出土车马器者较少，主要有 1172 号墓（"姚巳"墓）前室右侧出盖弓帽 21 件，整齐叠置堆在一起，属于一组完整伞盖的构件（图一，6）。1174 号墓后室前端正中放置车的模型，仅存鎏金铜伞柄饰和辕末饰。伞柄饰为长圆筒形，属于伞柄的一节，应该是随葬明器中的一段。辕末饰形体很小，估计属于车模型的构件（图一，7、8）。1175 号墓（"辛偃"墓）后室出铜车饰件，有伞柄饰、盖弓帽和圆筒形器三种。伞柄饰圆筒形，属于实用伞柄的一部分。盖弓帽 24 件，属于一组完整的伞盖构件。圆筒形器 21 件，与盖弓帽堆放在一起，估计属于与车盖有联系的伞饰件（图一，3、4、5）。1134 号墓的椁室发现木车残件，分三处散落，还发现骑马俑等随葬品。这几座墓葬的车马器以拆散件或明器形式出现，从规模和数量判断，各自代表一辆车的数量，车结构不详。

2. 广西地区

广西贵县罗泊湾西汉一号墓车马坑位于墓道外的东侧，呈长方形，坑内东南角残存一只车轮的凹槽痕迹，车箱的范围在 40×50 厘米，车马器多数是鎏金，有车軎 3 件、衡末饰 6 件、轭钩 2 件、盖弓帽 2 组（图一，24、25），还有节约 2 副和鞭首 2 件。如果从板灰、漆皮的残留现象推测属于一辆实用车，车器组合来看至少二辆车三匹马，可能是单辕、双辕车各一辆。二号墓的车马器有盖弓帽、伞柄箍等器，应该是被拆散的车器的一部分，估计象征放置一辆车的车器。

贵县风流岭 31 号墓道北壁外的车马坑内车器比较完整，出土的青铜马高 115 厘米、长 109 厘米，为岭南地区西汉时代罕见的珍品（图一，1）。御车俑是位长者，高鼻深目，长须戴冠，双腿跪坐，双手置于胸前，高 39 厘米。车器组合有鎏金车軎 2 件、衔 1 件、当卢 1 件、镳 2 件、盖弓帽 2 组和伞柄箍等，属于一辆车的实用明器，双辕车一匹马。

贺县金钟一号墓内车器一件似圆形伞柄，应该是车器的拆散件；河东高寨五号墓内随葬的铜鎏金车轴一件，也是车器散件，各自象征墓主生前使用一辆车。平乐县的银山岭墓地中少量随葬车器的墓葬，被拆散盖弓帽放置在墓室内，墓主人同样属于象征随葬一辆车的现象。

以上可见，两广地区的乘舆和车马结构与中原地区相同，车马器部件可能随关市的开放由中原输入，数量少而珍贵。车马器随葬时以拆散器为主，又以车伞部件占多数，表现出与中原地区礼仪相似的基础上又有些差别。《周礼·巾车》说："及葬，执盖从车。"从日常礼仪和丧葬制度来看，乘车与持伞一样重要，车伞寓意有乘车的资格。湖北荆州纪城楚墓内的车器散件中，车伞作为重要组成部分完整地保留下来；凤凰山 168 号汉墓的车模型中，车、马、盖三者结合；可见伞盖在车器中的重要位置[⑭]。南越国的部分墓内随葬的车器散件中，同样以伞盖部件为主，拥有车伞墓主具备了一定的等级，南越国在用车礼仪的内容上，反映出在随葬车器方面具有的独特性和区域习俗。

三　车器主人身份和使用等级

广州和广西发现的南越国时期墓葬的随葬车马器是礼乐制度的组成部分，根据其出土结构、数量，结合青铜容器的礼乐内容可划分以下几个等级。

第一等级：南越王墓是南越国第二代王的墓葬，随葬的器物非常丰富，出土的 500 多件青铜器，礼、乐、兵、舆四类齐全，青铜器仍占主要地位。青铜器多数属于南越王国赵氏宫廷中的专用品，部分汉式器、楚式器，则可能是西汉皇室恩赐，或者从内地购置而来，也有南越王国工官在本地铸造器。汉式鼎甲Ⅱ型共 14 件，应该是两组 7 件列鼎、与汉式壶Ⅱ型 6 件相配，属于中原礼乐器中诸侯、卿的等级配制。越式提筒Ⅰ式 5 件和Ⅱ式 4 件的配套使用，可能是南越国最高等级的礼乐等级配制。青铜乐器中纽钟、甬钟、句鑃齐列，明显是仿效中原宫廷中诸侯一级的礼乐制度。车马器墓室内发现二辆车的构件和一辆木车模型，墓门外一辆木车模型。根据西汉诸侯王墓殉车的形制观察，一般以三辆车马的形制、装备为定制[⑮]。南越王墓的墓内车辆数与其他诸侯王基本上等同，墓主人是南越国的最高统治者。

南越王墓内东侧室发现四位夫人殉葬，其身份属于南越王赵眜后宫的姬妾。虽然墓内没有与她们有关的车舆，但从随葬多种类型车伞分析，每位夫人都应伴有一套伞具，表明日常有使用车马的等级权力。

第二等级：罗泊湾一号、二号夫妇墓的青铜礼乐器很多，出土的 200 多件青铜器。这些青铜器多数属于南越国西瓯君府中的专用品，由桂林郡市府制铜作坊铸作，代表了南越国青铜冶铸技术的最高水平，具有浓厚的地方特色。部分汉式器、楚式器和滇式器，则可能是通过贸易由外地输入的。礼器中的汉式鼎共 3 件，与汉式壶、钫相配，属于中原士一级的礼乐器配制。楚式鼎 3 件，越式提筒 4 件，可能是仅次于南越王的礼乐等级配制。二号墓出土"夫人"玉印，礼器中可辨认出鼎 2 件，短矮蹄足者可能是汉式鼎，扁平直足者可能属于楚式鼎，墓主的中原等级次于一号墓主。一号墓的墓道外侧的长方形车马坑，坑内的车轮位置和器物分布判断，应该属于二辆实用车马器。二号墓车器前后室均有分布，估计是一辆小车马器的实用明器。两座夫妇墓相加为三辆的车数，其身份属于南越国的侯王，略低于南越王的社会等级序列。

第三等级：广西贺县金钟一号墓出土成组仿铜陶礼器鼎、壶、钫四套，发现"左夫人"玉印，结合"列侯之妻称夫人"的记载，墓主人是南越国的侯王夫妇。从墓内车器数判断属于一辆车，地位低于贵县罗泊湾一号墓主人。贵县风流岭31号墓是少见的夫妇合葬墓，墓室被盗未见铜礼器，仅在墓道发现的车马坑中出土有铜马俑、御车俑，从鎏金车器分析，应属于一辆车的实用明器，身份和官职与贺县一号墓主相近。

第四等级：广州地区的"姚巳"墓（广州汉墓1172号）、"辛偃"墓（广州汉墓1175号）都有成套的鼎、壶、钫和温酒樽等铜、陶礼器出土，伴随出土车模型和伞盖器，表明墓主日常具有使用一辆车的等级，曾任有一定的官职。此外还有广州汉墓1134号、1139号、1174号、1177号、广州淘金坑6号墓和广西贺县河东高寨西汉五号墓，都应该属于同一个级别的官吏。其中贺县高寨五号墓的底部铺河卵石，随葬汉文化陶礼器，估计是汉化的越人官员。

南越王墓前室殉人身边伴出"景巷令印"龟钮铜印一枚。"景巷令"是南越国仿效汉王朝宫廷内詹事属官"永巷令"，掌管南越王室家事的宦臣，具有六百石秩次的官吏。南越王墓的八组盖弓帽中，应有随葬其身边的一组车伞，从官职来看具有持伞和乘车等级。

第五等级：广西平乐县的银山岭墓地中有一些随葬车器的墓葬，被拆散盖弓帽与鼎或剑同出，估计墓主人属于最低一级武士官吏。由于墓的底部铺河卵石和设腰坑，应该是汉化的越人武士或官吏。

根据随葬器物和用车马器分析，南越国从国王到一般官吏划分了五个等级，与汉王朝印绶与随葬官印制度其大致相近。南越王是南越国的最高等级，其次为分封的列侯，第三是国王下属由汉王朝代置的官吏，第四属于南越国自置的官员，第五应该是有军功的新兴地主阶层和汉化的越人官吏[16]。

从西周开始，宗法和等级制度更加完善，在宗法制度的控制下，又有一套严格的等级制度，各种等级有与之配套的礼乐习俗。等级是先秦社会宗法制度的一个象征，人们的身份往往在用鼎制度中表现出来，用鼎的数量明确地规定了社会尊卑地位。《仪礼》记载：诸侯用大牢九鼎，卿、上大夫用大牢七鼎，下大夫用少牢五鼎，士用牲三鼎或特一鼎。《礼记·杂记》："遣车视牢具"，指出用殉葬的"遣车"与"牢具"列鼎应该等同。但是，由于社会的变革与其匹配的乐器和车马数量，也与用鼎制度一样发生了一系列变化，车马数量的标准也随着墓主的变化而改变[17]。

秦始皇统一中国时，原有的用鼎制度受到秦人新制度的破坏和冲击；西汉初各地又一度恢复了《仪礼》中记载的礼乐制度，过去的天子、诸侯、卿、大夫、士和庶人的等级制度在丧葬中或多或少体现出来。根据社会发生的剧变，汉高祖刘邦主张简单易行的礼乐制度，汉文帝时贾谊认为应该予以健全完善。汉景帝时，在朝仪、宗庙礼乐、礼器制度、正朔服色，以及车舆丧葬等制度有了初步的发展。考古发现这种等级完整地体现在墓葬的随葬品中，在墓主人的墓室、棺椁、随葬铜礼器的规模和数量方面均体现出来。

四　黄屋左纛

南越国主赵佗割据岭南地区，从称王到称帝制，影响扩大到了中原的汉王朝，他"乃乘黄屋、左纛，称制，与中国侔"[18]。大有与汉王朝分庭抗礼的气势。"黄屋左纛"是只有帝王才有资格乘坐车马的颜色标志和装饰，《史记·秦始皇》记载秦始皇和子婴承黄屋车，蔡邕注曰："黄屋者，盖以黄为里。"《史记·项羽》引李斐云："天子车以黄缯为盖里。"《史记》记载刘邦在称帝前与项羽的楚汉战争中，乘黄屋车，非常醒目。在荥阳之战中，汉将纪信为救刘邦突围，自动请求"乘黄屋车，傅左纛，"进入项羽营中，使刘邦得以逃生。刘邦称帝后，"车服黄屋左纛，"以黄色为标志的车马仪仗，成为帝王出行时的象征，成为礼乐的组成部分[19]。《通典》记载了汉以来皇帝的乘舆，"有青立车、青安车、赤立车、赤安车、黄立车、黄安车、白立车、白安车、黑立车、黑安车，合十乘，名为五时车"。车的颜色醒目，五色俱备，人们以颜色来辨认皇帝的车辆。秦始皇的车马合为十乘，称为五时副车。汉将张良"与客狙击秦皇帝，误中副车"[20]。由此认为，刘邦称帝前，外出时有颜色不同的乘舆，只是黄屋车代表了最高等级；汉王朝建立后，确立了黄屋车只有皇帝才能使用的原则。

"左纛"的造型是什么样子？《史记》集解引李斐曰："纛，毛羽幢也。在乘舆车衡左方上注之。"蔡邕曰："以犛牛尾为之，如斗，或在騑头，或在衡上也。"纛是皇帝车舆上的重要装饰，在左骖马头上或在衡上。战国时的车马已有"纛"饰，在湖北荆州纪城的一号楚墓内发现有木制的蚌形纛座，由木胎挖制而成，表面有 51 个穿孔用来插牛尾[21]。秦始皇陵一、二号铜车马均发现了铜制的纛饰，不在左骖马头，也不在衡上、而在右骖马头上，均与汉制略有不同[22]。"左纛"通常与"黄屋"并提，又与帝制联系在一起。南越王赵佗的"黄屋左纛"究竟是何种形式，我们在秦始皇铜车马中能找到许多相似的痕迹。如果按照秦始皇车马器的规模来看，汉代皇帝乘黄屋车，车盖外施翠羽，内缀黄缯，骖马头装着纛饰，"纛"随着车马的节奏摇动，在路面奔驰时显示出威风凛凛。

汉承秦制，西汉的銮驾制度是从秦演变而来的。汉文帝继位之后，推行休养生息的政策，对邻近的列国、部落表示和睦相处。在南越国主赵佗称帝问题上，在汉王朝的官吏认为是大逆不道的事情，文帝则认为只要求取消帝号，其余可以既往不咎，于是派老臣陆贾再次出使南越。陆贾是南越王赵佗的老朋友，在他的说服下，赵佗"去帝制黄屋左纛。"[23]从记载来看，赵佗的车乘已相当的豪华气派，具有天子一样的装饰和规模，在周边地区有广泛的影响力。

五　车盖

古代的车盖是车舆上遮阳避雨圆形伞盖，在考古发掘中屡次发现，北京琉璃河的西周时期车马坑中，在一辆豪华的高等级车舆上发现有伞盖[24]。秦始皇陵一号铜车马的车舆上，牢牢固定着一把铜制的车伞。汉代马车的车舆上一般均有车盖，汉画像石的车马出行图中车伞盖雕刻制作工细，显然认为这是车马仪仗的重要组成之一。

秦始皇陵铜车马的伞形的车盖一般分盖、柄和座三部分（图二），汉代的车伞盖应该与其相近。伞盖由盖弓与盖弓帽连接，用布帛蒙在弓上成为圆形盖；盖弓末端装铜质盖弓帽，它是口大底小的圆筒形器，近口部的一侧铸有倒钩状的弓爪，圆口的一端插入

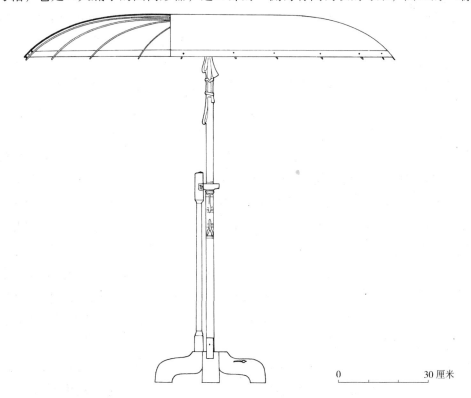

0 —————————— 30 厘米

图二　秦始皇陵一号铜车马车伞盖

（引自《秦始皇陵铜车马发掘报告》，文物出版社，1998 年）

盖弓内，另一端的弓爪防止伞盖滑脱。盖弓的顶部为圆形或作花瓣形，称为"金华"；在盖弓帽中部向上有一个突起的棘爪，名曰"蚤"。伞柄是圆柱形的直竿，分为上下两节，下节名杠，上节则名达常。杠和达常之间用铜制的管籥相衔接。达常的顶端装有呈穹隆状的盖斗，圆柱盖斗周围凿出榫眼用来插入盖弓，榫眼称部。伞盖座古名"輗俾倪"，是固定伞柄与车舆的部件，起夹持和固定伞杆的作用，车伞随时都可以从盖座取下来[25]。

伞的种类很多，根据用途不同，分曲盖、羽盖、步盖，都可以从车舆中卸了下来使用。据《左传》记载卫国发生动乱，公南楚的部下华寅把车盖取下来当武器使用，"使华寅肉袒执盖"，由此看来，车伞可以在车马行进过程中随时取了下来[26]。曲盖是皇帝外出随身的用具，在礼仪中使用，经常以其恩赐将帅，表现出君臣关系的远近，《古今注》："曲盖，太公所作也。武王伐纣，大风折盖。太公因折盖之形而制曲盖焉。"《三国志·蜀志》诸葛亮传注："亮南征，赐曲盖一。"[27]《吴志》孙峻传注："留赞解曲盖印绶付子弟以归。"羽盖是皇帝和皇后出行车辆用伞的专称，以羽毛覆盖非常奢华，又称华盖。辇车的羽盖可以遮日防雨，在特殊情况场合下，帝王用羽盖进行赏赐，汉武帝、孝和帝时曾赐南匈奴单于"羽盖车一驷"[28]。步盖由侍从持撑，跟随盖主人于左右，步盖是执盖的一种。车盖又有大、小之别。大盖，《史记·晏平仲婴传》："晏子为齐相，御拥大盖策驷马"；小盖，《后汉书·阴识传》："每从出入，常操持小盖"。从记载和考古发现分析，轺车为小车，其盖称小盖，可用于持盖、步盖；安车为大车，其盖称大盖[29]。

伞的遮盖范围是伞弓长度来决定，有多种规格，用途也不同，《考工记·轮人》："弓长六尺谓之庇轵。五尺谓之庇轮。四尺谓之庇轸。"河北满城 2 号汉墓中的车箱范围内共出土盖弓帽 60 余枚，分大、中、小三种规格，应该属于三个伞盖[30]。南越王墓在墓道、前室、东耳室、西耳室和主棺室分别出土盖弓帽，计有四种规格，属于八个以上的伞盖。这些伞盖的规格与墓主人车舆的拥有量有一定的联系，礼仪上与墓主人的尊卑等级也密不可分，至少有一定的官职。古代形容政府的使者或官员来往不断有"冠盖相望"一辞，《战国策·魏》："齐楚约而欲攻魏，魏使人求救于秦，冠盖相望，秦救不出"[31]。车盖的高矮，取决于盖杠的长短，盖高大则杠长，盖小则杠短，庇覆范围也与其有关。南越王墓出土的伞柄籥有八种，尺寸不同，其中的错银铜伞柄籥长 40 厘米，花纹繁复，代表了车伞的最高等级（图一，2）。

汉代的高级马车还可以通过车盖的颜色和装饰显示其等级，《后汉书·舆服志上》记载汉代官员用车盖的颜色，依官职大小略有不同。二百石以下的官员用白布盖。三百石以上用黑布盖，千石以上用皂盖，王用青盖，皇帝则用羽盖[32]。徐广说："翠羽盖，黄里，所谓黄屋也。"皂盖，使用黑色的丝织品车盖。南越王墓内发现大量的丝织品，用于包裹车器的绢色以铜绿为主，伞盖表面也未发现类似黄色的丝织品，而以黑、灰色较多，这与文献记载在一定程度上具相符之处。

六 南越王墓未发现真车真马的缘由

在秦统一岭南之前，地广人稀的岭南地区社会制度和经济发展水平，较中原内地有较大的差距，文献中有"断发文身"、"好相攻击"的描述[33]。秦始皇三十三年（公元前214年）派大军统一岭南。当秦始皇平定岭南三郡以后，一大批中原汉人与当地人杂处，两地的政治、经济文化交流日益频繁，岭南和中原一带的差距开始缩小。秦末中原群雄争立，南海郡属龙川县令赵佗拥兵自立为南越武王，成为岭南地区的最高统治者。赵佗统治南越国时期，与中原汉文化接触日益增加，南越国土著文化逐渐减弱。南越国王赵佗本是中原人，虽然政治上采取"称制，与中国侔"的政策，但在实际生活中推行着以中原礼仪为主的文化[34]。根据《广州汉墓》中南越国时期墓葬统计显示，用铜、陶器类制作的鼎、盒、壶、钫等作为日常生活的主要礼器中，以中原礼仪占据重要位置。南越王墓的随葬品精美丰富，诸侯王标志器物明显，丧葬礼仪完全效仿中原王侯等级，体现出以南下汉人为主的政权核心。

南越国作为异姓诸侯王远离汉王朝，南越王虽然常常表现出与中原汉王朝相抗衡的独立、割据外交手段，实际在政治、生活方面仿效西汉王朝的礼仪制度。南越王墓的车马器数量多达1500件，象征性的车马明器占大多数，显示出属于驷马之乘的诸侯等级规模。但是，南越王墓在随葬品放置、各室用途及殉人方面和车马器的随葬方面，表现出南越国时期埋葬习俗的地方特征。我们发现南越国大、中型墓葬内外缺少汉初中原诸侯王随葬真车马的现象，与河北满城汉墓、山东曲阜九龙山汉墓、临淄齐王墓、河南永城芒砀山汉墓和北京大葆台汉墓各随葬十余匹真马的场面更是无法比较[35]。南越国时代之前的两广地区，本土越人墓内至今没有发现车马器的存在。楚文化分布的湖南、湖北地区随葬真车、真马的现象很少，多数以车马器替代殉葬真车马，所以认为南越王墓的随葬制度完全遵循着以楚文化为主的中原习俗[36]。目前发掘现场看，南越王和其侯王完全没有那种宏大的车马礼仪场面，表现出政治、经济实力远逊色中原的另一方面。

岭南地区的越人生活在四通八达的水路环境之中，"习于水斗，便于行舟"[37]。秦始皇征伐越人时，陆路交通的不便，车马使用受到一定的限制，大量使用"楼船之士"，船只是主要的交通工具。南越王赵佗统治时期，带来了中原的生产技术和车马、牛等交通工具，使岭南地区经济得到逐步开发。公元前196年，汉高祖刘邦派遣陆贾出使岭南，立赵佗为南越王，中原和岭南交往频繁。由于汉早期经济处于恢复阶段，吕后执政时禁南越关市铁器和马牛羊等物资，对两地的贸易进行了一些限制，引起了南越王的强

烈不满[38]。西汉前期中原马匹稀少，出现了"自天子不能具醇驷，而将相或乘牛车"的
情景，直到汉景帝时仍执行限制马匹出关的规定，这对南越国贵族使用车马造成了严重
影响[39]。南越王墓有殉葬者 15 人，贵县罗泊湾一号墓殉葬 9 人、二号墓殉葬 1 人，一方
面说明南越国上层统治者没有废弃商周以来的人殉制度，汉代的废弃人殉律法在岭南根
本未执行[40]。另一方面提示岭南地区马匹的价值远远超过人类，南越王一级的统治者放
弃了中原地区用真车马殉葬的礼乐制度，用殉人代替真马。

七　余　论

南越国两广地区车马器的基本结构及其细部形式表明，汉代车马器与春秋战国车马
器是一脉相传的。

在车马礼仪方面，尽管南越王赵佗曾经有与汉王朝分庭抗礼的之态，陆贾出使南越
后，则完全执行了汉边境地区诸侯国的车马礼仪制度。南越王墓车马器标志和颜色装饰
与中原相同等级者类似，在车马用数方面表现出略比中原汉诸侯逊色的一面，说明南越
国在赵佗逝世后的各代南越王对中原保持一种低姿态。

南越国受中原文化影响，车马礼仪仅仅在上层社会流行，南越王和南越国侯王日常
使用二至三辆车，下级官吏使用一辆车；因此，中下层官员的礼仪习俗以一辆乘车等级
和拥有的"执盖"资格与来划分标准，换句话讲，由于岭南地区的越人生活在水流作
为交通的环境之中，在外出行进中以拥有遮日防雨的盖伞来判断社会地位的尊卑。

南越王赵佗统治后期，虽然中原的生产技术和车马牛等交通工具大量输入，但是岭
南地区经济仍处在待开发阶段。车马器随葬可以说明，中原文化包括礼仪制度、风俗习
惯仅在上层社会盛行，土著越人的大多数仍沿袭自己的礼仪文化传统。汉武帝灭南越国
以后，汉文化融合、同化岭南地区的步骤加快进行，越人习俗在墓葬形式和随葬品中逐
渐消失。

注　释：

① 广州市文物管理委员会、中国社会科学院考古研究所、广东省博物馆：《西汉南越王墓》，文物出版社，
1991 年。南越王墓主赵眜于公元前 137 年继位，号曰文帝，在位约 16 年，死后葬于象岗山，墓未盗掘，
1983 年发现，墓主被称"西汉第二代南越王墓"。

② 广州市文物管理处：《广州汉墓》，文物出版社，1981 年。广州汉墓中将西汉、东汉划分为早、中、晚三
个时期，其中早期相当于南越国时期，共有墓葬 186 座。本文附表中的车马器类内容摘自报告的重点墓
葬介绍和随葬品统计。

③ 广州市文物管理处：《广州淘金坑的西汉墓》，《考古学报》1974 年 1 期。墓葬中未见车模型、曹和伞类
的器物，现将铜铃归入车马器，推测不应属于牛车的用器。因湖北宜城罗岗楚国车马坑内在一号车右服

马下腹出土铜铃一件，形制与淘金坑出土铜铃相近，所以按照车马器划分。

④ 广西壮族自治区文物工作队：《广西贵县罗泊湾汉墓》，文物出版社，1988 年。一号墓的车坑部分被扰，车马器估计散失。关于墓主人身份有三种观点，第一认为是中原来的军事首领，第二是骆越首领，第三是西瓯郡尉。本文倾向第三种观点。

⑤ 广西壮族自治区文物工作队：《广西贵县风流岭三十一号西汉墓清理简报》，《考古》1984 年 1 期。墓室早年被盗，车马坑保存完整，铜马和车俑代表了岭南地区南越国时期的最高工艺水平。

⑥ 广西壮族自治区文物工作队：《广西贺县金钟一号汉墓》，《考古》1986 年 3 期。墓室早年部分被扰。

⑦ 广西壮族自治区文物工作队：《广西贺县河东高寨西汉墓》，《文物资料丛刊》第四集，文物出版社，1981 年。墓地共发现西汉早期墓葬 5 座，约属于南越国时期。

⑧ 广西壮族自治区文物工作队：《平乐银山岭战国墓》，《考古学报》1978 年 2 期。报告将墓葬时代确定为战国时期，研究南越国时期的学者根据广州汉墓出土情况确定为南越国时期，见《广州汉墓》和《论两广出土的先秦青铜器》（《考古学报》1986 年 4 期），本文采用此观点。

⑨ 李自智：《殷商两周的车马殉葬》，《周文化论集》，三秦出版社，1993 年。

⑩ （唐）长孙无忌等撰、刘俊义点校：《唐律疏义》，中华书局，1983 年。

⑪ 孙机：《汉代物质文化资料图说》，第 23，辎车等，文物出版社，1991 年。

⑫ 湖北省文物考古研究所：《江陵凤凰山一六八号汉墓》，《考古学报》1993 年 4 期。

⑬ 河南省文物研究所：《河南淮阳马鞍冢楚墓发掘简报》，《文物》1984 年 10 期。

⑭ 湖北省文物考古研究所：《湖北荆州纪城一、二号楚墓发掘简报》，《文物》1999 年 4 期。

⑮ 高崇文：《西汉诸侯王墓车马殉葬制度探讨》，《文物》1992 年 2 期。该文认为西汉早期的诸侯王墓一般殉葬 3 辆车马制度，与"三礼"记载中的乘车、道车和藁车相符，也是汉代统名为魂车的车辆。

⑯ 萧亢达：《从南越国"景巷令印"、"南越中大夫"印考释蠡测南越国的官僚政体》，《广东社会科学》1994 年 5 期。《汉代印绶制度与随葬官印问题》，见《广州文物考古集》，文物出版社，1998 年。

⑰ 俞伟超：《周代用鼎制度研究》，见《先秦两汉考古学论文集》，文物出版社，1985 年。

⑱ 《史记·南越列传》，中华书局，1959 年。

⑲ 《史记·高祖本纪》，中华书局，1959 年。

⑳ 《汉书·张良传》，中华书局，1962 年。

㉑ 湖北省文物考古所等：《湖北荆州纪城一、二号楚墓发掘简报》，《文物》1999 年 4 期。

㉒ 秦始皇兵马俑博物馆等：《秦始皇陵铜车马发掘报告》，文物出版社，1998 年。

㉓ 《史记·南越列传》，中华书局，1959 年。《史记·陆贾列传》与《史记·南越列传》相同均记载陆贾说服赵佗去帝制过程。

㉔ 中国社会科学院考古研究所等：《1981 - 1983 年琉璃河西周燕国墓地发掘简报》，《考古》1984 年 5 期。

㉕ 孙机：《略论始皇陵一号铜车》，《文物》1991 年 1 期。

㉖ 杨伯峻注释：《春秋左传注·昭公二十年》，中华书局，1981 年。

㉗ 《三国志·蜀志》，中华书局，1959 年。

㉘ 《后汉书·孝和帝纪》李贤注引《东观汉记》，中华书局，1965 年。

㉙ 孙机：《汉代物质文化资料图说》，第 27，车盖及其部件，文物出版社，1991 年。

㉚ 中国社会科学院考古研究所、河北省文物管理处：《满城汉墓发掘报告》，文物出版社，1980 年。

㉛ 《战国策·魏策四》，上海古籍出版社，1978 年。

㉜ 《后汉书·舆服志上》，中华书局，1965 年。

㉝ 《前汉·孝武皇帝纪》（汉）荀悦撰，《两汉纪》，中华书局，2002 年。记载："越方外之国，断发文身之人，不可以冠带之国法度治之。自三代之盛明，胡越不与受正朔，非强不能服也。以为不居之地，不牧之民，不足以烦中国。古者封内甸服，封外侯服，侯外宾服，蛮夷要服，戎狄荒服，远近之势异也。越人名为蕃臣，实不给上事，自相攻击耳"。

㉞ 《汉书·南粤王列传》，中华书局，1962 年。南越王赵佗使用"乘黄屋左纛"目的，是在礼仪中与中原汉文化划等号，用最高等级的礼仪制度引起汉王朝的注意，以达到自由贸易和引进技术的目的。

㉟ 黄展岳：《汉代诸侯王墓论述》，《考古学报》1998 年 1 期。

㊱ 高崇文：《西汉长沙王墓和南越王墓葬制初探》，《考古》1988 年 4 期。

㊲ 《汉书·严助传》，中华书局，1962 年。

㊳ 《汉书·南粤王列传》，中华书局，1962 年。

㊴ 《史记·平准书》，中华书局，1959 年。

㊵ 广州市文物管理委员会、中国社会科学院考古研究所、广东省博物馆：《西汉南越王墓》，见附录"南越王墓殉人遗骸的鉴定"，文物出版社，1991 年。广西壮族自治区文物工作队：《广西贵县罗泊湾汉墓》，文物出版社，1988 年。南越王墓和广西罗泊湾汉墓内殉葬人经过医学鉴定，死者多在 15～30 岁之间，属于非正常死亡。

香港南丫岛北角咀西湾圆形窑炉的分析

——兼论香港唐代窑炉的用途

吴伟鸿

英文提要 This paper mainly reveals the porcelain kilns of Tang Dynasty found at Lamma Island Hong Kong SAR. It details on remains of kiln structure, raw material for making lime such as burned shell and coral as well as an area of hard ground. Dividing the kiln area into three functional zones: firing zone, working zone and trash zone, the author also discusses the functions of the kilns, namely, lime-making, salt-making or pottery production.

一 研究目的

自上世纪二十年代起,在香港海岸发现大量以砖砌壁,直径 2 米左右的圆形窑炉,至今已发现有同类窑炉的遗址约 50 个[①]。经[14]C 测定,其年代主要集中在公元 540 年至 900 年之间[②],即隋唐时代。而伴出的陶瓷绝大部分为唐代广东沿海窑口产品;伴出的铜钱亦以唐代为主[③]。

关于这些窑炉的用途众说纷纭。1928 年首次发现时,已视为"圆形火炉"[④],至 1937 年时虽经发掘者定为窑炉,然用途仍不能确定。及至 1970 年代末,因发现日多,香港考古学会组织发表了一系列田野报告、研究论文,测定了绝对年代,并初步推定窑炉的用途,认为这些窑炉用来烧制壳灰的[⑤]。至 1990 年代,关于窑炉用途仍有不同的看法:一种认为煮盐的窑炉;另一说指这些窑址是烧制陶瓷用的[⑥]。本文拟以 2001 年在南丫岛北角咀遗址西湾地点的发掘为基础[⑦],试图从窑炉的结构分析其烧成温度、烧制对象的遗留物,并参考相关中国古代制盐的文献记载,推论香港唐代沿海窑址的用途。

二 北角咀西湾的发现

南丫岛位于香港特别行政区南部海洋里,隔海东望香港岛,南面为担竿列岛。北角咀位于南丫岛北端,是一个三面环海的岬角半岛,东、西两侧为海湾(图一;彩版一,

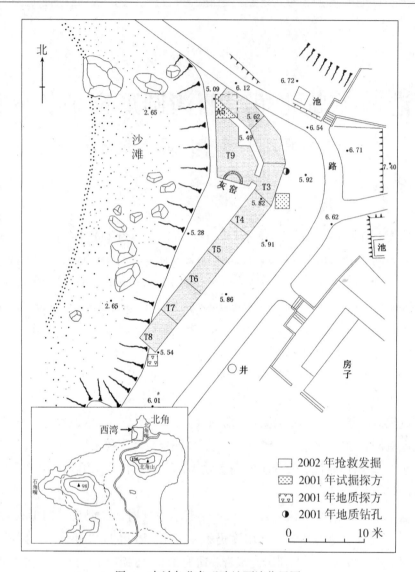

图一　南丫岛北角咀遗址西湾位置图

1）。2001 年北角咀进行环境评估时，笔者发现此遗址。同年春、冬两季进行地表采集、钻探、试掘，并在西湾进行抢救发掘。地表发现新石器早期燧石质细小石器的凹刃刮削器、新石器晚期石锛和夹砂陶；其后在西湾受工程影响的范围内抢救发掘，发现两个文化层：新石器晚期和唐代窑址层。

北角咀西湾的唐代窑址位于海拔 5.71 至 5.92 米的阶地上，其地质组成为坡积物和砾石，新石器文化层之下有一层 0.5 米的砾石层。这与一般香港唐代窑址位于古沙堤上不同。

（一）发掘设计

研究香港海岸窑炉用途除用比较法外，也可以用实验法，即重建一窑，实验各种烧窑技术和方法。另外，窑炉和遗物的空间关系、遗物的平面和立体分布也是推测用途的不可缺的资料。因此，在设计北角咀西湾地点抢救发掘时，我们首先考虑：

1. 如何记录遗迹、遗物的平面和立面的分布。

2. 发掘的方法必须表现遗物被弃置后和埋藏时"凝固"不动的原貌。其目的在于减低发掘失误和记录失真的程度。

3. 此外，发掘时最重要是找出古地面。

遗物被遗弃在古地面上，经过不同程度的人力、兽力或自然力再搬运，最后被埋藏起来。这个过程可能已经难于或者无法复原文物（当时的垃圾）最初被遗弃的情景。不过，遗物愈重愈大，它被二次、三次搬运的可能性愈低。这个情形一如水流搬运沙石的堆积现象。那么，遗物的大小对复原遗址的用途有着正比的关系。

香港海岸窑炉旁边一般都大量分布修窑时遗下的废砖、破窑箪，以及生产过程中的原材料和丢弃的废品；甚至还有来不及再改过造的半成品。所以，北角咀发掘的方法应参照发掘旧石器发掘遗址的方法。例如看看有没有可能并合石器废片而复原石器的生产过程以及能否寻找到古地面[8]。古地面的确定取决于遗物是否初次堆积或者是二次堆积，此外，还需考虑：

1. 是否有成堆同类废品；

2. 有无可并合的废品；

3. 有无大量相同泥土颗粒和相同土色，而且成层堆积成的"层理面"。

古地面和一堆堆修窑时抛弃的废砖和烂窑具，还有一堆堆的半成品，都成为复原北角咀窑址用途的根据。北角咀遗址的抢救发掘方法和记录方法以上述各点为根本。

（二）地层、古地面和窑区布局

因在北角咀西湾敷设电缆，所以在发现古代遗址的地点进行抢救发掘。在受电缆工程的范围内略呈南北向开挖探沟9个，发掘面积150.5平方米。发掘点西面朝海，东背山冈。为全面了解遗物和遗迹分布，在清楚掌掘地层后，全部隔梁打掉。探沟一字排开，将窑区横切，对了解窑区布局非常有利。

地层自上而下分为8层，以T2～T8的东壁剖面为例（图二；彩版一，2）：

第一层和第二层为填土层。于1990年代末修建食水站时堆填，厚达20～40厘米，大部分为水泥和水泥渣。

第三层为上耕土层。

第四层为下耕土层，年代为清初至民国。此两层共厚20～30厘米。

第五层为深棕色壤土层，厚20～100厘米，发现一个圆形窑址，出土大量窑砖、窑具和未烧成壳灰的珊瑚和贝壳，还有少量唐代陶瓷片，年代为唐代。

第六层为黄色壤土层，厚40~100厘米，出土新石器晚期至青铜早期的曲折纹泥质陶片、绳纹夹砂陶片、石锛、石锛坯、砾石石锤、石环和砺石。

第七层为砾石层，厚20~40厘米，无遗物发现。

第八层为浅黄色坡积土层，厚100厘米以上。夹杂风化石块、少量砾石，无遗物发现。

根据窑区发掘所见，第五层古地面以两个准则来确认：（1）是否发现大量成堆同类废品；（2）是否发现堆积成层的"层理面"（层理面在地质学是指沉积岩的其中一层，其组成物质处处相同，其上下为可见的面所划分）。该层古地层的发现对海岸窑址的布局、空间利用和窑址的用途复原非常重要。以下是根据上述两点复原北角咀唐代窑区的空间利用。

根据窑炉、各种同类废品和层理面的位置，第五层的空间利用分为三区：（1）烧窑区、（2）工作区和（3）垃圾区（图三）。这三个区的关系可以用一个同心圆来表示。中心是窑区，中圈是工作区，外圈是垃圾区。窑区就是窑的位置，它的遗留特点就是窑炉的所在。工作区的遗留特点是一个坚硬的地面（即古地面），没有半成品、没有陶瓷器、没有修窑时遗下的窑砖和窑具，这古地面是一层厚约10厘米的浅红色硬土（层理面）。其硬度一般要用铁锤才可以将一根筷子楔入，在窑壁的四周因受热而更硬。在工作区内几乎没有发现陶瓷片，更没有贝壳和壳灰半成品。因这个区在窑的周围，又有硬面，再根据工作流程的布局，推断这是工作区。假如以窑为中心，垃圾区就位于最外围了。在工作区的外围，垃圾区的堆积特点是有大量同类窑砖、窑具、窑箅、贝壳和成堆的壳灰半成品，只有少量陶瓷片夹杂在窑砖和窑具内。在工作区内局部地方还发现一些用废窑砖和方型石块砌成的直线结构，用途不明。

（三）遗物堆和古地面的发现

在第五层发现的同类堆积中，有些是同一规格的废窑砖，有的是同一规格的破窑箅，有些是未烧成壳灰的半成品，有贝壳和珊瑚，都是各个成堆，反映了每一堆都是一个抛弃行为，所以在田野记录上，采用了英国考古所用"遗存单元"（context）作为每堆的记录单位[9]。表一记录了在9个探沟的第五层里发现的23个遗物堆积。

表一 　　　　　　　　　　北角咀探沟1至9号发现的堆积

堆积类别	遗存单元（C）编号
废窑砖	C7，C17，C22，C23，C25，C33，C34，C37，C39，C41，C42
破窑箅	C6，C7，C8，C9，C24，C26，C54
烧过的贝壳	C30，C31，32
烧过的珊瑚	C20
铁钉	C13

T6 T7 T8

0   2米

表土　　硬面　　水泥砂
填土　　砾石层　　窑砖
砾石

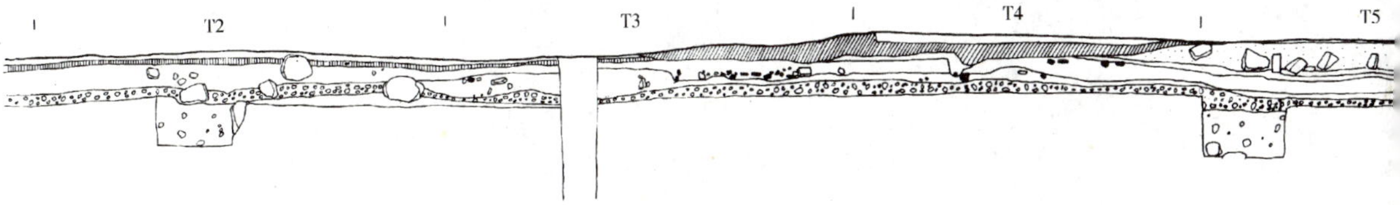

图二　T2~T8 探沟东壁剖面

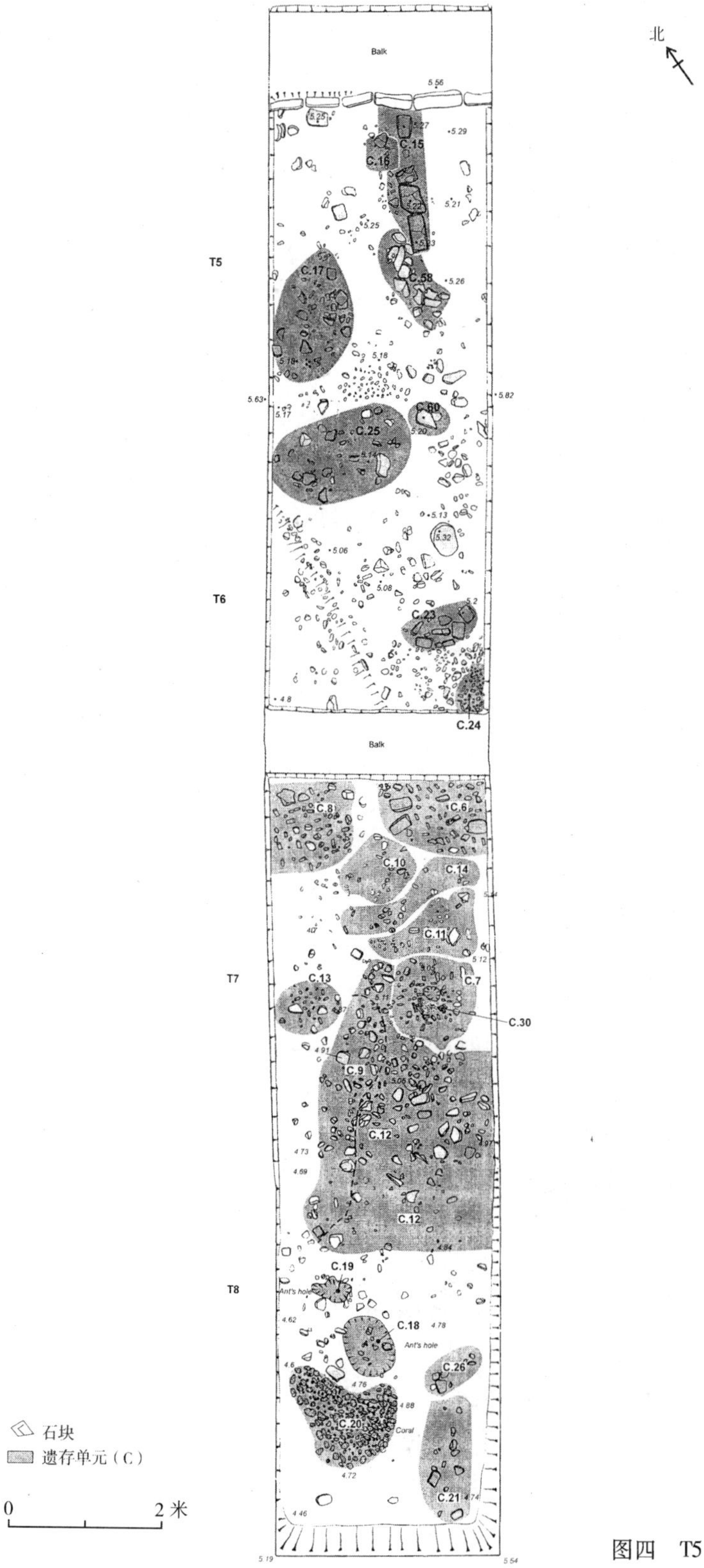

图四 T5~T8 平面图

△ 石块

▨ 烧存布灰层（C）

0 ～ 2 米

北

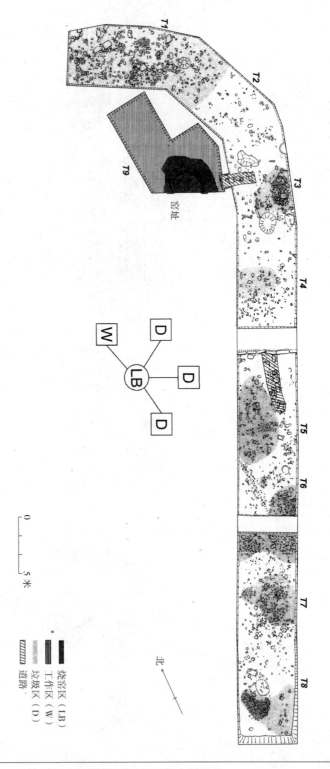

图三　唐代窑区空间利用模式图

窑址

北

0　5 米

■ 烧窑区（LB）
■ 工作区（W）
░ 垃圾区（D）
▨ 道路

T1
T2
T9
T3
T4
T5
T6
T7
T8

W
D
LB
D
D

香港南丫岛北角唐代灰窑图形器物的分析

为详细说明个别堆积情况，在垃圾区内挑出几个堆积来介绍（图四）。

1. 窑砖堆积　在北角咀西湾地点的第五层中，共发现 12 个窑砖堆积。其中遗存单元 7 号（C7）是一堆为数 47 块长方形窑砖（彩版二，1），归为第 5 式砖[⑩]。此外，还另有 14 件规格略比第 5 式大的其他窑砖，有可能是当第 5 式窑砖抛弃前已在原处；又或者是抛弃后在其他时间里混入的。这 47 件窑砖是典型的例子，反映修窑时的一次抛弃行为。因为窑的结构不管是券顶还是柱状，同一水平位置的窑砖在理论上应当为同一规格的。所以当窑炉在某一个水平位置出现损坏时，必然拆下同一规格的旧窑砖，换上相同的新窑砖。因此，不同规格窑砖的发现，表明有不同的修理过程。

2. 窑箅堆积　同在第五层里，共发现 7 个窑箅堆积。其堆积特点是同一规格的窑箅堆在一起。因此，每一堆都表示这是以前的一个堆积事件。例如遗存单元 8 号（C8）由 117 件破窑箅，连同数件长方形第 5 式堆在一起。这 117 件破窑箅的长度和直径很接近：长 6 至 8 厘米；直径 4.5 至 8 厘米。同一规格的破窑箅也在遗存单元 6 号、24 号和 56 号发现。如果那些圆型窑炉是柱状形，下大而上小，窑室内窑箅以经纬排列，层层而上的话，那么，同一水平位置的窑箅的长度与直径应当一致，而且愈下则窑箅愈大，愈上则窑箅愈小。因此，同一规格的窑箅堆在一起，可能反映某一次修理和重整窑箅结构时，将同一水平高度的同类规格的旧窑箅清出而堆在一起，换上相同的新窑箅。同一规格的窑箅堆积是一件抛弃事件的物质证据。

3. 贝壳和珊瑚堆积　在北角咀抢救发掘共发现 3 个烧过的贝壳堆和一个烧过的珊瑚堆。烧过的贝壳堆的体积较少，特点是同类的贝壳堆在一起。例如遗存单元 31 号（C31）是蚝壳堆（彩版二，2）。一般蚝壳碎片只有 3 至 5 厘米，最大的是一整块的蚝壳，长达 18 厘米。这一堆的蚝壳重量共 1.31 公斤。遗存单元 20 号（C20）是烧过的珊瑚堆（彩版二，3、4），在第九号探沟里发现。特点是珊瑚堆在一起，没有夹杂其他遗物。其堆积面积 1.125 平方米，堆积厚 25 至 45 厘米，堆积重量共 44 公斤。这些未烧成壳灰的珊瑚一般长为 25 至 30 厘米。烧过的珊瑚堆是一个说明香港海岸唐代圆形窑址用途的重要证据：壳灰即是用贝壳或珊瑚烧成的。重达 44 公斤烧过的珊瑚成堆发现，表明了这一堆珊瑚是一件抛弃事件，可能是窑炉烧制壳灰时产生失误后，将这些珊瑚从窑室中清理出来的。

以上的堆积都是确定古地面的物质证据。

4. 层理面（古地面）的发现　层理面（古地面）发现在第六号探沟第五层，厚 25 至 35 厘米。其确认依据为：深棕色沙质壤土，胶结硬度大，相对其他探沟较少遗物堆积，有一组废窑砖结构（遗存单元 15 及 16 号）。层理面（古地面）的南北有大量的遗物堆，如烧过的贝壳和珊瑚、窑箅和窑砖等。鉴于窑炉靠海岸阶地边沿平行排列和遗物堆的分布，层理面（古地面）所在可能是窑区的通道位置。

三　圆形窑址的结构、布局和用途

　　香港海岸发现的砖砌窑炉，全为圆柱形，下阔上窄，内直径在 1.5 至 2.5 米之间，复原后通高 3 至 3.5 米，地表上窑体高 1.5 至 2 米；地下窑体深 1 至 1.5 米。窑体分为上下两部分；上为窑室，下为火膛。据研究者复原上下之间以窑箅分隔，窑箅以经纬排列。窑顶有烟通，火膛底部为石砌层（图五，1、3）[⑪]。窑炉 5 至 10 余个，多以一字排开，如果数量在 7、8 个以上，即分为两排，竖立在海边的高位沙堤（古沙堤）上，一般排列与海岸线平行。窑的附近通常都发现长方形，长约 3 至 4 米的池，对此目前有两个解释：将生灰加水成为熟石灰的水池；另一解释为生产陶瓷用的"储泥池"。

　　据民族考古学研究：珊瑚、贝壳置于窑箅之上；一层珊瑚、贝壳；一层窑箅；层层而上。火膛燃火烧珊瑚、贝壳成石灰（壳灰）[⑫]。烧成后，在窑顶烟通挖走壳灰。部分壳灰跌下火膛，与草木灰混合。绝大部分窑体都残留地下结构——火膛和火道，只有一例，窑室仍存于地表者为赤立角岛虎地遗址。在多次发掘中，火膛一般有两层堆积。第

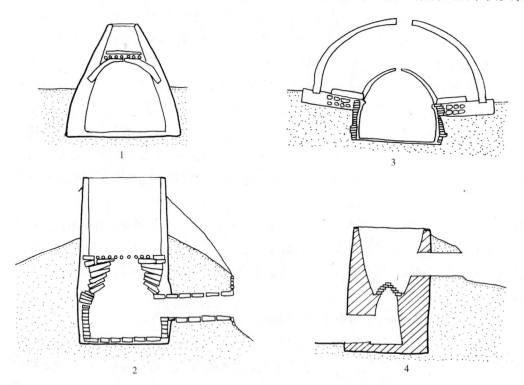

图五　香港海岸唐代窑炉剖面图

1～3. 复原图　4. 西贡上窑村清中期至民国时期壳灰窑

一层是窑砖、窑箅；第二层是贝壳、石灰和碳渣。

近年有另一种意见，认为这些窑炉是烧陶瓷的。研究者更复原窑的结构为圆底而券顶，券顶中央为烟通（图五，2）。该研究者根据窑的"底部有一定倾斜度的火道，使火焰从低处的燃烧室穿过火道而进入烧成室，其技术原理与龙窑相同。"认定这种窑使用了"圆窑技术"，但比圆窑进步，因为一如龙窑，应用了平焰技术[13]。与这些窑伴出一些唐代广东沿海的青瓷器，部分有4至5个不沾釉的支钉痕。该研究者说窑内外出土的火通条（窑箅）的用途其实是烧窑时，分隔每件陶瓷器用的"软支垫"。不过有时也会"使用泥块作为垫隔器具"[14]。

四　关于窑炉用途的讨论

北角咀的发现是目前对香港海岸唐代窑炉用途有三种解释：1. 烧制壳灰、2. 烧制陶瓷、3. 煮盐灶。北角咀的发现对窑炉用途具有一定参考价值，现在逐点说明如下。

1. 烧制壳灰　有研究者引用《天工开物》之《作碱·海水·盐》所述：以竹为釜，煮卤为盐。据此认为这些窑炉烧成的壳灰用来糊在竹制盐盘上，并建议将原先所称的"壳灰窑"，改为"蜃灰窑"[15]。

壳灰即是用贝壳或珊瑚经过700°C至800°C的温度用8至10天烧成的[16]。壳灰未加水之前属于生石灰，加水后成为熟石灰。将壳灰（生石灰）加水成为熟石灰的水池在考古中曾有发现。烧制壳灰的证据有直接和间接两种，直接的证据是在遗址发现壳灰（如深湾村曾发现烧过的珊瑚和贝壳）；间接证据是根据清代和现代香港和深圳小型壳灰窑作模拟参考。现在香港西贡的上窑村有一座清末民初的砖石砌壳灰窑，现保存下来作为民俗博物馆的展品（图五，4）。上窑村的壳灰窑为圆柱形，高2.5米、外直径1.5米。窑体分上下两部分；上为窑室，是贝壳和珊瑚堆放的地方。下为火膛，是烧火的地方。火膛有火口，柴薪放入火膛的入口，也是风箱打气的入口[17]。这个壳灰窑是复原香港海岸窑址的主要依据。

在操作时，上窑村的壳灰窑上部的窑室有一个门口开在窑壁，经七天烧成后，再闷三天，从这个门口取走壳灰，部分壳灰则跌落至火膛。如果上窑村的清末民初的壳灰窑和唐代的海岸窑炉在结构上近似，据此推测，唐代窑炉可能有部分壳灰遗留在火膛里。考古发现在南丫岛芦须城的唐代窑炉火膛内就有一层的厚30厘米的石灰和草木灰的堆积[18]。在大屿山蟹地湾的窑区发现烧过的贝壳和珊瑚也足以证明唐代窑炉是用来烧制石灰的[19]。同样的，在北角咀西湾发现数组窑箅、烧过的贝壳、珊瑚和未烧成壳灰的半成品等，都是成堆出现，这是壳灰窑的直接证据。

2. 陶瓷窑　香港海岸窑址出土的陶瓷以唐代的广东青瓷为主（有海康、阳江、古劳凤岗、曲江、封开、梅县等窑口），也有湖南长沙窑产品。何翠眉鉴定深湾村与窑址伴出的广东青瓷，定出年代在公元八世纪之前，即北宋之前，不见宋代陶瓷。

近年有研究者认为，香港海岸唐代窑炉可烧制陶瓷。证明是否烧制陶瓷的方法除用比较法外（与其他烧制陶瓷的窑炉比较），还可以用实验法来求证，如果经过实验，看香港海岸唐代窑炉有没有耐热至 800°至 1000°C 的能力。此外，要证明烧制陶瓷，还须要考虑窑炉附近一带的环境因素，例如：（1）烧制陶瓷的窑炉的位置是否合乎于物流的安排（即材料和产品的运输流程）；（2）附近有没有制作陶瓷的天然资源（陶土和淡水），（3）这些天然资源能否足够支持大量生产。另一方面，（4）窑炉旁一定有极为大量的陶瓷废品，绝对不可能是少量的。但是目前香港海岸唐代窑炉出土的陶瓷废品，并不足以支持烧制陶瓷的说法[20]。

3. 煮盐灶　近年另有一种意见认为香港唐代海岸窑址是煮盐的灶。我们认为，以目前的材料，此说尚不能成立。如果那些是煮卤为盐的灶，那么在灶周围的泥土和灶砖中必定会有大量盐体的结晶遗留下来。只要将来在发掘时特别收集泥土样本和砖块做化验，就可以证明那些窑炉是否煮盐的灶了。

香港海岸窑址出土的制钱大都是唐代和早于唐代的，不见宋钱。此外，出土的陶瓷和绝对年代测定亦以唐代为主，据此，香港海岸窑址的年代可定为唐代。然而，为什么香港海岸从宋代开始，壳灰窑炉（或称蜃灰窑炉）很少发现呢？关于这一点，可从中国沿海制盐的历史寻找答案。

据文献记载，从南朝至唐代海盐的生产以煮盐为主。煮盐是将海水晒成"卤水"（浓缩的海水），然后以火力蒸干水分而得到盐粒[21]。南朝裴渊在《广州记》说："东官郡（笔者按：即后来的东莞）煮盐，织竹为釜，以牡蛎屑泥之烧用，七夕一易"。唐人刘恂在《岭表录异》中记有："广人煮海，……但将人力收聚咸池沙，据地为坑，坑口稀布竹木，铺蓬簟于其上，堆沙。潮来投沙，咸卤淋在坑内。伺候潮退，以火炬照之，气冲火灭，则取卤汁，用竹盘煎之，顷刻而就。竹盘者，以篾细织。竹镬表里以牡蛎灰泥之。自收海水煎盐之，谓之野盐，易得如此也。"

广东生产食盐的方法有两种：煮盐和晒盐，广东人称煮盐为"熟盐"；称晒盐为"生盐"。在广东以竹为釜的煮盐方法从南朝一直沿用至清初[22]，在宋元时期广东才开始出现晒盐法生产食盐[23]，并一直使用到现代[24]。一般而言，晒盐的产量显然比煮盐要高，同时也更加"易得"。广东从宋代开始用晒盐法生产食盐，就不再需要用窑炉煮盐，自然也不再需要以石灰铺面的竹盘和竹釜，更不需要盐灶。因此，唐代以后香港海岸烧制蜃灰的窑炉就相应减少。如果香港海岸的窑炉真和煮盐有关，生产食盐方法的改变，是这些窑烬消失的主要原因。

北角咀遗址的发现只是上述三个解释的小脚注，至于香港唐代窑炉的用途，有待将来组织一个有研究目标、有研究设计的主动发掘来进一步研究。

本文承广州市文物考古研究所全洪先生提出修改意见，谨此申谢！

注　释：

① 据笔者个人统计至 2004 年 3 月为止。

② Meacham, W. 1978 "A Missing Link in Hong Kong Archaeology", Journal of the Hong Kong Archaeological Society, vol. 7.

③ Cameron, H. , B. V. Williams 1984 " Sham Wan Tsuen , Chek Lap Kok (A Tang Dynasty Industrial Site) ", Journal of the Hong Kong Archaeological Society, vol. 10. 另见何翠眉 1994 年鉴定深湾村窑址出土的陶瓷为唐代。

④ Heanley, C. M 1935 "Cone Furnaces", Hong Kong Naturalist, vol. 6.

⑤ 《香港考古学会会刊》，第 7 卷（1978 年）。

⑥ 刘茂：《香港小榄窑址研究》，香港：奕信文物信托基金，2001 年。

⑦ 吴伟鸿：《南丫岛北角咀考古抢救发掘》，香港环境资源管理服务有限公司，2002 年。英文，未刊，存档于香港特区政府康乐及物文化事务署之古物古迹办事处（Ng, Steven 2002 Archaeological Rescue Excavation at West Bay of Pak Kok Tsui, Lamma, Hong Kong, ERM – Hong Kong Ltd. Unpublished.）。

⑧ 不同生产阶段的废品，组合起来可以反映器物的生产流程。这个方法必须奠基于田野发掘能否发现古地面和原地保留和记录一切遗物。有关器物生产流程的讨论见陈淳：《操作链与旧石器研究范例的变更》，《考古学的理论与研究》，学林出版社，2003 年。

⑨ "遗存单元"的定义为"反映每一事件的物质遗留或遗迹"。见伦敦博物馆考古服务公司 1990、1994 年版的《遗址手册》。英国自 1980 年初起，以"遗存单元"为记录法，广泛应用于田野考古中，特别是复杂的遗址。此方法亦普遍应用于香港。

⑩ 在北角咀发现的窑砖分为四型：长方形、梯形、三角形和柱础形。每型之下分为若干式。每式之界定以其长、宽、高为依据。长方形第 5 式窑砖长 17.5、阔 5.0、高 4.0 厘米。见注⑦，16 页，表 6.1。

⑪ Cameron, H 1979 "Yi Long", Journal of the Hong Kong Archaeological Society, vol. 7. Crawford, J. R. 1989a "The Reconstruction of Tang Kilns", Journal of the Hong Kong Archaeological Society, vol. 12. Crawford, J. R. 1989b "Some Thoughts on the Tang lime Industry of Hong Kong", Journal of the Hong Kong Archaeological Society, vol. 12.

　　商志醰、吴伟鸿：《香港地区窑址和青花瓷的发现与研究》，商志醰编：《香港考古论集》，172 页，文物出版社，2000 年。

⑫ Cameron, H 1979 "An Early Lime – Making Industry in Hong Kong", Journal of the Hong Kong Archaeological Society, vol. 7. , Crawford, J. R. 1989 "The Lime Kilns at Longgang, Shenzhen", Journal of the Hong Kong Archaeological Society, vol. 12.

⑬ 同⑥，图 6 - 1 - 1、第六章、第一节、窑业技术。

⑭ 同⑥，第六章，第二节，装烧技术。

⑮ 区家发、佟宝铭：《香港深圳地区之古代煮盐业》，《香港考古学会会刊》，第 14 卷，1997 年。

⑯　石灰（CaO），又名"白灰"、"垩灰"、"煅灰"、"矿灰"、"石昧灰"，根据原料分为壳灰和石灰。壳灰是用贝壳或珊瑚烧成的；石灰是石灰石烧成的。明代宋应星在其《天工开物》里，根据上述不同的石灰烧成原料分为"石灰"和"蛎灰"两种。香港海岸的清中期至民国石灰窑全部烧制壳灰。

⑰　Cameron，H 1980 "An Early Lime – making Industry in Hong Kong"，Journal of the Hong Kong Archaeological Society，vol. 7. 马木池等：《西贡历史与风物·乡村社会的变迁》，香港，西贡区议会，2003 年。

⑱　Cameron，H 1980 "Lo So Shing"，Journal of the Hong Kong Archaeological Society，vol. 7.

⑲　Bard，S. M. 1980 " Hai Dei Wan"，Journal of the Hong Kong Archaeological Society，vol. 7.

⑳　屯门小榄遗址的唐代窑址发现的陶瓷是极少量的，无法作为这是一个烧陶瓷的窑址的物质证据。该窑址出土的唐代陶瓷统计：青黄釉瓷器个体 18 件（共 4 种）、褐黑釉瓷器 4 件（复原）、褐釉陶器碎片 19 片、陶衣陶片 46 片、普通陶片 32 片。见刘茂：《香港小榄窑址研究》2001 年（未刊）。又，1979 至 1984 年深湾村唐代窑址出土的陶瓷片约 30，000 片，另制钱 400 个出于窑址和附近的宋墓。制钱以开元通宝和干元通宝为主。前者占 275 个，后者 9 个。另有五铢钱 5 个、宋钱 13 个（公元 995 年～1068 年）出于一座宋墓。其余为明清和安南制钱，及 1898 年香港一毫和一个民国 38 年的铜币。以 30，000 片之数，似乎不足以证明这里曾经是一个烧陶瓷的窑址。

㉑　方志钦、蒋祖缘编：《广东通史》，503 页，广东高等教育出版社，1996 年。

㉒　屈大均：《广东新语·卷十四·盐》，381～383 页，中华书局，1997 年。

㉓　屈大均：《广东新语·卷十四·盐》，969 页，中华书局，1997 年。

㉔　赵匡华、周嘉华：《中国科学技术史·化学卷》，474～483 页，科学出版社，1998 年。

试论唐宋时期广东陶瓷业的发展

蔡奕芝

英文提要　Tang and Song dynasty witnessed the rapid development of the manufacturing of ceramics in Guangdong. It is manifested mainly in the increasing in kiln's number, the improvement of construction of kiln stoves, the refining of the material of body and glaze, the heavy and complicated in ware's decoration and the enhancement of manufacture technology and so forth. The progress in ceramic manufacture was linked with social, economic, environmental, trade and other objective factors.

论中国古代瓷器，多数人会以汝窑、官窑、哥窑、定窑、钧窑等为主。这五大名窑的产品确实以其精美绝伦著称于世，让人铭记于心。然而，唐宋时期广东的陶瓷业也并不落后，其产品同样丰富，同样精美，只是见之于史籍记载的较少，所以不常为人们提及罢了。二十世纪五十年代以来的考古发现弥补了史载之不足，在广东省各地陆续发现了这一时期的窑址，出土于这些窑址中的精品，几乎可与名窑产品相媲美。本文拟就考古发掘所获资料，探究唐宋时期广东陶瓷业的发展及其原因所在。

一　唐宋时期广东陶瓷业迅猛发展的表现

1. 窑址遍布，窑炉改进，品种增多

众所周知，唐宋时期是我国陶瓷生产的一个兴盛时期，各大名窑扬名天下。广窑虽然没上"名窑"光荣榜，但陶瓷生产也不落后，瓷业发展也很迅猛，这一时期同样成为陶瓷生产的转折点。其表现之一，就是陶瓷生产基地遍及全省各地。按现已发现的窑址计，唐代窑址共有 28 处[①]，分布于粤东的潮州、梅县、澄海，粤中的广州、新会、高明以及粤西的遂溪、廉江、高州等地。宋代窑址现已发现了 80 余处[②]，遍布于珠江三角洲、粤东、粤西、粤北地区，其中尤以潮州、广州附近及沿海地区的瓷窑及其产品、种类数量为多、质量为佳，潮州笔架山窑、广州皇帝岗窑等都是人们乐于称道的窑址之代表。

　　这时期的窑址，不仅数量多、分布广，而且窑炉结构也有了进一步的改进。窑炉的结构从古至今经历了一个不断变化发展的过程。调查和发掘表明，广东在新石器时代就出现一些特殊的窑址，例如国内最大的新石器时代窑群就发现于广东省普宁市。普宁虎头埔遗址目前揭露的 18 座古窑分为平底圆形和斜坡形两种类型，斜坡形窑穴里有火膛、窑室，中间凸起有小平台，周边有环形火道[③]。新石器时代晚期窑址还见于韶关走马岗、曲江马坝等地，为升焰式圆穴窑，这种平面为圆穴或横穴窑取代了以前无窑烧陶的原始烧陶方法，陶器生产进入了一个新的阶段。

　　商、周、战国以至唐代以前的窑炉多为馒头形，偶尔也见其他窑式，如在广东省博罗县园洲梅花墩首次发现了先秦时期龙窑，并进行了发掘[④]。梅花墩窑址窑体呈长方形斜坡状，由火膛、火道、窑床和窑尾等部分组成。这是一座建筑于垫土层斜坡面上的长方形平焰式龙窑，其烧成温度可达 1200 度以上。火道呈斜坡状，坡度约 20°，其底部有三层用沙分隔开的烧结硬土面，应是在烧窑过程中逐渐形成的。此外，二十世纪八十年代在高明大岗山发掘了两座唐代龙窑，出土物非常丰富。唐及以前，虽然发现了龙窑窑址，但似乎还不是很普遍，仍然是以馒头窑为多。尽管如此，龙窑的出现，还是使大规模生产陶瓷成为了可能。

　　窑炉结构从升焰式圆穴窑发展到平焰式斜坡龙窑，这已是陶瓷生产史上的一次重大变革。从目前的考古资料看，龙窑也经历了一个不断变化发展的过程，而且有一定的规律，如窑的坡度的变化经历了由小到大、又由大到小的过程。梅花墩的龙窑还处于发展的初始阶段，其窑头和窑床的坡度还不尽合理，这可从窑炉火道底部存有的三层不同窑次的附加硬面推测而知，这三层硬土面就是在生产过程中不断摸索，以寻求合理窑头坡度而形成的[⑤]。

　　到了宋代，龙窑增多，并有了发展，出现了阶级窑。有"百窑川"之称的潮州笔架山以及广州皇帝岗、惠州窑头山等龙窑今已发掘。笔架山 4 号窑炉还是一座具有相当规模的阶级窑炉灶，其与现代阶级窑具有若干相同的特点：现代阶级窑倾斜度一般与地平线构成 17～20°，间数由 5～10 左右，原则上是头尾小，中间大。笔架山 4 号窑总倾斜度为 17°[⑥]。这种窑炉结构，对合理利用热能、提高产品质量与数量具有很大的作用。

　　这时期的窑址，除了结构有很大改进外，烧制品种也明显增多。唐代产品仍以碗、壶、碟、茶盏、盘、杯、罐、炉、瓶等日常生活用品为主，另外还有灯、灶、釜、勺、坛等 20 多种。虽然唐瓷不注重纹饰装饰，但在造型上也偶见隐约的"加工"痕迹，如梅县水车窑发现的一件鱼形壶，壶身作双鱼状，两鱼间压凹线，并设对称四耳便于穿绳携带（图版三，1）。作为实用器，它又不失欣赏价值。及至宋代，陶瓷种类更增到 40 多种，各种器类标新立异，玩具类产品也有登场，工艺瓷器丰富多彩。兹举几例：

　　潮州笔架山 5 号窑出土一件影青釉鲤鱼形壶（由窑里的残片及窑旁堆积层发掘和

采集的瓷片复原)[7]，样式别致，口呈喇叭状，卷唇，短颈，圆肩，鱼形身，椭圆形平底，壶身模印出鱼嘴、鱼牙、鱼眼、鱼鳃、鱼鳍及鱼鳞，底座作鱼尾形，整个壶就是一条鲤鱼造型，着实新颖（图版三，2）。

奏乐女像，圆脸，发自头顶分向两侧，双鬟垂耳旁，长衣，一腿屈，一腿盘膝而坐，双手捧葫芦形乐器，一管向上伸，一管旁出，一副幽静安详的样子[8]。

西洋狗，一组。脸或向前，或侧望，大耳下垂，作吠状，形象生动（图版三，3）。

青白釉佛像，1922 年出土于潮州城西南五里羊皮岗。佛趺坐于须弥座上，身披袈裟，右手前举于胸前（手掌缺），左手平放于左腿。双目下视，大耳下垂，有须有髻，髻前饰一粒白色明珠。髻、眉、眼及须绘褐彩。须弥座刻铭："潮州水东中窑甲女弟子陈十五娘同男刘育发心塑造释迦牟尼佛散施永允供养，奉为刘弟七郎早超生界，延愿合家男女乞保平安。熙宁二年己酉岁正月十八日题。匠人周明"（图版三，4）。据考证，"水东中窑"即为笔架山窑。

广州西村窑有埙，形如雏鸡形，鸡头小巧；狗，昂首歪头，卷尾上翘；还有人骑狗、人骑马、凤头壶、鸟盖粉盒等[9]，不仅种类繁多，还很有艺术韵味。

2. 胎釉的讲究及釉面装饰的多姿多彩

广东唐代窑址出土的瓷器，胎质有白色、灰白色和灰色三种，质粗而且厚重，硬度不高。到了宋代，经过严格淘洗和提炼的瓷胎，质地较为纯净细密，按烧成的颜色观察，大致可分为白、灰白、灰、灰黄、浅黄和砖红六种[10]。

瓷器釉色方面，唐代大致有青釉、酱褐釉、酱黄釉三种。宋代瓷器釉色就明显增多，除唐代已有的青釉、酱褐釉、酱黄釉外，还出现了青白釉、白釉、黑釉、绿釉、窑变釉等。为了使釉色更莹润，有的还在器表先涂上一层白陶衣作为装饰。所以这时期的瓷器釉色或青、或黑、或褐、或绿，色彩丰富，釉质上乘。其中尤以青釉最为常见，是釉色中最主要的，也是最丰富多彩的，因为颜色深浅的不同可有别样的视觉感觉，深青、艾青、浅青、翠绿、灰青、天青、月白、米黄等，青釉瓷器占出土瓷器的大多数。青釉瓷器釉色的深浅与釉料中氧化铁含量的高低有关，氧化铁是烧制青釉瓷器主要的着色元素，氧化钙是主要助溶剂，还原气氛也是条件之一。

此外，要烧成釉色漂亮的瓷器，控制火候至关重要。梅县水车窑对窑温的控制就较好，所烧瓷器施釉厚、釉面亮，光洁无疵，如玉般莹润，很是悦目。如青釉鱼形壶，还有青釉双耳壶、青釉瓣口碗等，都是上乘之作。唐后期以龙窑的改进为标志的窑炉结构的改良，使窑炉具有升降温快、装烧面积大、热利用率高的特点，更有利于烧制釉色莹润光亮、透明度高的上等青瓷产品。

到了宋代，龙窑进一步改进，能更好地控制窑内各处的温度。近似于现代阶级窑的笔架山 4 号窑，能使放于窑中不同位置的瓷器得到均匀适当的火候，比较稳定地控制还原焰，它比先秦龙窑、唐代龙窑更为合理，烧制出来的瓷器釉色更为精美，并以影青釉色为主。产品中白中泛青的釉面，让人赏心悦目。西村窑釉色也不逊色，器物挂釉厚薄均匀适中，釉质光亮润泽，让人爱不释手。

装饰特点方面，从出土器物看，唐代瓷器多为素面，虽然其在釉色上追求如玉般莹润的效果，但并不注重纹饰，所以，唐窑出土的罐、壶、碗等日用品以莹润釉色著称，但没有花纹装饰优势。水车窑出土的青釉壶、罐、碗，它们的釉色非常漂亮，但绝大多数都没有任何装饰，前面提及的青釉鱼形壶可算是个例外，但也只是以器物中间稍凹为线，压出两个大致的鱼形，隐约为双鱼状。素面是唐代日用瓷器釉面的主流。

陶坛则多有堆塑。堆塑题材除传统特色外，又见受外来文化影响的因素。在新会、博罗、三水、阳江、南海、广州、佛山以及潮安等地均有陶坛出土。由于受佛教思想的影响，此类器物喜欢堆塑神龙、人物、莲花等立体装饰，尽显神灵观念及艺术美境。如石湾窑和奇石窑生产的酱黄釉高身魂坛，器肩雕塑神龙，其下环坛一周附贴多个人物，中有坐佛像，器身捏莲瓣纹，另附凸雕莲花镂孔座，佛教思想在这精美装饰中展露无遗。博罗出土的一件唐代陶坛，高喇叭足，腹部塑四道水波纹，器腹至口沿共贴附40个坐佛，四层塔形盖每层均设四龛，并塑4～8个坐佛（图版四，1）。

宋代釉面装饰突破了唐代的常规，刻划、印花、彩绘、点彩等手法经常采用，纹饰丰富了许多。仅观西村窑、笔架山窑、雷州窑我们就可以看到：

西村窑大量采用印花、刻划花和绘画方法装饰器物，喜欢在盘、碗、碟内印凸花，器外刻划斜旋形的花瓣纹。纹饰题材繁复，有条纹、图案纹、斜旋形花瓣纹、莲瓣纹、折枝花纹、缠枝花纹、叶纹、云纹等。釉彩绘在西村窑装饰中颇具特色，有釉上彩和釉下彩两种，原料以酱釉为主，纹饰以图案、云纹和缠枝菊、折枝牡丹等花卉为多。点彩也是该窑运用较多的一种装饰手法，喜欢在高身杯、小罐、小壶的唇或肩上施黑酱色釉彩点。广东省博物馆藏的西村窑青白釉点彩瓜棱小盂，直口，短颈，瓜棱腹，浅圈足，肩部突起四个假耳，其间点褐彩（图版四，2）。也有在大件器物上点釉彩纹点的，如已发现的一件大盆残件刻划花上，就有许多铁锈色釉彩纹点，犹如孔雀开屏，非常新颖。鸟形的青釉盒盖，也用黑酱彩点在鸟的头、身上，使小鸟形态更显生动逼真[11]。

笔架山窑产品的装饰以划花为主，雕刻、镂空次之，弦纹、卷草、花草、平行斜线是主要纹饰，还有篦纹、水波纹、云龙纹、莲花纹。青白釉或青釉碗、盘、碟内壁多刻划弦纹和单线或双线花瓣纹，或卷草与篦梳组合纹，碗外壁则加刻斜线纹。杯外壁刻细密的篦梳纹。青釉水盂常在器外壁刻一周双线覆莲瓣纹。盆内壁喜欢刻划牡丹纹。青釉香炉经常刻划斜方格纹、莲瓣纹或直线纹。莲花炉、兽足炉、西洋人头像、西洋狗等喜欢采用雕塑装饰。莲花炉一般是微侈唇，直身深腹，喇叭足或六花瓣足，炉身雕塑一至三层仰莲花瓣，足部一般刻划覆莲花瓣，形成凸雕、刻划相结合的纹饰[12]。在一些炉、盆残片中可见莲瓣纹，一些香炉和瓶的外壁和肩部则见点彩纹。在一些碎瓷片上，还可见上面分布着整齐的圆形镂孔。镂空也是笔架山窑纹饰装饰特点之一，它经常被用于器座或器盖上，在一些炉的底座或器盖上常有镂空的圆形或弧线三角形孔。总的说来，笔架山窑产品在花纹装饰上，较好地运用着雕刻、划花、镂空等技法，如让瓶颈上的游龙生动活泼，炉身上的莲瓣端庄稳重，碗、盘、碟内的划花线条流畅。

雷州窑产品有青瓷、酱黑釉瓷和釉下褐色彩绘瓷三种。印花和彩绘是其主要装饰手法。印花装饰一般用于碗、盘、碟，多在其内底印菊花、莲花、牡丹花及虫鸟。釉下彩绘则使雷州窑瓷器独具特色，尤其是用于罐、枕、棺的彩绘，其图案、纹样丰富而多变，极富时代特征和艺术风格。

广东省博物馆藏的"洞里桃花"四耳罐、褐彩荷花纹瓷枕可谓雷州窑的代表作品。出土于海康白沙乡赤坡铺墓葬的"洞里桃花"彩绘四耳罐，肩上竖塑四个半环形耳，各耳周边绘覆莲瓣纹，并以两道褐彩曲线相连，器腹上部画两周卷草纹，下腹有四格弧形开光，开光内褐彩写上"洞里"、"桃花"四字（图版四，4）。这种在"开光"内绘画花卉、诗文、吉祥语的做法，是雷州窑彩绘瓷的一大特色。

褐彩荷花纹瓷枕，枕面作如意头形，前低后高中间微凹，平底。枕面从边端向中央依次用褐彩绘三角几何纹、缠枝卷草纹和短水波纹，中间是一朵盛开的荷花（图版四，3）。

两件彩绘瓷让人感觉清新，彩绘瓷棺也为雷州窑所见，棺上喜绘龙、凤、生肖、人物，还有蝴蝶飞舞、喜鹊绕枝。经过这一装饰，棺之沉闷气氛随之减轻，细腻、活泼的艺术风韵大为增加。

不管是西村窑、笔架山窑、雷州窑，抑或其他宋代窑址的产品，都改变了唐以前"素"的主体风格，注重釉面装饰，尽施手法，装饰器物，从而使北宋瓷器千姿百态，极具艺术欣赏价值。这些都是以往生产的陶瓷所无法比拟的。

3. 制作技术的进步

唐宋时期广东的陶瓷制作技术较前代有了明显的进步。首先，窑炉结构的改进，有利于热能的合理利用与控制，提高了产品的质量。其次，轮制技术及匣钵等窑具的使用，也为烧制造型优美、釉色莹润的佳品提供了可能性。唐代普遍采用轮制方法，造出碗、盘、碟等器胎均匀的圆身器物。如玉般釉瓷的出现，则与当时制作技术的提高有关，其表现之一，就是唐代开始使用了圆形匣钵。梅县水车窑、潮州北堤头窑均发现匣钵。匣钵的使用，使器坯免于烟火熏染与落叶黏附，瓷器烧成后釉面光洁纯净，色泽晶莹，保证了产品质量，也增加了窑内装烧容量。

宋代除了继续沿用唐代圆形匣钵以装烧较高的器物，如灯炉、瓶、罐外，还发展地使用了漏斗形匣钵，以装烧碗、盘、盏、碟等器物，并给匣钵加盖。目前发现的匣钵盖有钵形和圆饼形两种。匣钵进窑时重叠放置，如窑底不平，就临时以黏土垫平匣钵底部的斜方，使匣钵平稳，窑址中大小不一的垫泥就是作为此用的。

值得一提的是，这时候使用了试片（又称火标）以测炉温。试片是利用废碗坯胎切成的，顶端中间镂圆孔。使用时将试片插在装满沙子的匣钵里放在接着火膛的窑床前面，烧窑时可以用长铁枝钩出观察窑温和瓷化程度，以便控制火候。笔架山窑和西村窑都发现试片，有影青釉和青釉两种。试片解决了火候把握问题，烧制瓷器更可以"随心所欲"了。

窑具的使用和增多间接地反映着制瓷技术的改进和提高。唐窑开始发现匣钵，宋窑不仅出现带盖匣钵，还有其他多种窑具，如笔架山窑有垫座、垫环、垫饼、杵锤、试片，西村窑更有瓷柁轮、枢坎、印花范模、铜匕、瓷叉、牙盆、乳杵、乳钵、釉盆、调色碟等，如此之多的窑具配合使用，烧制出了更加精美的产品。

不仅窑具增多，制作方法也较前增多了，有轮制、模制、手制三种。圆形器物基本采用轮制。圈足采用慢轮挖底，边沿直而整齐。有些灯、炉等器物则分两截轮制而成，然后再用泥浆黏合。呈瓜棱形的壶、罐、粉盒等，则是先拉成圆坯，再用刀具压出瓜棱。鱼壶、人像、兽头形壶嘴、兽足炉、佛像等采用模制而成，一般是分两段模印，然后再用泥浆黏合。壶把、器盖钮、罐耳、网坠以及玩具中的小狗、小马等都是用手捏制而成的。总之，三种制法结合使用，由此制出的瓷器，一改以往单一式样，显得型式纷繁，丰富多样。

二　发展原因初探

综上可见，唐宋时期广东的陶瓷生产跟我国北方名窑一样，得到了迅猛的发展。究其原因，窑炉结构的改进及制作技术的进步，为生产数量众多、品质上乘的瓷器提供了可能，从而使广东陶瓷生产上一新台阶。这是从窑址及人的主观因素中所究之原因。然而，在客观上，它的发展又离不开社会、环境等因素的作用。

1. 社会经济的繁荣是陶瓷业发展的基础，生活的需要则是其发展的推动力之一

唐朝建立后，制定了一整套地方政制与军事制度，加强对地方势力的控制，促进社会经济的发展，社会呈现出一派繁荣昌盛的景象，形成了一个强盛的封建王朝。在这样的大环境下，广东经济也得到了较大发展，综合经济实力大为增强，在唐中后期成为南中国颇具活力和特色的经济区，号称"富饶之地"。宋王朝进一步推进了社会这一繁荣与兴盛。

我国自古以来就是一个"以农为本"的国家，农业是经济命脉，历来都受重视。广东的珠江三角洲、东江和韩江下游等地区由于近海，地势低洼处常受水灾。为了发展农业，唐王朝注重兴修水利工程，潮州筑北门堤挡韩江上游之水，以卫田庐；修西湖，

吐纳韩江水；在增城有石陂；在雷州有陂池[13]。这些兴修的水利工程，既可防止水旱灾害，又扩大了灌溉面积，为确保农业丰收提供了条件。至宋代又改良了灌溉技术和工具，创制了自动提水灌溉装置——"筒车"，并创造了"连筒架槽"引水之法[14]。这些举措，使农业得以有较大的发展。农业的发展同时又促进了手工业经济的繁荣，矿冶、陶瓷、纺织、造船、制盐等手工业相继发展起来。另外，隋唐之际、晚唐及至宋代，北方战乱频繁，难民一次次南迁又为广东的开发和经济的发展带来了人力和技术资源，促进了广东经济的繁荣与发展。

北宋政权为广开财源而重视商业，为实行文治而兴学。在全国统一的前提下，由于这两项基本政策的推动，广东许多部门的手工业都获得了较大的发展，其中尤以矿冶、铸钱、陶瓷业为最。商业发达，货币的需求量增大。宋时除以铜铸币外，还开采铅、锡矿，并大量用于铸币，而少于铸成其他器类。日常生活用品则以陶瓷制品为主，这也间接地促进了这一时期陶瓷器的生产与发展。

随着经济的发展，生活的改善，人们的精神生活也丰富起来，文人雅士更是热衷于精神上的享受，吟诗斗茶便是其中的活动之一。唐中期以后饮茶之风甚兴，"风俗贵茶"，这可从史料记载和文人墨客咏茶诗句中得到印证。据载，德宗时同州王野人游罗浮山，筑室而居，"植茶成园"[15]。晚唐广州人郑愚作《茶诗》云："嫩芽香且灵，吾谓草中英；夜臼和烟捣，寒炉对雪烹；惟忧碧粉散，尝见绿花生。"[16]可见当时人们对茶的偏爱。与饮茶之俗相适应，饮茶器具也有讲究，微微敞口的青釉茶盏最为适合，成为人们用于斗茶的专门用具，大为流行起来，仅西村窑发现的茶盏，就可分成四型九式[17]。这是经济发展、生活需要促进瓷业发展的一个例子。

2. 本省境内丰富的瓷土资源为当时的陶瓷业发展提供了先决条件

虽然有了经济的繁荣、生活的需要，陶瓷业要有个大发展，还必须有一定的物质基础——适宜的瓷土。广东境内丰富的瓷土资源恰好为当时瓷业的兴盛提供了良好的自然条件。据调查，广东多处地区都蕴藏着丰富的瓷土资源，各窑址均建筑于有瓷土的附近，如笔架山窑，取土于本地；西村窑，取土于临近。据有关人士分析，笔架山宋瓷所用瓷土主要取自其附近的飞天燕山，原矿化学成分为：氧化硅77.64%，氧化铝16.65%，氧化铁0.75%，氧化钙0.19%，氧化镁0.30%，氧化钾2.99%，氧化钠1.16%。耐火度为1620℃，成瓷度1250℃～1300℃[18]。这是烧制青白瓷的理想瓷土。西村窑所用瓷土是取自东莞白善乡的"白善土"，这种土质量良好，加上西村一带接近珠江支流，有石门、增步南流的清澈江水可用于淘练瓷土[19]，用土用水不成问题。可见原料丰富，采运方便，为瓷器的大量生产提供了先决条件。

3. 海外贸易的兴盛直接刺激了陶瓷业的发展

唐宋时期广东水陆交通发达，海内外贸易兴盛，这也是当时的陶瓷业得以发展的原因之一。

广东地处祖国南大门，面临南海，港湾众多；广东先人又"习于水斗，便于用舟"。优越的地理位置及越人特性使广东海外往来早见活跃，先民的海上交往，由来已久。早在先秦时期始，便有了水上活动的痕迹，珠海高栏岛宝镜湾船型岩刻画、广州南越王墓出土铜提筒上的船纹饰，都是当时先民舟楫生活的写照。秦汉时期广州造船工场遗址的发现，表明当时已经具备造船技术。唐代，广州更成为全国造船中心之一，不仅官府制造的战船可以远航出海，民间所造的船也多能远渡重洋。往来于广州与波斯湾、印度洋诸国的中国海船，长 20 余丈，能载客 600～700 人，有的海船甚至"一舟容千人，舟上有机杼市井"[20]。

据载，两汉时期，我国商船已能到达印度半岛南部，六朝时期，由广州经海南、西沙至印度洋、波斯湾、红海的远洋航线已经开通。唐代，以广州为中心，以水运为主导，水陆相连、河海相通的交通网络也已形成，当时的交通，北可达长安、洛阳，东可抵闽、浙、淮海，西可到滇、贵、川，南可航南海、印度洋、波斯湾和东非海岸诸国。宋时，水陆路交通进一步发展，见于记载的与广州往来贸易的国家或地区已达数十个。

唐宋时期，官方推行对外贸易政策。唐代朝廷在广州设置市舶使院，总管东南海路外贸外交，并有"木兰"船作为广舶货船。宋代设立"市舶司"，管理市舶事宜，订有市舶条例，完善贸易制度，甚至形成了以"纲首"为头目的海内外贸易组织。随着海外贸易的不断扩大，中国到南洋诸国的远洋舶船，大的可容数百人，并以巨商为纲首，海内外贸易组织颇具规模。"纲首"两字至今还依稀可见，在南华寺发现的北宋木雕罗汉像中，就有底座上清晰地刻着"纲首"字样的。这是当时这一历史的见证。

广州作为第一个设立市舶司的港口，得朝廷政策倾斜之优惠，贸易活动极受激发。据载："熙宁中，始变市舶法。往者必使东诣广，不者没其货"[21]。即前往海外贸易的海舶，应先到广州市舶司呈报，取得公验，经过查检才得出海。回国时，又要先到广州市舶司抽解，否则就要没其货。相对于明、杭、泉等地，此新法厚此薄彼，其他地区的贸易额急剧下降，广州贸易则见活跃。北宋政府对广州的倚重，对广州本身经济和海外贸易的发展起到了极大的推动作用。

在繁荣的海外贸易活动中，广东输出的物品以瓷器、茶叶为大宗。外国人喜爱中国物品，尤其是对中国瓷器，情有独钟，瓷器在海外有着广大的市场。为适应海外市场需要，广东的陶瓷生产也蓬勃发展起来，窑址纷涌于各地，水车窑、官冲窑、西村窑、石湾窑、南海官窑、笔架山窑等等，不胜枚举。湛江、韶关、惠阳等地也发现有一些窑址，广东的陶瓷生产已成规模，并且随着外销的需要而日益发展壮大。出自这些广窑的产品经常见于海外国家或沿海海域，在珠江口外零丁岛曾打捞到与官冲窑产品相同的四耳罐、瓷碗；在海南岛陵水县海滩、西沙附近海域也发现了不少广东产的青瓷碗、青瓷罐；在菲律宾发现有西村窑凤头壶、青白釉瓜棱形盒、圆筒形划花盒和瓜棱形执壶等器物；在新加坡有笔架山鲤鱼形壶；在印度尼西亚，有近似石马村的青釉夹耳罐；在阿曼，有南海官窑产的彩绘瓷盒；在泰国曼谷有水车窑产品。笔架山窑的青白釉盒、刻花碗、瓷罐、青白釉水盂、青白釉刻花碟、青釉花瓣口碗等曾在印尼爪哇海底和其他地区出土，巴基斯坦的巴博地区曾发现有笔架山窑的刻莲花瓣炉，马来西亚也有不少该窑的产品发现。[22]笔架山窑生产的各式西洋人头像、西洋狗等以及广州西村窑发现的一种国内罕见而东南亚广泛使用和流传的器物——军持，则是为了满足海外需求而做的器类。广瓷在海外流布之广泛、受宠之程度由此可见一斑。宋人朱彧曾记载道：汇集于广州载货南航的海舶"深阔各数十丈，商人分占贮货，人得数尺许，下以贮物，夜卧其上，货多陶瓷，大小相套，无小隙地"[23]。当时运输陶瓷的船舶，浩大而壮观。

　　除了史籍记载及海外各地发现的广东窑产品，当广东沿岸海底也静卧着无以计数的古代陶瓷。二十世纪七十年代，在西沙海域，发现了大量南朝、唐、宋、元、明、清陶瓷器；二十一世纪伊始，在阳江"南海一号"沉船上，一次又打捞起四千多件瓷器，其完好的器型，精美的釉色，让人叹为观止。据调查，自古以来，沉没于南海、印度洋等海域的载瓷商船数以千计，当时海外陶瓷贸易的兴盛程度可以想象。如此之大的海外需求市场，怎能不刺激当时的陶瓷产业、不推动广东陶瓷业发展到它的繁盛阶段？

　　可见，唐宋时期，广东陶瓷业和着全国瓷业的发展步伐，蓬勃发展。得天独厚的地理环境、蕴藏丰富的瓷土资源、繁荣兴盛的社会经济、日益庞大的海外需求以及烧制技术的不断改进，各种因素综合作用，促使广东陶瓷业于唐宋时期发展到一个繁盛时期。那时的窑址留痕，产品流传，至今未见逊色。

注　释：

①、② 方志钦、蒋祖缘主编：《广东通史·古代上册》，494、730页，广东高等教育出版社，1996年。

③ 《广州日报》2003年11月11日A17版。

④、⑤ 广东省文物考古研究所、博罗县博物馆：《广东博罗县园洲梅花墩窑址的发掘》，《考古》1998年7期。

⑥、⑦、⑧、⑱ 广东省博物馆编：《潮州笔架山宋代窑址发掘报告》，文物出版社，1981年。

⑨、⑪、⑰、⑲、㉑ 广州市文物管理委员会、香港中文大学文物馆合编：《广州西村窑》，香港中文大学中国考古艺术研究中心出版，1987年。

⑩、⑫ 曾广亿：《广东唐宋陶瓷工艺特点》，香港大学冯平山博物馆编：《广东唐宋窑址出土陶瓷》，1985年。

⑬、⑭ 方志钦、蒋祖缘主编：《广东通史·古代上册》，479页，广东高等教育出版社，1996年。

⑮、⑯ 方志钦、蒋祖缘主编：《广东通史·古代上册》，487页，广东高等教育出版社，1996年。

⑳ 方志钦、蒋祖缘主编：《广东通史·古代上册》，502页，广东高等教育出版社，1996年。

㉒ 杨少祥：《广东唐至宋代陶瓷对外贸易略述》，香港大学冯平山博物馆编：《广东唐宋窑址出土陶瓷》，1985年。

㉓ 朱彧：《萍洲可谈》卷二。

广州明代六脉渠遗址出土青花"顺"字碗款识释读

张金国

英文提要 The marks "shun（顺）" on the blue and white wares of Shunzhi reign in early Qing Dynasty includes two writing styles：distorted and undistorted，which respectively appeared on the outer bases of refined and coarse bowls. They bear the characteristics of a given historical period.

明清时期，大多数瓷器上皆有款，其种类繁多，内容复杂，有记年款、室名款、吉言款、花样款等，其中记年款有四字和六字之分。笔者在学习和整理出土材料的过程中遇到不少款识，尤其是参加广州市文物考古研究所 1996 年、1999 年分别在广州市地铁一号线中山五路站和越华路越秀区政府办公大楼建设工地进行抢救性发掘，清理了两段明清时期的六脉渠遗址[①]。在遗址里出土大量青花瓷片，不少具有款识，本文仅就其中的一种书写"顺"的一字款进行一点讨论，以期引起学者的注意。

据已知的材料，明清时期的一字款有"福"、"禄"、"寿"、"正"、"玉"、"吉"、"雅"、"顺"、"清"、"乾"等。这些字款均含吉祥语义，可归为吉言款中。值得关注的是后三款仅见于清代。笔者通过对广州六脉渠遗址出土大量明清时期的瓷片进行整理时发现，其中相当一部分不仅与满清的朝代名或皇帝的名号有关，而且遗物所显示的时代特征也与款识的名号相合。其中"清"、"乾"字款有著录，且字形清楚，易于识读，然而"顺"字款却相对难识，也少有刊载，究其原因，可能是因其出土量少，也或许是因字体减笔变形的缘故。有学者将这类款识归入变形字款中[②]。虽然大多数字为减笔变形，但其中却有些字款较为清楚，易于识读。问题在于"顺"字款可能隐含特殊的历史背景，较易识读与减笔变形不易识读的字款，彼此之间存在笔划上的变化关系，并非只是一种简单的字体变形。若将这类字款放入当时的时局环境中去进行考察，则可以发现一些头绪。

明清时期在青花瓷器上书写年款的形式，以江西景德镇窑为代表。《中国古代陶瓷款识》一书对各朝各类款式进行了分类、归纳，具有代表性[③]。书中罗列清初顺治年间景德镇官窑瓷器样品款识，如"大清顺治年制"或"顺治年制"等形式；民窑瓷器则见有"顺治五年八月"、"顺治十四年"、"顺治十七年"等，而书类编存的单字款未涉及与记年有关的问题。本文释读的"顺"字款之所以认为与记年有关，一方面是从字形、笔划与"顺"字结构极其相似；其二是根据器物的形制、特征可看出它们具有清初顺治年间瓷制品的时代特征。在清代，与"顺"字意义相类似的还有"清"、"乾"字款识，其中书写"乾"字款的器物年代恰好在乾隆朝，这绝非一种巧合，而应是时代的产物，后面将具体分析。下面我们对出土"顺"字款识的器物特征、字形结构略作分析。

广州市中山五路的六脉渠遗址出土书写"顺"字款的青花瓷碗，共有10余件。分别写在较精细或较粗糙碗的外底，现按精粗两类瓷介绍如下：

（一）较精细一类碗的圈足相对较高，有足墙陡直和内墙与外底转折圆弧两种，尤其在康熙朝，后一种碗足较为流行，且釉面青白，洁亮，胎质纯白，掺杂质不显。字款的形式为隶楷体，多减笔变形。字外有单方框与双方框，外围双圆圈。

1."顺"字三竖，其中首竖没于方框中；"页"旁横笔与撇笔变形成半弧形，与"贝"旁横笔连接呈"口"字形状。每笔起笔浓重，呈点状，用笔顺序清楚（以下同类字都或多或少有这种现象）（图版五，1）。

2."顺"字三竖变为四竖；"页"字写成"工"与"具"的给合体，该字款的笔迹较为清楚。

3."顺"字三竖减为两竖；"页"旁除下部"人"字可清楚看出外，其余的均已聚青料太多而变成斑块状，但"页"旁外廓仍可辨识。

4."顺"字三竖仍为两竖，但第二笔稍有变形，与前两种不同；"页"字首横清楚，但撇笔变为一点；"贝"旁"冂"变为一弧笔；"人"字成"乂"形，且撇笔上拐，它与"冂"的变形组合似与保存"页"旁的观感效果有关（图版五，2）。

5."顺"字三竖可明显看出首笔与方框重合，第三笔与"页"旁粘连；"页"旁变成一横与"乂"字的结合，但"乂"的撇笔上拐，构成了简洁的字符效果。

（二）较粗糙碗的足底形态较为一致，足墙外陡内斜，足边斜削，外底有跳刀痕，多砂底。内外壁施粗犷的菊花纹，青料显灰蒙。青釉灰暗。胎壁厚重，灰胎，显见草木灰痕。这类碗的字款减笔更甚，甚至成为一种符号的形式，但笔法刚劲、洒脱，非熟练陶工不可为。单方框，外双圆圈。此类碗底款识之所以认为与"顺"字款有关，从书写的用笔顺序也可看出端倪。按字形特征有如下三种：

1. 两竖与"乂"字组合，两竖向右靠，有一笔两用的倾向（图版五，3）。

2. 竖与"贝"字组合，但"贝"字右边竖划与"人"字撇笔通连。

3. 两竖与点的组合，两竖向右靠，右边竖笔与点构成"人"字（图版五，4）。

青花瓷器的制作首推江西景德镇窑，分为官窑与民窑。为了兼顾当时不同阶层的需求，民用瓷也可分为精粗两类。我们通过对上述两类瓷器的观察发现，较精细一类瓷碗，尤其是足墙与外底转折处呈圆弧的形态，是清初流行的足式，明代晚期极少见到。较粗一类碗的足底为外陡内斜，砂底，器壁厚重，纹饰粗犷，内容抽象，釉色青灰，这些特征具有明显明晚期的作风，但款识的书写形式简练而洒脱，它与较精细一类碗的款识的书写形式近同，其年代可划入清初。

清初顺治朝（1644～1661 年）是百废待兴的时期，在瓷器烧造方面，无论釉色和纹饰均沿袭明代旧制。到康熙朝，经济的复苏促进了瓷业的迅速发展。就民用瓷而言，其烧制品类普遍较前朝精细与实用。以上粗、细两类碗所显示的时代特征应晚于明而早于康熙朝，具有清初制瓷的特点。因此将书写"顺"字款的瓷器定于清初顺治朝是较为合理的。

与年号有关的一字款识在明代也不乏其例，《明清时期的陶瓷款识》收录有正德年间书写"正"字的碗底款识。这类款式的碗，六脉渠遗址中也出土了 3 件。通过对该类碗的形制、纹饰以及碗底款识的书写体式、青料呈色等各方面的比较，遗址出土的与书中收录的"正"字款极其相似。在《中国古代陶瓷款识》一书中，"正"字款识的收录较多，时代也定在正德朝前后（弘治朝也有出现）。这类款识是不是单纯意义上的吉言款呢？在清代，除了"顺"字款外，还有大清的"清"字及乾隆朝的"乾"字款，如果我们将这类款识统归为吉言款范畴，我认为有过于笼统之嫌，尚需进一步的讨论。

将皇帝年号书写于器物上或器物外底的形式由来已久，应该说在不同的历史时期应有不同的表现。乾隆《浮梁县志·陶政》载："康熙十六年，邑令张齐仲，阳城人，禁镇户瓷器书年号及圣贤字迹，以免残破"④。雍正十三年，两广总督鄂弥达曾就有关官吏条奏皇帝请求下令禁止民窑瓷器署年号一事，上奏皇帝，陈述己见。据《雍正朝汉文朱批奏折湛汇编》（第 27 册）记载："两广总督鄂弥达谨奏为敬陈管见，仰折睿鉴事。雍正十三年正月拾壹日，臣接准部覆浙江按察司刘章条奏一事，内开嗣后窑厂制造御用瓷器书写国号，其烧造寻常百货卖瓷器不得擅写，至于亵慢，如敢违禁，将该窑户惩治……"⑤。

上述记载，是清初朝廷官员屡次对民用制瓷书写皇帝年号的上呈禁止意见。实际上在明代民窑瓷器上书写皇帝年号是极为普遍的，但大部分为仿写款。值得注意的是，在清代却屡屡禁民窑瓷器书写皇帝年号。前文已提及，这应与当时的时势环境有关。众所周知，满人入主中原，满汉不和是当时社会的主要矛盾，清初大兴"文字狱"就是民族矛盾不可调和的产物。在此背景下，民用瓷器上出现减笔变形的形式书写皇帝年号也正是民族矛盾不可调和的产物。这种书写皇帝名号的形式与书写"大清顺治年制"、"大清顺治十四年"、"大清康熙年制"等记年形式有所不同。后者称清为"大清"，有遵从之意，这类款识均为官窑款或为民仿官窑款的形式，似有国家或民族的认同感。而"顺"字与记年有关的款识，我们认为是一种非认同感的表现形式。依上述文史材料不难看出，民窑瓷在当时是禁止书写皇帝年号的，但是为求得生存与发展，采用较隐蔽的形式简略书写当朝皇帝的年号，一方面估计是出于商业目的，另一方面当然也不排除用减笔或变形的手法对圣人名号的亵漫，发泄心中的不满情绪，这种民族排外心理在当时时势背景下是可以理解的。因此笔者认为"顺"款识与顺治年号有关，是经过观察对比的一种思考，仅代表个人的观点。

注　释：

①　广州市文物考古研究所：《广州明清六脉渠遗址发掘简报》，未刊稿。

②　熊寥、熊微：《中国历代陶瓷款识大典》，上海文化出版社，2000 年。

③　吕成龙：《中国古代陶瓷款识》，紫禁城出版社，2004 年。

④　同③，84 页。

⑤　同③，84 页。

珠海近年发现碑刻之初步研究

张建军（珠海市博物馆）

英文提要　In recent years, a great number of important steles have been discovered in Zhuhai, whose inscriptions were never found in traditional literatures. These steles have add up or prove the texts about the history of Zhuhai or the relationship among Zhuhai, Zhongshan and Macao. Directly or indirectly, they may serve as evidence for a number of historically important issues related to Xiangshan's history after the Ming and Qing dynasties.

　　碑刻是历史进程中留下来的文化遗迹之一，是研究历史重要的实物资料，被称为"传世文献之外的史书，民间的历史档案馆"[①]。在近年珠海的考古调查工作中，我们发现和征集了很多重要碑刻，尽管保存程度不一，有些碑刻的部分字句目前尚不能完全辨识，但它们的史料价值很高，为研究珠海地方史以及珠海与中山、澳门关系史提供了新的佐证，直接或间接地印证了明清以后香山历史的诸多重要问题，值得予以研究。

　　由于这些碑刻绝大多数在《香山县志》、《香山县志续编》、《香山县乡土志》等珠海地方文献中没有著录，近年出版的《广东碑刻集》及目前珠海、中山出版的地方志或文物志也未有记载，故本文专门对此予以简单介绍，同时对部分碑刻涉及的相关历史问题提出我们的初步认识，以期为地方历史的研究有所助益。

一　概述

　　因岁月和社会的变迁，珠海一些碑刻遭到人为的毁损，有的已经散落不存。近年来，市博物馆广为搜集保护，通过社会征集和考古发现，共获得各类珍贵碑刻已近百方，还有许多拓本和照片。虽然珠海碑刻门类并不很齐全，各门类碑刻的数量也不平衡，但很有特色。其中以记事碑、告示碑为多，反映了珠海社会和历史发展的特点。这些碑刻除部分为市博物馆所收藏，一些仍然按原样保存在庙宇和祠堂之中，一些保存在居民个人手中，都昭示着历史的沧桑，是珠海历史发展的真实写照。

　　从目前发现碑刻的情况来看，其时代总体较晚，以明清和民国以后为主，主要集中在晚清到民国这一时期。由于这一时期珠海地区对外交流和商贸经济发展很快，特别是毗邻澳门，得风气之先，地方社会文化得到较快发展，名人辈出，社会进步，很多重要的事情具有刻石存世的意义，故而出现了各种各样的碑刻。

从形制来看，珠海地区现存碑刻的体例、字体、形式和石料都比较普通，与同时期广东其它地区的碑刻相比基本上没有大的变化和创新之处。

从内容来看，珠海碑刻是珠海地方资料的重要组成部分，主要反映的是珠海本地重要的历史事件和社会风物。具体涉及历史上珠海的政治、经济、社会、地理、教育、宗教风俗及文化艺术等诸多方面。其中反映明清珠海政治和社会的记事性碑刻和庙宇记事碑为数最多，是珠海碑刻的重要组成部分，也是目前珠海博物馆收藏碑刻的主体，一些碑刻内容独特，涉及很多鲜为人知的历史细节。特别值得称道的是，一些反映和记载近代珠海与澳门、中山关系史的资料，以及道光年间英军在淇澳岛的墓碑[2]，抗战期间日军在三灶岛的墓碑，具有重要的史料价值一直受到学术研究者的重视，是珠海人民保家卫国、抵御外侮的证据，可以补正历史文献记载的不足。

从地理分布来看，这些碑刻广泛分布在珠海地区陆地和海岛的庙宇、祠堂、书院、亭阁或乡野之中，分布较为零散，在经济社会相对发达的中心区域数量较多，海岛分布较少。从性质来看，珠海碑刻主要分为界碑、记事碑（其中按内容又有公众场所的告示碑、祠堂庙宇书院的功德碑和题跋等）、墓碑等，其中以记事碑数量为最多。

二　珠海碑刻的分类及史料价值

（一）界碑

这类碑刻此前已经发现有《李府税界碑》、《张溪税界碑》、《总理故居纪念中学校校产地界碑》、《纪念中学田界碑》、《黄广生祖税界碑》、《前山仁裕道碑》等[3]，新发现的为《香山场吉大地界碑》。除有重要的历史地理研究价值之外，还涉及到珠海经济史、社会史、历史地名等问题。

《香山场吉大地界碑》发现于 2001 年 4 月。香洲道路建设施工时，在老香洲风波山下狮山直街与园山路交接处发现一块石刻，经市博物馆清理发掘，该石刻乃是"香山场吉大地界"碑，两面刻字，一面为"香山场地界"，另一面为"吉大地界"；字体为楷体，13×10 厘米大小，阴刻，界碑高 87 厘米，方柱状，长与宽均为 44 厘米；上部平整，露出地表，下部粗糙部分填埋于地下；重约 300 公斤，石质为花岗岩，局部尚可见开石痕迹。

该碑是目前发现明确涉及"香山场"、"吉大"这一地理概念唯一的历史实物资料，对研究珠海历史地名和香山文化的内涵具有重要学术价值。

从香山地名的出现到香山场这一概念的形成是有一定由来的。据说香山得名于五桂山分支之凤凰山山麓的异花神仙茶，因其香闻十里，故当地人们把这一地区称之"香山"，香山的名字是香山文化最早文字标志之一。据文献记载，香山之地本属禹贡扬州之南裔，百粤海屿之地，秦属南海郡，汉入番禺县。晋成帝咸和六年分南海之东为东官郡，晋恭帝元熙二年（420 年），置新会郡，将后来香山县的谷字都、恭常都纳入所属之封乐县，唐肃宗至德二年（757 年）重新划分行政区域，唐肃宗至德二年（757 年）划分行政区域，将后来香山的大部分区域划入东莞县，名为"文顺乡"。文顺乡虽然是香山最早的行政单位，但这种行政管理实际上很空虚，缺乏有效管理。后因为山场附近盛产海盐，有税收之利，所以开始在山场设置香山镇管辖之。北宋元丰五年（1082年），朝廷曾一度出现将香山镇改设县之议。当时广东运叛徐九思采用进士梁杞的建议，上报朝廷请设香山县，宋廷只同意设寨官，招收士军，阅习武艺，以防盗贼，即置寨官一员，改香山镇为香山寨，又称为香山场。

"镇"和"寨"都是戍边军事单位，"场"是生产单位，说明这一区域人口已经逐渐增多，盐业经济得到迅速发展，由军事管理的性质逐渐向经济生产性质转化。香山场又被称作"濠潭"，濒临海边，后来成为岭南滨海地区的重要盐场之一，自宋元至明清前期都是珠江三角洲南部重要的盐业经济区[④]，是香山地区最早的区域中心和经济中心。

关于碑文所记"吉大"亦有一定的由来，据称嘉靖十九年（1540 年）由李姓在这一地区建村，最早起名为吉岭村，康熙十九年（1680 年）惠阳人叶思诚来此定居，被人称为"吉大人"，后遂以吉大为村名[⑤]，如此说有所依据，则该碑之最早年代不会早于康熙十九年。

据研究此碑是地界碑，其所在位置对于研究香山场的东部范围和吉大的北部范围具有重要的历史地理意义。据考证，香山场主要分布在金斗湾内，即今山场——坦洲——六乡一带地区，当时是海湾地带，又泛称为金斗盐场。其中心地带即今珠海山场村附近到电信大楼一带，其西界至上冲及翠微一带，后因泥沙淤积，海水由三场退至中山坦州和三乡一带。由于西界附近之外的地区地理环境变化明显，故西界之外河道变迁问题得到很多的关注和研究[⑥]，而对香山场的东部界限却一直缺乏考证，有研究者认为其东界先在今大镜山水库、华子石附近，后又不停摆动至市委党校附近[⑦]，但具体位置不详。

通过这块界碑看来，香山场的东部范围似很明确，在今老香洲之江南酒店一带，结合香山旧图和吉大的范围[⑧]，此界碑反映的历史地理位置状况似更加合乎实际情况。

（二）记事碑

此类碑刻此前发现的主要有《香山场重修北帝庙碑》、《洛洋村海上仙游诸君义墓碑》、《南屏甄贤学校碑》、《重修白莲洞观音岩碑》、《上栅村太保庙碑》、《那洲村示谕碑》、《南桓公家祠碑》、《唐家三圣庙碑》、《唐家重修龙岗古庙碑》、《鸡山重修武侯古庙碑》、《淇澳三墩沙坦碑》、《唐家告示碑》、《唐家古井碑》、《飞沙重修圣母殿碑》、《万山重修天后宫古庙碑》、《北山乡税坦碑》、《内伶仃岛英文碑》、《前山黄中丞纪念碑》等⑨，近年发现或收集资料的有《前山福善堂碑》、《翠微韦鲁报吴国显争讼告示碑》、《募资重修湾仔长马头碑》、《募资重修湾仔长马头签题芳名碑》、《湾仔告示碑》、《中山县政府布告碑》、《重修花堂古庙碑》、《重建天后圣母碑记》等。

1. 前山福善堂碑

2005 年 5 月 17 日市博物馆在前山星桥街发现《福善堂》横匾和《建福善堂签题碑记》。《福善堂》横匾为花岗岩质，残长、宽、厚分别为 205 厘米、92 厘米、27 厘米，阴刻楷书、行书，残断"堂"字，横书左读，落款为直读，全文为"福善堂""光绪丙申葭月"（1896 年）；《建福善堂签题碑记》为大理石质，白色，长 177.5、宽 91、厚 3 厘米，阴刻楷书，据说文革前有 7086 部队驻扎，文革卖给商业系统的食品站，20 世纪 80 年代"福善堂"被拆掉，较完整的有 4 块，此外另有残块若干。其中《倡建福善堂签题碑记》碑文如下：

"倡建福善堂小引盖闻欲善本有同情正谊原非谋利然而行道有福作善降祥历观圣谟所灿陈爱知天道之不远良以生人至乐莫若富而好施生人至苦莫而贫而兼病迩者善气流通善堂多建凡在都会市镇以至海滢山陬莫不皆然今以前山一隅治分铁城都领恭谷烟户鳞比道途肩摩乐善者固不乏人贫病者谅亦难免是以敬联同志拟建善堂舍药赠医用惠困穷载敦任恤第以经费浩繁不能不举藉众擎而成资脒集尚期情缘梓切力助榆轮俾斯美举藉获告成则布功德之水波及摩涯苏涸辙之鳞春回我里仁斯至矣幸何如之是为引倡建同人……（略去 472 人物名称名和 48 个店铺名称）光绪二十七年岁次辛丑孟秋吉日立石前山达盛石店承接乐邑陈满深乐邑邓复彰要邑苏允泉同刻"

碑文介绍了设立慈善堂的原委。又据文献记载："福善堂在下恭镇前山厦村之间，光绪二十一年由白石鲍启明等倡建联合恭、谷士绅及各埠商捐助而成，禀官立案以赠医施药惠济困穷为宗旨；所设施茶处，一在善堂流憩亭，一在长沙墟分局后榕树下，又设有遂生社，沿乡赠种洋痘……福善堂分局在长沙墟，光绪二十九年陈辅臣、韦文甫等倡建，以期远僻村乡利济普……"⑩。由于前山当时属于重要的区域中心，福善堂德辐射已达到恭常都和谷都的主要地区，它的许多田产都由附近地区包括坦州、澳门的乡绅善士所捐赠，可见其影响范围之大。

此碑倡建同人名录涉及诸多香山名士，如徐润、杨镇海、郑思贤、郑官应等，总共达 472 人，63 种姓氏，其中郑姓最多，共 62 人，吴姓次之，36 人，其余陈、鲍、刘、韦、李、杨、徐姓都在 20 至 30 人之间，黄、张、林、郭、荣、唐、卢诸姓在 10 至 19 人之间，叶、蔡、谭、梁、麦、古、邓、陆、曾、曹、官、佘、詹、盛、欧阳、王、钟、赵、邝姓在 2 至 9 人之间，吕、莫、简、戴、余、汪、苏、袁、连、方、冯、文、谭、温、宋各1人①，可谓集众力而成；此外还有48个商铺的名录，包括公昌当、允成当、和记店、东和店、永昌和、升昌店、永合店……万昌盛等。这些重要的姓名录和商店名录，对研究当时香山县的人物和商业史以及慈善事业史都具有重要的史料价值。

前山福善堂并不仅仅只与上述地方历史相关，它还与粤澳关系史上的一件重要历史事件即"湾仔银坑葡驻澳海军炮轰中国军队事件"有一定关系②：

1921年9月16日，中国军队在香山县沿海一带进行缉盗任务时，葡萄牙驻澳海军竟越过澳门内港水域，至湾仔银坑干涉中国军队缉盗，并开炮轰击中国军队部队，中国军队予以反击，粤澳关系甚至因此趋于紧张，广东各界人士也民情激愤，要求中国政府对澳葡采取更坚决的措施。10月1日，中国政府就银坑炮轰事件向葡萄牙驻广州总领事馆提出4项要求：葡方向中方道歉，惩办肇事葡国军官，葡船以后不得驶过湾仔、银坑华界，澳门必须定期实行禁赌。4日，香山县各界民众1万多人，于前山福善堂举行大会，声讨澳葡当局侵略扩张，与商讨对付澳葡当局办法，最后议决自5日起停止向澳门提供食物，断绝水道，直至澳葡当局接受4项条件为止，声势浩大，对澳葡当局形成很大压力，成为粤澳关系史的一件重要历史事件，其中一些条款与次年澳门"五·二九"工人运动提出的8项决议的个别条款完全一致③。

由于前山福善堂地域范围不小，可以容纳万人聚会，是当时前山地区的一个重要场所，所以有缘与这件重要的历史事件得以关联，虽时过境迁，这些断碣残碑仍然让人们能感受到它所见证过的当年前山群情激昂的抗争场面。

2. 翠微韦鲁报、吴国显争讼告示碑

该碑刻系光绪二十年二月香山县政府立在翠微村的一通告示碑，是翠微韦家的另一重要文化遗存。碑为花岗岩质，长220、宽60、厚13厘米，阴刻楷书。据调查，该碑原立在翠微中和里门的内侧，后因环境改造搬迁放置在翠微股份合作公司的停车场内，2004年6月9日被珠海市博物馆征集。碑文记述光绪二十年（1894年）县衙门调解和判断翠微村吴国显与韦鲁报两家因巷地而致的纠纷原委。碑文如下：

"告示五品顶戴特授香山县左堂加三级纪录五次甘为出示遵照事案照翠微村民吴国显前在军民府宪衙门禀控韦鲁报强开横门多占巷地等情业经札发本分县亲诣勘明韦鲁报所建房屋坐东向西均照旧址起盖并无强开横门占多巷地至屋前新砌之石街由联桂坊之南闸起至右旁巷口止直量八丈六尺九寸闸口阔一丈二尺二寸中约由韦宅右旁巷口直阔一丈二尺及闸门劝令永为乡中通行之路两造均不得争执有乖乡谊现吴国显韦鲁报等均已听从息事各具甘结缴请转恳将案注销并出示勒石以垂永远各在案除将案申注销外合行出示遵照为此永谕两造人等知悉该石街既送出乡中为往来通径之路日后韦鲁报固不得据为已地即吴国显等亦不得再生事端并令人前到韦鲁报家滋闹致失和好本分县为平争息讼起见各宜永远遵照毋违特示光绪二十年二月初九日示"

碑文记述光绪二十年（1894年）翠微村民吴国显控告本村韦鲁报强开横门、多占村中公用巷地，结果查明后发现并非如此，韦鲁报所建房屋均照旧址起盖，并无强开横门占多巷地；至于其屋前新砌之石街，劝令永为乡中通行之路，香山县左堂令双方均不得争执滋闹，两人均听从息事，成为当时翠微乡邻和谐的一件美事。

碑中所称翠微位于珠海市香洲区西南部，东邻山场，西接灶贝，北连上冲，南界前山，是珠海地区宋代开村的重要村落之一，又称翠环、翠眉。长期以来有吴、韦、郭、李、黄、杨等六大姓居在此繁衍生息。韦姓作为翠微的大姓之一，一度家业兴旺，出现了很多有名的历史人物，在近现代史上有所影响。韦鲁桐、韦鲁报、韦东暄、韦卓民、韦悫、韦德、韦健等就是其中代表[14]。韦鲁报的兄长韦鲁桐是当时活跃在上海的香山买办之一，和唐廷枢等诸多香山著名买办有过交往。韦鲁报尚义乐善，中年一直在汉口营商业，富不自满，以茶商富雄当时。晚年回家乡又"倡办康寿社以赡丧葬，创设秉遗社以恤孤孩"[15]。据说他光绪年间在人和里兴建一间中西合璧的大宅，面积仅次于现存的韦鲁桐家宅[16]，在抗战期间被拆毁。

该碑是目前珠海发现关于韦氏家族唯一的碑刻资料，对研究韦家历史和清代翠微社会关系有重要的学术价值。关于韦鲁报强开横门、占多巷地之事，若非碑文明确道出其中之是非曲直，必然就会以讹传讹至后世，因此显得珍贵。

3. 湾仔告示碑

2005年4月20日，湾仔群众拆墙时发现古碑，市博物馆清理后发现是五块清代和民国的碑刻，这五块青石碑刻一字排开，竖直排放在湾仔口岸对面一家闲置房屋的青砖老墙基部，五块石碑均厚15厘米左右，宽60厘米左右，最长的一块有92厘米，最短则有48厘米。除部分碑角破损外，石碑基本保存完好，每块碑刻上大部分字迹被白灰批档覆盖，五块石碑上都刻有年份，分别是"光绪十九年"、"光绪二十一年"、"光绪二十六年"和"民国十九年"，除《中山县政府布告》碑之外，其余文字漫漶，很难辨识。

发掘人员在访问湾仔当地老人时了解到，石碑所在地过去曾是一个小广场，是湾仔一带的蔬菜集散地。老人们表示，小时候曾在广场一带见到过这些一字排开的石碑，足足有一人高。根据当地老人的回忆，这些石碑可能是用来作为广场上的告示碑。现分别介绍如下：

《募资重修湾仔长马头碑》称"湾仔长马头始系集资建筑，兹因年久沙淤……"，光绪十九年九月二十一日示石。

据了解湾仔长马头旧址位于今湾仔中学附近，是过去由湾仔通往澳门的码头；此碑记载光绪十九年九月因为湾仔长马头年久沙淤倡议集资重修的事情，内有"钦加知府衔统带澄清定远水陆防营"碑文，漫漶严重。

《募资重修湾仔长马头签题芳名碑》共两块，光绪贰十年季秋吉旦立，据载捐资者有"镜湖医院分局壹佰壹拾元"等，"合共捐来银壹仟贰佰口拾壹元三毫内除欠来口壹两三口二分绅宾银捌佰捌拾伍两二子不零六厘"，其中"万和石店连碑工料银壹仟零伍拾大员……搭竹桥及标红棚共银四拾八两七不贰分……禀规及告示门门礼共银壹拾九员零五仙……铁灯柱、人工火水共银壹拾六两七不贰分贰厘……陈全再整马头工料共银四拾三员四毫……什物散项利试共银伍两九子五分二厘……"不仅详细记载了捐资者大小数十个，而且不厌其烦的对于所捐之资的总和、使用门类及具体数目都一一作了说明，这是颇有意思的。

《湾仔告示碑》光绪二十六年九月十八日立，内称"镜湖医院原设澳门洋地，近年疫症盛行，染病者洋人不准入境就医……特于湾仔地方添设分局"，说明的建立镜湖医院湾仔分局的缘由。据史料记载，清光绪至民国年间，因天灾、战乱、卫生防疫条件低劣等原因，今珠海市属地先后流行多种疫病，如清光绪二十一年（1895 年）4 月，湾仔等地鼠疫流行，疫情持续 4 个月之久，死亡者众，至贸易各业均受到严重影响。光绪二十四年（1898 年）和民国 4 年（1915 年）夏，湾仔一带鼠疫流行，死亡 45 人。此碑对研究镜湖医院湾仔分局的经营运作和湾仔地方史都很有价值。

碑中多次提及"何善庆"这个名字，似乎是这件事的关键人物之一，可惜碑文漫漶，难知究竟；不过这个名字在中山一些碑刻[17]中有提及，具体情况有待于进一步考证。

《中山县政府布告》是中山县政府的告示之一，碑文如下：

"中山县政府布告公字第五六七号照得第五区公安局及湾仔分驻所征收湾仔过海附加警费各一仙一案现奉广东民政厅令行下县饬即撤销等因自应遵办兹限于本年十一月一日起停止征收除呈报暨分饬遵照办理外合行布告仰所属商民人等一体知照此布中华民国二十五年十月二十九日县长杨子毅"

此碑系中山县政府停止征收湾仔过海附加警费的告示，在粤澳关系史上，停止征收湾仔过海附加警费是一件重要的史实，故此碑相当重要。碑中提及的县长杨子毅是香山名人之一。他生于 1878 年，与郑彼岸、郑道实等人创办过《香山旬报》，1912 年获官费派往德国留学，1927 年任番禺县县长，1935 年 2 月至 1937 年 9 月任中山县县长和中山县训政实施委员会委员。据记载他在任期间，精简编制，裁局为科，减少冗员，禁烟禁赌，整顿治安，发展乡村建设，设办乡村建设人员养成所，增加农林场所，组织编修县志，创建中山图书馆，为家乡贡献良多。

4. 唐家会同秀山书室石碑

此碑原立在唐家湾会同村小学附近，后搬运到会同村八巷 17 号，2004 年 5 月 18 日被珠海市博物馆征集。为黑色页岩质，长 40、宽 35、厚 6.8 厘米，阴刻楷书，是香山名儒李翰芬为秀山书室所写的题跋，精致优雅。碑文如下：

"夫山岳之崇隆积基者厚河海之浩瀚导源者远乃若诸葛之庐子云之亭谢公之墩钱镠

之祠其地其人并传不朽某山某水先人所钓游肯构肯堂世守而勿替非有盛德大业足以光里间而贻孙子其熟能兴于斯不然者生前华屋零落山邱钟鼓衣裳他人是保不再传而浸埽烟没者可胜慨哉秀山书室祖泽留遗高山仰止有竹木之秀蔚经风霜而不磨春秋享祀述德念功其所昭兹来许者古今人何必不相及也缀数言以志倾慕香山李翰芬跋翰芬之印守一长寿"

李翰芬，榄镇人，字守一，7 岁就随侍父亲李国梁访聘名师，勤学苦读，于光绪 20 年乡试获第 39 名举人，光绪 21 年会试擢进士第，援翰林院编修，后旋升任湖北乡试副考官，赏花翎，二品衔，调任广西提学使[18]。他旧学深厚，重视文化，书法流畅，题写过很多题跋和匾额，于宣统元年奏准在桂林筹建广西图书馆，是香山文化名人之一。

此碑是珠海发现唯一关于李翰芬的历史遗存，文字优美，书法精良，是一件重要的文化和书法资料。

5. 山场鲍瞻矿居屋碑

该碑发现时位于珠海市山场村村民黄城富院子的旧屋地面，作脚踏石用，已断为两节，并涂抹有灰沙，经清理后拼接完好，字句皆可辨认。碑长 110、宽 30、厚 4 厘米，灰黑色沙岩质，正面阴刻楷书 167 个字，记述鲍瞻矿于 1918 年从上海回故乡山场村购田造屋的经过。碑文如下：

"余久客沪滨年垂七帙读鸟倦思还之句窃感系之盖山场为父母之邦亦童子时所钓游之地田园庐墓之守责在我躬以力绵薄安居且息尚非其时然而岁月催人宁能久待于是退思补过非敢问舍求田幸承彼苍眷佑偶得岩壑之区辟作数椽茅屋十笏芳畦因颜其名曰尊圃其地受人之始乃民国七年春月事也编入小屋凡十二地分九段俱经立契注册爰志始末以示後人民国十五年孟冬瞻矿记序时年七十有四"

关于鲍瞻矿的历史记载很少，据山场村民称他是早年在上海从事茶叶、丝绸的香山买办之一，其子鲍国宝是留美高才生，回国后成为水电专家，与傅作义将军交往颇深，曾在解放北平中对保护北平水电设施起到重要作用。后任我国水电部总工程师、南京无线电五厂厂长等。鲍国宝的女儿鲍蕙荞，1940 年 7 月生，曾任中国音乐家协会副主席，著名钢琴家，曾获第二届乔治·艾涅斯库国际钢琴比赛第五名（1961 年）、全国钢琴选拔赛第一名（1965 年）、第四届全国音乐作品评比获"优秀演奏奖"，出版的《鲍蕙荞倾听同行——中外钢琴家访谈录》，是国内第一本钢琴家写钢琴家的书，可见鲍家世代很有成就。

该碑刻印证了著名钢琴演奏家鲍蕙荞祖籍在山场村的事实，是研究山场历史人文的重要资料。

6. 重修花堂古庙碑

此碑位于唐家湾镇唐家村花堂古庙内，黑色页岩质，阴刻楷书。有两块：右面石碑高 119、宽 66 厘米；左面石碑高 186.5、宽 84 厘米。其一碑文如下：

"庙向坐庚向甲兼酉卯乡之有花堂庙所以奉列圣之神也吾乡人尸而祝之崇而奉之其来旧矣自咸丰戊午年重修迄今又更数十寒暑鼠牙雀角风雨漂摇而栋角垣墙日就倾圮凡托庇宇下者莫不欲重新其庙貌焉於是集议捐签幸得倾心乐助第旧制规模卑狭丹青黝垩崇尚质素众人以为未足以明妥侑壮观瞻遂乃仍其旧向崇其墉廓其宇与夫一切藻饰较前日之气象迥然不侔爰自光绪庚寅年九月初三日兴工至十二月十四日子时告竣落成之日乡人士睹庙貌之维新咸欢欣鼓舞曰今而后神之凭依得其所矣夫神之为灵昭昭然矣祀典云法施於民则祀之能捍大灾则祀之能御大患则祀之由是以观而吾乡士女数百年休养生息优游於光天化日之下以安於畎畝衣食而不见夫灾患者安知非神灵左右其间扶持庇护莫或使之而若或使之者乎是为序里人唐赞恩盥手撰（捐款芳名略去）总理唐高銮　　督理　唐廷照　唐建兴　　捐银首事　唐廷标　唐廷朗　唐高国　唐霭兴　唐嘉南　梁源昭　梁祖勤　梁斐昭　梁泽秩　梁泽椒　梁渐磐　　福州捐银首事　唐丽儒　唐道桔　　上海捐银首事　唐均如　唐冠兴　唐茂枝　唐巨兴　汉口捐银首事　唐维勋　唐展勋　唐高亮　唐高权　开平煤矿捐银首事　唐景星　唐郁君　　檀香山捐银首事　唐廷扬　唐高培（捐款数额略去）光绪十六年岁次庚寅季冬谷旦立"

此碑是一方普通的庙宇记事功德碑，记述唐家村的人文风俗和宗教信仰。难能可贵的是其中记述有开平煤矿捐银首事唐景星（即唐廷枢）等一批唐家有名的人物，他们分别在上海、汉口、开平、檀香山创业，也在家乡修缮古庙的时候都各尽其力，反映出深厚的家乡观念。此外，捐款名录中主要以唐、梁二姓居多，且以唐姓为主，这对研究当时唐家一带的家族构成和社会史有参考价值。

7. 重建天后圣母碑记

此碑位于淇澳村天后宫内，记述了淇澳村民对天后（妈祖）的崇拜以及天后宫在清道光癸巳年（1833 年）重修的情况。黑色页岩质，长 138×71.5 厘米，阴刻楷书。碑文如下：

"重建天后宫序母德垂型光媲丽天日月坤仪建极灵昭渡海风波凡利涉之大川皆安澜之前路鲛宫日暖双桨女飞鹤渚烟昏一燈倏见元功护国屡晋崇封厚泽被民久隆祀典本乡西前建天后宫位离面坎环海襟山同肃葵衷用酬神贶有功德於民者则祀之礼也第历年既久故址旋更短拱长廊常棲鼠雀旧垣残壁半蚀风霜神相渐失其庄严庙貌将沦於颓废用是群沾大德各议重修地辟三弓殿增两庑左祀禾谷夫人龙母夫人金花夫人痘母夫人圣济娘娘右祀蔡二将军左离巷别建康真君庙焉众志既同规模遂定汇流成海集腋为裘经始於道光癸巳年正月至五月而工竣约共需银壹千两有奇兹当地运重新正值文风丕振繡闼共雕甍并焕兰宫与桂殿齐辉寒暑香燈耀万家之喜气晨昏钟鼓传四境之欢声从此航海梯山尽成福地饮和食德共戴仁天合陬澨以庐愉遍士民而锡祜并河山於不朽千秋之灵□长存荫福禄於无疆万姓之怀柔永被矣是为序谨将信士喜题工金具列于后（略）道光癸巳年仲夏吉日立"

　　此碑是立于珠海海岛庙宇的普通碑刻之一，但却有其资料的独特的重要性。据研究，清道光十三年（1833年）前后，英国人曾在淇澳一带活动，并想占据该处作为走私输入鸦片的据点，和淇澳居民发生过多次冲突，后来被驱赶离去。目前岛上有一条长达一千多米的花岗岩条石铺成的白石街和一个土炮台，还有一个蔡二将军的塑像。据民间传说，淇澳岛上现存的白石街，是道光十六年（1836年）淇澳岛居民抗击英国入侵大获全胜后用英军赔偿的白银铺筑而成的，具体是"绅士钟光祥"和"炮手蔡义"（又称蔡二将军）总领其事，是中国人民反抗殖民主义斗争的重要历史见证，在中国近代史上占有重要的位置。这一事件虽然规模不大，但发生时间较早，是鸦片战争前广东对外关系中一件重要的事情，因此意义重大。

　　然而遗憾的是许多重要的史籍却对此失之记载或语焉不详[⑲]，因此关于这场反侵略斗争的年代、起因、组织者、经过等等，有多种传说，让人疑窦丛生，莫衷一是。目前仅有刘蜀永教授从英国搜集回来的一份档案资料[⑳]，但关于这场斗争的组织者和结果并不具体，更多的则是淇澳的民间传说资料。

　　据碑文记载，这方《重建天后圣母碑记》立于"道光癸巳年仲夏吉日"，道光癸巳年即"道光十三年"（1833年）；碑文又记载"增两庑，左祀禾谷夫人、龙母夫人、金花夫人、痘母夫人、圣济娘娘，右祀蔡二将军"，由此可见，早在1833年蔡二将军就已经被祭祀在圣母庙中，如何能作为炮手领导淇澳村民抗击侵略？因此，尽管缺乏文献记载，但对民间资料的真实性需要认真考辨。这方碑刻所记足可订正其讹误。

　　淇澳面积不大，但不同信仰的庙宇不少，《重建天后圣母碑记》对研究当时淇澳及附近地区的宗教关系也很重要。据碑文称"左离巷别建康真君庙焉"，至今残缺横匾尚存留原地，阴刻"康真君庙"。据说康公庙公奉南宋康王为神，传说在百多年前有一木头康王神像浮于海边，后来被附近居民拾起建祠奉祀云云，所以在澳门、中山、珠海一带建有很多康公庙。据统计，澳门有两间康真君庙，俗称康公庙，一间位于美副将大马路普济禅院（观音堂）侧，一间位于十月初五街，建筑于嘉庆年间；中山南区北台村的康真君庙建于光绪二十一年（1895年），珠海的北岭村等地也有康真君庙。从年代来看，其中以淇澳的康真君庙最早，且与禾谷夫人、龙母夫人、金花夫人、痘母夫人、圣济娘娘等圣母及蔡二将军等近在咫尺受人祭祀，颇耐人寻味。

　　（三）墓碑

　　此类碑刻此前发现的主要有《宋鲍善桢墓碑》、《宋杨泗儒墓碑》、《宋唐居俊墓碑》、《宋钟鹿燕墓碑》、《元梁应元墓碑》、《明唐珠海墓碑》、《明邓公墓碑》、《明唐广达墓碑》、《明唐菊庄墓碑》、《明唐广礼墓碑》、《明堂东溪墓碑》、《明杨兰皋墓碑》、《明徐诚斋墓碑》、《清钟宝墓碑》、《清沈志亮墓碑》、《陈芳墓碑》、《洛洋村海上仙游诸君义墓碑》、《前山黄中丞纪念碑》等[㉑]，这种墓碑虽然多数仅是普通石料一方，但它的内涵和提示所在的墓葬及其主人，却是珠海珍贵的历史遗存和文化遗产。近年新发现或收集资料的有《郑思齐墓碑》、《三灶岛日文墓碑》、《淇澳岛英文墓碑》等。

1. 郑思齐墓碑

2005 年 7 月在湾仔施工工地发现墓葬，市博物馆立即进行现场清理，发现为"清诰封荣禄大夫江苏补用道郑公济东之墓"的墓碑，即郑观应的哥哥郑思齐之墓；附近墓冢世代排列规整，规模不一，因为泥沙淤积，部分早期碑石只剩下顶部，碑文不能卒读，惟有郑思齐之墓位于墓区最下方，面向澳门，未被泥沙所湮没，墓前尚有石马残件等陪葬物，初步判断这是郑家早期墓地之一[22]。

提起郑家，不能不提起郑观应。易惠莉教授曾指出：郑观应是一位在中国近代社会变迁进程中留下相当痕迹的历史人物，郑观应与其家族的关系和经历对我们认识中国近代史具有重要启示。这个墓碑和墓地的发现，为郑氏家族的研究提供了重要的实物资料。

据研究[23]，郑观应兄弟九人，他和哥哥郑思齐（出嗣伯父）、弟弟郑思贤三兄弟系同母陈氏所出，其余的六个弟兄是继母所出。1870 年代末郑思齐有"分发江苏候补道"衔，郑观应有"三品衔候选道"衔，郑思贤有"江西候补知府"衔，分别在上海、九江、汉口三地积极参与地方赈灾捐纳活动的组织工作，为家族争得殊荣。1882 年郑观应在上海承领各厂矿股票发行，再经郑思齐等在各地推广，同年三兄弟的父亲郑文瑞择地澳门濠镜新建"荣禄大夫"府第，郑家可谓盛极一时。但 1884 年的上海经济风潮中郑思齐从郑观应对他的私人欠款"划抵"他在织布局的债务，没有得到郑观应的认可，这成为兄弟关系破裂之肇始，郑观应从此一蹶不振，郑思齐、郑思贤也消声弭迹，此后郑家在商界再未有起色，他们的后代散布到各处[24]。

另据记载："文瑞公，字启华，号秀峰，起凤公次子，诰授奉直大夫……卒于光绪十九年癸巳三月十六日，寿享八十三，葬于澳门对海……生九子，思齐（出嗣文经公）、官应、思贤、官桂、庆麟、庆蕃、官寿、庆镗、九如。思齐公，字正思，号济东，文经公嗣子，例贡生，江苏候补道加三级钦加三品衔赏戴花翎，覃恩诰授通议大夫晋封荣禄大夫，钦奖乐善好施奉旨建坊。生于道光十五年乙未七月十三日，卒于光绪十八年壬辰十月初二日，葬于澳门对海，土名李西坑。　炳勤公，字日英，号礼常，思齐公三子……生于同治六年丁卯五月十一日，卒于民国二十一年壬申五月念五日，享寿六十六，葬于澳门湾仔。炳清公，思齐公九子，生于光绪十二年丙戌三月十八日，卒于光绪二十一年己未十一月念六日，附葬于思齐公墓左侧"[25]。

据此可见，郑观应的父亲郑文瑞、哥哥郑思齐及他的三子郑炳勤、九子炳清都葬在这一墓地，排列有序，然而这一墓地此前似并未引起研究者的注意，郑家后人只知澳门对海似有先祖墓地，但一直不知其具体位置[26]。

总之，目前学术界对郑观应的研究，"较多地集中于郑观应的思想和言论，而较少着力于其社会实践……就郑观应生活和活动的区域来说，他毕生中关系最密切的地区有香山、澳门、香港、广州、上海等地，他的思想和活动既受这些地区的影响，也影响了这些地区，其'互动'性的研究尚待加强和拓展"[27]，湾仔郑家墓地的发现或许能为郑氏家族史的研究提供新的资料。

2. 三灶岛日文墓碑

该碑在三灶岛发现，花岗岩质，长130、宽30～33、厚19.5～21厘米，阴刻楷书，原立三灶镇定家湾村内，后被搬迁用作定家湾村仓库基石，2004年5月11日被市博物馆征集。碑文记录日本昭和十三年（1938年）前后日军侵略三灶战争中战死者和建碑者的姓名，是日本人在三灶所立的石碑。碑文如下：

"战死之迹　故海军少佐□源□门　故海军三等兵曹上池□雄　故海军二等水兵木本隆　故海军二等水兵岛田清水　昭和十三年四月十一日战死　昭和十六年二月一日　建设者　三灶岛警备队指挥官　海军特务中尉中村登　三灶岛警队长　海军技手西村武雄"

据记载，一九三八年初日本帝国主义以六千余兵力在三灶莲塘湾登陆后，日伪互相勾结，对三灶同胞施行惨绝人寰的"三光"政策。三月十二日，鱼弄首遭洗动，村民被日寇用麻绳捆绑集体屠杀，遇难同胞三百八十六人，次日又在全岛三十六条村庄同时放火，烧毁三千二百六十四间房屋和一百六十四艘渔船。十四日又在草塘沙岗、莲塘沙栏、春园祠堂、石湾关帝庙、鱼林先锋坑、青湾等地实行大屠杀。沦陷八年中，三灶岛断壁残垣，人民死亡上万。在日寇面前，三灶人民并无屈服。一九四八年，华侨捐款在上茅田村建了"万人坟"，在三灶岛鱼弄村村西修建"千人坟"，据《千人坟"三·一二"碑铭志》称："墓中三百八十六人，皆本岛安份良民，士农工商，男女老幼，四民同殉国难，尸骨错乱，杂踏横陈，遭遇之惨，令人不忍卒观，吾人哀其无辜受戮，为国捐躯，乃集资零拾遗骸改葬于此，永留兴感"。

该碑就是在这一历史背景下产生的，记载着当时死亡的日军姓名。它是珠海目前发现的日本人自己题刻的文字之一，和三灶岛万人坟、千人坟，为数不少，都是日军侵略珠海的重要罪证之一。这块碑刻纪事清楚，时间地点和人物姓名都保留完整，是研究珠海近代抗战历史和对广大青少年进行爱国主义教育宝贵的实物资料。

三　结语

以前研究广东历史的学者曾发出过"广东金石贫"的感叹，谓广东很缺乏古代的碑刻[28]，其实本非如此，而是诸多湮没乡野的碑刻资料需要得到更多的发现和研究。珠海碑刻多不是名家手迹，且以记载香山区域的社会和民间生活为主，个人收藏价值或书法艺术价值不大。但从历史研究的角度看来，这些碑刻却是弥足珍贵的历史档案和新鲜可信的实物资料，如果遭受损毁，则是珠海历史研究不可挽回的损失。本文通过对近年发现或搜集的九方碑石所蕴藏古代历史信息的初步分析，希望这些涉及珠海地方史、珠海与中山、澳门关系史和香山文化的重要原始实物资料能得到更好的保护，在珠海地方史研究中发挥其应有的价值。

本文得到全洪、陈振忠、郭雁冰、杨华芳的帮助，谨此致谢！

注　释：

① 《碑刻——正在消失的民间历史档案》，《光明日报》2002 年 1 月 24 日。

② 原件现藏中国国家博物馆保管部。

③ 《珠海市文物志》第六章《石刻》，165 页，广东人民出版社，1994 年。

④ 何志毅等：《香洲蚝业简史》，《珠海文史》第二辑，27 页，政协珠海市委员会文史委员会；唐仕进《三场村与香山建县》，载《珠海文史》第十辑，政协珠海市委员会文史委员会，1991 年；银铠《中山邑史考》，《中山文史》第 37 辑，政协中山市委员会文史委员会，1995 年。

⑤ 《广东省珠海市地名志》，38 页，广东科技出版社，1989 年 1 月。

⑥ 曾昭璇、吴郁文等：《珠江三角洲历史时代河道变迁》第六部分第二节《磨刀门区历史时代河道变迁及围垦问题》，华南师范大学地理系（油印本），1982 年；李平日、乔彭年等：《珠江三角洲一万年来环境演变》第四章之第七节《清带滨线》，海洋出版社，1991 年。

⑦ 珠海市政协文史委员会梁振兴先生见告。

⑧ （同治）《香山县志》卷一《舆地》。

⑨ 《珠海市文物志》第六章《石刻》，144 页，广东人民出版社，1994 年。

⑩ 《香山县志续编》卷四《善堂》。

⑪ 据杨华芳统计研究。

⑫ 《澳门百科全书》之附件一《澳门大事记》。

⑬ 《国民日报》1922 年 6 月 6 日；邓开颂、陆晓敏主编：《粤港澳近代关系史》第三章《在新旧交替的年代里》，221 页，广东人民出版社，1996 年。

⑭ 《韦氏族谱》，民国二十六年本；珠海市政协文史资料委员会编：《珠海人物传》（下），广东人民出版社，1993 年。

⑮ 《韦氏族谱》鲁报公传，民国二十六年本。

⑯ 韦家后人韦成等《翠微村史》，抄本。

⑰ 中山中区南下南阳里西边街汉武侯庙《汉武侯庙石碑记》，共五块，分别刻于清代嘉庆、道光、光绪年间，保存尚好；其中（光绪）"重修本庙碑记"中有"何善庆堂"的记载。

⑱ 《香山县志续编》卷九《进士》。

⑲ 张建军：《〈香山县志〉的编纂沿革及其所记载的淇澳抗英问题》，《揭开淇澳历史之谜》，中央文献出版社，2002 年。

⑳ 《两广总督卢坤致洋商谕令》，英国外交部档案 F. O. 1048 东印度公司中文档。

㉑ 《珠海市文物志》第六章《石刻》，71、144 页，广东人民出版社，1994 年。

㉒ 《中华民国三年香山郑慎余堂待鹤老人嘱书》详细罗列了郑家"所购山地",据称"深湾仔之山亦先严弃冢,嫌右沙饱硬,背如仰瓦,惟追水局。此山能否可用,须候名师再定。葬过十年之棺甚干爽"。此记载很含糊,是否即指该处墓地? 需要进一步考证。

㉓ 易惠莉:《郑观应与其家族》,《岭南文史》2002 年第三期《澳门郑观应诞辰 160 周年学术研讨会专辑》。

㉔ 《纪念郑观应诞辰 150 周年学术研讨会文集》,第 42 页"郑观应资料",澳门历史学会、澳门历史文物关注会出版,2002 年。

㉕ 《郑雍陌祖房谱》卷十二,复印本。

㉖ 据郑观应的九弟郑九如的后人郑耀明先生见告。他得知郑思齐墓碑发现后,偕夫人于 2005 年 7 月两次来湾仔郑家墓地拜祭。

㉗ 王杰:《郑观应诞辰 160 周年学术研讨会综述》,《岭南文史》6 页,2002 年第 3 期,广东省文史研究馆。

㉘ 转引自郭凡、胡波等《珠海历史文化资源评估报告》第四部分《保护和开发利用珠海历史文化资源的建议》,第 108 页,2004 年 10 月。

初读《揭阳考古》的几点意见

孙德荣

英文提要　Jie Yang Archaeology has provided the archaeological data of the field work in eastern Guangdong and the important research achievements. This book suggests that in the virtue of the experience of archaeological investigation in Pearl River Delta, we rearrange the archaeological materials and edit data index of Fubin Culture of eastern Guangdong. The case of Huamei site indicates that it is necessary to strengthen the preservation of cultural relics of archaeological site.

2005 年 10 月 31 日我处客座研究员刘成基先生从广东省考古所带来《揭阳考古》①，这书是"古揭阳（榕江）先秦两汉考古学文化综合研究"课题（以下简称课题组）继《揭阳的远古先秦两汉考古图谱》②（以下简称《图谱》）的第二本学术专刊。《揭阳考古》收录了 7 篇揭阳地区的田野考古报告及 9 篇研究论文，并且由李伯谦教授撰写前言，连同 2003 年出版的《图谱》，反映课题组自筹办至今已取得骄人的成果。

11 月 22 日课题组召开研讨会，因未尝踏足潮汕地区，渴望藉旁听研讨会，向师友们好好学习及实地考察这地区的文化遗存③。另一方面，11 月 12 日参加广州市考古所成立十周年举办的庆祝活动，席间广东省文物考古研究所邱立诚副所长再三叮嘱我前赴研讨会应作好准备，因此回港后工余时间赶紧翻阅《揭阳考古》及尝试写下几点初步的观察，期盼师长们不吝赐教。

一　榕江流域（揭阳市）的考古成果

《揭阳考古》的前言再次申明课题研究的范围，包括揭阳、汕头、潮州三市，先由揭阳市做起，目的是：

（1）梳理先秦时期粤东地区考古学文化的发展、谱系与年代分期；

（2）探讨其文化进程以及中原和周边地区的文化关系；

（3）探讨其在中华文明起源、形成与发展过程中的作用。

此书的虎头埔、面头岭、宝山发掘报告与揭阳市、揭东县、华美沙丘遗址、赤岭埔遗址调查报告，均是对考古遗址详尽报道、对遗物仔细分析而进行分期分段。比较《图谱》的〈揭阳市先秦两汉遗址复查〉（以下简称〈复查〉）的五类文化遗存分述或〈揭阳的远古与文明〉的分期概述与图版说明，无疑是深刻地对复查、发掘及馆藏的数据进行更精细化的研究。"虎头埔文化"、"后山文化"、"华美文化"等意见的提出，分别述载于相关报告与论文。这些文化遗存的重要性已有详尽阐释，在此不需赘述，反而〈揭阳榕江流域的后山类型〉对后山遗存定作确切的考古学文化持有独立的思考。《揭阳考古》正体现自由开放的学术风气，深信课题组开展余下在汕头和潮州的工作，将有更多与课题目的第（2）及（3）点的研究成果。

二 榕江流域（揭阳市）的遗址分布

《图谱》的〈绪言〉提出采用全球定位系统，收集遗址准确的经、纬及海拔高度纪录，以及制定遗址标识点和遗址中心点。在《图谱》的〈概述〉又简要介绍相关的历史与地理背景。〈复查〉提供的遗址登记表没有附上相关地理数据，原因相信是避免文物遭受盗掘，遗址编号以 JD、JX、PL、JY 表示揭东、揭西、普宁及揭阳四小区域的 86 处遗存，还清楚标示在文化遗存分布图上。

《揭阳考古》的揭东县与揭阳市调查报告，是按《图谱》的〈复查〉遗址编号方法在局部分布图表示新考察的地点，而〈揭阳榕江流域的后山类型〉的表一亦是利用〈复查〉的遗址编号表述其分析。新考察的遗址或地点可能尚未反映在插页的〈揭阳考古遗址分布图〉，同时分布图未见遗址编号及新的遗址总登记表，这无碍了解全书的论点，但读者需要参照两书相关报告来掌握榕江流域的遗址分布。假如将来的刊物能够附上《图谱》〈绪言〉或〈复查〉提及的航拍或电子地图，或是地形图（地质图或卫星照片）标上所有的遗址编号，使人们更直接了解整个榕江流域以至粤东地区遗址的位置与分布情况。

三 粤东地区考古调查的策略

《图谱》的〈概述〉指出揭东县地都镇洪岗遗址是一处贝丘遗址，以及寻找与潮安陈桥年代相当遗址的线索。《图谱》的〈复查〉亦列举了榕江流域调查的四点观察：（1）遗址以山岗地形为主，沙丘和贝丘类型则几乎不见；（2）自新石器时代到东周时期遗址数量相去不远，而两汉时期遗址数量大幅减少；（3）自浮滨文化时期居住址与墓地分离，遗址位置向山脚或低地转移；（4）调查结果反映聚落间的等级分化不明显，先秦时期暂未见大型的中心聚落，认为与黄河或长江流域的文明演化进程存在较大差别。洪岗遗址（JD79）的保存现状并未有报道，课题组则对华美沙丘遗址（JD35）再作调查，最终只能分析历年采集的遗物，并且认为其主要的文化遗存应属商代晚期至西周早期，广泛分布于粤东、闽南一带的沿海区域。

　　潮汕地区既有四江一河又是临海，课题组在榕江流域的经验，将有利于展开余下区域的考古工作。此外珠江三角洲过往的调查工作④，对于沿河和临海地区的遗址调查亦具参考价值，因为珠江三角洲有大量贝丘和沙丘遗址，珠江口地区两汉时期遗址明显大幅减少。山岗、沙丘和贝丘类型三类遗址的关系，在传统的考古调查方法以外，或许需配合古地理和地貌学的研究（当然还有其他学科）寻找古文化遗存分布的大致规律。全新世海平面波动对自然环境和气候产生重要影响，广东两个地理区域内不同类型遗址的分布情况，两区域是否存在相同文化演变的历程，相信还涉及更多相关的课题研究。

四　粤东考古的研究情况

　　过往广东地区比较重视粤北（石峡文化）与珠江三角洲的区系研究，粤西与粤东似乎受到较少关注，所以课题组研究目的第（2）及（3）点格外显得重要。《揭阳考古》收录了 4 篇已发表的重要论文，而且〈论浮滨文化〉提及饶宗颐先生的《从浮滨遗物论其周遭史地与南海国的问题》⑤，还有重要的补充，让读者了解研究的新进展。饶宗颐先生的文章在内地可能不容易查到，另一方面《汕头史志》、《汕头文物》、《华学》或地方志在港澳台亦是罕见的书籍，因此建议课题组考虑编纂粤东先秦两汉考古数据与相关研究的索引或汇编促进学界的关注。

　　此外，〈论浮滨文化〉的补充部分就征引福建虎林山墓地的发现及〈增城石滩围岭遗址发掘简报〉石铸范（H21）出土的数据⑥，说明浮滨文化（类型）存有青铜器，对于广东青铜时代的研究是至为重要。新近出版的博罗横岭山报告书也报道第一期墓葬如 M13、M298、M58、M165 等分别共存青铜器或碎片⑦。这些新的数据对探讨粤东和珠江三角洲史前时期青铜器与铸造技术出现⑧、新的文化因素为何出现和对史前社会有多大影响、两区域的文化关系等问题是格外重要，相信随着课题组开展余下的工作将有更深入的讨论。不过粤北石峡中层文化、茅岗或村头、珠海东澳湾与棠下环等均无青铜器发现，粤东甚至整个岭南地区史前时期青铜时代的出现与消失、各区域的互动关系，以及涉及古城古国等社会复杂化等问题均值得深入研究⑨。

五　文物保护与考古学研究

　　1983 年揭阳的考古调查发现地都华美沙丘遗址，当时的调查报告认为"大致相当于西周初期，准确的年代还有待发掘更多材料来定"⑩。《图谱》的〈复查〉遗址登记表地都华美（JD35）是唯一订为浮滨的沙丘遗址，面积有 10000 平方米。《揭阳考古》的华美沙丘遗址调查报告有两点教人非常忧心："发现因当地村民挖沙出售已将整个沙丘夷为平地"及"历年在该沙丘遗址中采集的遗物数量较丰富"。二十年来该址现已荡然无存，只剩下多次采集的不同时期遗物。考古遗址的保存情况当然受到自然环境的制约，人文环境亦至为关键。假如文物保护工作跟不上发展形势，不可再生的文化遗产受到破坏的情况是一个未知数。到底揭阳现在还有没有沙丘（或贝丘）遗址？这不单是课题组关心的问题，也是文物保护工作者关心的问题。在此祈望有关方面，利用课题组制定的遗址标识点和遗址中心点，加强保护已知的遗址，文物保护工作需要合法、合理、合情贯彻落实到市县乡镇。公众考古的理念日趋发展，考古研究和文物保护工作均是运用公共资源，积极推动文物教育工作，将有利于文化遗产的保护与承传。

最后想指出《揭阳考古》虽然重复部分《图谱》的图版与图，优点是增订了器物编号，有利于藏品管理及学界引用。若此书带有图版目录，读者不用看彩版 20～22 或图版 19～25 的遗址编号，就知道是揭东的调查报告。另外华美与赤岭埔调查报告的器物编号（JH 及 JC），反映不同于其他调查报告的遗址编号方法（原在《图谱》遗址编号分别是 JD35 及 JX1），建议可稍作说明方便读者。期盼课题组考虑编订研究索引或数据汇编，如可能的话重新整理所有浮滨的器物再出版专刊，以及推动粤东地区考古遗产的保护与管理工作。

注　释：

① 揭阳考古队、揭阳市文化广电新闻出版局：《揭阳考古》，科学出版社，2005 年。

② 揭阳考古队、揭阳市文化局：《揭阳的远古与文明——榕江先秦两汉考古图谱》，香港公元出版有限公司，2003 年。

③ 过往欲了解粤东地区史前考古的材料，可以参考抗战前麦兆汉神父的《粤东考古发现》（Maglioni, Rafael. 1975. Archaeological Discovery in Eastern Kwangtung, Journal Monograph II, The Hong Kong Archaeological Society）及饶宗颐先生的《韩江流域史前遗址及其文化》（香港，1950）、建国后广东省同仁的考古调查与发掘报告，或是参阅香港中文大学文物馆出版《广东出土先秦文物》展览图录内的照片与介绍，还有陈历明先生编的《潮汕考古文集》（汕头：汕头大学出版社，1993 年）较为集中收集了相关的资料。

④ 珠江三角洲史前遗址调查组：《珠江三角洲史前遗址调查》，《考古学研究（四）》，科学出版社，2000 年。

⑤ 饶宗颐：《从浮滨遗物论其周遭史地与南海国的问题》，载于香港博物馆：《岭南古越族文化论文集》80～83页，香港市政局，1993 年。

⑥ 全洪：《增城石滩围岭遗址发掘简报》，广州市文物考古研究所：《羊城考古发现与研究（一）》1～30页，文物出版社，2005 年。简报中 H21 的陶器标本有釉陶器（H21:5，H21:6）及硬陶（H21:4），年代是否有一定跨间与该址是否出土青铜器，尚待正式报告提供更多 H21 及相关资料。

⑦　广东省文物考古研究所：《博罗横岭山——商周时期墓地 2000 年发掘报告》，科学出版社，2005 年。第
　　一期墓还有 M222 及 M309 见有青铜器的报道。

⑧　笔者在今年中的拙文《香港史前考古的近况》，《香港的远古文化——西贡沙下考古发现》，香港，康乐
　　及文化事务署古物古迹办事处，2005 年。仍未没有跟上学科的进展，基于香港沙下的资料尝试推测珠江
　　口地区青铜器的出现，可能与横岭山夔纹陶时期的遗存同步出现。虽然虎林山报告书在港苦无觅处，简
　　报却已在《考古》2003 年 12 月发表，虎林山 M19 提供一组明确的共存关系。由于笔者当时并未阅读虎
　　林山及横岭山的报告，仍依三年前参观横岭山的印象，诚盼师友见谅拙文的粗疏。

⑨　李岩：《广惠高速公路博罗段考古发掘的收获与意义》，《广东文物——千年特刊》，广东省文物管理委员
　　会办公室编（内部刊物），2000 年。李岩：《广东早期青铜时代遗存述略》，《考古》2001 年 3 期。卜工：
　　《广东青铜时代的分期与文化格局》，《中国文物报》2001 年 11 月 16 日。卜工：《广东青铜时代初论》，
　　《华南考古 1》，文物出版社，2004 年。

⑩　邱立诚、吴道跃：《广东揭阳华美沙丘遗址调查》，《考古》1985 年 5 期。

香港西贡沙下遗址出土陶器
修复的一点体会

陈淑庄

英文提要　Pottery jar, potter, fu (kettle), lei (container) unearthed from the pre‐Qin site at ShaHa, Sai Kung, are soft, largely deformed and fragile. Before restoring, they need reinforcement, then be put and agglutinate together. It is of great difficulty in restoring these potteries.

2002 年 2 月至 6 月，受香港有关方面的邀请，陕西省文物考古研究所、河北省文物考古研究所、河南省文物考古研究所、广州市文物考古研究所与香港古物古迹办事处联合组队对香港西贡沙下遗址进行了大规模的考古发掘。广州市文物考古研究所负责 DI 区的发掘，面积 1000 平方米①。考古发现新石器时代晚期、商周时期以及宋元时期的遗存。其中新石器时代晚期的石器制造场，出土大量经打片或未经打片的石料，种类有石片、石核、石坯；石器半成品和成品有磨石、石砧、石锤。在发掘区中南部还清理出几座小型墓葬。遗址出土陶器胎质分夹砂陶和泥质陶，种类有罐、釜、钵、盘（豆?）、器盖等。器身上纹饰有绳纹、曲折纹、刻划纹、梯格纹、重圈云雷纹等。出土的陶片数以万计，墓葬及遗迹中出土成形器一批，这些材料在香港地区乃至岭南地区也是不多见的。遗址中出土的软陶，包括夹砂陶和泥质软陶，不仅器形大，胎极薄，而且同一块陶片因不同的器体部位就有着硬软的不同，器胎与器表的软硬也不同，所以修复该批器物难度很大。

2003 年 10 月，我所派出专业人员赴港对该遗址的发掘材料进行了整理，工作时间为 3 个月，因各种原因，实际工时仅有两个来月。

经过初步的统计，仅墓葬出土待修的器物有 30 余件，而且大部分是泥质软陶，加上地层以及其他遗迹单位出土的陶器，其数量就远不止此了。

面对如此大量的工作，如何高效高质量地完成此次修复工作，除了要有时间的保证外，对修复的场地、工具、所用的材料、修复的方法都有新的要求，这是能否完成此次修复工作的前提条件。为了做到心中有数，工作的初期阶段是摊开所有需要修复的文物，明确每件所需要的工作量、技术难度、研究价值等。另外还有一批在考古发掘中地层编号的小件器物，在室内整理时有的需重新提编，这一批文物的数量也不在少数。除了某件器物自身的拼接外，还要依据提出的小件（多不完整）到同层位或同时期的遗迹单位中去寻找同一件器物的其他破损部分的残片，看能否可以拼对。如此一来，仅查找拼接一项工作就极其需要时间，当然这一工作还需要等到陶片完全摊开之后方可进行，任务之艰巨可想而知，这就要求我们在工作方法上进行适时的调整。

　　与以往不同的是，不只是对一件器物在一定的时间段内进行修复，而是将所有要修复的文物同时摆放在文物架上，根据领队的要求，明确每件器物修复的程度。根据整理的需要，某一段时间要修复多少器物，这是因为文物的修复工作是资料整理的基础性环节，必须走在前面，否则整个整理工作将无法顺利推进。对此，在明确了修复的任务后，需计划一天之内要做那些工作，一个星期能修复多少件，做到心中有数，忙而不乱。由于全部要修复的器物已摆放在文物架上，陶片也已摊出，较有效的修复方法是同时对几件器物进行拼对、修复成形，如遇上难度较大的，一时还难以继续修复下去的，可以暂时放下，待改天工作状态较好时再继续进行。这种修复的形式，较有利于放松紧张的工作情绪，最直接的效果就是节省时间。整体上看，这批器物的类别、年代、质地的差异较大，有难有易，现对几类较难的器物的修复工作情况介绍如下：

　　釜　是此次出土较多，也是修复得较多的一种。基本上是夹砂软陶，根据以往测试的同类器物判断，其烧成温度可能在 800℃ 左右。这类器物的胎体有厚有薄，且不论那一种，其修复难度都比较大，主要原因是这类软陶较其他类器物的陶质还要软得多，另外这类器物均出自地层的沙性土中，破片碴口有一定程度的磨圆，拼接起来难度大。除了拼接的难度外，这批器物或因烧制或因后来受压多有不同程度歪扭变形，通常这类器物多见口、颈、肩部或底部，少见腹部，若要完整地复原一件此类器物，常用的方法是用石膏来连接其上下部分。由于器身的歪扭，在没有一块陶片可连接的情况下，一是要依靠肩、腹底的弧度来把握器身的高度；二是通过弧度把握器物本身的方位。如果不是按原来的位置还原，用石膏复原后的器物无论怎样看都感觉到与原来的样子不符，没有真实的效果，还得将石膏部分锯开重新调整（图一），应该说这种情况是这一时期出土软陶所常见的，也是修复难度最大的问题之一。由于时间较为紧迫，还有不少此类器物没能拼接修复出来，这是此次修复工作的一大遗憾。

　　罐　应该说这种器物的修复难度最大。它不仅数量多，而且器形大小悬殊，厚薄不一，其中的一件方口圜底罐可作为代表（图二）。该件器破损严重，碎片多达百余块，器胎厚薄不匀，最薄处在器腹中部，在 1.5～3 毫米之间。碎片越薄，碎成的块面就越小，拼接工作越困难，再加上器身不周正，烧成温度低，要恢复其原貌，应该说不是一件容易的事。在未拼接前，先对该器物进行了固化处理，如用 5% pavaloid BT2 INACEFONE 化学制汁在残破的陶片上涂 3～5 遍[②]，使其胎质变硬。尽管如此，在粘接过程中，仍不

图一 夹砂釜

图二 夹砂方口罐

能大意，不仅拼接要准确到位，否则将会影响下面陶片在拼合过程中错位。在粘接材料未固化之前，手不能有丝毫的颤动，并眠住呼吸，两手捏住陶片，最好是双手搁在桌上，用力得当，如用力过大，陶片易碎。

圈足罐 这种器物在遗址中出土了几件，器形相对较大，修复难度也较大（图三）。除了与其他器物一样显得器形不周正外，更主要的原因是该器物为泥质软陶，而且在器胎内掺入一定量的云母，致使胎芯坚硬而呈现殷红色。这种硬度应该说对修复有利，但是器物的外表普遍施有一层较厚的陶衣，质地较软，由于受地下泥土的浸

图三 泥质圈足罐

浊而偏软，因此，这种胎蕊硬而器表软的现象，使器物碎片边沿普遍圆滑，直接影响拼接，即使拼接上，但由于接口圆滑，即使接上也并不牢固。最为头痛的是，在拼接过程中，由于陶片碴口多磨圆，初看上去很多陶片似可拼接，但事实上并不是这样，因此还得借助拼接陶片的颜色、纹饰、厚薄等方面进行综合判断。如此一来，完成一件器物的修复工作需要花上很多的时间。

以上几类器物修复难度较大，值得注意的，同是墓葬出土的器物，有相当一部分不完整，有的甚至残破严重，较常见的是釜、罐类器物，仅有口、底部分，而无腹部。对这类器物进行修复的工作难度较大，其主要原因是因为这批器物普遍采用泥条圈筑，属手工制品，未见慢轮修整的痕迹，器型不规范，多歪斜。若根据已存器物壁面的弧度来

复原其原貌实在不是一件容易的事，尤其是对器物的高矮定位不易把握，根本的原因就是因为器物不周正，摆放起来总是感到不是很妥当，不是歪得太很，就是歪得不够，修复起来非常的别扭。

通过对以上器物的修复工作，使我们更加认识到修复工作的重要性和紧迫感，它关系到一个遗址的整理质量的好坏。就该遗址的修复工作而言，由于时间、场地、基础设备的不足，严重影响修复的质量以及修复工作的不彻底，这些都是今后工作中应引起注意的问题。除此以外，给修复工作最大的影响是田野考古发掘过程中，由于对出土小件器物处理不够仔细，或不够妥当，或只是简单地作些处理，却不知这些小件器物到了室内经常挪位，也容易改变其原有的状况，一旦修复起来，就要花去大量的时间进行重复劳动。对此现象，提出一些个人建议，希望引起大家的重视。

首先，对于文物修复工作应引起行业的重视。目前，在专业界较重视学术研究之余，还应该加大对文物的保护措施，特别是田野发掘物品，因为这类文物最能反映出一个地区不同阶层的历史。在国外，文物修复工作受到极大重视，它是衡量一个国家或地区对文物保护的重要标尺。

第二，在考古工作中，常常有一些比较典型的或极少见的器物出土在地层中，而且又分布于不同的地点，对这类器物的修复难度较大，不仅花时间，花气力，这就需要修复人员有高度的责任心和熟练的修复技巧去寻找、拼接，使之成为一件较为珍贵的文物。

第三，在考古发掘过程中常常遇到质地较差或保存不好遗物，对此现象，一定要安排专业的修复人员到现场进行处理。如果是器物破损较严重，而且堆积于一起，就更需要专业人员亲自取样，并根据需要进行修复前的定位、加固、陶片的标记，如有可能直接在现场进行修复效果最理想。需要提出的是，如果是陶质器，因陶质太软千万不要用水清洗，否则能够修复的器物变成不可修复的圆饼。

第四，进入室内修复中，一般情况下会安排非修复人员对出土器物进行清洗，由于非修复人员没有修复的经验，对陶片破口反复洗刷，虽然将陶片清洗得很干净，待真正修复时陶片的破损边已被洗圆，这样即使一件器物被修复起来，其效果是不理想的。因此，室内的清洗工作一定要有修复的专业人员在场进行指导，针对器物的质量好坏具体对待。

第五，修复工作要不断创新求实，尤其是新材料的选择要理性化，应根据修复的对象的不同而有所不同，不应该一成不变。善于吸取同行之间的先进的技术和经验，根据时代的要求不断更新设备，刻苦学习新的知识，将文物修复工作做得更好。

注　释：

① 香港古物古迹办事处、广州市文物考古研究所：《香港西贡沙下遗址 DI 区发掘简报》，待刊。

② 该固化材料由香港文物修复同行提供，使用效果较好，为此次文物修复工作顺利完成提供了便利条件。

跋广州汉墓出土陶俑座灯[*]

刘文锁

英文提要　This paper focuses on the pottery lamps with figure – shaped stands unearthed from Han tombs in Guangzhou. Two questions have been discussed here：The classification and typological characteristics of these lamps. The features of pottery figures supporting the lamps. The author presumes that these figures might be the portraits of the natives living in southern Vietnam and Cambodia.

广州两汉墓葬出土过一批人物造型的灯模型，称之为"陶俑座灯"[①]。检视汉墓资料，此种类型之俑灯似乎汉代流行的形制，例如满城汉墓出土的著名的长信宫灯和"当户"灯，除人物俑外，还有动物俑（朱雀灯，羊尊形灯）[②]。河南省灵宝县张湾汉墓也曾出土人物俑形灯[③]。后者的人物形象尤堪注意，下文有论。此类发现尚可枚举。

就广州汉墓出土陶俑座灯而言，《广州汉墓》发表者计有下述几件，其特征略如下文描述：

西汉中期墓葬墓 2046 出土 1 件，俑圆目高鼻，头上托置灯盘，残缺不全，两手亦残断；右足上曲，左足向后盘曲。高 14 厘米。

西汉后期墓葬墓 3021：87，俑头上束发，如椎髻，高鼻，颔下有须。裸体，跣足，遍身划毛。左手粗健，高举托灯。眼突出，张口吐舌，作半跪姿势。高 24.7 厘米（图一，1）。3026：6，头上束发，深目高鼻，舌头吐出。脸划胡须。左手粗壮，托灯盘，右手按于足上。高 21 厘米（图一，2）。3018：25，塑造粗糙，突乳，双手托灯置于头上，双足后屈跪地，跣足，裸体。高 20.4 厘米（图一，6）。3020：36，俑头顶灯盘，五官不清，裸体，左手扶灯，右手下垂接于右足跟处，双膝跪地，跣足。高 21.3 厘米（图一，3）。3020：35，眼珠突出，高鼻，颔下有须，裸体，跣足。踞坐，头顶灯。高 14.6 厘米（图一，4）。3029：64，眼珠突出，口微张，含笑，贴塑两个突出的乳房。右手上举。右足上曲，左足在前盘曲向右方。残高 15.5 厘米（图一，5）。

＊ 本文为中山大学高等学术研究中心资助"广东'海上丝绸之路'考古学研究"课题研究成果之一。

图一　西汉后期陶俑座灯（据《广州汉墓》图版八三）

1. 3021：87　2. 3026：6　3、4. 3020：36、35　5. 3029：64　6. 3018：25

　　东汉前期墓葬 4016：24，束发于前额，颌下有须，跪姿。右手上举灯盘。高 21 厘米（图二，1）。4019：39，双足后曲跪坐于地，左手上举灯盘，头缠巾，眼珠突出，下颌有须，张口，两耳戴环，胸部及大腿部刻划毛发。高 19.2 厘米（图二，2）。

　　东汉后期墓葬 5018：1，女像，身躯较瘦小，踞坐姿势，阴部显露，双手按膝，头缠巾，上置灯盘，下颌划出稀疏几道须纹。高 22.2 厘米（图三，1）。5036：22，躯体肥胖，手臂、胸腹及腿上均刻划毛发和衣领、襟纹，其服饰值得注意。乳房突出，跣足。踞坐。高鼻，双目圆睁，舌头吐出唇外。口下刻划胡须。头缠巾。高 28 厘米（图三，2）。5032：12，俑头上缠巾托灯，深目高鼻，口部上下刻划胡须，身躯肥硕，肌肉突起，遍体刻划毛发。踞坐姿势。突显阴部，男性。高 28.5 厘米（图三，3）。5043：21，蹲坐势，两手相握置于膝上。手臂及腿部刻划毛发，身上划交叉线纹，以表示衣饰，塑出乳房。头缠巾，高鼻。高 30 厘米（图四，2）。5061：2，高鼻，大目，口吐

图二　东汉前期陶俑座灯（据《广州汉墓》图版九九）

1. 4016：24　2. 4019：39

图三　东汉后期陶俑座灯（据《广州汉墓》图版一三九）

1. 5018：1　2. 5036：22　3. 5032：12

舌，体态臃肿，两乳突起，上有划纹。右手置腹部，掌中托两个圆饼形物。蹲坐，阴部显露，背后脊椎两旁遍划斜线，表示毛发。残高20厘米（图四，3）。5063：1，体态肥硕，鼻高且尖，刻划出状若络腮胡须之线纹，形体粗硕。胸前刻划交叉线纹之衣领、襟，双足交叠而坐。头缠巾，托灯盘，右手上举作扶灯之状。高27.5厘米（图四，1）。5046：16，俑大目，高鼻且尖，刻划出络腮胡须。体态肥硕，刻划衣领、襟纹，交脚坐姿，双手按膝上。头缠巾。残高25厘米（图四，4）④。

广州地区之外汉墓出土的陶俑座灯，另在顺德陈村出土过一件。头缠巾，上托钵形

图四　东汉后期陶俑座灯（据《广州汉墓》图版一四〇）

1.5063：1　2.5043：21　3.5061：2　4.5046：16

灯盘，高鼻，大耳，两腮刻划胡须。体态粗硕，双乳突出，裸身跣足，遍体刻划毛发，双膝上曲呈蹲坐姿势，两手置于膝上。男性生殖器突显。高 24.2 厘米[⑤]。

以上列举的墓葬资料并非全部，但已大致上反映出来此类"陶俑座灯"的基本状况，试作以下分析。

1. 时间上的分布

参考广州汉墓的分期研究，由分布时间上可以看出此类人俑座灯自西汉中期开始出现，经历西汉后期至东汉前、后期，而未见西汉前期之资料。如果分期可靠的话，这里可以看出的一个问题是：此类俑灯之原创地与传布情况。目前还不能遽下结论，尚需比较中原等地的资料。以满城陵山中山靖王墓之年代论，大约可归之为西汉前期较晚的时间（景帝时分封）。在汉墓还应可以找到其他的资料，以裨比较。

2. 陶俑座灯的形制

以上介绍诸件俑灯，皆属于经过焙烧的黏土质地（我国考古学习惯称陶质）。最具意义的方面，在于俑的形象。以下按照《广州汉墓》之报道，约略归纳其性别、体质特征等如下：

一般的俑都是以裸体形象表现的，但是属于东汉后期的几件标本（5036：22，5063：1，5043：21，5046：16），则于身体上刻划出交衽服装的线条。有些俑的身上刻划出线纹，据笔者揣测所表示的应当是毛发而非文身。大部分俑都在吻部上下刻划线纹表示胡须。大部分俑的乳房都塑造出来，包括那些着衣的俑，其中的一件东汉后期的俑（5061：2）乳房大出其他许多，可能是为了特别表现其女性特征缘故。

大多数俑都具有男性性征，其表现是面部刻划的胡须，以及个别俑专门塑造出的男性生殖器（属于东汉后期的一件5032：12最为明白）。但是这种普遍刻划胡须的状况，也使人觉得不一定是专门为了表现男性的性征，因为在几件突出双乳的俑的吻部，同时也刻划出胡须，尤其一件（4019：39）还是络腮胡须。所以，仅凭刻划胡须或者乳房一项是难以确定其性别的，我们想到这种俑的表现形式，并不一定都是写实的，它们具有组合性征的特点，——除非将大多数塑造出的双乳理解成男性乳头的夸张表现。

一般的俑的身体上都用粗糙的线纹表示其毛发，这是意欲表达出其"野蛮人"的体毛特征。这种做法通过表达他们的裸体、跣足、吐舌等几方面特征而强化。此外在一件俑的头部，塑造成了类似椎髻的特征（3021：87）。在面部的塑造上，通过观察可以看出具有高鼻或者"深目高鼻"的体质特征，令人联想到非华夏族或非蒙古人种的特征。

接下来的问题，是鉴别这种俑的族属身份，因为它涉及到的是当时制作者所欲表达的意义。可以追寻的线索，是某些品相较好、制作较精的俑所表现出的"西胡"特征（"深目高鼻"）；由此涉及到这一类俑的共同性，虽然我们可以将其名目总称为"非华夏族"，但其具体属于中亚之"西胡"抑或越、西南夷以及中南半岛的族群？这个问题是需要探讨的。

关于汉代的"胡人"及其图像问题，过去曾有学者讨论，笔者也参与其中，此处不再赘述[6]。难以回避的是关于"胡人"的概念问题，就所论的作为灯座的陶俑之族群身份，如果用"非华夏族"来概括的话，还要考虑到实际上"非华夏族"包括了蒙古人种在内的各个有关的华夏族之外的各个种族[7]。我们知道汉代的"胡"主要是指匈奴，另外还包括北亚、中亚以及西亚各地的族群[8]。所以，汉代的"胡"包含了蒙古、高加索两个人种在内；而"深目高鼻"的"胡人"属于"西胡"之一种。就笔者过眼的汉代"胡人"图像资料（画像石、砖，石刻，俑等）；集中发现于山东、徐州、南阳、四川盆地几处，云贵高原古代西南夷地区也有零星发现，其中最重要的资料是晋宁石寨山和江川李家山出土的青铜雕塑。按照几位研究者采用的定义，汉代"胡人"的标准像是：在体质特征上的深目高鼻，在服饰上的左衽，以及头戴的尖顶帽[9]。但是，如果结合考古出土的实物资料以及对图像资料的深究，可以看出这个标准像是有其缺陷的：它主要指在欧亚大陆北部活动的一种非蒙古人种族群。最明显的是帽式的复杂性。所以，汉代图像里表现的"胡"形象是笼统且概念性的。对广州汉墓出土的这些灯俑形象来说，参照上述的"胡人"标准像，可以看出除了在面部体质特征上的相似之外（高鼻），在服饰和头饰之上差别巨大，不可相提并论。最重要的是竭力表现其裸身跣足的"野蛮人"形象，我们需要判断它们代表了或者象征着什么样的人，因为它涉及到一个更深的问题：这种"野蛮人"形象的座灯之放置在墓中是用来做什么的？

《通典·边防》曾记载扶南国的情况，或者是一条线索："扶南国……国俗本躶，文身被发，不制衣裳。"又记："人皆丑黑拳发，躶身跣行。"[10]《晋书·四夷传》记林邑国风俗："四时暄暖，无霜无雪，人皆倮露徒跣，以黑色为美。"[11]

案《通典》所据亦来自《晋书》[12]。根据古代汉文历史文献，位于中南半岛的这两个国度均曾采取过裸身跣足的风俗。二地之位置，可以参考伯希和与费琅等人的考证[13]。扶南即古代柬埔寨，而林邑在扶南的东北方，即今天越南南部一带[14]。南海地区的裸人国度，在古代希腊拉丁地理作家的记载中亦曾提及，托勒密的《地理志》里有关于"裸体人世界"等的记载，其位置大略在中南半岛一带[15]。因此，我们可以想到，在古代的中南半岛一带生活的土著中，有一些是裸身跣足的。就这个特征讲，无论越人抑或西南夷，都不具有此种特征；而对于生息于高纬度和高海拔地带的人群来讲，裸身跣足的可能性就更微乎其微了。

关于古代越人的体质特征，这方面的研究还不多。笔者注意到一位学者的文章，将古越族与华夏、苗、夷相提并论，认为是中国上古时代的四个基本部族[16]。广州汉墓里出土的陶俑及房屋等模型上塑造的人物像，应当包含了当地越人在内，如与灯俑的形象作比较，可以看出灯俑的"非华夏族"特征更明显。

这些陶俑座灯的一个关键问题，依拙见在于其特殊的表现形式，即为什么以具有"非华夏族"的种族特征来表现之？这是需要思考的。

我们认为灯座上塑造的这种人物，其原型依据的是中南半岛一带（扶南、林邑等地）土著的形象，因为岭南与越南、柬埔寨等地相接近，可能目睹过当地土著的奇异形象与奇风异俗，因而以之为原型塑造下来。这一点与古代历史文献重视异域异族之奇异风俗人情的传统相一致；另外一点是：如果上述中南半岛土著身份能够成立的话，则此种俑所反映的在体质特征上的某些高加索人种形象，无疑构成了另一个需要研究的问题[17]。

灵宝张湾汉墓出土的七件人俑座灯，其中也有深目高鼻形象者。M2 出土了两件这种形象的座灯，而且怀抱了八个小人，在右肩上另外趴伏了一个小人，其头顶圆筒形的灯盏；在 M3 出土的两件，其特征更为明显[18]。因为这种以人俑作为灯座造型的灯发现数量不多，所以不妨推测它们具有共同的传统，而尤其以"非华夏族"形象为时尚。它们可能起源于中原地区，影响到了岭南等地。

可以假设墓葬中随葬的这种"非华夏族"俑座灯是明器，而且仅流行于汉代中国部分地区。以广州地区资料论，似乎是遵循自中原地方的埋葬习俗，但是这些陶俑的形象都表现出一种异族的特征，极有可能以中南半岛越南、柬埔寨地方的土著形象为原型。由于墓葬中随葬灯具有特别意义，这种"非华夏族"形象的俑灯便也具有特别的意义。

汉代之后魏晋时期的墓葬里，曾出土过一种青瓷质的所谓"骑兽器"[19]。另外还有青铜制作的，别名"胡人骑狮水注"或"仙人骑狮器"[20]。现在对这种器物的来源和用途尚不明白，"胡人"、"仙人"之说，"骑兽器"之谓，都是暂时的名义。当思索广州汉墓随葬的陶俑座灯之时，这些较晚时期的奇异器物自然浮现出来。还没有证据显示出在这两种时间上有间隔的器物之间有必然联系，它们的形制也有差别，但一个关联是以异族形象为模本。这一点值得注意。

注　释：

① 广州市文物管理委员会等：《广州汉墓》，文物出版社，1981 年。

② 中国社会科学院考古研究所等编写：《满城汉墓》，45～46 页，文物出版社，1978 年。中国科学院考古研究所满城发掘队：《满城汉墓发掘纪要》，《考古》1972 年 1 期（"当户"灯人俑作左衽窄袖）。

③ 河南省博物馆：《灵宝张湾汉墓》，《文物》1975 年 11 期。

④ 以上诸件参见《广州汉墓》，图版五九，5；图版八三，1、2；图版八三，3、5；图版九九，1、2；图版一三九，1～3；图版一四〇，1～4。

⑤ 广东省博物馆等：《广东顺德陈村汉墓的清理》，《文物》，1991 年 12 期。

⑥ 参见邢义田：《古代中国及欧亚文献、图像与考古资料中的"胡人"外貌》，《美术史研究集刊》第九期，15～99 页，国立台湾大学艺术史研究所印行，2000 年。罗世平：《汉地早期佛像与胡人流寓地》，《艺术史研究》第一辑，79～102 页，中山大学出版社，1999 年。郑岩：《汉代艺术中的胡人图像》，《艺术史研究》第一辑，133～150 页，中山大学出版社，1999 年。刘文锁：《巴蜀"胡人"图像札记》，《四川文物》2005 年 4 期。刘文锁：《汉代"胡人"图像补说》，《汉代考古与汉文化国际学术研讨会论文集》，487～495 页，齐鲁书社，2006 年。

⑦ 拙稿《汉代"胡人"图像补说》与《巴蜀"胡人"图像札记》讨论及"胡人"概念问题，概括讲，这个概念是历史的变化，且与古代中国人之对外部世界的了解和认识相对应；出于今日之学术研究，如果我们把"胡人"理解成"非华夏族"，则其涉及之种族、文化极其复杂，包括在体质上与中国人同属于蒙古人种的匈奴族等，而在体质、文化上应与匈奴等有不小区别的越、西南夷与中南半岛族群，在汉代

文献里是与"胡"区别看待的。因此，问题在于：（1）"胡"与"非华夏族"的概念；（2）对于考古资料中的所谓"胡人"图像之鉴别。

⑧ 王国维：《西胡考上》，王国维著：《观堂集林》卷第十三，606～611 页，中华书局，1959 年。

⑨ 邢义田：《古代中国及欧亚文献、图像与考古资料中的"胡人"外貌》，《美术史研究集刊》第九期，15～99 页。

⑩ ［唐］杜佑撰：《通典》卷一百八十八《边防四》，5093 页，中华书局。

⑪ 《晋书》卷九十七《四夷传》，2545 页。

⑫ 《晋书》卷九十七《四夷传》，2547 页。

⑬ 伯希和：《扶南考》，冯承钧译：《西域南海史地考证译丛》第二卷，第七编，75～119 页，商务印书馆，1962 年 11 月重印第一版。费琅著、冯承钧译：《昆仑及南海古代航行考》，中华书局，2002 年。

⑭ 《通典·边防四》："林邑国，秦象郡林邑县地。汉为象林县，属日南郡，古越裳之界也。"参见谭其骧主编：《中国历史地图集》第五册，73 页，中国地图出版社，1982 年。

⑮ 托勒密：《地理志》，［法］戈岱司编、耿昇译：《希腊拉丁作家远东古文献辑录》，19～51 页，中华书局，1987 年。

⑯ 叶文宪：《论古越族》，《民族研究》，77～83 页，1990 年 4 期。

⑰ 参考关于中国西南、岭南地区以及中南半岛青铜文化来源的各种讨论，是一个有益的启发。岑仲勉先生关于古代"昆仑"问题的研究（岑仲勉：《中外史地考证（外一种）》，42～47、115～150、304～305 页，中华书局，2004 年），及上述征引的费琅的昆仑考，及唐两京等地常见之"昆仑奴"问题，或许是另外一条线索。

⑱ 《灵宝张湾汉墓》，图五八、五九等。

⑲ 例如故宫博物院收藏的一件，参见香港文化博物馆编制：《走向盛唐——文化交流与融合》，146 页，康乐及文化事务署出版，2005 年。

⑳ 谢治秀主编：《山东重大考古新发现（1990～2003）》，178 页，山东文化音像出版社，2003 年。

东莞市南城区蚝岗遗址初步发掘简报

广东省文物考古研究所、东莞市博物馆、东莞蚝岗遗址博物馆

英文提要 From April to July, 2003, the Neolithic shell mound site at Haogang was excavated. Among the three cultural layers, potteries belonging to three developmental phases were discovered, including white, colorfully painted pottery as well as polished black pottery. The site is dated to 4500－6000 B. P. It provides important stratigraphical evidences and materials for the research of the prehistory culture sequence of Pearl River Delta.

　　蚝岗遗址位于广东省东莞市南城区胜和管理区豪江（蚝岗）四队大园坊东西向山岗的山嘴部分（图一），现存面积约 600 平方米。该山岗是东莞的地标性山岗，历代东莞志书都标出此岗。遗址发现于二十世纪八十年代。1990 年广东省文物考古研究所和东莞市博物馆曾做过调查[①]，后来，中国社会科学院考古研究所和广东省文物考古研究所从动物考古学的角度对遗址再次做了调查，并发表了相关资料[②]。2003 年 4 月下旬至 7 月间，为了配合建设文化大省、打造文化新城的发展战略，在省文化厅、东莞市南城

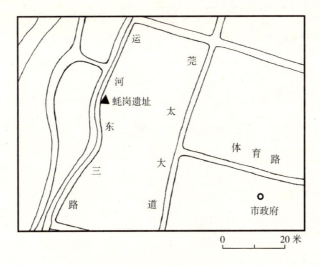

图一　蚝岗遗址位置示意图

区党委、区办事处的关怀、支持下，由南城区提供发掘经费，广东省文物考古研究所和东莞市博物馆组队，对遗址进行了第一次发掘。今次发掘的目的，是初步了解遗址的文化内涵、特征及年代，并且保留重要的遗迹现象以备日后建设遗址博物馆作展示用。

发掘工作分两个区进行，西部为 A 区，布 5 米×5 米探方 8 个（图二），以南部自来水管阀门为基点，按第一象限统一布方，统一编号，分别为 T0304、T0305、T0306、T0307、T0404、T0405、T0406 和 T0407。因场地限制，其中 T0307 和 T0407 只发掘了 2米×5 米和 2.4 米×5 米。B 区仍以水管阀门为基点，布 5 米×5 米探方 4 个，分别编为T0806，T0807，T0808 和 T0906。A、B 两区揭露面积共 272 平方米。其中 B 区的探方全部发掘到生土；A 区的探方，因要将已发现的遗迹留给将来供展示用，只有 T0306、T0307 发掘到底。发掘结果证明，B 区没有新石器时代文化堆积，只见宋代灰坑和近、现代房基。下面只报告 A 区的情况。

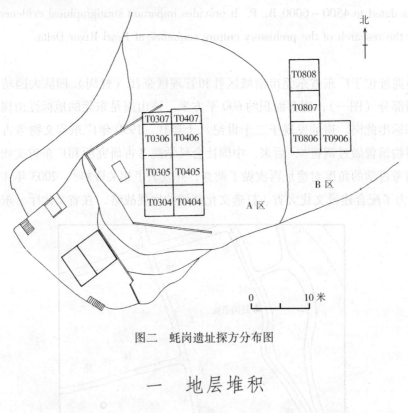

图二　蚝岗遗址探方分布图

一　地层堆积

A 区的地层堆积自东北向西南倾斜，共分为 6 层，其中 2～6 层为新石器时代文化层，最厚处（南部）约 2 米。3、4、5 三层为贝壳层，2 层为夹少量贝末的灰褐或红褐色亚黏土层，6 层为褐色亚黏土层。文化层堆积层次比较分明。下面以 03DHT0406 及T0407 西壁剖面为例说明文化堆积情况（图三）：

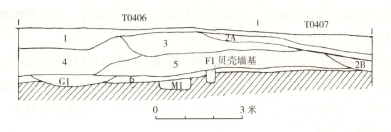

图三　T0406、T0407 西壁剖面图

第1层：褐色扰乱层，厚5～45厘米，上面覆盖一层水泥面，下面为褐色土和碎贝壳，较疏松。含较少被扰上来的新石器时期陶片、石器和现代砖瓦片等。

第2层：分两个亚层。2A层灰褐色亚黏土，深5～45、厚0～15厘米，较为黏结，夹少量碎贝壳，只分布于T0407。含一定数量夹砂陶片、少量石器等。2B层红褐色亚黏土，深35～50、厚0～20厘米，黏结，夹少量贝壳和红沙粒，较多灰、红色夹砂陶片和少量石器。

第3层：褐色贝壳层，密实，贝壳多完整，贝壳与贝壳之间为褐色贝壳碎与少量褐色泥土混杂物。深5～25、厚0～50厘米。贝壳密集，种类几乎都是蚝，另有极少量的毛蚶或泥蚶。杂少量泥土。含少量夹砂绳纹陶、尖状器、网坠等石器。

第4层：黑灰色贝壳层，间杂少量的黑灰色碳泥。贝壳多碎成屑状，黑色，松散。深15～50、厚0～45厘米。含夹砂褐陶、泥质灰黑陶和石器等。陶器器形与第3层无明显区别。

第5层：褐红色贝壳层，杂少量的褐红色黏土，贝壳个体较大，其最大者长达25厘米，贝壳之间充填黏土，结合紧密并夹较多的鱼骨。深30～100、厚0～45厘米。含彩陶、夹砂绳纹陶、石器等。

第6层：褐红色亚黏土，交结紧密，结实，杂有极少量蚝壳及碎末。深65～95、厚10～15厘米。含绳纹、贝划纹陶片、彩陶和石器等。以下为风化紫砂岩。

二　第一期文化遗存

包括开口被压于最早地层第6层下的灰坑3个，墓葬2座，另有一座形制不明的房址。

（一）遗迹

1. 灰坑　3个。

H8　位于T0306西南角，坑口被压于⑥层下，打破生土。坑口近似椭圆形，壁直微弧，底平。坑口长径142、短径124、深55、底长径120、短径104厘米。坑内填灰褐色沙质土，松软，含少量陶片，包括夹砂褐陶，泥质白陶等。出土器物种类有陶罐、石磨盘等（图四，1）。

H9 位于 T0407 西边，小部分在 T0306 东隔梁下。坑口被压在⑥层下，打破生土。坑口椭圆形，长径 160、短径 150 厘米，斜壁圜底如锅状。深 42 厘米。填土分两层，上层厚 15 厘米，为褐红色土，夹少许贝壳，下层 30 厘米，为红褐色黏土，较为紧密。该坑纯净无遗物（图四，2）。

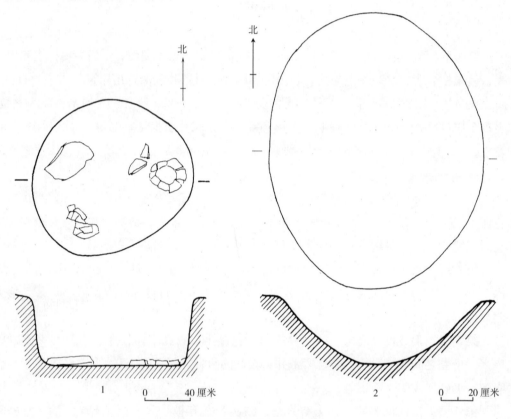

图四 第一期文化遗迹平、剖面图
1. H8 2. H9

2. 墓葬 2 座。

M1 位于 T0306 东隔梁和 T0406 西部⑥层下打破生土，是遗址最早的单位之一。长方形土坑竖穴。长 2.1、宽 0.5、深 0.2 米，距现代地表约 1.2 米。无随葬品。头向 35°。填土为褐红色亚黏土，较黏结、纯净。骨骸保存较好，经中山大学冯家骏和广东药学院张文光两先生鉴定，骨骸为男性，年龄 40～45 岁，身高 166 厘米[③]（图五，1）。已做头部复原像（图版六，1）。

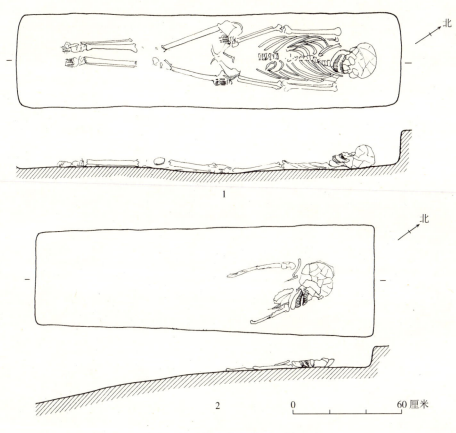

图五　第一期文化墓葬平、剖面图

1. M1　2. M2

M2　层位、方向与 M1 同，位于 M1 南部，与 M1 错位平行。两者相距 60 厘米。无随葬品。骨骸保存较差，不具备进行性别、年龄鉴定的条件（图五，2）。

3. 房址　1 处。主要分布于 T0306，房屋遗迹只见柱洞，结构不明，被压于⑥层下。各柱洞编号、规格及填土等情况见下表：

表一　　　　　　　　　　柱洞编号、规格及填土情况　　　　　　　单位：厘米

编号	形状	规格（口径×底径−深）	填土	包含物
D1	圆	22×14 −26	红褐	
D2	〃	20×16 −2		
D3	〃	16×10 −16		
D4	〃	22×14 −24	灰褐	
D5	〃	24×14 −26	红褐	

续表

编号	形状	规格（口径×底径-深）	填土	包含物
D6	椭圆	20×14-25	红褐	
D7	圆	36×18-20	灰褐	
D8	∥	28×12-32	红褐	
D9	∥	22×16-16	红褐	
D10	∥	15×13-10	红褐	
D11	∥	18×16-22	红褐	
D12	∥	38×32-13	灰	贝壳
D13	∥	23×14-16	红褐	
D14	∥	36×20-18	红褐	
D15	∥	22×16-25	红褐	
D16	∥	25×22-20	红褐	
D17	∥	36×26-18	灰褐	
D18	∥	30×26-14	红褐	
D19	∥	34×26-24	红褐	
D20	∥	22×16-21	红褐	
D21	∥	21×14-25	红褐	
D22	∥	18×16-16	红褐	
D23	∥	30×26-12	灰褐	
D24	∥	46×40-20	红褐	
D25	∥	32×28-32	红褐	
D26	∥	24×20-20	红褐	
D27	∥	20×16-20	红褐	
D28	∥	28×22-44	红褐	
D29	∥	28×18-33	红褐	
D30	∥	20×16-19	灰褐	贝壳
D31	∥	24×22-12	灰褐	贝壳
D32	∥	22×18-23	灰褐	贝壳
D33	∥	39×28-28	红褐	
D34	∥	26×26-22	红褐	
D35	∥	8×6-15	红褐	
D36	∥	12×10-18	红褐	
D37	∥	25×23-20	红褐	
D38	∥	15×13-12	红褐	

（二）遗物

1. 陶器

主要是圈足盘。表面都刻划、压印图案或镂孔，造成浮雕效果（图六），类似环珠江口其他遗址所见白陶，但在压印纹饰的沟槽中尚保留赭红彩，推测最初其表面也有彩，只是后来脱落了露出白胎故成白陶（图版七，1）。此外，有少量素面夹砂陶罐和绳纹陶器。

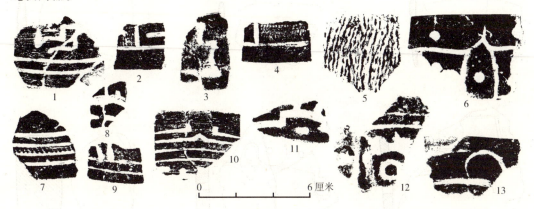

图六　一期陶器纹样（H8）

1、3、8～11、13. 刻划纹　2、4、7. 刻划纹、篦点纹组合　5. 绳纹　6. 刻划纹、镂孔组合　12. 刻划纹、圆点纹组合

圈足盘　16件。无复原器，都是盘体或圈足残片。H8：23，圈足残片。外刻树枝状纹，镂孔。残高6，残宽7.2厘米（图七，7）。H8：21，口沿。饰刻划纹和镂孔（未穿）。残高3.5，残宽3.3厘米（图七，1）。H8：15，腹部残片。器表压印浅浮雕式纹饰。残高2.5、残宽4厘米（图七，3）。H8：9，口沿。刻划对称图案。残高3.6、残宽5.4厘米（图七，4）。H8：11，口沿。刻划条纹。残高2.8，残宽4.3厘米（图七，5）。H8：7，口沿。刻划圆圈纹和条纹。残高4，残宽5厘米（图七，6）。H8：82，圈足残片。刻划浪花纹。残高5.6、残宽6.3厘米（图七，8）。

罐　2个。无复原器，都是夹砂褐陶，素面，表面较粗糙。H8：1，方唇卷沿，鼓腹，底残。口径26.8，残高16厘米（图七，2）。

2. 石器

石磨盘　1件。H8：6，灰色砂岩。磨面平而微凹，底粗糙不平。长40、宽24.5、厚5厘米（图七，9）。

石饼　1件。H8：3，细砂岩，两面微弧，半残缺，通体磨光。直径10.5、厚4.9厘米（图七，10）。

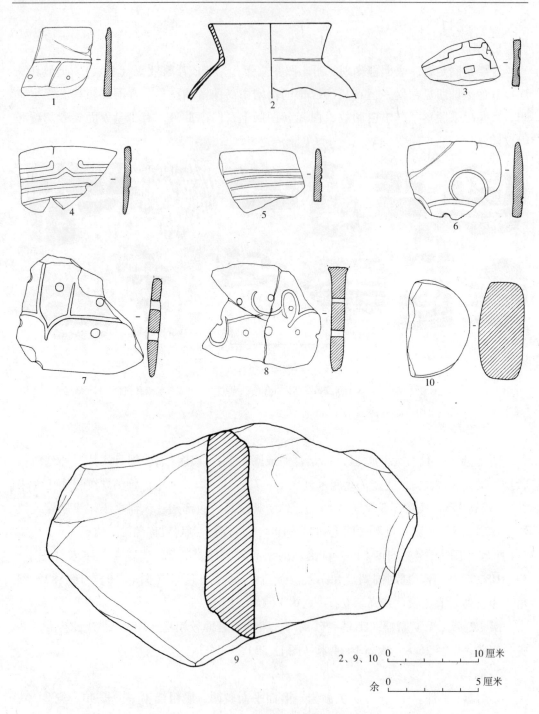

图七　一期出土遗物

1. 陶片 H8：21　2. 陶片 H8：1　3. 陶片 H8：15　4. 陶片 H8：9　5. 陶片 H8：11　6. 陶片 H8：7　7. 陶片 H8：
23　8. 陶片 H8：82　9. 石磨盘 H8：6　10. 石饼 H8：3

三　第二期文化遗存

二期以 5、6 层及 5 层下的沟为代表。

（一）遗迹

发现有沟、房子和一批柱洞（图八）。

沟　编号 G1，位于 F1 南部，T0306 和 T0406 的⑤层下，打破⑥层，只清理了位于 T0306 和 T0406 两个探方内的部分。已清理部分长 9.2、宽 0.75～1.8、深 0.20 米。沟内填土为灰黑色沙质土，颗粒较细，出少量陶片等物，并见动物残骸。可能是房子与房

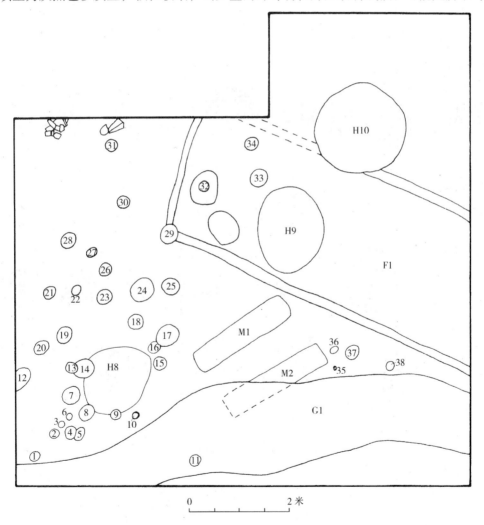

图八　蚝岗遗址遗迹分布图（局部）

子之间的排水沟。

房子　蚝岗遗址发现房屋遗迹共 2 处，属第二期的一处为方形，编为 F1。F1 位于 T0306 和 T0406 北部⑤层下打破⑥层。已揭露部分（未完全揭露）长 6.6、内宽 2.5 米。单间，墙基开槽充填贝壳，墙槽宽 15～20、深约 20 厘米。墙基填土与⑥层土区别不明显，都是褐红色黏土。为了留作将来展示用，未继续往下挖。层表出少量彩陶和厚沿夹砂褐陶。

（二）遗物

因为 A 区 8 个探方中，T0304、T0305、T0404、T0405 四个探方有红烧土面，T0406 和 T0407 有房子遗迹，都保留未挖，只有 T0306 等挖到生土，所以已出土遗物并不十分丰富。

1. 陶器

二期陶器以泥质红陶为主（其中部分为彩陶），次为夹砂黑褐陶，还有少量的夹砂红陶（图九，图版七，2、3）。器形有彩陶圈足盘、夹砂釜（罐）、器座等。夹砂陶器

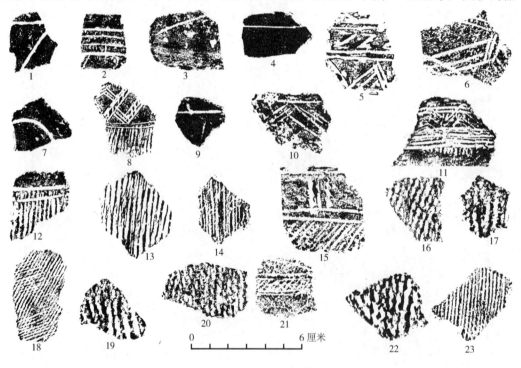

图九　二期陶器纹饰

1、5～7、9～11. 刻划纹（10 为 G1，余均 T0306⑤）　　2、4. 弦纹（T0306⑤、⑥）　　3. 刻划纹、戳点纹组合（T0306 ⑥）　　8. 刻划纹、绳纹组合（T0306⑤）　　12、15. 绳纹、贝划纹组合（T0306⑤、T0406⑤）　　13、16～20、22. 绳纹（17、19 出自 F1，20 出于 T0306⑥，余出于 T0306⑤）　　14、23. 细绳纹（T0306⑤、T0306⑥）　　18. 交错细绳纹（T0306⑤）　　21. 绳纹、刻划纹组合（T0306⑤）

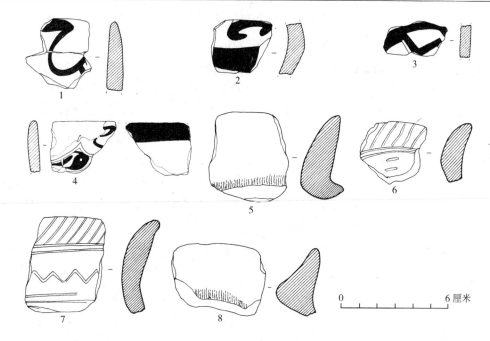

图一〇　二期出土陶器

彩陶：1. T0306⑥：31　2. T0306⑥：30　3. T0407⑤：80　4. T0307⑥：132　陶片：5. F1：2　6. T0306⑤：27　7. T0306⑥：122　8. T0407⑥：37

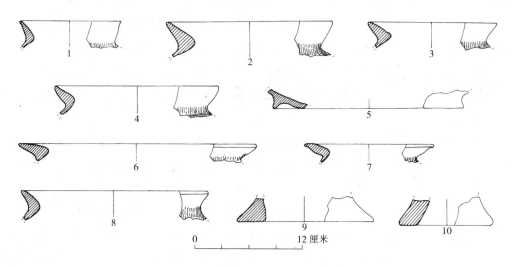

图一一　蚝岗遗址第二期文化出土陶器

1. 釜 T0306⑤：36　2. 釜 G2：23　3. 釜 G2：236　4. 釜 T0306⑥：103　5. 圈足盘 F1：5　6. 釜 T0306⑥：109　7. 釜 T0306⑤：168　8. 釜 G1：268　9. 器座 T0306⑥：160　10. 器座 T0306⑤：170

口沿厚而窄，流行卷沿，不见折沿。火候较低。陶器全属手制，多为贴筑法制成。流行绳纹、刻划纹，包括刻、划、贝划、篦划和镂孔，口沿压印锯齿状纹。

圈足盘　9件。大都是彩陶，没有复原器。T0306⑥:30，盘体残片。盘腹微折。在白陶衣地上作红色彩绘。残高2.7、残宽3.2厘米（图一〇，2）。T0306⑥:31，盘口沿残片。圆唇弧壁。外表白地红彩，局部构图如"乙"字形，与香港春坎湾所出彩陶构图相同。残高3.7、残宽3.6厘米（图一〇，1）。T0407⑤:80 盘圈足残片。外表作白地红彩。镂小圆孔。残高1.7、残宽3.5厘米（图一〇，3）。T0307⑥:132，口沿残片。外表彩绘残存部分局部构图也如"乙"字形，内口一圈宽带状红彩。残高2.8、残宽3.5厘米（图一〇，4）。无彩的只见1件。F1:5，底与圈足残片，灰褐色泥质陶。残高2、足宽21厘米（图一一，5）。

罐　16件。没有复原器，只有口沿，都是夹砂陶，圆唇卷沿。F1:2，褐色，厚沿，沿外卷较甚。颈际饰细绳纹。残高4.5、残宽4.3厘米（图一〇，5）。T0306⑤:27，赭红色。口沿外侧以贝壳划出条纹和戳点。残高3.4、残宽3.4厘米（图一〇，6）。T0306⑥:122，赭红色。口沿外饰贝划条纹和波折纹。残高5.1、残宽3.7厘米（图一〇，7）。T0407⑥:37，褐色，颈际饰细绳纹。残高4.6、残宽5.2厘米（图一〇，8）。

釜　20件。夹砂褐陶，尖圆唇，卷沿，颈部以下饰绳纹。T0306⑤:36，残高2.8、口径11.2厘米（图一一，1）。G3:23，残高3.8、口径8.4厘米（图一一，2）。G2:236，残高2.8、口径14.4厘米（图一一，3）。T0306⑥:103，残高3、口径18厘米（图一一，4）。T0306⑥:109，残高1.8、口径26.4厘米（图一一，6）。T0306⑤:168，残高2、口径14.4厘米（图一一，7）。G1:268，残高3、口径20.8厘米（图一一，8）。

器座　2件。夹砂红陶。中空，底作喇叭状外张。T0306⑥:160，残高2.8、底径15厘米（图一一，9）。T0306⑤:170，残高2.9、底径10.8厘米（图一一，10）。

2. 石器

数量较大，种类包括尖状器（即"牡蛎啄"）、石饼、石刀、石拍、石磨盘、锛、斧等，只有锛和斧经过磨制，又以可能是用于开蚝和采蚝的尖状器最多。石料为细砂岩，沙泥岩，片岩，角岩等。

石拍　1件。T0306⑤:40，灰褐色细砂岩，两面微弧曲，一面残存纵向平行小槽9条，槽宽约3毫米，深约2毫米。石拍残长4.7、残宽3.8、厚1.7厘米（图一二，6）。

石刀　1件。T0306⑤:29，砂岩，基本完整。整体像三角形，两边打制，刃部加磨。单面刃。长5.8、刃宽8.7、厚3.8厘米（图一二，7）。

石锛　7件。单面刃，偏锋。T0305⑥:7，平顶，斜边，弧刃。长7、顶宽3.9、刃宽5.1、厚1.6厘米（图一二，5）。T0406⑤:3，弧顶，斜边，平刃，两下角崩损。长7、顶宽3.3、刃残宽5、厚1.3厘米（图一二，2）。

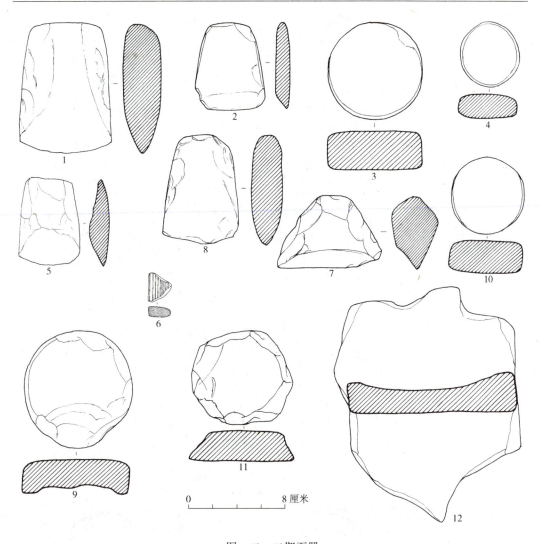

图一二 二期石器

1、8. 石斧（T0306⑤：33、G1：12）   2、5. 石锛（T0406⑤：3、T0305⑥：7）   3、4、9、10. 石饼（T0306⑥：
167、T0306⑥：44、T0307⑤：35、T0306⑤：25）   6. 石拍（T0306⑤：40）   7. 石刀（T0305⑤：29）   11. 石饼
毛坯（H6：1）   12. 石磨盘（T0307⑤：34）

石斧 8件。双面刃，正锋。G1：12，弧顶，斜边，弧刃崩损。长8.7、刃宽6.2、厚2.6厘米（图一二，8）。T0306⑥：33，平顶，斜边微弧，弧刃，通体磨光，完好。长10.5 刃宽7.5、厚3.1厘米（图一二，1）。

尖状器 35件。打制，是最多见的器物。根据形态特征分三型。

A型 19件，短身。T0306⑤：15，长10.5、宽7.4、厚5.1厘米（图一三，2）。T0404⑤：23，长10.1、宽0.7、厚4厘米（图一三，1）。T0306⑤：179，截面近似三角

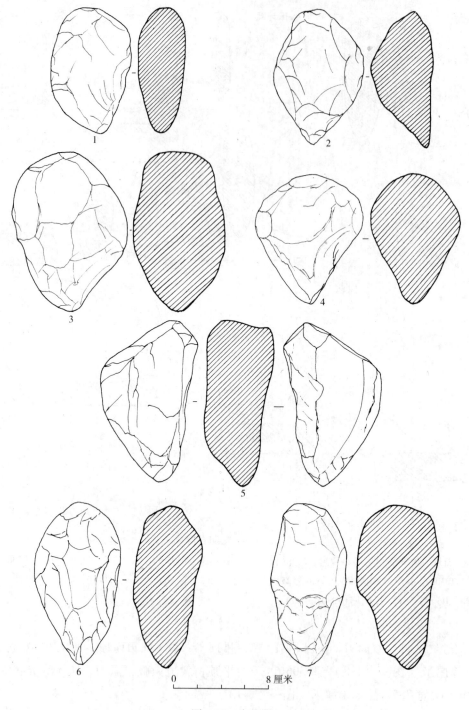

图一三　尖状器

1～4. A 型（T0404⑤: 23、T0306⑤: 15、T0306⑤: 190、T0306⑤: 179）　　5. C 型（T0306⑤: 175）

6、7. B 型（T0306⑤: 19、T0307⑤: 37）

形。长 10.3、宽 9、厚 7.4 厘米（图一三，4）。T0306⑤:190，长 12.7、宽 9.3、厚 7.6 厘米（图一三，3）。

　　B 型　15 件，长身。T0306⑤:19，长 12.8、宽 7.2、厚 5.5 厘米（图一三，6）。T0307⑤:37，长 6.8、宽 2.3、厚 1 厘米（图一三，5）。

　　C 型　1 件，带把。T0306⑤:175，长 13、宽 7.5、厚 5.6 厘米（图一三，5）。

　　石饼　12 件。圆饼状，大小不一，直径从 5～13 厘米。或以为磨石。T0306⑥:44，两面微弧，直径 5、厚 2 厘米（图一二，4）。T0306⑥:167，两面较平。直径 7.8、厚 3.1 厘米（图一二，3）。T0306⑤:35，一面微弧，一面凹凸不平。直径 9.4、厚 2.3 厘米（图一二，9）。T0306⑤:25，两面较平。直径 6.2、厚 2.2 厘米（图一二，10）。

　　石饼毛坯　1 件。H6:1，从周边向中心敲打成形，未经加磨，应为废弃品。直径 8.5、厚 2.4 厘米（图一二，11）。

　　石磨盘　1 件。T0306⑤:34，红砂岩，磨面凹曲，底平。长 18、宽 15.2、厚 2.8～ 3.3 厘米（图一二，12）。

　　3. 骨器

　　有骨铲、骨锥等（图版六，3）。

　　骨铲　1 件。T0306⑤:24，牙黄色。利用动物长骨切开磨平，上下两端残，轻度石化。铲形，单面刃，除外表，都加磨。残长 12.5、宽 5.5、厚 0.8～1.2 厘米（图一四，1）。

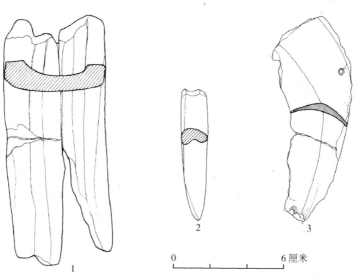

0　　　　　　　　　6 厘米

图一四　二期骨器、蚌器

1. 骨铲 T0306⑤:24　2. 骨锥 G1:10　3. 穿孔蚌壳 T0406⑤:223

骨锥　1件。G1∶10，牙黄色。利用动物长骨切割磨制而成。长 7、宽 1.3 厘米（图一四，2）。

4. 蚌器

有穿孔蚝壳等。

穿孔蚝壳　2件。T0406⑤∶223，白色，镰刀形，利用蚝壳加磨穿孔而成。内侧为自然薄刃。长 10.8、厚 0.4 厘米（图一四，3）。另一件是完整蚝壳人为穿一个圆孔。遗址出土不少"穿孔"蚝壳，但孔周毛糙，非有意为之，故不列入蚌器类。

四　第三期文化遗存

三期以 2、3、4 层为代表。2、3、4 层之间在大的方面是一致的，如器物形态无明显差异，但有些因素仍有区别，比如波折纹（曲折纹）4 层不见，而 3 层出现；2 层所出现的亚腰形（微出双肩）石斧、石锛，3、4 层就未出现。故第三期按地层可分为前、中、后三段，即 4 层为前段，3 层为中段，2 层为后段。

（一）遗迹

红烧土活动面 1 处，分布于 T0304、T0404、T0305 和 T0405，已残破不相连续，只在 T0304 探方有较好的保存；残存面积共约 50 平方米，厚约 20 厘米。

（二）遗物

1. 陶器

三期陶器以夹砂褐陶为主，有少量的泥质灰陶和磨光黑陶。器形有宽薄沿釜、侈口鼓腹圜底小罐、圈足盘和器座等，流行折沿器，少见卷沿器。不见彩陶。火候较高。仍为贴筑法制作，磨光泥质灰陶圈足盘陶片碴口断面呈"千层糕"状。出现在夹砂陶罐颈部涂抹白色泥浆层，再在其上贝划或篦划纹样的作风（图一五，5）。泥质灰陶或黑陶，质地坚硬，表面光亮，制作得较为精美。流行细绳纹、刻划纹和贝划纹（图一五）。带耳罐与深圳咸头岭所出同类器风格近似。

带耳罐　1件。T0306④∶17，灰黑胎，夹砂，红陶衣。残剩耳部。竖耳，耳上缘与罐口齐平。残高 3.6 厘米（图一六，3）。

釜　23件。尖唇，折沿，沿宽而薄。T0306④∶88，夹砂黑褐陶。侈口，垂腹，底残。颈部以下竖饰绳纹。颈际在绳纹上再刻划 5 道凹弦纹。口径 20.4、残高 18.8 厘米（图一六，11；图版七，4）。T0406④∶75，夹砂黑褐陶，侈口，垂腹，腹部残。颈际刻数道凹弦纹，其下竖饰绳纹。口径 11、残高 5.5 厘米（图一六，8）。另有几件夹砂褐陶釜口沿。T0306④∶27，颈以下饰绳纹。残高 3.5、口径 11.6 厘米（图一六，4）。T0407③∶54，颈以下饰绳纹、刻划纹。残高 3.5、口径 13.6 厘米（图一六，5）。T0306

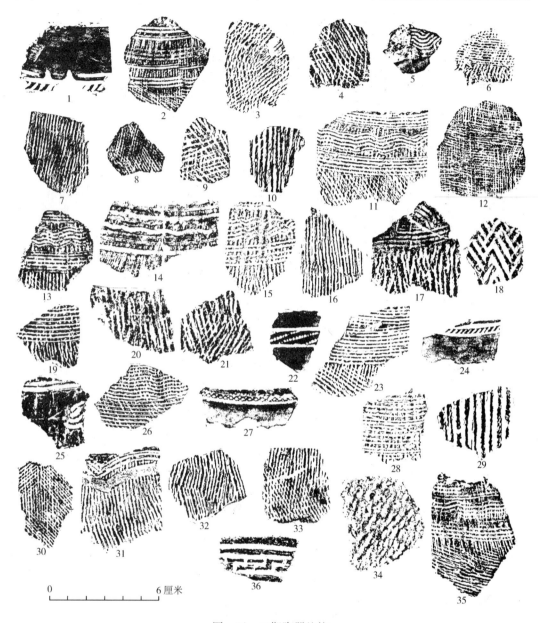

图一五　三期陶器纹饰

1. 刻划纹、绳纹组合　2、6. 刻划（弦纹）、交错绳组合　3、8、12. 交错细绳纹　4、9. 交错绳纹　5. 篦划水波纹　7、10. 细绳纹　11. 篦划弦纹、水波纹、交错细绳纹组合　13. 篦划弦纹、水波纹、细绳纹组合　14. 刻工时弦纹、水波纹、细绳纹组合　15. 篦划弦纹、水波纹、细绳纹组合　16. 细绳纹　17. 篦划弦、凹弦纹、间断凸弦纹与交错绳纹　20、29. 粗绳纹　23. 篦划弦纹、交错绳纹组合　25. 刻划纹、水波纹、弦纹间断　26. 弦纹网格纹　30. 交错细绳　31. 篦划弦纹、绳纹组合　32. 交错绳纹　33. 交错细绳纹　34. 粗绳纹　35. 篦划弦纹、水波纹与交错细绳纹组合　36. 刻划纹

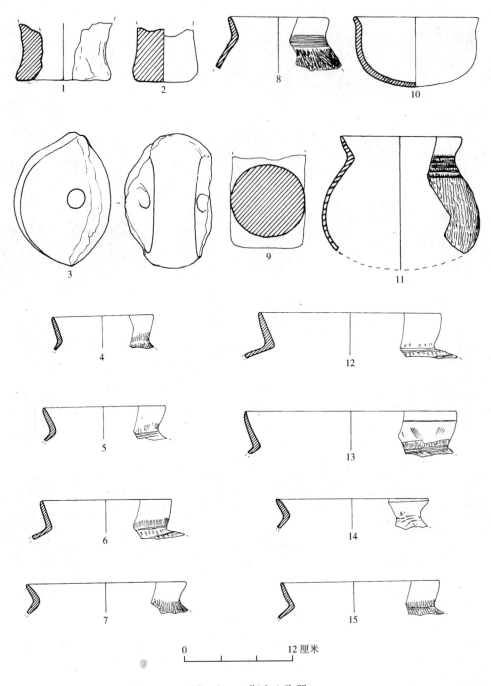

图一六　三期出土陶器

1. 器座（T0304③:49）　　2、9. 支座（T0306③:100、T0406②:11）　　3. 器耳（T0306④:17）　　4～8.
釜（T0306④:27、T0407③:54、T0306④:13、T0304③:42、T0406④:75）　　10. 钵（T0404③:34）
11～15. 釜（T0306④:88、T0306④:12、H5:9、T0306③:93、T0404④:18）

④:13，颈以下饰绳纹、贝划纹。残高3.8、口径14.6厘米（图一六，6）。T0304③:42，颈以下饰绳纹。残高3.2、口径18.8厘米（图一六，7）。T0306④:12，颈及以下饰贝划纹。残高4.5、口径20厘米（图一六，12）。H5:9，颈及以下饰贝划纹、绳纹。残高4.2、口径23厘米（图一六，13）。T0306③:93，颈以下饰贝划纹。残高3.3、口径16.8厘米（图一六，14）。T0404④:18，颈以下饰绳纹、刻划纹。残高3.3、口径18.6厘米（图一六，15）。

钵　3件。T0404③:34，夹细沙黑陶，表面磨光，黑亮。侈口，直壁微鼓，圜底。口径13.6、高7.5厘米（图一六，10；图版七，5）。另两件为夹砂褐陶，器名存疑，暂归此。T0304④:70，直口，折腹，圜平底。外侧近底处饰绳纹。残高4.1、残宽6.2厘米（图一七，2）。T0407②A:11，卷沿，束颈，垂腹。颈部一周以贝壳边缘压印出贝印纹，箅点纹，腹饰绳纹。残高4.4、残宽4.6厘米（图一七，4）。

圈足盘　1件。T0404④:20，泥质灰褐陶，胎黑。表面经磨光。口沿外侧及足底交接处施贝划纹和贝印纹。残高4.6、残宽8.5厘米（图一七，3）。

陶饼　1件。T0407②B:9，夹砂褐陶。以陶片为坯料打磨周边而成。直径4.1厘米（图一七，1）。

支座　2件，夹砂红陶，圆柱形。T0406②:11，直径7.8、残高10厘米（图一六，9）。T0306③:100，直径7.2、残高5.6厘米（图一六，2）。

器座　1件。T0304③:49，夹砂红褐陶，中空，上部残，底缘作喇叭口状外撇。直径9.6、残高6厘米（图一六，1）。

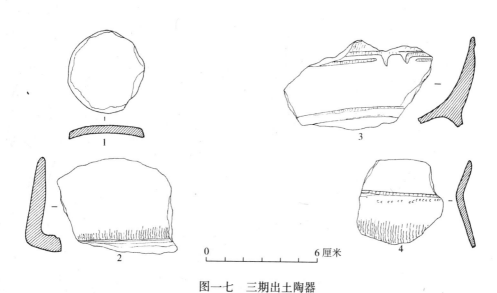

0　　　　　　　　6厘米

图一七　三期出土陶器

1. 陶饼（T0407②B:9）　　2、4. 钵（T0304④:70、T0407②A:11）　　3. 圈足盘（T0404④:20）

2. 石器

种类与二期相比基本不变，以打制尖状器最多，最晚阶段出现亚腰形（微出双肩）石锛和石斧。

尖状器　42 件。根据形状分四型。

A 型　11 件，短身。H5：5，长 10.4、宽 8.6、厚 8 厘米（图一八，1）。T0304②：1，长 9.1、宽 7.2、厚 4.7 厘米（图一八，4）。T0405②：11，长 8.8、宽 7.4、厚 3 厘米（图一八，3）。T0407②A：1，长 9.8、宽 7.4、厚 5.6 厘米（图一八，2）。

B 型　23 件，长身。T0305④：3，长 11.2、宽 6.7、厚 5.2 厘米（图一八，6）。

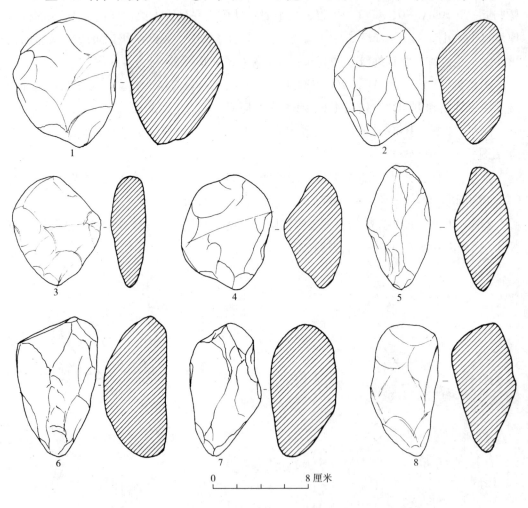

0 ────── 8 厘米

图一八　三期出土尖状器

1~4. A 型（H5：5、T0407②A：1、T0405②：11、T0304②：1）　5~8. B 型（T0404③：29、T0305④：3、T0405③：4、H5：4）

H5：4，长10.4、宽5.4、厚5厘米（图一八，8）。T0405③：4，长10.7、宽6、厚5.4厘米（图一八，7）。T0404③：29，长10、宽5.3、厚4.6厘米（图一八，5）。

C型　4件。带把手。H5：7，长9.3、宽6.4、厚6厘米（图一九，2）。T0407②A：35，长12.4、宽7、厚5.4厘米（图一九，3）。T0405②：8，长11、宽10.2、厚3.4厘米（图一九，1）。

D型　4件，两端尖刃。H5：1，长14.2、宽6.8、厚5.2厘米（图一九，5）。T0305

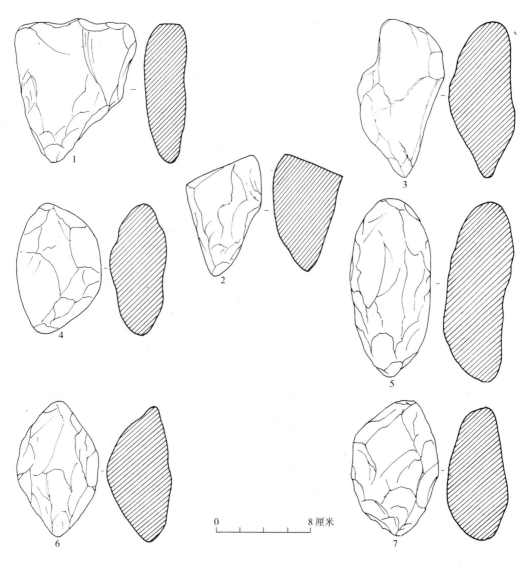

图一九　三期出土尖状器

1～3. C型（T0405②：8、H5：7、T0407②A：35）　　4～7. D型（T0305④：2、H5：1、T0405③：3、T0306③：1）

④：2，长 10.3、宽 7.2、厚 4.7 厘米（图一九，4）。T0405③：30，长 10.9、宽 7、厚 5.4 厘米（图三十，3）。T0306③：1，长 10.8、宽 7.3、厚 5.2 厘米（图一九，7）。

　　砺石　1 件。T0305④：1，黄白色粗砂岩。上下两面及侧面都有磨槽。槽宽 0.4～1.5 厘米。长 6、宽 5.7、厚 3.2 厘米（图二〇，1）。

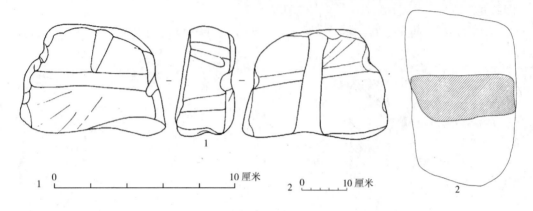

图二〇　三期出土石器

1. 砺石（T0305④：1）　　2. 石磨盘（T0304③：98）

　　石磨盘　1 件。T0304③：98，灰黄色粗砂岩。磨面使用痕迹明显，较平。长 36、中宽 23.2、中厚 9.2 厘米（图二〇，2，图版六，2）。

　　磨石　1 件。T0407②B：32，残，褐色砂岩，通体受磨。残长 4、残宽 4.2、厚 2.7厘米（图二一，2，图版六，2）。

　　石拍　4 件。T0407②A：12，残断，深褐色砂岩，一面为平面，布 13 道宽约 2 毫米平行凹槽，另一面为曲面，光滑无槽。残长 6.6、宽 3.5、厚 1.2 厘米（图二一，4）。T0407②A：14，褐色砂岩，残破严重。残长 5.7、残宽 5.2、厚 2 厘米（图二一，5）。T0404④：22，残断，褐色砂岩。残长 5.8、宽 3.2、厚 1.1 厘米（图二一，7）。T0407④：32，残断，褐色砂岩。残长 7.5、宽 5.2、厚 0.8 厘米（图二一，1）。

　　石饼　5 件。圆形。T0306③：6，残，两面平。直径 3.9、厚 2.4 厘米（图二一，3）。T0306③：42，两面都为曲面，光滑。直径 7.4、厚 3.6 厘米（图二一，6）。

　　石饼毛坯　3 件。经打制，都未经加磨。T0304②：2，圆形，一面平，另一面呈台级状。直径 8.7、厚 3.1 厘米（图二一，8）。T0304③：3，两面不平。直径 7.3、厚 1.6厘米（图二一，14）。

　　石斧　11 件。双面刃，正锋。磨制，但器表凹处仍留打击崩疤。根据器身形态分 3型。

　　A 型　短身。6 件。T0407②B：20，平顶，斜边，弧刃。长 7.5、顶宽 3.5、刃宽

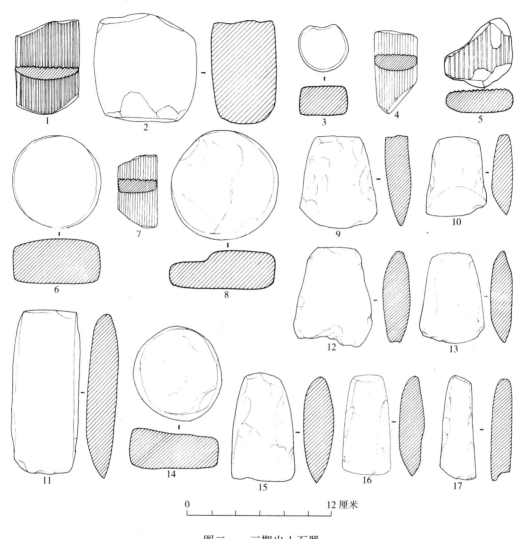

图二一　三期出土石器

1、4、5、7. 石拍（T0407④:32、T0407②A:12、T0407②A:14、T0404④:22）　2. 磨石（T0407②B:32）
3、6. 石饼（T0306③:6、T0306③:42）　8. 石饼毛坯（T0304②:2、T0304③:3）　9. A 型石斧（T0407②B:
20）　10. C 型石锛（T0407②B:22）　11、16、17. B 型石锛（T0305④:8、T0404②:25、T0407②:13）
12. C 型石斧（T0407②B:23）　13. A 型石锛（T0407②:21）　15. B 型石斧（T0405③:17）

6.5、厚2厘米（图二一，9）。

B 型　长身。4 件。T0405③:17，弧顶，斜弧边，平刃。刃口崩损。长8.5、顶宽2.8、刃宽5.1、厚2.5厘米（图二一，15）。

C 型　亚腰。1 件。T0407②B:23，平顶。刃部崩残较甚。残长7.8、顶宽3.5、厚3.4厘米（图二一，12）。

石锛　9件。单面刃，偏锋。磨制，但器表凹处仍留打击崩疤。根据器身形态分3型。

A型　短身。4件。T0407②B：21，平顶微损，斜边，弧刃。刃部微崩损。长7.3、顶宽3.5、刃宽5.4、厚1.8厘米（图二一，13）。

B型　长身。4件。T0305④：8，灰色板岩。平顶，直边，平刃。刃缘崩损。长6.5、宽2.3、厚1.2厘米（图二一，11）。T0407②：13，斜顶，斜边，刃部残。长8.1、刃宽3、厚1.7厘米（图二一，17）。T0404②：25，弧顶，斜弧边，平刃。长8、顶宽2.5、刃宽4、厚2.1厘米（图二一，16）。

C型　亚腰。1件。T0407②B：22，弧顶，弧刃。长6.3、顶宽3.5、刃宽5、厚1.7厘米（图二一，10）。

3. 骨器

骨铲　2件。T0406④：9，牙白色，利用动物长骨切片磨制而成。长方形，单面刃，锋利。只加工一面。残长9、宽4.5、厚0.9厘米（图二二，4）。T0405③：18，牙黄色，半残缺，利用动物肩胛骨磨制而成。一边及刃部经磨制。长9、厚1.2厘米（图二二，1）。

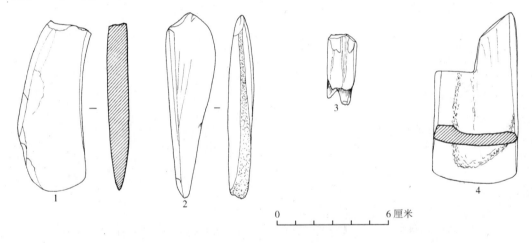

图二二　三期出土骨器、骨料与动物牙齿

1、4. 骨铲（T0405③：18、T0406④：9）　2. 骨料（T0305④：5）　3. 水牛牙（T0404④：26）

骨料　1块。T0305④：5，锥形，牙黄色动物肩胛骨。一边留双面对切痕。长9.5厘米（图二二，2）。

4. 动物骨头

水牛牙　8枚。T0404④：26，长7.5、宽3.1厘米（图二二，3）。

五　结　语

（一）各期文化特征

蚝岗遗址粗分为三期，其中第三期又分为前、中、后三段，各期的特征是：

第一期：最大的特点是器表刻划、压印浅浮雕图案的白陶圈足盘，这是本期所特有。其次是浅褐色素面夹砂陶，陶罐方唇卷沿，沿面较宽，沿较薄，明显区别于以后各期夹砂陶。器类简单，只有圈足盘和罐。

第二期：本期的特点一是彩陶，二是夹砂陶。彩陶是本期所特有，一目了然，很清楚，而本期夹砂陶釜（罐），都卷沿，沿面窄，沿较厚，其截面呈三角形。彩陶流行镂孔，夹砂陶流行绳纹，口沿压印锯齿状纹。夹砂陶陶色以褐色为主。陶支座为直筒形，上下与中间大小相若。

第三期：本期最大的特点也有两个方面，一是高火候泥质磨光圈足盘、钵的出现，二是夹砂陶釜（罐）流行宽折沿，少见或不见卷沿器。不见彩陶。圆柱状的陶支座已为中空的喇叭形器座所替代。陶器流行细绳纹、刻划纹和贝划纹。其中段出现波折纹（曲折纹），晚段出现亚腰形（微出双肩）石器。

一、二、三期都不见网坠，当时的经济生活仰赖于捞取海洋贝类和陆上采猎。其中二期贝壳个体比三期要明显大许多，说明二期时期人口压力小，生活资源比三期时要充裕，可以有选择的采拾个体较大的贝类。遗址也不见陶纺轮，当时可能流行无纺布（树皮布）。

（二）相对年代和绝对年代

蚝岗遗址最早的年代当与珠江三角洲流行白陶的年代差不多，即其最早年代与深圳大黄沙、咸头岭白陶遗存年代相若或略晚。从层位上判断，其最早年代应早于彩陶流行的年代，即它应早于东莞万福庵，因为万福庵只有彩陶（相当于本遗址二期），不见白陶。从彩陶图案看，蚝岗彩陶与香港春坎湾彩陶最相似，因此，蚝岗二期年代应与春坎湾相当。蚝岗与高要蚬壳洲的文化内涵也具有较多类同点，如蚝岗一期 H8：1 罐，与蚬壳洲 T1③：10 釜形态甚为近似，所不同的是前者素面，后者饰细绳纹[4]；彩陶的宽带重彩作风也相似。蚝岗二期夹砂陶釜（罐）口沿窄而厚，剖面近似三角形，与蚬壳洲 I 式釜、II 式釜相似[5]。其它方面则区别较为明显，如蚝岗流行梯形石斧、石锛，而蚬壳洲流行双肩石器。初步判断，假如将蚬壳洲分为早晚两期的话，则蚝岗二期约当蚬壳洲早期。蚝岗第三期的文化面貌比较新颖，目前尚未发现与其整体上相似的遗存。由于蚝岗不见圆洲遗址的直口鼓腹圈足罐[6]（这种罐在珠江三角洲这个时期相当流行）和其它因素，因此，蚝岗三期早于圆洲一组是毫无疑问的。蚝岗三期有一种釜，尖唇略外卷，颈部有上下方向平行刮纹，其口沿造型与作风都像珠海宝镜湾 CaⅠ式釜[⑦]，另外，蚝岗三期陶罐颈肩之际抹一层泥浆层再在其上施刻划纹的作风与宝镜湾早期晚段也相同，故蚝岗三期大体上与宝镜湾早期晚段相当。从石器看，磨制石器都是梯形石器，只在第②层出有亚腰形（微出双肩）石器，由此看来，三期的年代早于东莞地区双肩石器流行的年代。

初步估计：一期年代在距今 5500～6000 年，二期为距今 5000～5500 年，三期为4500～5000 年。

蚝岗遗址只做了第 3、4、5 三个层位贝壳样本的炭十四测试，早于第 5 层的单位因没有合适的样本未做测试，都未经树轮校正，所得测年数据比根据考古类型学所作的年代推测要偏小（见附录二），原因未明。

（三）重要意义

虽然蚝岗遗址已经揭露的面积较小，但从发掘情况看，其文化内涵较丰富，在珠江三角洲史前考古中有其独特的重要性。

1. 在环珠江口地区，彩陶遗存文化堆积往往比较单一，蚝岗"白陶—彩陶—磨光陶"相互叠压的三叠层层位关系，也是第一次发现。该遗址文化堆积层次丰富而清晰，各期之间的区别十分明显，这为本遗址的分期研究和珠江三角洲史前文化发展序列的研究提供了重要的层位依据和比较基础。

2. 就东莞地区的考古发现而言，以前只是笼统的知道，圆洲一组的前面为彩陶遗存，但彩陶与圆洲一组之间，缺环尚多，蚝岗遗址的发掘，一方面，在彩陶的前面找到了白陶，延伸了以前的认识，另方面，也填补了彩陶遗存与东莞圆洲一组之间的缺环（蚝岗三期）。当然，蚝岗三期与圆洲一组之间，还存在缺环，有赖今后的工作，将其逐一补上，以建立起东莞地区或珠江三角洲地区史前文化的发展序列。

3. 蚝岗遗址出土了较为完整的人骨架，为我们研究珠江三角洲先民的种族特征和来源提供了体质人类学的资料。以前在高要蚬壳洲和南海鱿鱼岗发现了多具人骨架，但蚬壳洲早期约当蚝岗二期，鱿鱼岗年代则比蚬壳洲还要晚，所以蚝岗遗址人骨架虽然不是珠江三角洲史前人骨架的第一次发现，但却是目前珠江三角洲考古发现的年代最早的人骨架，堪称珠江三角洲之祖，因此，具有重要的意义。

4. 本遗址出土石拍多件，原来广东考古界认为这些石拍是用于制作陶器的，曾被称为"陶拍"[⑧]，冯永驱、文本亨对深圳史前沙丘遗址陶器纹饰制作所做模拟实验认为，石拍能拍出部分绳纹，但有的石拍拍出来的纹饰却不像陶器上的纹样[⑨]，故石拍作为制纹工具有存疑的地方。根据邓聪教授的研究，石拍是广泛流行于环太平洋地区用于加工制作树皮布的拍打工具[⑩]。树皮布属于无纺布。珠江三角洲考古有个值得注意的现象，凡是出石拍的遗址，就不见陶纺轮，加上上述石拍上的平行条纹与陶器纹样缺乏对应关系，因此，邓聪的观点堪值重视。然而，邓说也不无问题，本遗址和珠江三角洲其他地方出土的石拍，其个体都较小，如何当做制作树皮布的工具？值得进一步探索。

5. 东莞市南城区领导具有远见卓识，不仅为发掘提供了经费支持，而且在蚝岗建起了遗址博物馆，一方面使古代文化遗产得到展示，发挥其社会效益，另方面则使蚝岗贝丘遗址的古代文化遗存得以永久保存。东莞市南城区蚝岗遗址的保护模式为我省遗址保护工作提供了成功的借鉴。

遗址发掘工作由邱立诚领队，参加工作的有冯孟钦、龙家有、毛远广、赵宏才、李河清和邹池根。邹池根参加了资料的初步整理并负责器物修复。发掘工作得到了南城区委、办事处的大力支持和亲切关怀，谨此表示衷心的感谢！

拓片：邹池根

绘图：陈红冰

执笔：冯孟钦

注　释：

①　李子文：《广东东莞市蚝岗贝丘遗址调查》，《考古》1998 年 11 期。

②　赵辉等：《珠江三角洲史前遗址调查》，北京大学考古系编《考古学研究（四）》，科学出版社，2000 年。

③　张文光等：《东莞市蚝岗新石器时代遗址 1 号墓人骨鉴定报告》，《岭南考古研究》（3）。

④　广东省博物馆等：《广东高要县蚬壳洲发现新石器时代贝丘遗址》图二，5，《考古》1990 年 6 期。

⑤　广东省博物馆等：《高要县龙一乡蚬壳洲贝丘遗址》，《文物》1991 年 11 期。

⑥　广东省文物考古研究所等：《广东东莞市圆洲贝丘遗址的发掘》，《考古》2000 年 6 期。

⑦　广东省文物考古研究所等：《珠海宝镜湾—海岛型史前文化遗址发掘报告》，科学出版社，2004 年。

⑧　梁振兴等：《三灶草堂湾遗址发掘》，《珠还海考古发现与研究》，广东人民出版社，1991 年。

⑨　冯永驱等：《深圳史前沙丘遗址陶器纹饰制作模拟实验》，《南中国及邻近地区古文化研究》，香港中文大学出版社，1994 年。

⑩　邓聪等：《大湾文化试论》，《南中国及邻近地区古文化研究》，香港中文大学出版社，1994 年。

附录：一、孢粉分析报告

蚝岗遗址发掘期间，曾邀请中山大学岭南考古研究中心、中山大学地球科学系教授郑卓博士亲临现场，对 T0306③、④、⑤三层分别取样进行孢粉分析，结论是：对 T0306 三个文化层的孢粉分析检出少量孢粉，其中以孢子为主。根据分析结果可初步得

出以下结论

（1）文化层堆积时期附近植被的人为破坏强烈，丘陵地林木大多被砍伐（是否因为处在海洋环境，本来就没有或少林木？——本报告编写者）。

（2）文化层中未发现水稻等人类耕作和栽培等方面的农业活动有关的植物花粉，因此当时此地居住的人类以渔猎生活为主。

（3）孢子花粉的种类组成与现代珠江三角洲的植被组成无大的区别，当时的气候环境与现代相当。

附表一　　　　　　　　　　　　孢粉分析鉴定结果

		T0306③	T0306④	T0306⑤
	孢粉植物名称	（粒）	（粒）	（粒）
花粉	杜英 Elaeocarpus	1		
	桑科 Moraceae		2	1
	野桐 Mallotus		1	
	无患子 Sapindus		1	
	栲 Castanopsis	1	2	1
	松 Pinus	2	5	
	牡荆 Vitex		1	
	菊科 Compositae		3	
	禾本科 Poaceae		1	
孢子	白金毛 Cibotium		2	
	里白 Hicriopteris	3	7	1
	芒萁 Dicranopteris	4	16	2
	铁线蕨 Microlepia		6	
	凤尾蕨 Pteris	7	25	4
	海金沙 Lygodium	1	11	3
	膜蕨 Hymenophyllum			1
	其他三缝孢子	1	9	3
	单缝孢子	2	23	12
	环纹藻 Concentricystes	2	15	4
	花粉总数	4	16	2
	孢子总数	20	114	30
	孢子－花粉总数	24	130	32

附表二 蚝岗遗址放射性碳绝对年龄测定报告（半衰期5730±40）

样品名称	取样层位	测定单位	实验室编号（KWG－）	测定日期	^{14}C 年龄（距今，年）
蚝壳	T0406⑤	广州地理所	1879	2003.5.17	3880±100
蚝壳	T0304③	//	1882	2003.5.20	2880±90
蚝壳	T0406④	//	1883	2003.5.21	3670±100
蚝壳碎屑（黑土薄层、炭泥）	T0304③下	//	1884	2003.5.22	3480±95
蚝壳	T0306⑤	中大岭南考古中心	1907	2003.10.9	3630±90
含贝壳黑土	T0306④	//	1908	2003.10.9	3210±90

广东龙川荷树排遗址发掘简报

广东省文物考古研究所、龙川县文化局、龙川县博物馆

英文提要　With an excavating area of 4300 square meters, Heshupai Site of Longchuan County yielded 17 tombs with earth pits, 13 trash pits and other ruins as well as potteries, stone implements and a few jades. The first phase of this site belongs to the late stage of late Neolithic culture of Guandong and the second phase came into the Spring and Autumn Period and the Warring States Period.

荷树排遗址位于广东省河源市龙川县登云镇高岭村荷树排山和木眉山，西距县城22公里（图一）。遗址地处粤东平行岭谷区，以丘陵、山地和河流冲积平原、谷地为主要地貌特征，是东江、韩江分水岭。东为韩江水系的五华河支流鹤市河的河流谷地。荷树排山与木眉山海拔高度均在300米左右，相对高度分别为80和40米，山峰相距350米。遗址主要分布于荷树排山山顶至东北山脊一带，零星分布于木眉山山顶地区（图二）。

2003年8月，广东省文物考古研究所在梅河高速公路考古调查工作中发现该遗址，即对遗址分布范围、堆积状况进行了勘探确认。2003年9至12月，广东省文物考古研究所在龙川县文化局、博物馆等单位的配合下，对遗址进行了抢救发掘，现报告如下。

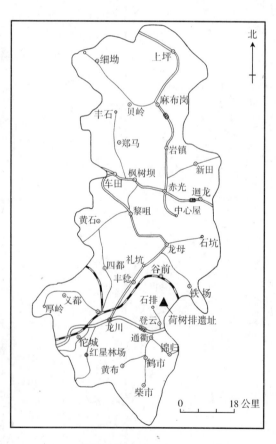

图一　龙川荷树排遗址位置示意图

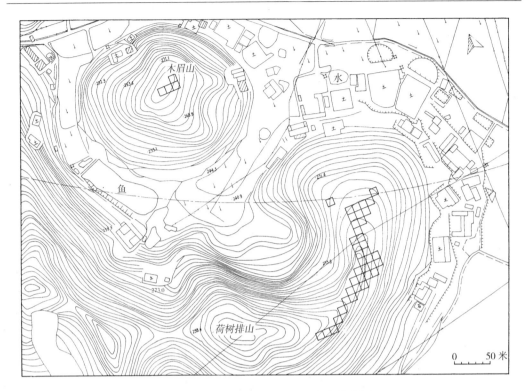

图二　龙川荷树排遗址地形及探方分布图

一　分区、布方和发掘概况

荷树排山为主要发掘区，该区以荷树排山东北山脊的国土测绘桩为布方基点，在第一象限布方 28 个，第二象限布方 1 个，第三象限布方 9 个，第四象限布方 1 个。木眉山发掘区布方 4 个，均位于其第一象限。探方皆 10×10 平方米，正南北方向。少量探方因地形限制，发掘面积有所缩减，另有部分探方则有扩方，总计发掘探方 43 个，发掘面积约 4300 平方米。

荷树排发掘区清理了土坑墓、灰坑、红烧土块夹杂陶片构成的遗迹现象和柱洞等，木眉山发掘区未见墓葬和遗迹（图三）。

发掘期间，工地坚持综合性和开放性的发掘方针，除筛选收集理化测试和[14]C 测试样本、进行高程 800 米的遗址全貌航空摄影外，还多次邀请各相关学科专家到现场，会诊疑难问题，展开现场攻关。本次发掘特别注意遗址所处环境地貌及地质特征，以求探索粤东山岗遗址的分布规律及其发掘方法。为强化计算机在考古工作中的应用力度，工地搭建了局域网，应用"田野考古 2001"软件管理发掘资料，形成与文字、摄影、绘图资料同样完整的一份电子资料。

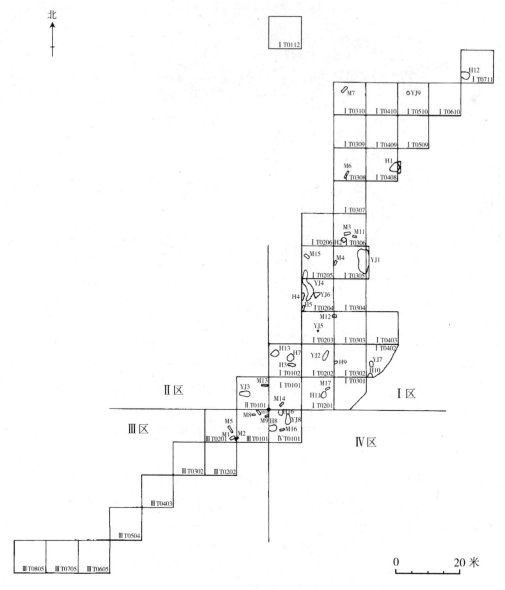

图三　2003 年度荷树排遗址探方总平面图

　　木眉山发掘区仅在表土层采集几何印纹陶片和石器等遗物，其特征与荷树排发掘区相同，故略，以下部分皆荷树排发掘区的收获。

二　堆积层位和分期

　　发掘区地层堆积具有典型的坡积特征，无论是整个发掘区还是每个探方，上坡方向的地层堆积一般比较浅、薄，下坡方向地层堆积则比较深、厚。地层堆积一致性强，各方地层进行了统一。典型探方地层堆积可分为第1、第2a和第2b等三层，其中第1层分布于全部发掘区；第2a层主要分布于Ⅰ区中部和南部，第2b层分布范围较2a层宽广；在向坡顶方向延伸的第Ⅲ区部分探方中文化层缺失。文化层堆积最厚约为70厘米。以2003LHⅠT0205（以下年度地点代码省，皆用简称）南壁为例说明如下（图四）：

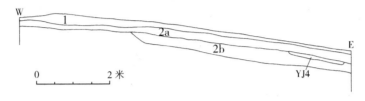

图四　ⅠT0205 南壁剖面图

第1层：厚5～30厘米，土色灰黑，土质松散，含沙粒、石子，富含植物根系。有现代陶瓷残片和少量泥质几何印纹陶片等遗物，为表土层。

第2a层：层表深5～30、厚10～26厘米，土色黄褐，土质稍密，含大量沙粒及零星炭粒、石子，出土夔纹、方格纹、弦纹、云雷纹、篦点纹和菱格凸点纹泥质灰陶片等，陶片多较厚、硬，内壁见麻点状垫痕，可辨器类有罐、钵、杯、盂等。

第2b层：层表深27～35、厚0～38厘米，土色黄灰，土质细密，含少量粗沙砾和炭灰，出土曲折纹、附加堆纹、条（篦线）纹、镂孔、方格纹、编织纹、云雷纹等泥质灰褐陶片、泥质灰陶片和夹砂灰黑陶片，陶片碎小，可辨器类有罐、豆、纺轮等，亦见石锛、石镞、石环、玉管饰等。

第2a层下发现遗迹现象1处，打破第2b层，编号为YJ4。

此外，尚发掘土坑墓17座，灰坑13个，遗迹现象8处和柱洞一批。墓葬中有2座开口于第2a层下打破2b层，6座开口于第1层下打破2b层，其余均开口于第1层下直接打破生土层。墓葬间未见打破关系。灰坑中有2个开口于第2b层下打破生土层，9个开口于第2a层下打破第2b层或生土层，2个开口于第1层下打破第2a或第2b层。遗迹现象均被第2a层叠压，除1处直接打破生土层外，其余皆打破第2b层。柱洞各层下开口均有。

除打破第2a层的H1和部分柱洞外，墓葬的随葬品及遗迹的包含物特征与第2b层相同。

根据层位关系和包含物特征，荷树排发掘区分早晚两期：第一期包括第2b层、M1～M17、H2～H13、YJ1～9和开口于第2b层下及开口于第2a层下打破第2b层或生土层、开口于第1层下直接打破第2b层或生土层且包含物特征与第2b层相同的柱洞等单

位；第二期包括第 2a 层、H1 和打破第 2a 层、第 2b 层或直接打破生土层且包含物特征
与第 2a 层相同的柱洞等单位。第一期遗存中被第 2b 层叠压的灰坑和柱洞，相对年代最
早；打破第 2b 层的墓葬和遗迹，相对年代最晚。该期墓葬和遗迹的层位关系虽不尽相
同，但其包含物特征相近，时代大体相同。M5～M7 随葬品无存，因墓葬形制与其他各
墓相仿，暂定为同期。

三　荷树排第一期遗存

（一）墓葬

　　均为小型长方形竖穴土坑墓。墓葬在探方基点附近分布比较集中，这里地处山脊中
段，地形相对平坦，与山顶高差 20 余米。墓向以西南——东北向为主，和山脊延伸方
向一致；其次为西向东，仅 3 座为西北——东南向。墓葬一般长 1.2～2、宽 0.5～0.8
米，长宽比值介于 1.8～5.6 之间，均值为 3.1；现存深度较浅。墓葬填土多为较纯净
的黄褐色沙土，未见葬具、尸骨。随葬品位置较集中，一般在 4 件以下，最多者 18 件，
器类有陶罐、豆、壶、钵和陶纺轮等，有的仅存陶器残片或全无。各墓分述如下。

　　M1　位于ⅢT0201 东南角，开口于第 1 层下，打破生土层。平面形状不规整，墓壁斜
直，墓底东高西低略成坡状，墓室长 170～173、宽 55～67、残深 14～20 厘米，方向 52°
（图五）。随葬品集中于墓底中部偏西北，皆陶器，有罐、壶、豆和陶纺轮等共 18 件。

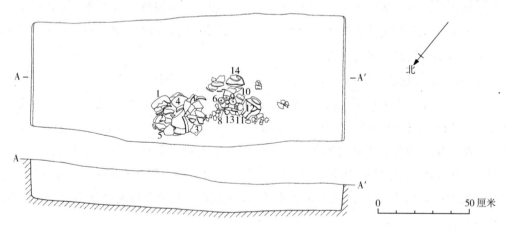

图五　M1 平、剖面图
1～5. 陶罐　6～11、15～18. 陶纺轮　12～14. 陶壶

　　罐　5 件，敞口或敞口略敛，内口多经修抹，折沿，沿面较宽，圜底。据肩腹特征
分两型。

　　A 型　溜肩，垂腹外坦，最大腹径在底腹，3 件。M1：1，泥质灰褐陶，尖圆唇，唇口内斜，颈略束，肩饰方格纹，腹、底饰曲折纹，间有抹断，口径 10.8、高 11.8 厘米（图六，1）。M1：5，泥质灰褐陶，颈以下通体饰曲折纹，口径 12.8、高 9.2 厘米（图六，2）。M1：3，器型与 M1：5 相似，严重烧制变形。

　　B 型　垂肩，直腹，口径与最大腹径相近，2 件。M1：2，泥质灰褐陶，尖圆唇，唇口外斜，略成盘口，束颈，颈以下通体饰曲折纹，口径 20、高 14.8 厘米（图六，3）。M1：4，泥质灰皮褐陶，方唇，唇口有 1 道凹槽，余与 M1：2 同，口径 13.6、高 9.2 厘米（图六，4）。

　　壶　1 件。M1：12，泥质灰陶，尖圆唇略外翻，敞口，高领，溜肩，鼓腹，喇叭形圈足，腹、底饰曲折纹，纹饰零乱，下腹有瓣索状附加堆纹，口沿内壁有刻划符号，口径 8.8、底径 7.8、通高 10.5 厘米（图六，5）。

　　豆　2 件，泥质灰陶，仅存部分镂孔豆柄。

　　纺轮　10 件，泥质灰陶或褐陶，圆饼形或圆台形，中心穿孔，2 件饰十字形篦点纹，大小相仿。M1：17，泥质褐陶，最大径 3.4、孔径 0.4、高 1.4 厘米（图六，6）。M1：8，泥质灰陶，最大径 3.7、孔径 0.3、高 1 厘米（图六，7）。

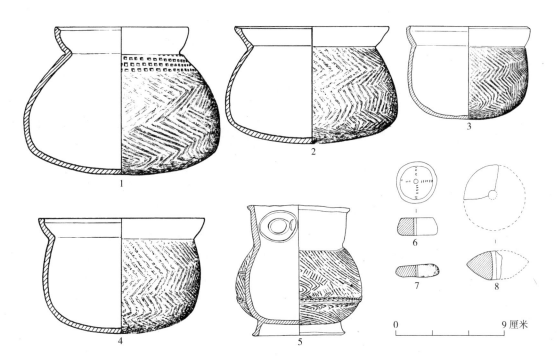

图六　荷树排遗址出土陶器

1～4. 罐（M1：1、M1：5、M1：2、M1：4）　5. 壶（M1：12）　6～8. 纺轮（M1：17、M1：8、M3：1）

　　M2　位于ⅢT0201 东南角，开口于第 1 层下，打破生土层。平面较规整，直壁，斜坡状墓底。墓室长 120、宽 60～67、残深 7 厘米，方向 55°（图七，1）。随葬品集中于墓底中部偏西北，皆曲折纹泥质灰陶残片，器形难辨。

　　M3　位于ⅠT0306 中部，开口于第 1 层下，打破生土层。平面形状不规整，直壁，斜坡状墓底。墓室长 183～190、宽 65～89、残深 25 厘米，方向 77°（图七，2）。随葬品见陶纺轮 1 件，M3：1，泥质灰陶，梭形，中心穿孔，直径 5.2、孔径 0.7、高 2.3 厘米（图六，8）。

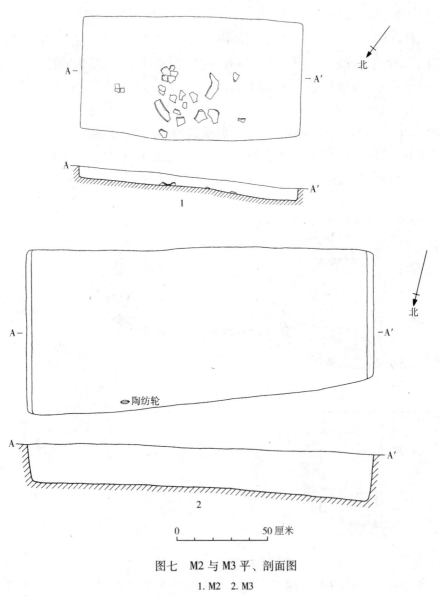

图七　M2 与 M3 平、剖面图

1. M2　2. M3

M4 位于 I T0305 西部中段，开口于第 1 层下，打破生土层。平面形状不规整，直壁，端壁倾斜，墓底平坦。墓室长 129～140、宽 47～70、残深 40 厘米，方向 25°（图八）。随葬品主要集中于墓底中部偏北，据出土位置及陶色、纹饰的差异，可知至少有 4 件陶器个体。陶片为泥质灰或灰褐陶，除素面外，多饰较零乱的粗线曲折纹，陶片碎小，器形未知。另见条形石块 1 件，M4:1，青灰色，长侧边经磨制，用途不明，长 7.3、宽 2.6、厚 1.2 厘米（图九，1）。

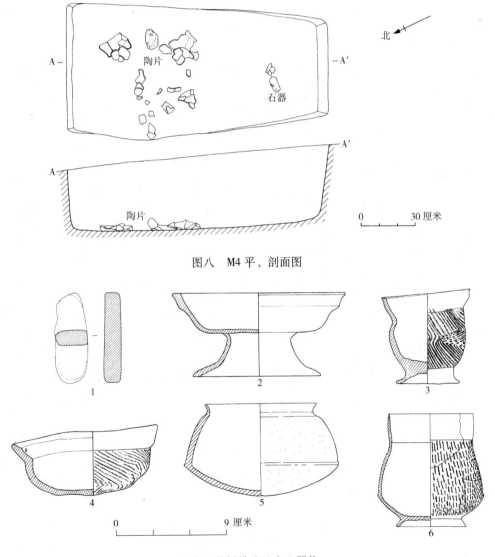

图八 M4 平、剖面图

图九 荷树排遗址出土器物

1. 石器（M4:1） 2. 陶豆 （M8:1） 3. 陶壶（M13:1） 4. 陶钵（M13:2） 5. 陶罐（M14:1） 6. 陶壶（M14:2）

M5 位于ⅢT0201东部中段，开口于第1层下，打破生土层。平面呈窄长方形，较规整，两端墓壁略倾斜，墓底平坦。墓室长241～245、宽37～50、残深40厘米，方向325°（图一〇，1）。未见随葬品。

M6 位于ⅠT0308南部中段，开口于第1层下，打破第2b层。平面呈窄长方形，斜壁，墓底不规整。墓室长242～260、宽40～55、残深48厘米，方向23°（图一〇，2）。未见随葬品。

M7 位于ⅠT0310西北部，开口于第1层下，打破第2b层。平面呈窄长方形，墓壁斜直，墓底平坦。墓室长242～252、宽54～60、残深40厘米，方向45°（图一〇，3）。未见随葬品。

M8 ⅢT0101北部中段，开口于第1层下，打破生土层，形状规整，墓室长98、宽50～58、残深20厘米，方向90°（图一一，1）。随葬品仅在墓底东中部见陶豆1件，M8:1，泥质灰褐陶，盘外腹内收，喇叭形圈足，足底外撇，素面，口径14.2、底径10.5、通高6.7厘米（图九，2）。

M9 ⅢT0101东北角，开口于第1层下，打破生土层，形状规整，墓室长133、宽42～44、残深11厘米，方向55°（图一一，2）。随葬品位于墓底西南中部，均为陶器碎片，可辨器类有泥质灰陶曲折纹罐1件，无法复原。

M10 ⅢT0101东北角，开口于第1层下，打破生土层。形状不甚规整，墓底平坦。墓室长180、宽46～58、残深20厘米，方向330°（图一一，3）。随葬品位于墓底中部，均为陶器碎片，可辨器类有泥质灰陶曲折纹罐1件，无法复原。

M11 ⅠT0306东南部，开口于第1层下，打破生土层。墓室形状规整，长124、宽48～50、残深25厘米，方向105°（图一二，1）。随葬品残存于墓底中部，仅见曲折纹泥质灰陶残片，器形难辨。

M12 ⅠT0303西北角，开口于第1层下，打破第2b层。墓室形状规整，长130、宽60、残深20厘米，方向90°（图一二，2）。在墓底中部北侧有少量曲折纹泥质灰陶残片，器形不知。

M13 ⅡT0101东北角，开口于第1层下，打破第2b层。墓室平面呈窄长方形，较规整，长216、宽37～47、残深30厘米，方向90°（图一二，3）。随葬品位于墓底南部中段，有陶壶、钵各1件。

壶 1件。M13:1，泥质灰褐陶，尖圆唇，敞口似盘，腹较直，喇叭形圈足，腹饰曲折纹，烧制变形，口径7.5、底径7.4、通高7.2厘米（图九，3）。

钵 1件。M13:2，泥质灰褐陶，方圆唇，敞口，浅弧腹较直，圜底略平，内沿面有凸棱1道，口沿对穿4孔，腹、底饰条纹，烧制变形，口径11.7、高5厘米（图九，4）。

M14 位于ⅠT0101南部中段，开口于第1层下，打破第2b层。墓室两端宽度略有

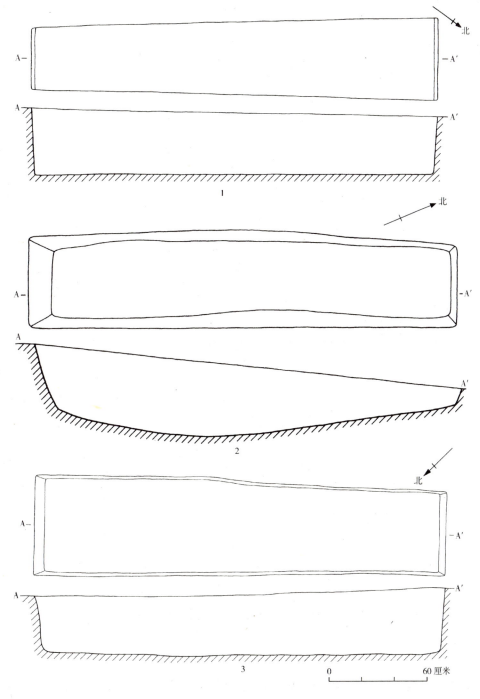

图一〇　M5～M7 平、剖面图

1. M5　2. M6　3. M7

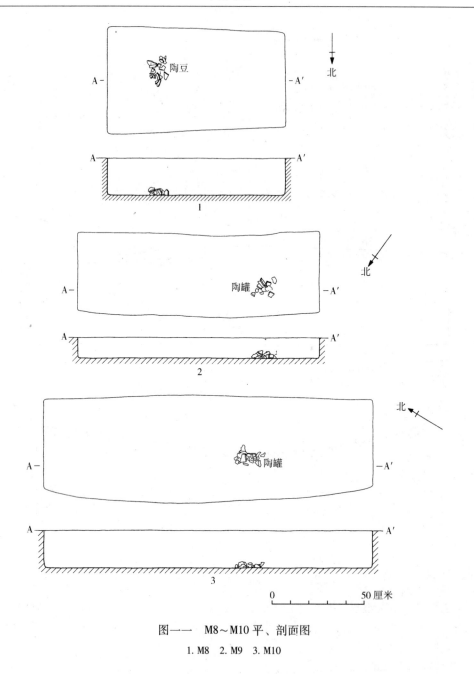

图一一　M8～M10 平、剖面图

1. M8　2. M9　3. M10

差异，直壁平底，长 170、宽 45～56、残深 20 厘米，方向 45°（图一三，1）。随葬品位于墓底南部，皆陶器，有罐、壶等共 3 件。

罐　1 件。M14：1，泥质灰陶，圆唇，敞口，束颈，溜肩，斜弧腹外放，圜底，腹底结合处饰凸棱 1 道，外底刻划"×"符号及少量短线，余素面，口径 10.8、高 7.3

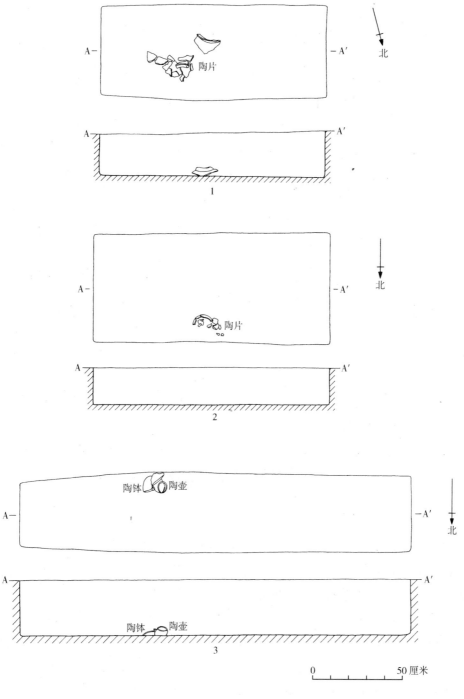

图一二 M11~M13 平、剖面图

1. M11 2. M12 3. M13

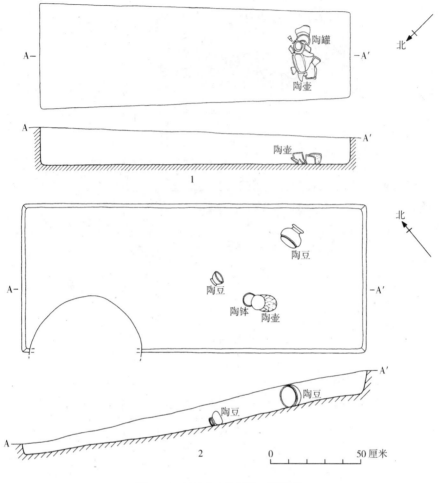

图一三　M14 与 M15 平、剖面图

1. M14　2. M15

厘米（图九，5）。

　　壶　2 件，1 件残存腹、底，无法复原。M14：2，泥质灰褐陶，尖唇，直口，高领，垂腹，下腹外放，喇叭形圈足，腹饰条纹，下腹有凸棱 1 道，口部烧制变形，底径 6、通高 9 厘米（图九，6）。

　　M15　位于 I T0205 西北角，开口于第 2a 层下，打破第 2b 层，墓室西端被柱洞 I T0205D1 打破。墓室平面形状规整，墓壁斜直，底呈东高西低的斜坡，长 186～190、宽 76～80、残深 13 厘米，方向 120°（图一三，2）。随葬品集中于墓底中部以东，有陶豆、钵、壶等 4 件。

　　豆　2 件。M15：1，泥质灰陶，口微敛，斜弧腹略深，喇叭形矮柄，盘腹饰曲折纹，烧制变形，口径8.1、底径5、通高4.8厘米（图一四，1）。M15：4，泥质灰陶，圆唇，敛口，深直腹，矮柄，足底外撇，口沿饰凸弦纹1道，腹饰复线菱格纹，口径11.3、底径6.7、通高7.1厘米（图一四，2）。

钵 1件。M15：2，泥质灰褐陶，方唇，敛口，浅腹，平底，底部粗糙，素面，口径6.3、底径2、高2厘米（图一四，3）。

壶，1件。M15：3，泥质灰褐陶，尖唇，敞口，高领，颈部略束，直腹较深，矮圈足。颈、腹饰复线菱格纹，口径9、底径6、通高9.2厘米（图一四，4）。

M16 位于Ⅳ T0101中部，开口于第1层下，打破第2b层。墓室形状规整，长126、宽58～62、残深20厘米，方向80°（图一五，1）。随葬品位于墓底东部，有陶罐3件。

陶罐 3件。M16：1，泥质灰褐陶，方圆唇，喇叭形大敞口，垂腹，圜底，腹饰条纹，口径9.6、高7厘米（图一四，5）。另2件残存口沿，形制相仿。M16：2，泥质灰陶，圆唇，口微敛，折沿，丰肩，颈饰条纹，腹饰曲折纹和附加堆纹，口径14厘米（图一四，6）。

M17 位于Ⅰ T0201东北，开口于第2a层下，打破第2b层。墓室形状较规整，长166、宽66～76、残深22厘米，方向81°（图一五，2）。随葬品位于墓底中部偏西，有陶罐、豆各1件。

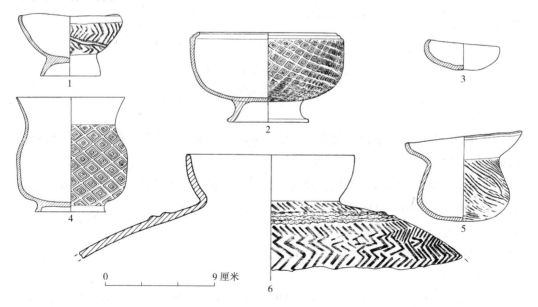

0   9厘米

图一四 荷树排遗址出土陶器

1、2. 豆（M15：1、M15：4） 3. 钵（M15：2） 4. 壶（M15：3） 5、6. 罐（M16：1、M16：2）

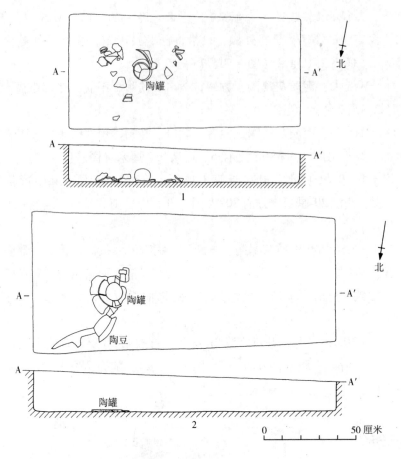

图一五 M16 与 M17 平、剖面图
1. M16   2. M17

　　罐　1 件。M17:1，泥制灰褐陶，圆唇，喇叭形大敞口，直腹，圜底，腹、底饰错乱条纹，口径 13.6、高 6.8 厘米（图一六，1）。

　　豆　1 件。M17:2，泥质灰陶，圆唇，敛口，弧腹，喇叭形柄，口沿饰弦纹，余素面，口径 24、底径 16、通高 10.3 厘米（图一六，2）。

　　（二）遗迹

　　有灰坑 12 个、遗迹现象 9 处和柱洞一批。

　　1. 灰坑

　　开口于第 2b 层下，打破生土层的有 H3、H5。开口于第 2a 层下，打破生土层的有 H2；打破第 2b 层的有 H4、H6~12。开口于第 1 层下，打破第 2b 层的为 H13。灰坑平面形状多呈不规则的椭圆形，一般较浅，包含物不丰富，根据底部形态可分成锅形底、平底和不规则形底 3 类。

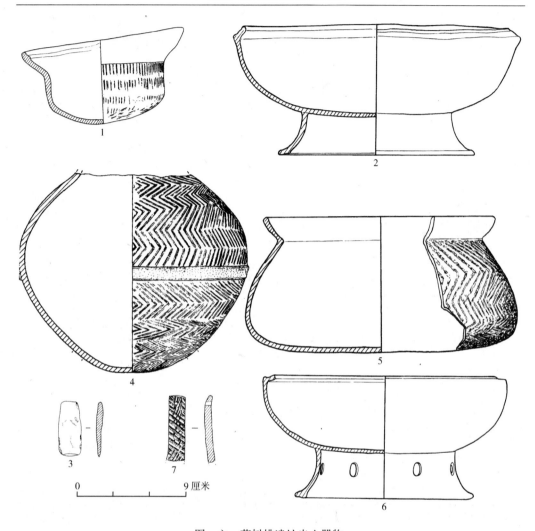

图一六　荷树排遗址出土器物

1、4、5. 陶罐（M17：1、M13：1、Ⅰ T0102②b：55）　2、6. 陶豆（M17：2、Ⅳ T0101②b：44）　3. 石锛
（H11：1）　7. 穿孔陶片（Ⅰ T0301②b：34）

　　锅形底灰坑　有 H4、H5、H10 和 H13 等 4 个。以 H13 为例。

　　H13　位于 Ⅰ T0102 西北，平面略呈椭圆形，长径 250、短径 220、深 12 厘米（图一七，1）。填土土色灰褐，土质疏松，含石块、炭点和泥质灰陶、灰褐陶片。陶片饰曲折纹、附加堆纹、菱格纹等。

　　陶罐　1 件，口残。H13：1，泥质灰褐陶，溜肩，鼓腹较深，圜底略平，腹、底饰曲折纹，中腹饰凸弦纹 1 道，残高 15.9 厘米（图一六，4）。

　　平底灰坑　平底或斜坡状平底，有 H2、H6～8 和 H12 等 5 个，以 H7 为例。

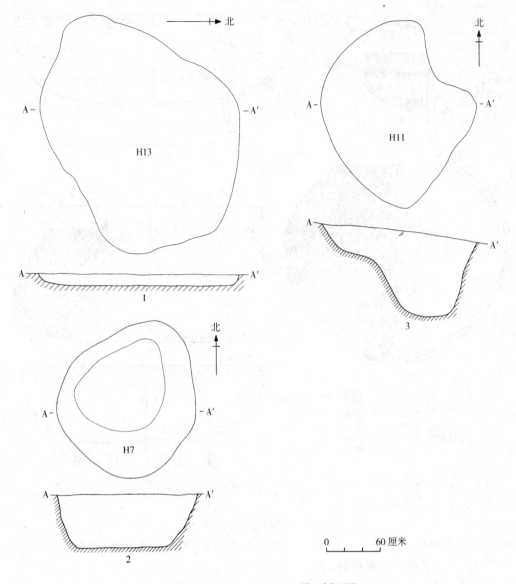

图一七　H13、H7、H11平、剖面图

1. H13　2. H7　3. H11

　　H7　位于ⅠT0102东北，平面略呈椭圆形，长径164、短径156、深56厘米（图一七，2）。填土土色灰褐偏深，较松软，含石子、炭粒和曲折纹、菱格纹或弦纹泥质灰陶片，陶片细碎，器类难辨。

　　不规则形底灰坑　底起伏不平或呈深、浅两层底，有H3、H9和H11。以H11为例。

　　H11　位于ⅠT0201东部中段，平面形状不规则，坑口径长135～200、深20～80

厘米（图一七，3）。填土土色黄灰偏褐，土质松散，含夹砂灰陶片，曲折纹泥质灰陶片和石锛等。

石锛　1件。H11:1，平面呈梯形，长4.4、宽1.9、厚0.5厘米（图一六，3）。

2. 遗迹现象

9处遗迹现象均被第2a层叠压，除YJ9直接打破生土层外，皆打破第2b层。YJ1～YJ8分布于墓葬相对集中的探方基点至Ⅰ区中部地区。这些遗迹现象平面形状不规则，面积介于0.5～15平方米之间，一般则为3～5平方米左右，厚约5～10厘米，底部多较平整。其填土土色灰褐，土质稍显板结，以含大量红烧土块为主要特征。有相当数量的烧土呈厚2厘米左右的板块状，清理时向上的一面有棍状垫痕，向下的一面较平整并涂抹一薄层黄色粗沙土。在YJ4中尚发现两边成直角的烧土1块。此外，填土中还含木炭及曲折纹、条纹、附加堆纹等泥质灰或灰褐陶片，夹砂灰黑陶片，石环、璜、镞、锛等遗物，因与第2b层出土遗物相类，不引例另加说明。

3. 柱洞

平面以接近圆形的为主，除直壁外，也有口大底小呈斜壁者，一般直径20～30、深10～30厘米，未发现柱础和柱痕。柱洞分布无规律，亦未发现与柱洞有关的其他遗迹。柱洞出土遗物少，特征与第2b层相同。

（三）遗物

以陶器为主，另有石器、玉器等。

1. 陶器

残碎，可复原甚少。泥质陶占九成以上，余为夹砂陶。泥质陶有灰、灰褐、浅灰、橙黄、橙红等色，夹砂陶有灰黑、褐皮灰、灰、灰褐等，胎质皆较差。除素面外，均以曲折纹为主要纹饰，曲折纹大体可分为粗线和细线2类，后者线条排列紧密，构成的图案较为规整，从墓葬出土器物纹饰可知，曲折纹皆纵向排列。此外，尚有曲折纹与方格纹、曲折纹与附加堆纹、曲折纹与菱格凸点纹、曲折纹与弦纹的组合及方格纹、菱格纹、菱格凸点纹、梯格纹、圆圈纹、叶脉纹、弦纹、编织纹、条纹、附加堆纹、镂孔等（图一八）。常见器类有罐、豆、纺轮等。

罐　溜肩，垂腹外坦，器物最大径在底腹，器型与M1的A型罐相似。ⅠT0102②b:55，泥质灰陶，斜方唇，敞口，折沿，圜底略坦，颈以下通体饰曲折纹，口径10.8、底径12、高10.5厘米（图一六，5）。

豆　ⅣT0101②b:44，泥质灰陶，圆唇，敛口，弧腹较深，喇叭形矮柄，柄镂6孔，素面，口径20.4、底径15.2、通高9.8厘米（图一六，6）。

穿孔陶片　长方形，无完整者，用途不明。ⅠT0301②b:34，泥质灰陶，饰曲折纹，长5.2、宽1.4、厚0.5厘米（图一六，7）。

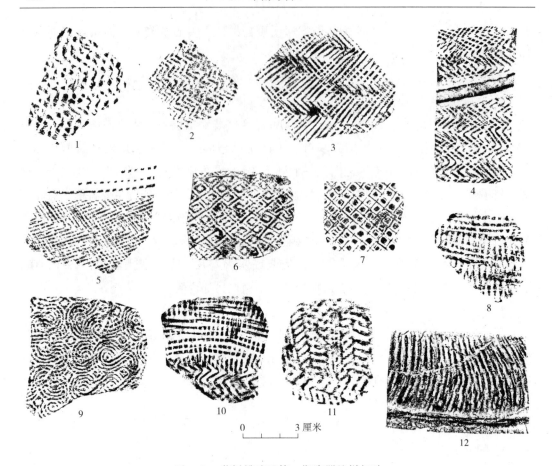

图一八　荷树排遗址第一期陶器纹样拓片

1、2. 曲折纹（ⅠT0305②b）　　3、4、5、10. 曲折纹组合纹饰（ⅠT0201②b、H13、ⅣT0101②b、ⅠT0403②b）
6. 复线菱格纹（M15）　7. 菱格凸点纹（ⅠT0509②b）　8. 梯格纹（ⅠT0201②b）　9. 圆圈纹（ⅠT0301
②b）　11. 叶脉纹（ⅠT0201②b）　12. 条纹组合纹饰（M14）

纺轮　有梭形、饼形、鼓形和圆台形等，部分出土于晚期地层。

ⅠT0302②b：5，泥质灰褐陶，饼形，直径3～3.5、高0.5厘米（图一九，1）。Ⅰ
T0305②b：47，泥质灰陶，梭形，直径3.3、高2.2厘米（图一九，2）。ⅣT0101②a：
18，泥质橙红陶，篦点戳印双线"十"字并刻划日月形图案，直径3.7、高1.3厘米
（图一九，3）。

2. 石器

磨制。有锛、斧、凿、刀、镞、穿孔器、环、璜、芯料等。

锛　分普通、有肩、有段、有肩有段等4种，其中普通锛据平面形状可分为长身锛
（平面呈长方形）和梯形锛2种。

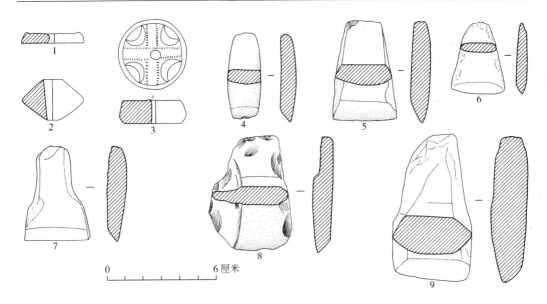

图一九　龙川荷树排遗址出土遗物

1～3. 陶纺轮（ⅠT0302②b：5、ⅠT0305②b：47、ⅣT0101②a：18）　4～9. 石锛（ⅠT0302②b：3、ⅠT0302②b：8、ⅠT0402②b：15、ⅠT0301②b：20、ⅠT0102②b：42、ⅠT0510②a：2）

　　长身锛　43件。ⅠT0302②b：3，青色，长4.5厘米（图一九，4）。

　　梯形锛　35件。ⅠT0302②b：8，青色，长5.4厘米（图一九，5）。ⅠT0402②b：15，青灰色，长3.8厘米（图一九，6）。

　　有肩锛　25件。双肩为主，肩部靠下，有的肩部不甚明显。ⅠT0301②b：20，青灰色，长5厘米（图一九，7）。

　　有段锛，4件。ⅠT0102②b：42，青灰色，长6.1厘米（图一九，8）。

　　有肩有段锛，2件。段不明显，皆出于晚期地层。ⅠT0510②a：2，灰褐色，长7.8厘米（图一九，9）。

　　斧，3件。ⅠT0301②b：26，灰褐色，长16厘米（图二〇，1）。

　　凿，3件。皆出土于晚期地层。ⅠT0203②a：54，灰色，长5.5厘米（图二〇，2）。

　　刀，3件。ⅣT0101②b：37，青灰色，残长4.3厘米（图二〇，3）。

　　镞。镞身起脊，横截面呈菱形。窄翼长身有铤镞，76件，ⅠT0102②b：51，青色，残长6.3厘米（图二〇，4）。宽翼短身有铤镞，50件，ⅠT0302②b：4，灰色，长4.7厘米（图二〇，5）。宽铤或铤不明显者，12件，ⅣT0101②b：39，灰白色，长6.1厘米（图二〇，6）。另有71件甚残。

　　穿孔器　5件，甚残，器形不明。ⅠT0301②b：36，青灰色，残长7.3厘米（图二〇，7）。

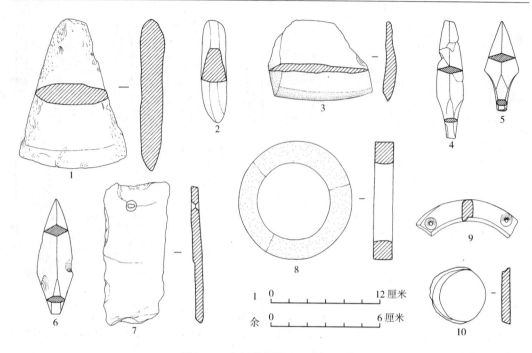

图二○　龙川荷树排遗址出土石器

1. 石斧（ⅠT0301②b：26）　2. 石凿（ⅠT0203②a：54）　3. 石刀（ⅣT0101②b：37）　4～6. 石镞（Ⅰ
T0102②b：51、ⅠT0302②b：4、ⅣT0101②b：39）　7. 穿孔石器（ⅠT0301②b：36）　8. 石环（ⅠT0711②a：
3）　9. 石璜（ⅠT0102②a：17）　10. 芯料（ⅠT0305②b：49）

　　环　38 件。完整者见于晚期地层。ⅠT0711②a：3，黑色，直径 6.3 厘米（图二○，8）。
　　璜　3 件。完整者见于晚期地层。ⅠT0102②a：17，黑色，弧长 5.5 厘米（图二○，9）。
　　芯料　1 件。ⅠT0305②b：49，青灰色，直径 3 厘米（图二○，10）。
　　另有残缺严重，器形不明的石器 42 件。
　　3. 玉器
　　仅见玉管饰 1 件。

四　荷树排第二期遗存

（一）遗迹

　　有灰坑 1 个和柱洞一批。H1 与第一期遗存的平底灰坑形状相同。柱洞形状、分布
状况与第一期柱洞相似。上述遗迹出土遗物少，特征与第 2a 层相同。

（二）遗物

　　皆陶器，陶片碎小，可复原者少。该期文化层中包含的一期遗物较多，在大多数发

掘区域，第一期遗物在数量上甚至占有绝对优势。我们通过对土质、土色的细致甄别，排除了地层划分不当的可能。零星的人类活动，通常不可能使早期文化层受到大范围干扰。由于遗址地处山冈，水土流失导致下坡方向的再生堆积速度相对较快，当是此类堆积不可忽略的成因之一。

陶片中泥质陶占 8 成以上，次为夹砂陶。泥质陶陶胎较厚，陶质较硬；60%～70%为灰褐、灰、浅灰等各色度的灰色，亦见一些橙红、橙黄和灰皮红陶；陶片内壁见麻点状垫纹，外壁饰夔纹、夔纹与菱格纹、网格纹、云雷纹或弦纹的组合、篦点或圈点状戳印纹、方格纹、网格纹、菱格凸点纹、弦纹、云雷纹、旋涡纹等（图二一）。夹砂陶胎质粗

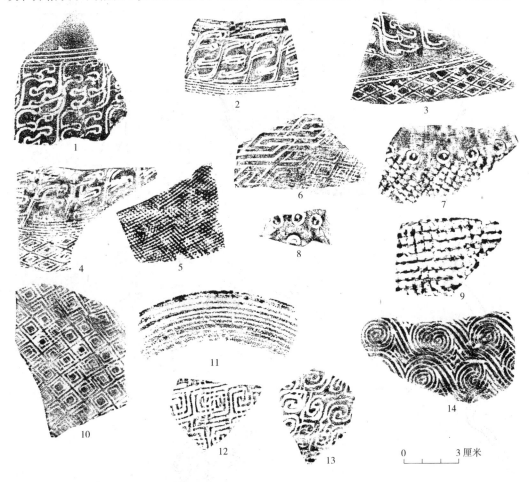

图二一　荷树排遗址第二期陶器纹样拓片

1～4. 夔纹组合纹饰（ⅠT0401①、ⅠT0401①、ⅠT0408②a、ⅠT0306②a）　5. 网格纹（ⅠT0711①）　6、12. 云雷纹组合纹饰（ⅠT0202②a、ⅠT0102②a）　7、8. 圆点状戳印纹组合纹饰（ⅠT0102②a、ⅠT0303②a）　9. 方格纹（ⅠT0408②a）　10. 复线菱格凸点纹（ⅠT0202②a）　11. 弦纹（ⅠT0305②a）　13. 云雷纹（ⅠT0201②a）　14. 漩涡纹（ⅠT0304②a）

松，胎色多样，有灰黑、灰褐、灰、灰黄、灰红等，皆素面无纹。常见器类有罐、钵、杯、盂等。与第一期相比，该期陶片有两个显著特征：一是纹饰种类丰富，组合纹饰发达；二是几乎包括所有一期文化层出土陶片，故陶质纹饰比例并不能反映其时代特征。

罐　方唇或圆唇，侈口或敞口，外沿外鼓，束颈。从可复原者观察，其多为溜肩、鼓腹、圜底。束颈处皆施篦点状戳印纹，腹饰几何形印纹。Ⅰ T0610②a：21，泥质灰陶，腹饰菱格纹，底腹饰网格纹，口径13.6、高18.2厘米（图二二，1）。ⅠT0305②a：54，

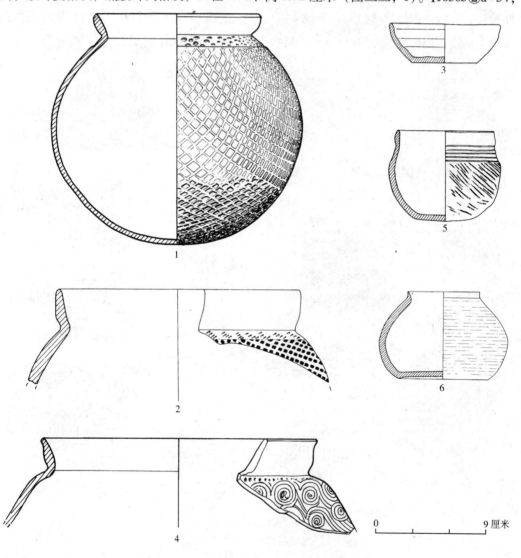

图二二　荷树排遗址出土陶器

1、2、4. 罐（ⅠT0610②a：21、ⅠT0305②a：54、ⅠT0304②a：4）　3. 钵（ⅠT0610②a：10）

5. 杯（ⅠT0206②a：7）　6. 盂（ⅠT0610②a：11）

泥质灰褐陶，腹饰方格纹，口径 20 厘米（图二二，2）。ⅠT0304②a：4，泥质灰陶，腹饰旋涡纹，口径 22.8 厘米（图二二，4）。

钵　方唇或圆唇，敞口，斜直腹，平底。ⅠT0610②a：10，泥质灰陶，素面，口径 18.4、底径 10.8、高 6.2 厘米（图二二，3）。

杯　ⅠT0206②a：7，泥质灰褐陶，圆唇，直口，直腹，平底，饰弦纹和篦划纹，口径 8、高 7.2 厘米（图二二，5）。

盂　ⅠT0610②a：11，泥质灰褐陶，尖唇，小直口，溜肩，鼓腹，大平底内凹，素面，口径 6、底径 7.5、高 7 厘米（图二二，6）。

五　结语

荷树排一期遗存出土遗物，以泥质几何印纹陶并大量磨制石器为主构成。其陶片陶胎较薄，硬度不高；流行曲折纹、曲折纹与其他纹饰的组合，亦见附加堆纹、镂孔等装饰技法；器物个体较小，常见圜底器、圈足器，典型器类有敞口圜底曲折纹罐、敞口高领圈足曲折纹壶等[①]。二期遗存出土遗物，以泥质几何形印纹陶为主，陶片陶胎较厚，硬度较高，流行以夔纹为主的繁缛组合纹饰，亦见篦点状戳印纹、圈点状戳印纹等，组合纹饰比例较高，陶片内壁可见麻点状垫痕；常见圜底器、平底器，典型器物有溜肩鼓腹圜底组合纹罐、敞口平底钵等。

在广东先秦考古编年中，与荷树排二期文化内涵相同的遗存，由于普遍存在夔纹这一典型纹饰，故名"夔纹陶类型"遗存。广东博罗银岗遗址的发掘证明，"夔纹陶类型"遗存要早于"米字纹陶类型"遗存，其绝对年代在西周至春秋时期[②]。由于荷树排二期遗存出土陶片数量不多，可复原的器物稀少，其在"夔纹陶类型"遗存中处于偏早还是偏晚的位置尚难确定。

与荷树排一期文化内涵相同或相仿的遗存，在广东诸多地区的多类遗存中发现数量极多，如普宁虎头埔第二、第三期[③]、河源龙祖山、梅县罗屋岭等广东东部地区山岗遗址[④]、潮阳葫芦山与走水岭山[⑤]、清远西山[⑥]等。可资比较的尚有南海灶岗[⑦]、潮安梅林湖[⑧]、东莞村头[⑨]、三水银洲[⑩]、佛山河宕[⑪]等贝丘遗址以及龙川坑仔里[⑫]、曲江石峡[⑬]、宝安蚌地山[⑭]等。为便于叙述，本文暂将与荷树排一期类似的遗存称为"曲折纹陶类型"遗存[⑮]。

龙川荷树排及曲江石峡、清远西山[⑯]等遗址的发掘，从地层上明确了"曲折纹陶类型"遗存要早于"夔纹陶类型"遗存。粤东地区五华仰天狮山、普宁牛伯公山和普宁后山等遗址的发掘，确立了"夔纹陶类型"遗存晚于浮滨文化，浮滨文化晚于普宁后山的年代标尺。而普宁后山被认为晚于普宁虎头埔而且二者之间存在大的缺环[⑰]。后山遗址的凹底罐、鸡形壶等器物、以方格纹为代表的印纹体系及其他诸多特征，均有别于类似荷树排一期的"曲折纹类型"遗存，但由于直接的地层叠压依据并不充分，它们的差别是否因年代缺环而起还待证实。"曲折纹陶类型"遗存与"夔纹陶类型"遗存之间的某些共性，为研究"曲折纹陶类型"遗存的延续时间，提供了一些线索[18]。

荷树排一期曲折纹与方格纹的组合形态，与佛山河宕、三水银洲第 2 年代组、东莞圆洲第三组单位曲折纹与云雷纹等的组合形态相似。对比与石峡遗址第三期文化相当的珠江三角洲遗存分期结果，荷树排一期的陶质纹饰特征具有较多该期前段属性[19]。除大喇叭口圈底罐形状特殊外，荷树排一期有些因素较复杂，有些因素则比石峡遗址第三期文化要早。譬如一期出土的"十"字纹、日月形弧线纹陶纺轮，与曲江石峡文化墓葬、佛山河宕、三水银洲、南海灶岗出土者似；一期陶器缺乏折肩器、凹底器；一期的敛口弧腹矮柄豆在南海鱿鱼岗一期和三水银洲第 1 年代组、一期的敞口垂腹圈底罐在三水银洲第 1 年代组等相当于石峡遗址第二期文化（即石峡文化）的遗存中均可见相似端倪；一期的敞口高领圈足壶和梅县罗屋岭、潮阳葫芦山、揭阳落水金狮子的陶尊及普宁虎头埔的圈足罐有部分共性等[20]。三水银洲第 1、2 组的组别情况反映敞口垂腹圈底罐的形态变化比较迟钝，故个体偏小，高 10 厘米左右的圈足壶是荷树排一期最典型的器类。从荷树排一期共存大量精美磨制石器的情况并结合以上分析，将其置于广东先秦考古编年的新石器时代晚期后段较妥。

与荷树排一期遗迹现象类似的遗迹报道不多。佛山河宕遗址中有一种红烧土硬面，与荷树排一期的遗迹现象相似，其红烧土硬面中杂有经烧烤的动物骨骼。河宕遗址中出土动物遗骸的尚有一种灰坑，灰坑内还共存完整的陶器。据相关研究结果和发掘资料分析，河宕的上述灰坑及红烧土硬面与荷树排一期的遗迹现象，可能与墓地祭祀有关[21]。

荷树排遗址其他遗迹，由于包含物稀少，无分布规律，无关联遗迹，无法详尽分析。

广东地区东西方向以流域为界，南北方向以地形地势为线，大致形成了九个地理单元，文化传承模式复杂，文化交流传播呈现经流域的纵向和经流域及海岸的横向的交织。就早于"夔纹陶类型"的遗存而言，基本地理单元内遗存的研究是地理环境相同而流域不同或流域相同而地理环境不同的综合性文化分区分期研究的基础，广东先秦考古编年体系仅仅是将上述研究合并起来的"壳"，而非具体遗存间的链接。荷树排一期在广东先秦考古编年体系中的准确位置及其反映的文明形态，尚需假以时日方见分晓。

附记：发掘得到河梅高速公路梅龙段建设管理处、有关地方政府各级部门、科研院校和兄弟单位的支持、配合，在此一并致谢！报告脱稿之时，惊闻本所李子文先生因病去世，遗址发掘和报告编写过程中，笔者就相关问题曾多次求教于先生，获益匪浅，谨以此文寄表哀思!

领队：邓宏文

发掘整理：李岩、李珍、徐海滨、袁伟强、黄跃、钟振远、樊庆平、娄群山、朱树奎、张虎山、龚海真、姚崇新、何勇、潘映、周繁文、朱嫦巧

执笔：邓宏文

注 释：

① 本文所述曲折纹和陶壶，别处又称曲尺纹和陶尊，详见以下诸篇引文。

② 广东省文物考古研究所：《广东博罗银岗遗址发掘简报》，《文物》1998 年 7 期。广东省文物考古研究所：《广东博罗银岗遗址第二次发掘》，《文物》2000 年 6 期。"夔纹陶类型"遗存共存晚至春秋时期的青铜器，广东省文物管理委员会：《广东清远的东周墓葬》，《考古》1964 年 3 期。广东省文物管理委员会：《广东清远发现周代青铜器》，《考古》1963 年 2 期。

③ 虎头埔因其窑址的特殊遗存类型，未见共存大量磨制石器的情况，出土器类也仅有圈足罐一类。广东省博物馆等：《广东普宁虎头埔古窑发掘简报》，《文物》1984 年 12 期。

④ 广东省博物馆：《广东东部地区新石器时代遗存》，《考古》1961 年 12 期。黄玉质等：《广东梅县大埔县考古调查》，《考古》1965 年 4 期。20 世纪 50、60 年代广东东部地区的考古工作，调查多，发掘少，遗址层位关系多语焉不详。不过，在众多的山岗遗址中，仍有不少遗物单纯，与荷树排一期相同或相近者，圈足陶壶（尊）更是其相当常见的器类之一。

⑤ 广东省文物管理委员会：《广东潮阳新石器时代遗址调查简报》，《考古通讯》1956 年 4 期。

⑥ 莫稚：《广东清远县滃江河支流新石器时代遗址调查发掘简报》，《文物参考资料》1956 年 11 期。

⑦ 灶岗遗址有贝丘遗址常见的骨器及打制石器，夹砂陶比例较高，泥质陶表面经打磨，陶器纹饰中的绳纹、鸟纹、鱼纹、器类中的三足器——鼎等与荷树排一期明显不同。不过，以方格纹、曲折纹、叶脉纹等薄胎几何形印纹陶及磨制石器共存的遗物特征，与荷树排一期相似。广东省博物馆：《广东南海县灶岗贝丘遗址发掘简报》，《考古》1984 年 3 期。

⑧ 广东省文物管理委员会：《广东潮安的贝丘遗址》，《考古》1961 年 11 期。

⑨ 广东省文物考古研究所等：《东莞村头遗址第二次发掘简报》，《文物》2000 年 9 期。

⑩ 广东省文物考古研究所等：《广东三水市银洲贝丘遗址发掘简报》，《考古》2000 年 6 期。

⑪ 杨式挺等：《佛山市郊发现一处重要的古遗址和古墓葬》，广东《文博通讯》第 3 期，1978 年。杨式挺等：《谈谈佛山河宕遗址的重要发现》，文物编辑委员会编《文物集刊（3）》，文物出版社，1981 年。

⑫ 龙川坑仔里出"大型琢磨石器"，与荷树排一期不同。同注④。

⑬ 广东省博物馆等：《广东曲江石峡墓葬发掘简报》，《文物》1978 年 7 期。朱非素：《试论石峡遗址与珠江三角洲古文化的关系》，广东省文物考古研究所编：《广东省文物考古研究所建所十周年文集》，岭南美术出版社，2001 年。

⑭ 蚌地山遗址未发掘，遗物构成不纯，莫稚：《广东宝安新石器时代遗址调查简报》，《考古通讯》1957 年 6 期。

⑮ 曲折纹较早出现于广东翁源青塘等新石器时代遗址中的夹砂陶上，广东省博物馆：《广东翁源县青塘新

石器时代遗址》，《考古》1961 年 11 期。广东先秦遗址类型多样，典型的"曲折纹类型"遗存，界定在与荷树排遗址相同的山岗或台地遗址范围内较妥。曲折纹延续时间长，装饰的陶质种类多，在一些遗址中所占比例亦不及篮纹、编织纹、方格纹、长方格纹等其他几何形印纹，故其典型性较夔纹、米字纹要差。

⑯ 广东省博物馆：《广东北部地区新石器时代遗存》，《考古》1961 年 11 期。

⑰ 相关报告、简报和论述分别见广东省文物考古研究所等：《广东五华县仰天狮山遗址发掘简报》；广东省文物考古研究所等：《广东普宁市池尾后山遗址发掘简报》；广东省文物考古研究所等：《广东普宁市牛伯公山遗址的发掘》，均刊《考古》1998 年 7 期；广东省博物馆等：《广东饶平县古墓发掘简报》，《文物资料丛刊》第 8 辑，1983 年。

⑱ "曲折纹陶类型"与"夔纹陶类型"比较典型的遗物共性是，流行圜底器，共存云雷纹。云雷纹与夔纹的共存情况颇多，与曲折纹的共存，可见于经发掘的韶关走马岗（广东省文物管理委员会等：《广东曲江鲶鱼转、马蹄坪和韶关走马岗遗址》，《考古》1964 年 7 期）、佛山河宕（同注⑪）、南海灶岗（同注⑦）、仁化覆船岭晚期文化遗存（广东省文物考古研究所：《广东仁化覆船岭遗址发掘》，《文物》1998 年 7 期）、三水银洲（同注⑩）、东莞圆洲（广东省文物考古研究所等：《广东东莞市圆洲贝丘遗址的发掘》，《考古》2000 年 6 期）处，三水银洲、佛山河宕、东莞圆洲更有云雷纹与曲折纹的组合纹饰。调查所见则不胜枚举。

⑲ 同注⑪、注⑩、注⑱、注⑬。

⑳ 同注⑬、⑪、⑩、⑦、广东省文物考古研究所等：《广东南海市鱿鱼岗贝丘遗址的发掘》，《考古》1997 年 6 期注④、注⑤、注③。

㉑ 河宕的发掘资料见注⑪。河宕遗址与荷树排遗址一样，既有墓葬，又有遗迹。有学者较早注意到，我国一些新石器时代遗址中出土完整陶器、兽骨等遗物的灰坑，实际上是一种祭祀遗迹（卜工：《磁山祭祀遗址及相关问题》，《文物》1987 年 11 期）。青海民和阳山墓地（青海省文物考古研究所：《民和阳山》，文物出版社，1990 年）、安徽含山凌家滩遗址（安徽省文物考古研究所等：《安徽含山县凌家滩遗址第三次发掘简报》，《考古》1999 年 11 期）等处更有明确的祭祀坑发现。

广东曲江县马坝河沿岸山岗遗址调查

吴孝斌

英文提要　Along Maba River of Qujiang County, ancient sites were founded in succession at Xiabianshan, Xiaowuling, Yuandunling, Yaosongling, Agongshan, Maanshan and so forth. These sites are dated from the late Neolithic Age to the Warring States Period and the relics of Western Zhou Dynasty and the Spring and Autumn Period dominate.

曲江县位于粤北中部，县城马坝镇群山环抱，处于一低缓盆地腹地。盆地东南面的沙溪、曹溪、转溪等溪流在县城东南交汇后形成马坝河，自东南向西北蜿蜒流经城南，再折转向西，于距县城以西约 7 公里的水口村注入北江。由于马坝河两岸地势低平开阔，土地腴肥，气候适宜农业种植，兼有用水之便利，故此处一直成为古代先民生活和生产的理想居所，距马坝河南岸不足 500 米的狮子岩，便是闻名中外的"马坝人"化石出土点和"石峡遗址"所在地。历年考古调查和发掘已证实，马坝河两岸及其附近地域分布着许多洞穴遗址和山岗遗址。

自上世纪 60 年代以来，历经数代省、市、县考古工作者的不懈努力，在马坝河沿岸的山岗和台地上做了大量艰辛的文物调查工作，已陆续发现了许多新石器晚期至战国时期的遗址，如位于马坝河南岸的下边山、肖屋山、圆墩岭、水阁岭、摇松岭、塔岗山、阿公山遗址和处于北岸的马鞍山、矮音洞、圆山等十多处遗址，它们多为沿河的山岗遗址（图一）。早在上世纪六、七十年代，广东省博物馆和省考古训练班便开始对上述遗址进行过一系列的调查和试掘，采集和出土了一大批石器、陶器和陶片标本。

为系统揭示马坝河沿岸诸遗址的文化内涵和相互间的关系，曲江县博物馆于 1996 年和 1997 年间对上述一些遗址进行详细的复查，并取得了一些新的收获。现择其要点将多年来的考古调查和试掘结果简要报告如下。

一　下边山遗址

遗址位于县城东南 2 公里处的东华围村西面，北距马坝河约 400 米。遗址处于一高

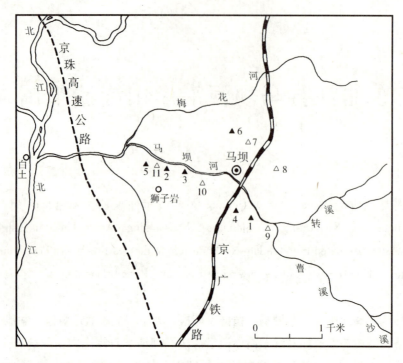

图一　马坝河沿岸遗址分布图

1. 下边山　2. 摇松岭　3. 水阁岭　4. 圆墩岭　5. 塔岗山　6. 矮音洞　7. 马鞍山　8. 圆山　9. 肖屋山　10. 阿公山　11. 梯子岭

约 25 米，南北长约 100 米，东西宽约 60 米的山岗上，其东面与东华围村相连，南面毗邻玉堂村，西面是京广铁路。遗址所处的山岗东面山坡较陡，北面山坡相对较为平缓，现多被垦为旱田，遗物多暴露在山顶的平台和北坡上。1963 年 10 月，省文物专家徐恒彬、朱非素、曾广乙和县文物干部黄志高等曾在此做第一次文物调查。同年 11 月，朱非素、杨式挺、黄志高在此做第二次调查，并在山顶试开了两个 2×2 米的小探方。试掘结果发现：遗址的第一层为红褐色表土层，厚 0.15 至 0.25 米，伴有少量陶片，陶片主要以夔纹陶、方格纹等几何印纹硬陶为主；第二层为深褐色文化层，厚 0.35 至 0.48 米，出有较多陶片和石器，陶片以夹砂陶和软陶为主，火候较低，不见几何印纹陶；第三层为黄色生土层，夹杂红沙石块。1996 年 10 月曲江县博物馆对遗址进行再调查，在遗址地表上采集到石锛、石镞等石器和夔纹陶等陶片。

（一）陶器

以夹砂陶为主，泥质陶次之。夹砂陶有灰黑色、橙黄色和红褐色等不同陶色，多饰绳纹，少量饰曲折纹或素面。可辨器型有釜、罐。泥质陶可分为灰、灰褐、灰黑、黄色等几种，饰有编织纹、叶脉纹、曲折纹、夔纹、方格纹、重圈纹、云雷纹、云雷——方格组合纹、重圈——弦纹——篦点纹组合纹、方格凸块——夔纹组合纹等饰纹（图二）。可辨器型有罐、豆、釜、纺轮等。

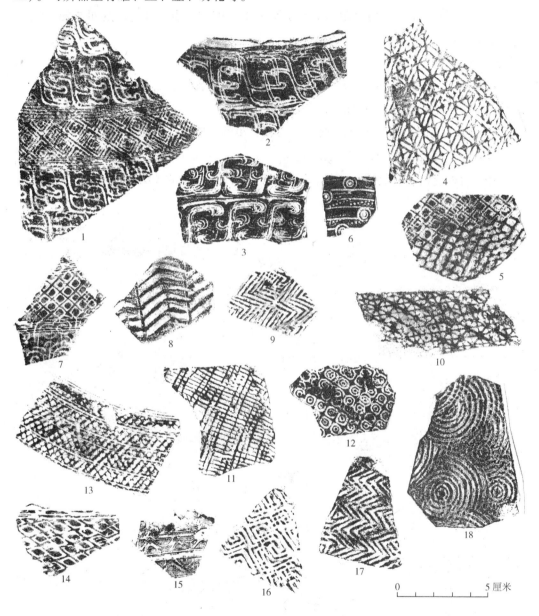

图二　下边山遗址陶器纹饰拓片

1～3. 夔纹　4. 方框十字纹　5. 菱格凸块纹　6. 弦纹、篦点、圆纹　7. 菱纹—夔纹　8. 叶脉纹　9. 曲折纹　10. 米字纹　11. 长方格纹　12. 重圈纹　13. 方格纹—弦纹　14. 菱格纹　15. 弦纹水波纹　16. 云雷纹　17. 曲折纹　18. 圆圈纹

　　夹砂釜　1件。残，仅剩口沿部分。橙黄色胎。敞口，方唇，束颈，斜肩。口径 14.8 厘米（图三，1）。

　　器座　1件。残，红褐色胎。束腰呈腰鼓形，中空，器壁较厚，底足外撇。底径 12.2 厘米（图三，2）。

　　罐　2件。分二式。

　　Ⅰ式　1件。残。灰褐色胎。侈口斜唇，束颈，斜腹，肩腹部拍印有方格纹、划纹 和夔纹等组合纹饰。口径 13.2 厘米（图三，3）。

　　Ⅱ式　1件。残。灰褐色胎。敞口，长领，束颈，圆肩，颈部饰戳印纹，肩腹部拍印"回"纹。口径 16 厘米（图三，4）。

　　豆　1件。残，灰黑色胎。喇叭形圈足底，足径 6.8 厘米（图三，5）。

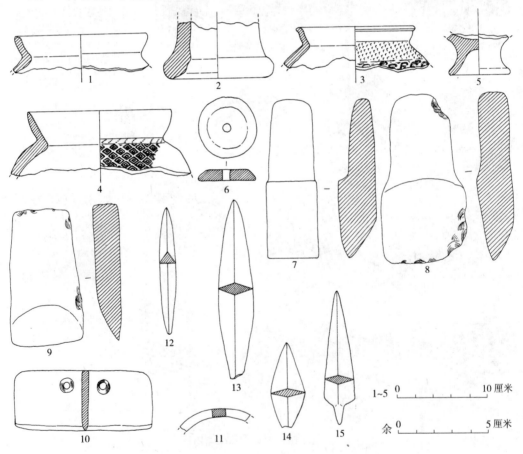

图三　下边山遗址遗物

1. 夹砂釜　2. 器座　3. Ⅰ式罐　4. Ⅱ式罐　5. Ⅲ式罐　6. 陶纺轮　7. Ⅰ式锛　8. Ⅱ式锛　9. Ⅲ式锛　10. 石刀
11. 石环　12. Ⅰ式镞　13. Ⅱ式镞　14. Ⅲ式镞　15. Ⅳ式镞

陶纺轮　1件。圆台形，底面大于顶面，中有一小圆孔，无纹饰（图三，6）。

（二）石器

均为磨光石器，石料以泥质板岩和砂岩为主。器型有锛、刀、镞、环等。

石锛　5件。分三式。

Ⅰ式　1件。长身有段，单面直刃，通体磨光。长8.4、宽2.8、厚2厘米（图三，7）。

Ⅱ式　1件。器身较宽，中有一不明显的弧形段，两侧带有不明显双肩，单面直刃。长9、宽4.7、厚2.1厘米（图三，8）。

Ⅲ式　3件。器身略呈长梯形，单面弧刃。其中一件长7.3、宽4.1、厚1.5厘米（图三，9）。

石刀　1件。长方形，器身较薄，上有两个对钻成的小孔，双面磨刃。长7.8、宽3.2、厚0.37厘米（图三，10）。

石环　1件。残。圆环形，截面呈长方形，磨制精细。直径6.5、宽0.5、厚0.75厘米（图三，11）。

石镞　9件。分四式。

Ⅰ式　3件。镞身细长，无铤，横截面呈三菱形，磨制精细。其中一件长6.8、宽0.9厘米（图三，12）。

Ⅱ式　1件。宽柳叶形，横截面呈扁菱形。长9.5、宽2、厚0.6厘米（图三，13）。

Ⅲ式　3件。镞身及其横截面均呈菱形。其中一件长4.5、宽1.8、厚0.45厘米（图三，14）。

Ⅳ式　2件。镞身呈三角形，有扁菱形铤。其中一件长7.2、宽1.7、厚0.4厘米（图三，15）。

二　摇松岭遗址

遗址位于马坝县城西南2.5公里处，北距马坝河南岸约100多米。遗址处于一高近40米，东西长约250米，南北宽约120米的山岗上，其东面与水阁岭遗址相临，西南为梯子岭，南面为县城至白沙镇的县级公路，北距马坝河100米。陶片和石器等遗物多暴露在山顶和南坡上。该遗址发现于1963年10月，徐恒彬、朱非素、黄志高、曾广乙曾到此进行首次调查，1973年11月省考古学习班亦到此进行过调查，并于山顶开挖了三条探沟，1997年6月，曲江县博物馆再次到此进行文物复查，采集到的遗物以陶器和石器为主。

（一）陶器

分夹砂陶和泥质陶。夹砂陶呈灰褐色或红褐色，主要有釜、罐类；泥质陶有灰、橙、黄、灰褐等陶色，除少量素面外，大部分拍印有方格纹、圆圈纹、编织纹、云雷纹、复线方格纹、夔纹、曲折纹、米字纹及夔纹——细方格纹、弦纹——方格纹、云雷纹——夔纹等组合纹饰（图四）。可辨器型有罐、豆、盘等。其中有几件原始瓷豆可作复原，其圈足内均刻划有不同的符号。

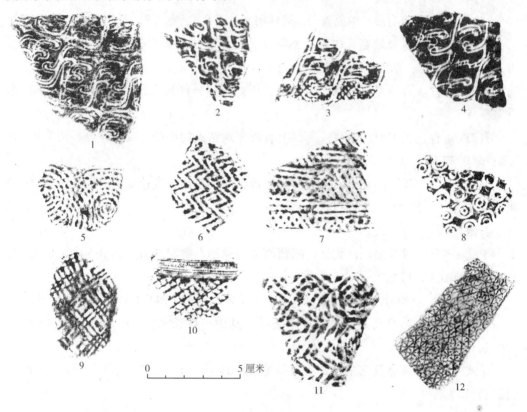

图四　摇松岭遗址陶片纹饰拓片

1～4. 夔纹　5. 重圈纹　6. 曲折纹　7. 叶脉纹　8. 圆圈纹　9. 复线方格纹　10. 弦纹、篦点、方格纹　11. 叶脉纹　12. 米字纹

　　釜　1件。残。夹砂陶质，陶色内黄外黑。敞口，斜肩，素面（图五，1）。
　　豆　6件。分二式。
　　I式　1件。灰褐色胎。敞口圆唇，深折腹，圈足外撇，圈足内有刻划符号。口径12.8、底径6.7、高8厘米（图五，2）。
　　II式　5件。器身较低矮，敞口圆唇，腹部折收，平底，圈足外撇，圈足内均有刻划符号。其中一件为灰黑色胎。口径13.6、底径6.8、高6.6厘米（图五，3）。
　　罐　8件。分四式。
　　I式　2件。均残。敞口方唇，束颈，斜肩。其中一件为褐色胎，肩腹部饰重圈纹

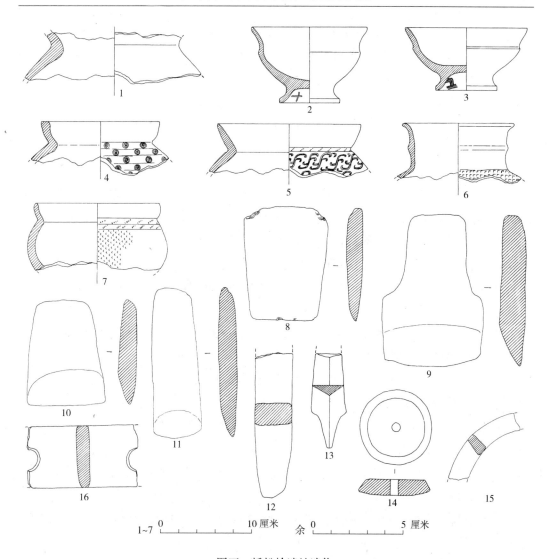

图五 摇松岭遗址遗物

1. 夹砂釜 2. I 式豆 3. II 式豆 4. I 式罐 5. II 式罐 6. III 式罐 7. IV 式罐 8. I 式锛 9. II 式锛 10. III 式锛 11. IV 式锛 12. 石凿 13. 石镞 14. 陶纺轮 15. 石环 16. 穿孔石器

和弦纹。口径 13.2 厘米（图五，4）。

II 式 4 件。均残。敞口，尖唇，束颈，斜腹。其中一件为黄褐色胎，颈部戳印篦点纹，肩腹部拍印夔纹。口径 16 厘米（图五，5）。

III 式 1 件。残。灰色胎。侈口，圆尖唇，长直颈，颈间有一道凸棱，圆肩，肩腹部拍印方格纹。口径 12.5 厘米（图五，6）。

IV 式 1 件。残。灰色胎。微敛口，圆唇，束颈，鼓腹，肩上饰弦纹和篦点纹，腹部拍印方格纹。口径 13.8、腹径 15.5 厘米（图五，7）。

陶纺轮　1 件。圆台形，底面大于顶面，中有一小圆孔。外径 4、厚 0.85 厘米（图五，14）。

（二）石器

均为磨制石器，所用石料多为泥质板岩、页岩或砂岩，主要器型有锛、凿、镞、环等，以石锛为多。

石锛　16 件。分四式。

Ⅰ式　2 件。器身上宽下窄，两端平直呈楔形，单面直刃，器身较薄。其中一件采用黄色砂岩磨制而成。长 6、宽 4.6、厚 0.9 厘米（图五，8）。

Ⅱ式　3 件。器身带有双肩，单面弧刃，器身较厚。其中一件采用黄褐色细砂岩磨制而成。长 8.1、宽 5.6、厚 1.5 厘米（图五，9）。

Ⅲ式　6 件。器身呈梯形，单面直刃。其中一件采用黄灰色砂岩磨制而成。长 5.6、宽 4.2、厚 1.1 厘米（图五，10）。

Ⅳ式　5 件。器身长直，单面弧刃。其中一件采用黄灰色细砂岩磨制而成。长 8、宽 2.7、厚 1 厘米（图五，11）。

石凿　1 件。残。采用黄灰色细砂岩磨成，器身窄长，横断面呈长方形，刃部较窄。残长 7.7、宽 2.1、厚 1.2 厘米（图五，12）。

石镞　3 件。均残。镞身细长，横断面呈三角形，后部有铤。其中一件残长 5.1、宽 2、厚 0.5 厘米（图五，13）。

石环　2 件。均残。采用青灰色页岩磨制成。其中一件外径 8.5、宽 1.1、厚 0.6 厘米（图五，15）。

穿孔石器　1 件。残。采用青灰色页岩磨制而成。器身扁长，中间对穿有两圆孔，横断面近长方形。长 6.2、宽 3.3、厚 0.7 厘米（图五，16）。

三　水阁岭遗址

遗址位于马坝县城西南约 2 公里处的马坝河南岸，西邻摇松岭，北距马坝河约 140 米。遗址所处位置为一东西长约 120 米，南北宽约 70 米，山顶高出四周农田约 20 米的小山岗。山岗北低南高，山坡较为平缓，石器、陶片等遗物多暴露在南面山坡上，分布面积近 1500 平方米。1963 年 10 月，黄志高、曾广乙、徐恒彬、朱非素等曾到此做过第一次文物调查，从地表采集到部分陶片标本。同年 11 月省博物馆杨式挺和黄志高在此进行第二次调查，并在山岗南边开挖了一条 1×5 米的探沟。经试掘，发现遗址的第一层为红褐色耕土层，厚约 0.15 至 0.2 米，夹杂有新石器时期陶片和唐宋明清时期陶瓷片；第二层为深褐色文化层，厚度在0.2至0.4米之间，土质较硬，出土有方格纹软陶、石锛、红烧土块等；第三层为黄色生土层。1973年11月省考古训练班亦到此进行多次文物调查，1997年5月曲江县博物馆对遗址重新予以调查。历年采集和出土的遗物均为陶器和石器。

（一）陶器

分夹砂陶和泥质陶。夹砂陶仅见釜，深灰色胎，夹有粗沙粒；泥质陶有灰、黄、黄褐等陶色，多为硬陶，少量为软陶。主要有罐、豆等器型。纹饰有方格纹、夔纹、重菱纹、圆圈纹、复线方格纹、云雷纹等（图六）。

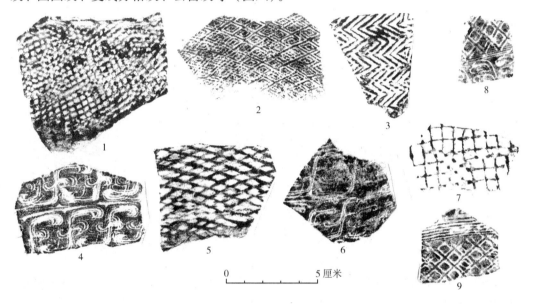

图六　水阁岭遗址陶片纹饰拓片

1. 方格纹　2. 重菱格纹　3. 曲折纹　4. 夔纹　5. 菱格纹　6. 夔纹　7. 粗方格纹　8. 菱格—夔纹　9. 菱格凸块纹

罐　7件。分四式。

Ⅰ式　2件。残。敞口，尖唇，束颈，圆肩。其中一件为灰褐色胎，肩腹部拍印方格纹和回纹。口径14.6厘米（图七，1）。

Ⅱ式　1件。残。灰色胎。敞口，斜唇，束颈，斜肩，肩腹部拍印长方格纹。口径19.3厘米（图七，2）。

Ⅲ式　1件。残。橙色胎。侈口，方唇，束颈，斜肩，肩上饰印夔纹。口径18厘米（图七，3）。

Ⅳ式　2件。均残。敞口，尖唇，束颈，斜肩。其中一件为灰褐色胎，肩腹部饰重

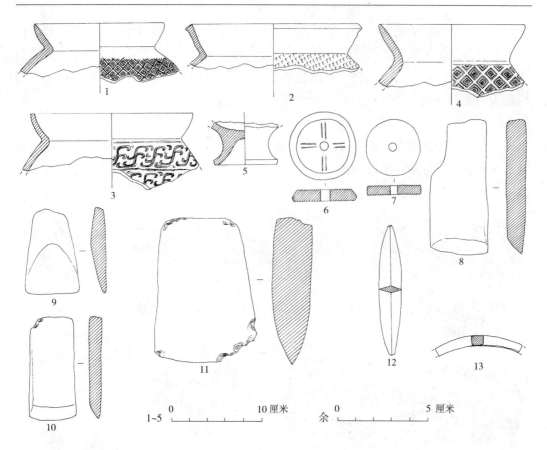

图七　水阁岭遗址遗物

1. Ⅰ式罐　2. Ⅱ式罐　3. Ⅲ式罐　4. Ⅳ式罐　5. 陶豆　6. Ⅰ式纺轮　7. Ⅱ式纺轮　8. Ⅰ式石锛　9. Ⅱ式石锛
10. Ⅲ式石锛　11. 石斧　12. 石镞　13. 石环

菱格纹。口径 16 厘米（图七，4）。

　　豆　1 件。残，仅剩圈足部分。黄褐色胎，火候较高。喇叭形圈足。足径 6.9 厘米
（图七，5）。

　　陶纺轮　2 件。分二式。

　　Ⅰ式　1 件。灰色胎。圆台形，底面大于顶面，中有一圆孔，顶面有双线十字划
纹。直径 3.6、厚 0.6 厘米（图七，6）。

　　Ⅱ式　1 件。灰黑色胎。圆形，中有一圆孔。直径 3、厚 0.5 厘米（图七，7）。

　　（二）石器

　　石锛　6 件。分三式。

　　Ⅰ式　1 件。采用黄褐色砂岩磨制而成。单肩，单面弧刃。长 7.2、宽 3.2、厚 1.1
厘米（图七，8）。

Ⅱ式　3件。用灰色细砂岩磨制而成。平面呈梯形，单面直刃。其中一件长4.6、宽3、厚0.8厘米（图七，9）。

Ⅲ式　2件。采用泥质板岩磨制而成。平面呈长方形，单面直刃。其中一件长5.5、宽2.7、厚0.8厘米（图七，10）。

石斧　1件。平面呈梯形，双面弧刃，刃端残缺一角（图七，11）。

石镞　3件。呈细长柳叶形，截断面为扁菱形。其中一件长7、宽1.2、厚0.4厘米（图七，12）。

石环　2件。均残。采用黑色页岩磨制而成。圆环形，厚度大于宽度，断面为长方形。其中一件外径8.2、宽0.45、厚0.7厘米（图七，13）。

四　圆墩岭遗址

遗址位于马坝县城东南1.5公里的马坝河西南岸，距马坝河约500米。遗址处于一长宽约90米，高约20米的近圆形山岗上。其东南为村庄，西北是稻田。山岗的东面和南面山坡较陡，西北面山坡相对较缓，现已被辟为旱田。地面遗物主要散布在遗址的西面和北面。该遗址发现于1982年全县文物普查时。1996年9月县博物馆重新对遗址进行复查，并于山顶试掘一条2×2米的小探方。其地层堆积情况为：第一层为灰黄色表土层，偶发现有几何印纹陶片，厚度约为0.15米；第二层为深灰色文化层，厚度在0.3至0.5米之间，出有陶片和磨制石器；第三层为棕黄色生土层。历年采集和试掘所得的遗物有石器和陶片。

（一）陶器

分夹砂陶和泥质陶。夹砂陶仅见红褐色夹砂陶鼎足和黑色夹砂陶釜残片；泥质陶分软陶和硬陶，以硬陶居多。陶器纹饰有方格纹、复线方格纹、云雷纹、重圈纹、菱格纹、夔纹、曲折纹、米字纹等（图八）。可辨器型有盆、罐、釜等。

盆　2件。分二式。

Ⅰ式　1件。残，褐色胎。敞口，斜唇，腹壁斜收，外饰细方格纹（图九，1）。

Ⅱ式　1件。灰褐色胎。敞口，圆卷唇，曲壁，腹部饰粗方格纹（图九，2）。

罐　2件。分二式。

Ⅰ式　1件。残，灰褐色胎。侈口，圆唇，束颈，斜肩，肩腹部饰重菱格纹（图九，3）。

Ⅱ式罐　1件。残，灰色胎。直口，方唇，束颈，斜肩，肩腹部饰弦纹和篦点纹（图九，4）。

釜　1件。残，黑色夹砂陶，夹杂粗砂粒。敞口，圆唇，束颈，溜肩（图九，5）。

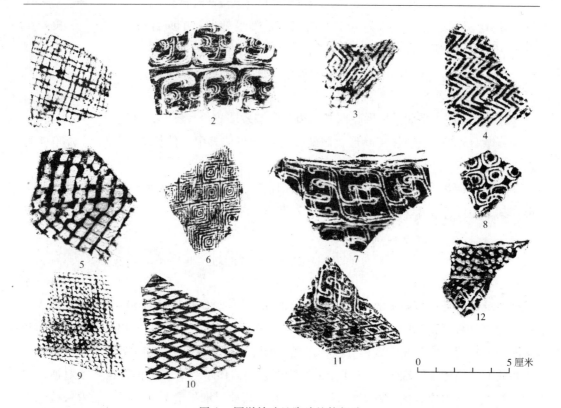

图八　圆墩岭遗址陶片纹饰拓片

1. 复线方格纹　2. 夔纹　3. 云雷纹—方格纹　4. 曲折纹　5. 粗方格纹　6. 重圈回纹　7. 夔纹　8. 圆圈纹
9. 细方格纹　10. 菱格纹（网纹）　11. 菱格凸点—夔纹　12. 菱格纹—戳印纹

鼎足　1件。红褐色夹砂陶。实心圆锥形。残长8.4、足径3.4厘米（图九，6）。

（二）石器

均为磨制石器，采用页岩或砂岩制成。器型有石锛、石镞、石刀、石环等。

石锛　3件。器身中间有微凸的段，单面直刃，背部略隆起，通体磨光。其中一件长5、宽3、厚1.6厘米（图九，7）。

石镞　5件。分二式。

Ⅰ式　2件。镞身扁平，平面略呈菱形，无脊。其中一件长6.7、宽2.8、厚0.5厘米（图九，8）。

Ⅱ式　3式。镞身较为细长，近柳叶形，横截面呈扁菱形，铤部扁。其中一件长6.5、宽1.8、厚0.45厘米（图九，9）。

石环　1件。残，青灰色页岩制成。圆形，内缘凸起，截面呈"T"字形。宽1.1、厚1.2厘米（图九，10）。

石刀　1件。残，采用青灰色页岩制成。刀背平直，忍部为双面直刃。残长10.7、

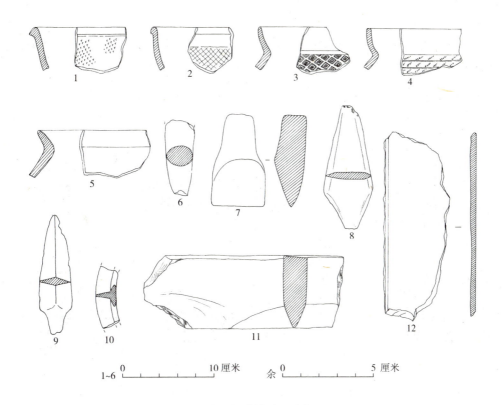

图九   圆墩岭遗址遗物

1. Ⅰ式盆 2. Ⅱ式盆 3. Ⅰ式罐 4. Ⅱ式罐 5. 夹砂釜 6. 鼎足 7. 石锛 8. Ⅰ式镞 9. Ⅱ式镞
10. 石环 11. 石料

宽4、厚1.2厘米（图九，11）。

　　石料　1件。青黑色。料身扁平，一面经磨平，一边有双向切割痕迹。长10.3、宽3.6、厚0.4厘米（图九，12）。

五　塔岗山遗址

　　遗址位于县城西南35公里处的马坝河南岸，北距马坝河约200多米。遗址所在地高约40米，东西长约300米，南北宽约150米。其南坡较平缓，遗物多散布于此，近年因村民常于此取土烧砖而使地表遭到较大破坏。该遗址发现于1963年，1973年11月省考古训练班曾到此做过调查，1996年8月县博物馆对遗址重新予以复查。采集到的遗物主要有陶器和石器。

（一）陶器

分夹砂陶和泥质陶。夹砂陶有橙红色和黑褐色器座和罐；泥质陶可分为泥质软陶和泥质硬陶。软陶有黄、灰、灰褐等陶色，拍印有方格纹、曲折纹、编织纹等；硬陶有灰陶、青灰、黄褐等色，多饰有方格纹、点纹、弦纹、云雷纹、夔纹、米字纹、菱格凸块纹等（图一○）。器型有豆、罐、钵等。

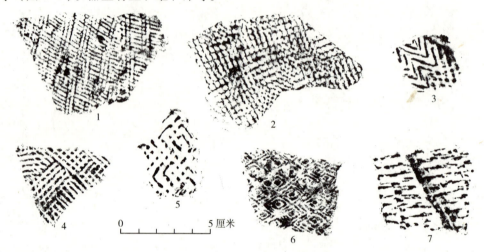

图一○　塔岗山遗址陶片纹饰拓片

1. 长方格纹　2. 方格纹　3. 曲折纹　4. 编织纹　5. 曲折纹　6. 菱格凸点纹　7. 编织纹

夹砂釜　1件。残，褐色夹砂胎。口微侈，方唇，长颈，斜肩，颈部饰直绳纹。口径 14 厘米（图一一，1）。

器座　1件。残，橙红色夹砂胎，含较粗沙粒。底足微外撇。底径 12 厘米（图一一，2）。

钵　1件。残，黄灰色胎。敛口，方唇，上腹鼓，往下渐内收，器内饰弦纹和篦点纹。口径 14.4 厘米，残高 5.4 厘米（图一一，3）。

豆　1件。残，褐色胎，烧制火候较高。喇叭形圈足底，圈足上饰戳点纹。底径 7 厘米（图一一，4）。

罐　2件。均残，灰色胎。其中一件为敞口尖唇，束颈，斜肩，肩腹部拍印曲折纹。口径 17 厘米（图一一，5）。

（二）石器

均为磨制石锛。共采集有 4 件，分三式。

Ⅰ式　1件。长身有段锛。青灰色细砂岩质地，体长而厚重。器身下近三分之一处有一凸起的段，单面直刃，背面略弧。长 7.2、宽 3.8、厚 2.2 厘米（图一一，7）。

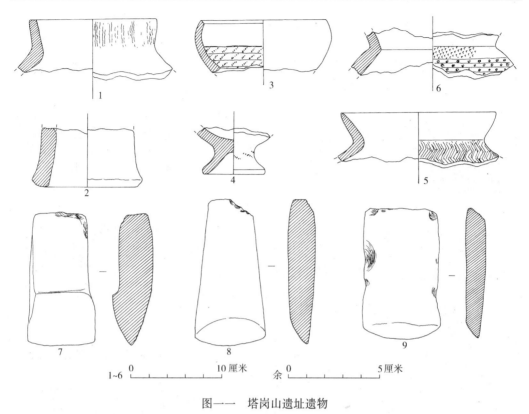

图一一　塔岗山遗址遗物

1. 夹砂釜　2. 器座　3. 钵　4. 豆　5. 罐　6. 罐　7. Ⅰ式锛　8. Ⅱ式锛　9. Ⅲ式锛

Ⅱ式　1件。长身梯形锛。灰褐色砂岩质地。单面弧刃。长7.9、宽4、厚1.4厘米（图一一，8）。

Ⅲ式　2件。长方形锛。黄灰色细砂岩。表面较为粗糙，单面凸刃。其中一件长7、宽4.4、厚1.1厘米（图一一，9）。

六　矮音洞遗址

遗址位于县城北面的一座东西约120米、南北约70米、高约40米的椭圆形山岗上，西坡较为平缓，东坡陡斜。山岗东面与马鞍山毗连，南距马坝河不足500米。陶片、石器等多暴露在地势较为平坦的山岗顶部和较缓的南坡上，分布面积约3000平方米。该遗址发现于1963年8月，同年11月省博物馆在山顶及西坡各开挖了一条1×5米的探沟。其山顶因受流水冲刷破坏，文化层极薄，下挖0.2米便已见含粗沙粒的黄色生土层，南坡地层堆积较厚：第一层为疏松的深褐色表土层，厚0.3米左右，偶尔可见到一些残石器和陶片；第二层为黄褐色文化层，厚0.2至0.5米不等，出有磨制石器和几何印纹陶；第三层为黄色生土层。

（一）陶器

分夹砂陶和泥质陶。夹砂陶仅见灰黑色夹砂陶釜；泥质陶有灰、黄、灰褐等色。拍印纹饰有方格纹、云雷纹、曲折纹等纹饰（图一二）。主要器型有罐、豆、釜等。

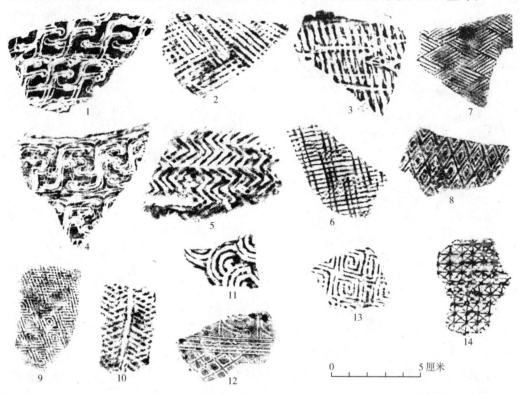

图一二　矮音洞遗址陶片纹饰拓片

1. 夔纹　2、3. 编织纹　4. 夔纹　5. 曲折纹　6. 长方格纹　7. 编织纹　8. 菱格凸块纹　9. 菱格凸点纹　10. 叶脉纹　11. 圆圈纹　12. 菱格凸块、夔纹　13. 云雷纹　14. 米字纹

夹砂釜　1件。残，灰褐色。敞口，圆唇，短束颈，斜肩。口径16厘米（图一三，1）。

罐　3件。分三式。

Ⅰ式　1件。残，灰褐色胎。敞口，斜唇，束颈，圆肩，肩腹部拍印有斜方格纹（图一三，2）。

Ⅱ式　1件。残，黄褐色胎。敞口方唇，长领，束颈，斜肩，肩腹部拍印有夔纹（图一三，3）。

Ⅲ式　1件。残，灰褐色胎。敞口，圆唇，短束颈，斜肩，肩腹部拍印有方格回字纹（图一三，4）。

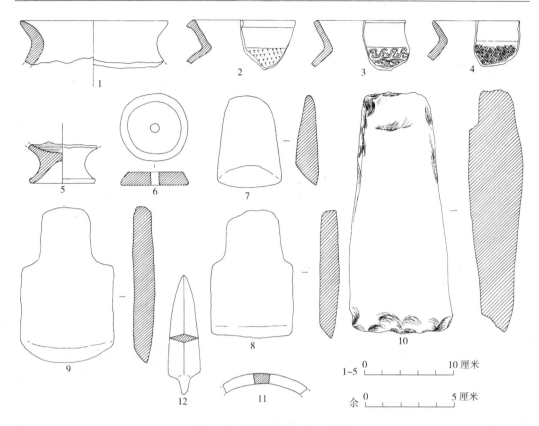

图一三　矮音洞遗址出土遗物

1. 夹砂釜　2. Ⅰ式罐　3. Ⅱ式罐　4. Ⅲ式罐　5. 豆　6. 纺轮　7. Ⅰ式锛　8. Ⅱ式锛　9. Ⅲ式锛　10. 石斧
11. 石环

豆　1件。残，灰色胎，质地坚硬。仅见残底，喇叭形圈足，内底仍残留有0.2厘米厚的浅绿色玻璃质釉，并刻饰有数道凹弦纹。足径7.2厘米（图一三，5）。

陶纺轮　1件。灰褐色胎。圆台形，底面大于顶面，中间有一圆孔。直径3.6、厚0.7厘米（图一三，6）。

（二）石器

均为磨制，以石锛为多，亦见有石斧和石环、石镞等。

石锛　5件。分三式。

Ⅰ式　3件。黄灰色细砂岩。略呈梯形，单面弧刃。其中一件长5、宽3.5、厚1.2厘米（图一三，7）。

Ⅱ式　1件。灰褐色细砂岩。带有双肩，单面直刃。长6.9、宽4.5、厚1厘米（图一三，8）。

Ⅲ式　1 件。黄褐色砂岩。带有双肩，单面弧刃。长 8.4、宽 5.2、厚 1.2 厘米（图一三，9）。

石斧　1 件。采用砾石打制而成，略作磨制加工。长身，顶端平，单面直刃。长 13、宽 5.7、厚 3 厘米（图一三，10）。

石镞　3 件。均为柳叶形，横断面呈扁菱形，铤部亦扁平。其中一件长 6.5、宽 1.8、厚 0.4 厘米（图一三，11）。

石环　1 件。残，采用青灰色页岩磨制而成，其厚度大于宽度（肉宽）。外径 7.2、宽 0.5、厚 0.9 厘米（图一三，12）。

结　语

上述六处马坝河沿岸遗址均属于"山岗遗址类型"，采集和试掘所得的遗物以陶器和石器为主。陶器大多已残碎，除少数可作复原的外，大多仅剩口沿和底足。陶器中夹砂陶占相当比重，普遍存在因烧制火候不高而易碎的情况。夹砂陶计有釜、罐、器座等器型。大部分夹砂陶表面有一层红褐色陶衣，内里因氧化不充分而呈现灰黑色，亦有部分为灰黑、橙黄色陶胎。器表多拍印绳纹、曲折纹或素面。胎质中所夹砂粒大小不匀，极少发现有掺炭现象。泥质陶可分为泥质软陶和泥质硬陶两大类，陶色有灰、灰褐、灰黑、黄褐、黄灰、深褐等诸色，器型则以罐、豆类居多。石器多喜采用当地常见的泥质板岩、砂岩、页岩等硬度较低的石料磨制而成，以长条形和梯形的各式石锛居多，其次是石镞，罕有石斧发现。此外，还有石镰、石环、石凿等器型。

由于遗物大多采集自地表，缺乏科学的层位关系，故在此只能凭借器物的纹饰和形制予以粗略的分期。从石器的类型和形制看，圆墩岭所出的 Ⅱ 式镞，水阁岭所出的石环，下边山所出的 Ⅱ 式镞，摇松岭所出的梯形石锛，矮音洞所出的石环等，与曲江鲇鱼转、马蹄坪遗址和韶关走马岗遗址所出土的石器特点相同。此外，水阁岭和矮音洞所出的陶纺轮，塔岗山所出的夹砂釜等，亦与鲇鱼转、马蹄坪和走马岗遗址所出土的陶器存在极大的相似性，从地域上亦接近，故判断它们应属于同一时期的文化遗存[①]。而类似下边山遗址出土的陶器座、夹砂釜、石刀、Ⅰ式锛、塔岗山遗址出土的Ⅰ式锛、圆墩岭遗址出土的鼎足和石环等器物，则可以从石峡遗址中文化层所出土的器物中找到相似的器型[②]。尤其是圆墩岭采集到的腰鼓形夹砂器座和内缘凸棱石环，与石峡遗址②B 层所出的同类器物基本一致[③]。上述遗址与石峡遗址的距离介于数百米至数里之间，故而判断它们应与石峡文化存在极为密切的关系，至少包含有石峡中文化层的文化堆积，年代上相当于夏商时期。

上述遗址所出土的绝大多数陶器遗物，尤其是拍印几何印纹组合陶器，多属火候较高的泥质硬陶。如下边山摇松岭、水阁岭、圆墩岭遗址所采集到的罐、豆等器物，与石峡遗址上文化层和博罗银岗遗址第一期遗存相比较，具有较多相同或相近之处，因而普遍认为其在年代上应属于西周至春秋时期。尤其是摇松岭采集的 6 件豆，圈足部位均刻划有符号，与博罗横岭山春秋墓地出土的原始瓷豆和陶豆，无论在制法、质地、形式还是刻划符号等方面均极为相近，如出一辙，反映了当时粤北与粤东两地之间制陶的交流和影响。过去广东发现的这类遗址往往伴有青铜器发现，可能由于仅是地表采集的原因，上述遗址目前暂时未发现有青铜器，这一现象有待今后正式发掘时证实。

可能由于未做正式的考古发掘，上述遗址中尚未发现属于年代更早些的"前石峡文化"时期文物。同样，遗址中米字纹、水波纹、篦点纹等典型战国时期纹饰特征的陶片亦发现极少。因而，我们认为，上述遗址的文化内涵在时间上大致介于新石器晚期至春秋战国时期，根据遗址所采集和试掘的遗物以夔纹陶及组合印纹陶为主流这一现象，可以看出它们以西周至春秋时期的文化堆积为主。

上述马坝河沿岸山岗遗址，相对高程在 20 米至 50 米之间，且均距离马坝河较近。结合对遗址周围的环境考察，不难发现这些遗址点在当时应该是较适宜人类居住的，因而极可能是当时人们的生活居住遗址。从遗址上采集和试掘而获得的遗物在年代上跨度较长，并存在一定的时间延续性，这些都反映了数千年来的人类定居情况。此外，通过对石器和陶片的比较，不难发现各遗址间的文化内涵还存在着极大的相似性和联系，相信随着今后考古工作的进一步深入，上述马坝河沿岸山岗遗址的地层堆积关系、文化内涵及相互间的联系会得以弄请楚的，这将对我们进一步认识了解粤北地区新石器晚期至春秋战国时期的遗址特色和文化内涵提供重要的依据和参照。

注　释:

① 广东省文管会等:《广东曲江鲶鱼转、马蹄坪和韶关走马岗遗址》,《考古》1964 年 7 期。

② 广东省博物馆等:《广东曲江石峡墓葬发掘简报》,《文物》1978 年 7 期。

③ 朱非素:《试论石峡遗址与珠江三角洲古文化的关系》,《广东省文物考古所建所十周年文集》, 岭南美术出版社, 2001 年。

香港元朗上白泥虎地凹遗址
2003年度发掘简报

香港考古学会、深圳市博物馆

英文提要 From this excavation came post holes, houses, draining ditches, trash pits, tombs and other early remains. Among them were found more than five thousand pottery fragments of sandy or clay together with 97 stone implements and stone materials. These finds are presumed to be early Shang Dynasty or earlier. The remains of houses and draining ditches provide important materials for the research of settings of the early human inhabitants in HongKong. It is suggested that the pair of large stone ax（yue）must be used as ritual objects and a symbol of power.

前言

虎地凹遗址位于香港新界元朗区西部厦村乡上白泥村虎地凹山的山坡上，海拔8.5～15.2米，为一山岗遗址。遗址西、北临深圳湾，现距海仅400多米，东、西两边各有一条溪流自南向北流入海，深湾路在其北面由东向西而过。从地理环境观察，这里前可渔、后可猎、旁可耕，是古人比较理想的居所（图一）。在深圳湾南岸虎地凹遗址的附近还发现有不少的遗址，其东及东北面有鳌磡石山岗遗址、方家园沙丘遗址、北帝庙山岗遗址、坑口村山岗遗址、扫管仔山岗遗址等，其西及西南面有吴家园沙丘遗址、浪濯村山岗遗址、陈家园沙丘遗址等①，这些遗址大体都具有与虎地凹遗址相近似的地理环境，主要的文化遗物的时代均在新石器至青铜时代。

虎地凹遗址于1997年6月由区家发考古调查队在元朗地区进行考古普查时发现，当时在其坡地高阜处勘查试掘，开1米×2米探沟两条，发现有"夔纹硬陶类型"的文化遗物。1999年6月区家发考古调查队对该遗址进行复查，并开2米×2米和1米×2米探沟各2条，而且确定了遗址的实际面积最少有30000多平方米，采集及试掘所得遗物有夹砂粗陶片、泥质几何印纹陶片、磨光石器、器坯、石料、石片、汉代青铜镜的残片等，另外在探沟T1L3下发现房屋遗迹一处（F1）。复查者认为这个遗址是"香港

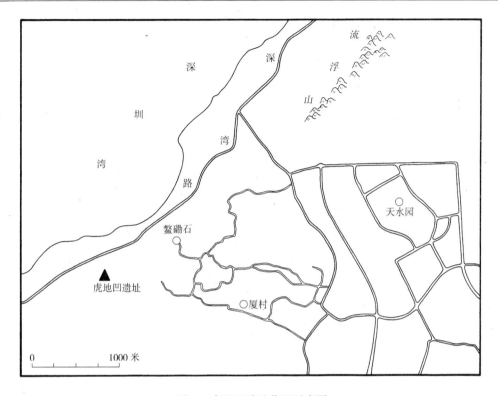

图一　虎地凹遗址位置示意图

地区目前已知的最重要的山岗遗址之一"，文化层的年代为新石器晚期至青铜时代[2]。

　　为对这一重要遗址的文化内涵有更多的了解，香港考古学会经香港特区政府古物古迹办事处资助和批准发掘此遗址，作为 2002——2003 年度和 2003——2004 年度的重点考古研究项目。这两个重点考古研究项目的发掘，在 2003 年中分两次进行。第一次发掘始于 2003 年 1 月 6 日，终于 1 月 29 日，共发掘 5 米×5 米探方 2 个（T1、T2），1 米×2 米探沟 7 个（T3～T9），2 米×2 米探沟 1 个（T10），其中 T2 因发现 G1 而向西扩方 1 米×5 米，T9 因发现柱洞而向南扩方 0.5 米×1 米，这次共发掘面积 73.5 米²。第二次发掘始于 2003 年 11 月 1 日，终于 11 月 30 日，共发掘 5 米×5 米探方 3 个（T11～T13），其中 T12 因发现 M3 而向北扩方 2 米×0.5 米，这次共发掘面积 76 米²。2003 年的两次发掘共发掘面积 149.5 米²。从遗址的分布范围看，2003 年发掘所布的探方和探沟在遗址的中部和东南部（图二；图版八，1）。

一　地层堆积

　　根据土质、土色和包含物可以看出，2003 年发掘的 13 个探方（探沟）中，除 T3、

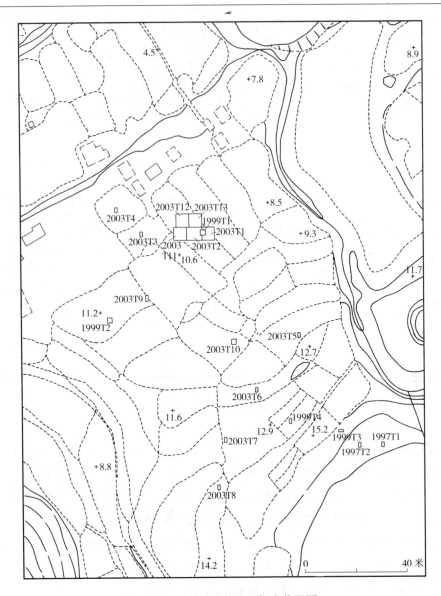

图二　虎地凹遗址探沟、探方位置图

T5、T10 的地层堆积略为特殊外，T1、T2、T4、T6、T7、T8、T9、T11、T12、T13 的
地层堆积情况完全一致。后 10 个探方 / 探沟的地层在生土层以上都可分为三层，L1 为
耕土层（有的探沟据土质土色的变化可分为 L1A、L1B 两个小层）；L2 为扰乱层，此
层中除出有夹砂粗陶片、泥质几何印纹陶片、磨制石器外，还见战国时期的米字纹灰硬
陶片、方格纹红硬陶片、弦纹灰硬陶片，宋代的影青瓷片、青黄釉瓷片、龙泉窑青瓷
片，以及明清时期的青花瓷片、酱釉陶片等；L3 为文化层，出夹砂粗陶片、泥质几何

印纹陶片和磨制石器等。

T3 的 L1 为耕土层；L2 除出有夹砂粗黑陶片、泥质灰色印纹陶片外，还出有宋代的影青瓷片、灰陶片和明代的青花瓷片，此层的性质应为扰乱层，同 T1 等 10 个探方／探沟的 L2 层；L3 出少量泥质印纹陶片和较多的夹砂粗陶片，应为文化层；L4 出少量的夹砂粗陶片，也应为文化层。L3 和 L4 所出夹砂粗陶片的陶质陶色没有明显的区分，这两层应该相当于 T1 等 10 个探方／探沟的 L3 层。

T5 的 L1A 和 L1B 为耕土层，L2 则出土了一片宋代的红瓦碎片，L2 层下就是黄褐色黏土的生土层。T5 位于遗址区的东头，在遗址东边溪流的西岸边上，从发掘的情况来看，这里可能已不是遗址的分布范围。

发掘 T10 是因为村民在此处挖水塘时挖出过汉代的青铜镜和陶器，可能有汉代的墓葬。L1 为挖水塘时翻上来的土，除出有明、清时期的遗物外，还见夹砂粗陶片、泥质印纹陶片、石环及一片东汉铜镜的残片；L2 应为耕土层，不见遗物；L3 出夹砂粗陶片、泥质印纹软陶片，但也见晚期的陶瓷片，此层应为扰乱层，同 T1 等 10 个探方／探沟的 L2。L3 下没有发现墓葬的迹象，故而未再向下挖。

现以 T2 西壁剖面（图三）、T13 西壁剖面（图四）和 T4 西壁剖面（图五）为例说明地层堆积情况。

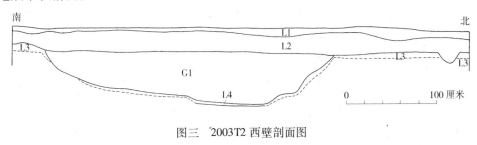

图三　2003T2 西壁剖面图

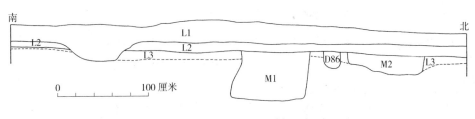

图四　2003T13 西壁剖面图

T2L1：耕土层。灰色沙土，土质松软，厚 2～14 厘米。出夹砂粗陶片、磨制的石锛，宋代的灰陶片，明代的青花瓷片、酱釉陶片、红瓦碎片以及清代的青花瓷片。

T2L2：扰乱层。黄褐色沙黏土，土质软，厚 10～27 厘米。出有夹砂粗陶片、泥质

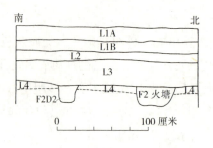

图五 2003T4 西壁剖面图

印纹陶片、石戈、石锛、石镞、砺石、石片,战国时期的米字纹硬陶片,宋代的影青瓷片、龙泉窑瓷片、青黄釉陶片、灰瓦碎片,明代的青花瓷片、青瓷片、红瓦碎片、酱釉陶片以及清代的酱釉陶片。

T2L2 下压着 G1 和 L3。

G1 被 L2 所压,打破 L3,填土为灰黑色沙黏土,土质较硬。出土有大量的夹砂粗陶片和少量泥质印纹陶片,另外还出石锛、石钺、石镞、石砧、砺石、石环、石环芯、石料和石片等。

T2L3:文化层。灰褐色沙黏土,土质较硬。因为 G1 打破 L3,为保存 G1,L3 没有清理完。出土物有较多的夹砂粗陶片和几片泥质印纹陶片,此外还有石矛、石锛的残片等。

T2L3 下为黄褐色黏土的生土层。

T13L1:耕土层。灰色沙土,土质松软,厚 7～20 厘米。出夹砂粗陶片、磨制的石锛、石环,明、清时期的青花瓷片、酱釉陶片、红瓦碎片等。

T13L2:扰乱层。黄褐色沙黏土,土质软,厚 0～6 厘米。出有夹砂粗陶片、泥质印纹软陶片、石环芯,清代的酱釉陶片等。

T13L2 下压着 M1、M2、D86 和 L3。

M1、M2 和 D86 被 L2 所压,打破 L3,它们的填土均为灰黑色沙黏土,土质较硬,且填土中均出有夹砂粗陶片。另外 M1 的填土中出一件残损的石环和一片石片,M1 随葬有两件石钺、一块大石块。

T13L3:文化层。灰褐色沙黏土,土质较硬。因为有墓葬、柱洞等遗迹打破 L3,为保存这些遗迹,L3 没有清理完。出土物有较多的夹砂粗陶片和几片泥质印纹陶片等。

T13L3 下为黄褐色黏土的生土层。

T4L1:耕土层。根据土色的变化,可以分为两个小层。L1A 为灰黑色沙土,土质松软,厚 13～18 厘米,出有一片几何印纹陶片,还见近现代的陶瓷片。L1B 为灰色沙土,土质软,厚 10～13 厘米,出有一片夹砂粗陶片和一片泥质几何印纹陶片,另还出宋代的影青瓷片，明代的青白瓷片、酱釉陶片以及清代的酱釉陶片。

T4L2：扰乱层。黄褐色沙黏土，土质软，厚 7～11 厘米。出有夹砂粗陶片、石锛，战国时期的方格纹硬陶片和弦纹灰色硬陶片，宋代的青黄釉瓷片。

T4L3：文化层。灰褐色沙黏土，土质较硬，厚 20～28 厘米。出有夹砂粗陶片、石锛残件和石环残件。

T4L3 下压着一个房基（F2），发现该房基的两个柱洞（F2D1、F2D2）和一个火塘（F2 火塘），火塘和柱洞内的填土均为黑灰色沙黏土，火塘内出有夹砂粗陶片。

T4L3 下为黄褐色黏土的生土层。

二　遗　迹

在 2003 年的发掘中，发现的遗迹有柱洞、房基、排水沟、灰坑和墓葬等（图六）。

1. 柱洞

共有 90 个，编号为 D1～D88、F2D1、F2D2。这些柱洞除了 D87、D88、F2D1 和 F2D2 开口于 L3 下，打破生土层外，其余的都是开口于 L2 下，打破 L3。有一半多的柱洞填土中出有夹砂粗陶片，另外 D8 出有一件石坯件，D25 出有一件石环芯，特别值得注意的是 D57 底部出有一件椭圆饼状的石柱础（图版一〇，7）。柱洞口部基本为圆形或椭圆形，底部呈锅底状或平底，但是柱洞口部直径的大小和柱洞的深浅有差别。现举例说明（图七）：

D17　口部为椭圆形，底部呈锅底状。口径 20～24、深 28 厘米。填土中出有 1 片夹砂粗陶片。

D23　口部为椭圆形，平底。口径 24～30、底径 16、深 55 厘米。填土中出数片夹砂粗陶片。

D55　口部近圆形，底部呈锅底状。口径 10、深 7 厘米。填土中无遗物出土。

D57　口部为椭圆形，平底。口径 22～26、底径 20、深 17 厘米。填土中出有十余片夹砂粗陶片，柱洞底部出一件石柱础。

D63　口部近圆形，底部呈锅底状。口径 47、深 14 厘米。填土中无遗物出土。

D66　口部近圆形，平底。口径 17、底径 14、深 10 厘米。填土中出有 1 片夹砂粗陶片。

D69　口部近圆形，平底。口径 24、底径 19、深 17 厘米。填土中出有数片夹砂粗陶片。

D74　口部为椭圆形，平底。口径 17～21、底径 13、深 29 厘米。填土中无遗物出土。

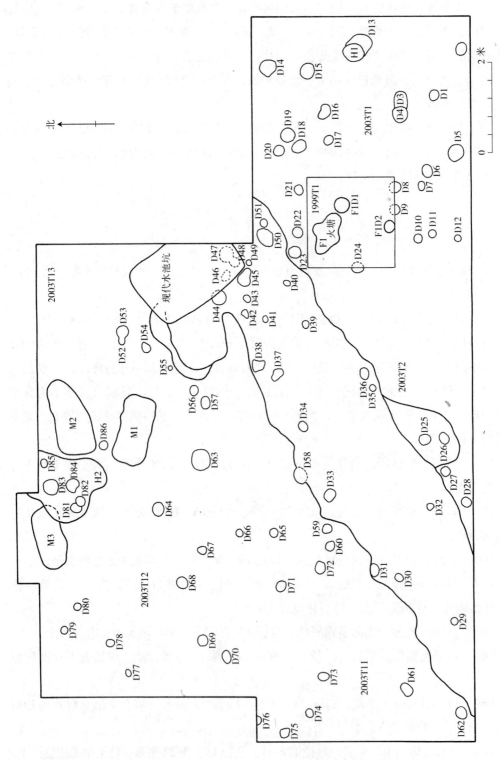

图六　2003T1、T2、T11～T13 平面图

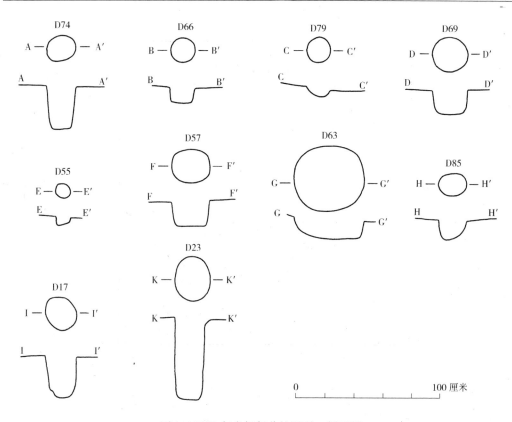

图七 2003 年发掘部分柱洞平、剖面图

D79 口部近圆形，底部呈锅底状。口径 16、深 5 厘米。填土中无遗物出土。

D85 口部为椭圆形，底部呈锅底状。口径 15～19、深 14 厘米。填土中无遗物出土。

2. 房基

2003 年的发掘中，能够确定无疑的房基有 1 个（编号为 F2），另外根据柱洞排列的疏密，大体可以确定的房基有 3 个（编号为 F3、F4、F5）。因为 1999 年发掘的 F1 没有发表过，在这里也一并加以介绍。

F1 发现于 1999 年试掘的 T1 中，被 L3 所压，打破生土层。由于没有扩方，房基的大小和形制不太清楚，现仅见两个柱洞（F1D1、F1D2）和一个火塘（F1 火塘）（图八；图版八，2）。两个柱洞呈西南——东北向排列，相距 88 厘米。F1D1 在 F1 火塘的西北 7 厘米处，F1D2 在 F1 火塘的北面 100 厘米处。柱洞内填土为灰黑色，有夹砂粗陶片出土。柱洞均口大底小，圆口斜壁平底。F1D1 口径 32、底径 25、深 20 厘米；F1D2 口径 26、底径 19、深 13 厘米。F1 火塘呈长十字形，平口斜壁，底部呈波浪状。填土为深黑色，出有炉箅残块 12 条和不少釜（罐）类的夹砂粗陶片。F1 火塘最长 96 厘米，

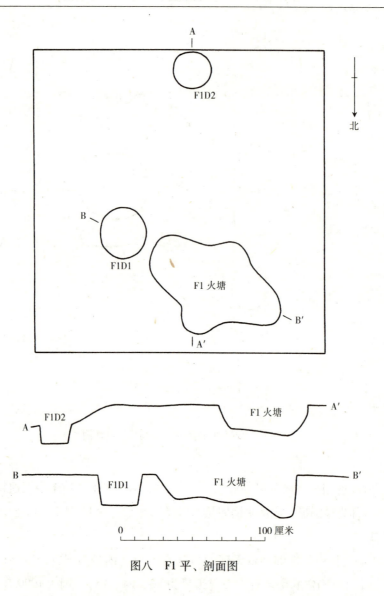

图八　F1 平、剖面图

最宽 66 厘米；西北面最深，有 28 厘米；东南面最浅，仅有 16 厘米。推测 F1 应该是一座平地起建用柱子支撑架搭的框架式茅屋。

　　F2　发现于 2003 年发掘的 T4 中，被 L3 所压，打破生土层。由于没有扩方，房基的大小和形制不太清楚，现仅见两个柱洞（F2D1、F2D2）和一个火塘（F2 火塘）（图九）。两个柱洞呈东——西向排列，相距 62 厘米。F2D1 在 F2 火塘的东南 70 厘米处，F2D2 在 F2 火塘的南面 52 厘米处。柱洞内的填土为灰黑色，无遗物出土。柱洞略呈口大底小的锅底状，口部略呈椭圆形。F2D1 已经清理的部分口径最长 30 厘米，深 11 厘米；F2D2 已经清理的部分口径最长 22、深 14 厘米。F2 火塘的口部西北宽东南窄，底

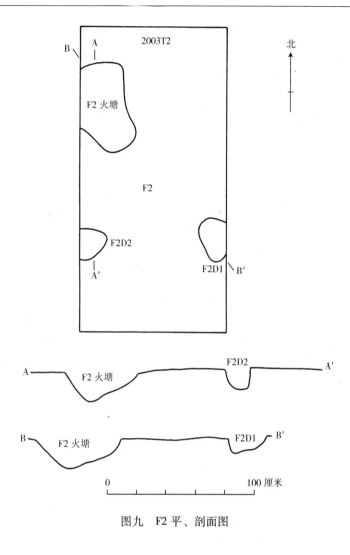

图九　F2 平、剖面图

呈锅底状，填土为深黑色，出夹砂粗陶片 20 多片。已经清理的部分口部最长 60、最宽 48、深 20 厘米。推测 F2 应该与 F1 一样，是一座平地起建用柱子支撑架搭的框架式茅屋。

F3　因为 D1～D12 这 12 个柱洞排列比较集中，推测它们可能属于一个房子，这个房子编号为 F3（图一〇）。D1～D12 分布于 2003T1 的南部，均开口于 L2 下，打破 L3。其中 D4、D8、D11、D12 的填土中出有夹砂粗陶片，D8 的填土中还出有一件石英环坯。因为 2003T1 没有向南部扩方，F3 的形制还不是很清楚。但是从已经清理的可能有关联的 12 个柱洞的排列来看，F3 大致为一座用柱子支撑平地架搭的长条形房子，长度应该在 4 米以上，宽度在 2 米以上。

F4　因为 D14～D21 这 8 个柱洞排列比较集中，推测它们可能属于一个房子，这个房子编号为 F4（图一一）。D14～D21 分布于 2003T1 的北部，开口于 L2 下，打破 L3。其中 D14、D15、D17、D18、D19 的填土中出有夹砂粗陶片。因为 2003T1 没有向北部扩方，F4 的形制还不是很清楚。但是从已经清理的 8 个柱洞的排列来看，中间有 3 个柱洞（D18～D20），外围有 5 个柱洞（D14～D17、D21），F4 可能为一座用柱子支撑平地架搭的圆形房子，从目前发掘的情况来看，F2 的直径在 3 米以上。

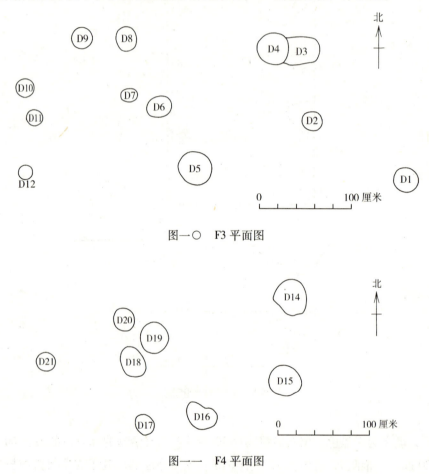

图一〇　F3 平面图

图一一　F4 平面图

　　F5　因为 D63～D71 这 8 个柱洞排列相对比较集中，推测它们可能属于一个房子，这个房子编号为 F5（图一二）。D63～D71 分布于 2003T11 的北部和 2003T12 的南部，均开口于 L2 下，打破 L3。其中 D64、D65、D66、D68、D69、D70 的填土中出有夹砂粗陶片。从这可能有关联的 8 个柱洞的排列来看，F5 大致为一座用柱子支撑平地架搭的长条形房子，长度应该近 5 米，宽度近 3 米。

　　3. 排水沟

　　排水沟有 1 条，编号为 G1（图一三）。G1 已经清理的部分位于 2003T11 的东南部、

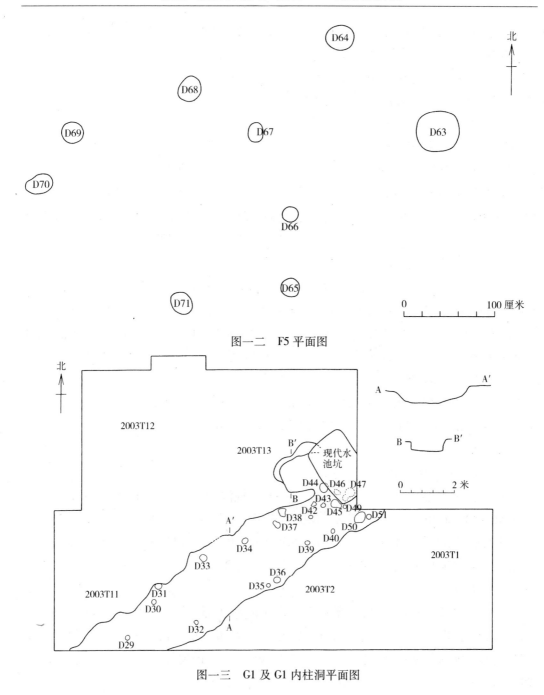

图一二　F5 平面图

图一三　G1 及 G1 内柱洞平面图

2003T2 和 2003T1 的西北部、2003T13 的东南部，其东北部有一部分被一个现代水池坑所破坏。G1 开口于 L2 下，打破 L3，是一条西南高东北低，水流由西南流向东北方向的排水沟，这条水沟包括一个与水沟主体相连的蓄水池。由于 G1 的延伸比较直，而且沟壁大部分也比较直（有的地方沟壁与沟底几呈 90 度角），所以应该是由人工开掘的。G1 主体部分已经清理的长度是 12.2、口部宽 2～2.6、深 0.3～0.6 米。由于发掘面积所限，G1 伸延的长度不得而知，但是距离已经清理部分的东北端 10 米左右就是古泻湖，估计 G1 向东北方向伸延的长度最多 10 多米。

G1 东北部的蓄水池略呈口大底小的圆角长方形，其东部被一个现代水池坑所破坏，东南部与 G1 的主体部分相连，底部略低于 G1 的主体部分。口部长约 1.9、宽约 1.5 米左右，底部残长约 1.3、宽约 1.3、深 0.47 米。蓄水池中与 G1 的主体部分中填土的土质、土色一样，而且出土的遗物也分不出时代的早晚。因此，蓄水池与 G1 的主体部分应该是一体的一个遗迹单位。G1 的填土为灰黑色，出有大量的遗物，有夹砂粗陶片 2000 余片，泥质几何印纹陶片 70 余片，石锛、石镞、石钺、砺石、石环、石砧、穿孔石器等石器 20 余件，还有石料、石片 20 余件。

在 G1 的底部有 23 个柱洞（D29～D51），其中 D31、D32、D33、D38、D41、D43、D44、D45、D47、D51 的填土中出有夹砂粗陶片。这些柱洞的填土与 G1 的填土的土质、土色一样，而且出土的遗物也分不出时代的早晚，所以这些柱洞与 G1 的时代应该大体一致。根据这 23 个柱洞的分布情况，大体可以把它们分为两组，D29～D43 为一组，这些柱洞大体都是沿着 G1 的沟边分布，可能与沿着 G1 沟边的建筑有关；D44～D51 为一组，这些柱洞联起来横切 G1，可能与水闸设施有关。而水闸和蓄水池应该是在排水沟水量少的情况下，当时的居民用来储存水用的（图版九，1）。

4. 灰坑

2 个，编号为 H1、H2。

H1　位于 2003T1 东部，开口于 L2 下，打破柱洞 D13 和 L3。H1 为椭圆形袋状坑，口径 40～48、底径 32、深 50 厘米。出夹砂粗黑陶片 6 片、夹砂粗红陶片 8 片、石镞 1 件、宋代的砖 3 块（2 块残）。此坑的时代应为宋代。因为 H1 打破柱洞 D13，而 D13 中出有不少夹砂粗陶片，故而 H1 中时代早的夹砂粗陶片和石镞有的可能是原来柱洞 D13 中的遗物。

H2　位于 2003T12 的东北部和 2003T13 的西北部，开口于 L2 下，打破 M3 和 L3。因为 2003T13 没有向北扩方，H2 的整体形制和大小不很清楚。H2 已经清理的部分呈不规则形，壁较直，底较平。口部最长约 1.8、最宽约 1.4、深 0.12 米（图一四）。

H2 的填土为黑色，出有夹砂粗陶片 200 多片，还出一件石锛。陶片中可以看出的器形多为炉箅，另外还有支座、釜（罐）和豆等。

5. 墓葬

3 座，编号为 M1、M2、M3。

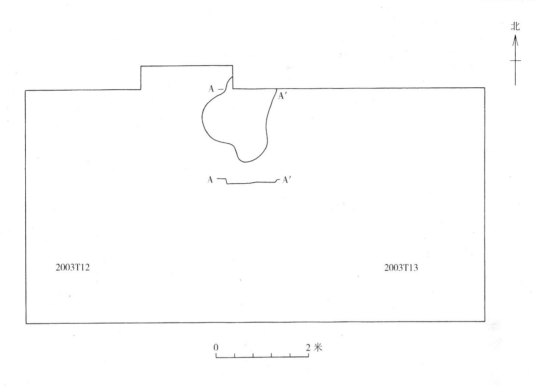

图一四　H2 平、剖面图

M1　位于 2003T13 的西部，开口于 L2 下，打破 L3。M1 为圆角长方形竖穴土坑墓，方向为北偏西 77°。墓壁略斜直，墓底平。口部长 1.52、宽 0.7、底部长 1.51、宽 0.73 米左右，最深 0.47 米（图一五；图版九，2）。墓中的填土为灰黑色，填土中出有 60 多片很碎的夹砂粗陶片、一件残石环（M1：4）和一片石片。墓葬的随葬品有两件石钺（M1：1、M1：2）和一块大石块（M1：3）。M1：1 位于墓葬的东头；M1：2 和 M1：3 位于墓葬的西部，M1：3 压着 M1：2 的一角。

M2　位于 2003T13 的西北部，开口于 L2 下，打破 L3。M2 不太规则，大体近似圆角长方形竖穴土坑墓，方向为北偏西 108°。口部最长 1.75、最宽 0.85 米。底部西浅东深，最深 0.30 米（图一六）。墓中的填土为灰黑色，填土中出有 100 多片很碎的夹砂粗陶片。无随葬品。

M3　位于 2003T12 的北部，开口于 L2 下，打破 L3。M3 大体为圆角长方形竖穴土坑墓，方向为北偏西 106°。墓壁较直，墓底近平。口部最长 1.40 米、最宽 0.68 米，底部最长 1.37 米、最宽 0.52 米左右，最深 0.52 米（图一七）。墓中的填土为灰黑色，填土中出有 100 多片很碎的夹砂粗陶片和一件残损严重的石钺（？）。无随葬品。

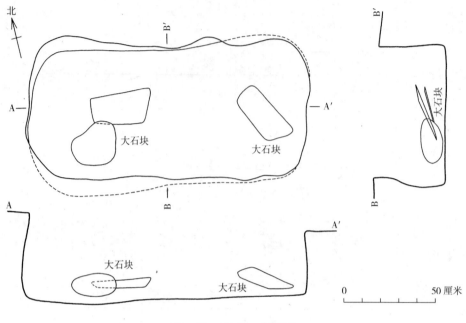

图一五　M1 平、剖面图

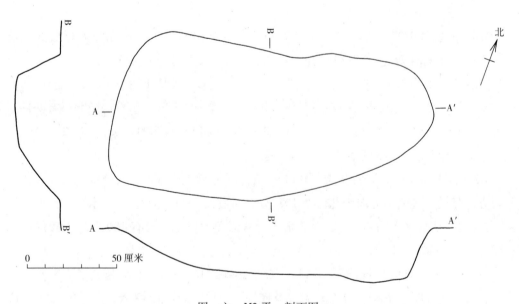

图一六　M2 平、剖面图

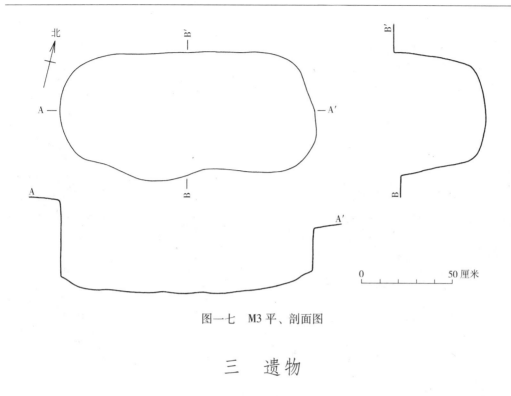

图一七　M3 平、剖面图

三　遗　物

虎地凹遗址 2003 年度发掘及采集的遗物，除有早期的夹砂粗陶、泥质陶及石器外，还有少量战国前后、汉代、宋代及明清等时期的遗物，本文只介绍早期的遗物。

早期遗物有陶器和石器两大类。

1. 陶器

基本没有完整器，共出陶片 5200 余片，可分为夹砂粗陶和泥质陶两类。夹砂粗陶有黑陶和红褐陶两种，泥质陶有灰陶和红陶两种。各种陶所占比例以 G1 中所出为例，G1 中一共出土陶片 2324 片，其中夹砂黑陶占 57.2%，夹砂红褐陶占 39.6%，泥质灰陶占 3%，泥质红陶占 0.2%。

（1）夹砂粗陶　夹砂粗陶均以比较粗的沙粒为羼和料。除器座和炉箅残块较厚外，其余陶片大都胎壁不厚，多在 1 厘米左右。夹砂黑陶片基本胎表同色，但往往黑中夹有灰色、灰褐色和灰白色，纯黑者少；夹砂红褐陶片除少量胎表同色（主要为器座残块），多为红褐表灰黑胎。烧造火候不太高，手制，口沿轮修。陶片多磨损，多数陶片表面有无纹饰难以分辨。可以清晰分辨纹饰的陶片有 9 片附加堆纹，7 片划纹，百多片陶片上有较清晰的粗绳纹或细绳纹（图一八，1、2）。其余陶片除素面外，还有不少陶片上面似有若隐若现的绳纹或划纹，但不能确定。可看出的器形有釜（罐）、豆、三足器足、钵、器座、炉箅和纺轮等。

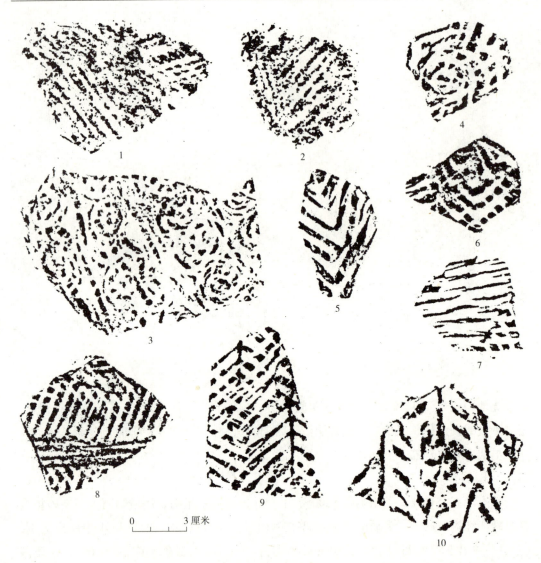

0 　　　　3厘米

图一八　陶器纹样拓片

1、2. 绳纹　3、4. 卷云纹　5、6、8. 曲尺纹　7. 篮纹　9、10. 叶脉纹

釜（罐）　数量最多。从口沿特征来看，分三型。

A 型　宽折沿尖圆唇或方唇，沿部略外凸似盘口。G1：58，尖圆唇，红褐表黑胎。沿宽6.4、沿厚0.9～1.4厘米（图一九，1）。

B 型　斜直沿，沿有宽有窄，圆唇或方唇。G1：61，宽沿，圆唇，黑陶。沿宽5.2、厚0.6～1.2厘米（图一九，2）。G1：95，宽沿，圆唇，黑陶。沿宽5.8、厚0.5～1.0厘米（图一九，3）。G1：60，沿较窄，方唇，红褐表黑胎。沿宽4.5、厚0.7～1.2厘

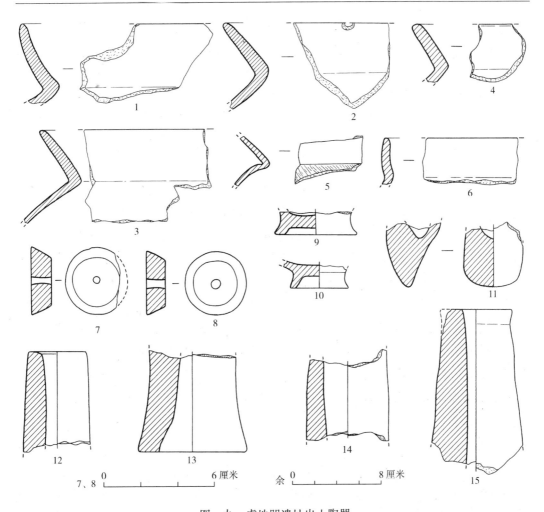

图一九　虎地凹遗址出土陶器

1～6. 釜（罐）（G1：58、G1：61、G1：95、G1：60、G1：57、G1：59）　7、8. 纺轮（T12L2：72、T12L3：79）
9、10. 豆（T2L2：31、G1：48）　11. 三足器器足（T2L2：30）　12～15. 器座（H2：1、T4L3：6、G1：49、
G1：51）

米（图一九，4）。

　　C 型　直沿圆唇。G1：59，红褐表黑胎。沿宽3.5、沿厚0.8厘米（图一九，6）。

　　豆　豆的圈足部较完整的有6件。T2L2：31，红褐表黑胎，矮圈足外撇。底径7.5、厚1.0～1.2厘米（图一九，9）。G1：48，黑陶，矮圈足略外撇。底径5.2、厚0.6～1.1厘米（图一九，10）。

　　三足器器足　1件（T2L2：30）。黑陶，从形制看应为一个三足器的扁足。残长5.8、宽5.4、厚4.2厘米（图一九，11）。

器座　多为小碎块，较为完整的有近 10 件。均为红褐陶，器体中空。H2：1，下部已残缺。沿部较直，器体中部略粗于器体上部，素面。口部外径 5.2、内径 2.6、残高 9、壁厚 1.4～2.0 厘米（图一九，12）。T4L3：6，上部已残缺。足下部外撇，素面。底外径 9.8、内径 6、残高 9、壁厚 1.9～2.7 厘米（图一九，13）。G1：49，为器座的中部，外壁较直，素面。外径 7～7.4、内径 3.8～4.2、残高 8.1、壁厚 1.3～1.8 厘米（图一九，14）。G1：51，下部已残缺。口沿外壁加厚，口沿以下由细逐渐加粗，素面。口部外径 6.4、内径 2.6、残高 14.6、壁厚 2.1～3.3 厘米（图一九，15）。

炉箅　素面无纹，多为椭圆柱或方柱状的小碎块，能看出一定形状的有近 10 件。T11L3：71，浅红褐色，残存形状略呈长方形，中部有一个椭圆形的箅孔和一个三角形的箅孔，为炉箅的一个边角。从残存部分来看，这个炉箅的整体形制应该呈圆角长（正）方形。残长 19 厘米，残宽 14、厚 5 厘米左右，箅条宽 3 厘米左右（图版一〇，1）。G1：50，黑色，残存形状略呈 T 形，为炉箅的转角处。箅条残长 9、残宽 3.5、厚 4 厘米（图版一〇，2）。

纺轮　2 件。均为黑陶，圆饼状，中部有一个圆形小穿孔，截面呈梯形。T12L2：72，有少部分残缺。一面直径为 2.6、一面直径为 3.6、穿孔直径 0.4 厘米（图一九，7）。T12L3：79，一面直径为 2.4、一面直径为 3.4、穿孔直径 0.5 厘米（图一九，8）。

（2）泥质陶　数量不多，共 152 片，其中灰陶 145 片，红陶仅 7 片。均表胎同色，不加羼和料。胎壁薄，多在 0.4～0.7 厘米之间。火候不太高，手制，口沿轮修。所饰纹饰（图一八，3～10）曲尺纹占 42.1%，篮纹占 38.2%，卷云纹占 9.9%，叶脉纹占 3.3%，素面陶片占 6.6%。无完整器，均为破碎的陶片。只有 1 件罐（G1：57）的口沿部位形制大致清楚，其口沿为斜折沿，束颈，肩部上耸略高于颈部，灰陶，肩部饰篮纹（图一九，5）。

2. 石器

有锛、矛、镞、钺、戈、砧、砺石、环、环芯、玦、穿孔残石器、柱础、尖状器等，另外还有坯件、石料和石片等（附表一）。这里发现的矛、镞、钺、戈等均通体磨光，不存打琢痕迹。可能当时制作石器已经采用先制作板材，再切割成胚，再加磨的新工艺，这与早期先打琢成胚再加磨而常常器身上存留有打琢痕迹的制作石器的方法是有别的。

石锛　25 件。通体磨光，能看出总体形制特征的有 13 件，其余多为锛的单面刃部的残块。根据形制特征分三型。

A 型　6 件。长身，上窄下宽略呈梯形，单面刃，刃部直或微弧。采：10，灰色细砂岩，上有少量崩痕。长 6.4、宽 4.4、厚 1.4 厘米（图二〇，1）。G1：34，灰色细砂岩，刃部和顶部残缺。长 6.5、宽 4、厚 1.7 厘米（图二〇，2）。T11L1：65，灰色泥质

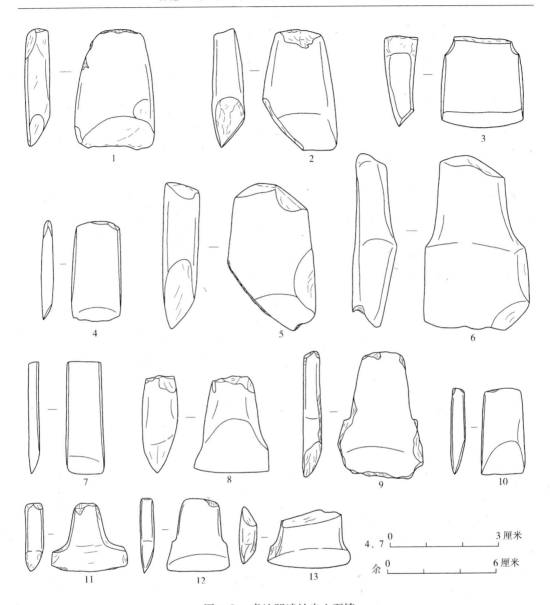

图二〇　虎地凹遗址出土石锛

1. 采:10　2. G1:34　3. G1:35　4. T11L1:65　5. T4L2:4　6. T2L2:18　7. G1:89　8. T11L2:69　9. H2:4
10. G:90　11. 采:9　12. G1:91　13. G1:33

板岩，顶部和刃部微残。长 2.6、宽 1.3、厚 0.3 厘米（图二〇，4）。T4L2:4，灰色细砂岩，部分残缺。残长 7.8、宽 4.7、厚 2 厘米（图二〇，5）。G1:89，灰色泥质板岩。长 3.0、宽 1.0、厚 0.3 厘米（图二〇，7）。G1:90，灰色泥质板岩，顶部微残。长 4.6、宽 2.4、厚 0.7 厘米（图二〇，10）。

B 型　6 件。双肩石锛，单面刃，柄部两侧内收呈双肩。G1：35，灰色细砂岩，上部残。残长 4.8、最宽 4.5、厚 1.8 厘米（图二○，3）。T11L2：69，灰色细砂岩，顶部残。残长 5.2、最宽 4.1、厚 1.9 厘米（图二○，8）。H2：4，灰黑色细砂岩，部分残缺。残长 6.6、最宽 4.7、厚 1.0 厘米（图二○，9）。采：9，黄色细砂岩，上有少量崩痕。长 3.7、最宽 4.1、厚 1.0 厘米（图二○，11）。G1：91，灰色细砂岩，顶部略残。长 3.9、最宽 3.5、厚 0.7 厘米（图二○，12）。G1：33，灰色细砂岩，上部残。残长 3.1、最宽 4.4、厚 0.9 厘米（图二○，13）。

C 型　1 件（T2L2：18）。黄色细砂岩，双肩有段，器物一面中部隆起把器物分成两段，柄部两侧内收呈双肩。刃部残。残长 9、最宽 5.8、最厚 2.3 厘米（图二○，6）。

石钺　5 件。2 件完整，3 件残甚。M1：1，灰色板岩，通体磨光，两侧端有小的崩痕。略呈不对称的梯形，圆弧顶，下端和两侧面均有刃，下刃为斜弧刃，上部有一个单面管钻的穿孔。长 34.5、宽 13.2～14.4、厚 1.2、穿孔直径一面为 0.6、一面为 1.1 厘米（图二一，1、图版一○，3）。M1：2，灰色板岩，通体磨光，一侧端和下端有小的崩痕。呈不对称的梯形，圆弧顶，下端和两侧面均有刃，下刃为斜弧刃，上部有一个单面管钻的穿孔。长 32、宽 14～18.3、厚 1.0、穿孔直径一面为 0.6、一面为 1.1 厘米（图二一，2、图版一○，4）。G1：38，灰色板岩，残甚。从残留的一边来，原形似为扁平梯形，有一个单面管钻的穿孔。残长 8.1、残宽 6.1、厚 0.9、穿孔直径一面为 0.7、一面为 1 厘米（图二一，3）。

石矛　1 件（T2L3：19），灰色泥质板岩，已残，中部起脊，截面呈棱形，残长 2.3～2.9、宽 3.2～3.6 厘米（图二一，8）。

石镞　7 件，均残。2003D25：32，灰色泥质板岩，挺、刃部和前锋残，呈柳叶形，中起脊，截面呈棱形。残长 7.1、最宽 2 厘米（图二一，4）。T2L2：17，灰色泥质板岩，挺和前锋残，大体呈柳叶形，中起脊，截面呈棱形。残长 4.5、最宽 2.2 厘米（图二一，5）。H1：26，灰色细砂岩，挺和刃部残，大体呈柳叶形，中起脊，截面略呈棱形。残长 3、宽 1.7 厘米（图二一，6）。G1：39，灰色板岩，前锋和挺后部残。挺呈长三角形，截面呈圆角长方形。锋部呈柳叶形，中起脊，截面呈棱形。残长 3.9、最宽 2.0 厘米（图二一，7）。

石戈　1 件。T2L2：15，灰色泥质板岩，残损严重。器体扁平，残留部有一个单面管钻的孔。残长 6.0、厚 0.5、孔径一面为 0.8、一面为 1.0 厘米。

石砧　1 件。G1：37，灰色细砂岩，上窄下宽，略呈梯形，器体两面中部各有一个敲打而成的圆形下凹。长 8.8、最宽 6.2、厚 1.8～2.4 厘米（图版一○，5）。

砺石　6 件，均为残块。G1：92，灰白色细砂岩，现存部分有两面经反复磨用而呈内凹状，其中一面还有磨出的三道内凹竖道。残长 16、残宽 13、厚 9 厘米（图版一○，6）。G1：87，灰褐色细砂岩，现存部分有两面经反复磨用而呈内凹状，其中一面还有磨出的一

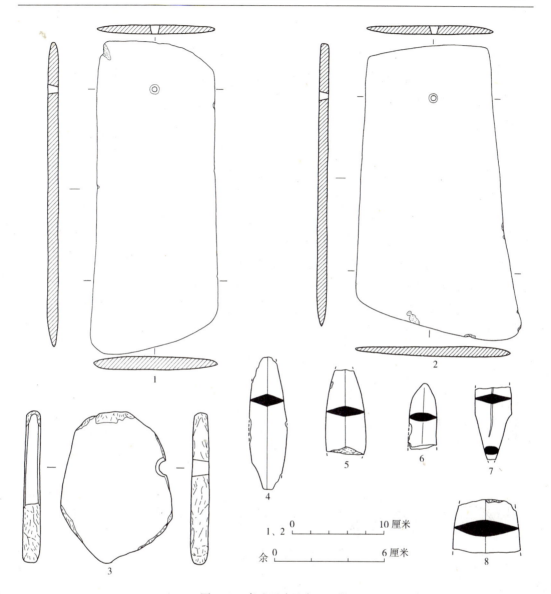

图二一　虎地凹遗址出土石器

1~3. 石钺（M1:1、M1:2、G1:38）　4~7. 石镞（D25:32、T2L2:17、H1:26、G1:39）　8. 石矛（T2L3:19）

道内凹竖道。残长 8、残宽 6、厚 4 厘米。

石环　6 件。均已残损。M1:4，青灰色板岩，外侧中间有一道竖凹槽，截面略呈长方形。残长 3.8、宽 0.7、厚 2.1、凹槽口部宽 0.2 厘米（图二二，8）。T13L1:81，白色石英，外侧有一道横凹槽，截面略呈五边形。残长 2.8、宽 0.9、厚 0.8、凹槽口部宽 0.2 厘米（图二二，9）。T10L1:3，灰色硅质角岩，环内侧外凸，外侧内凹，截面略呈方形。

残长 3.9、宽 0.9、厚 1.0 厘米（图二二，10）。

　　石环芯　4 件，是制作石环时钻出的圆饼余料。D25：25，石英制作，单面管钻而成。一面直径为 2.6、一面直径为 3.2、厚 1.0 厘米（图二二，4）。T11L1：67，石英制作，已残损，单面管钻而成。一面直径为 2.6、一面直径为 2.9、厚 0.5 厘米（图二二，5）。T13L2：83，灰褐色细砂岩，单面管钻而成，侧面有管钻的痕迹。一面直径为 2.0 厘米，一面直径为 2.2 厘米，厚 0.5 厘米（图二二，6）。

　　石玦　1 件。T12L2：74，已残，白色透明水晶制成，截面呈不规则的五边形。内径约 1、外径约 2.2、宽 0.6、厚 1 厘米（图二二，7）。

　　穿孔残石器　1 件。G1：21，已残，黄色细砂岩，通体经磨过，一面较平，一面凸起，一侧有一个单面钻的孔。残长 6.6、残宽 4.7 厘米。

　　柱础石　1 件。D57：94，灰白色细砂岩，通体磨光。呈不规则的椭圆形饼状，侧面有一处管钻的痕迹。长径 11、短径 10、厚 3 厘米（图版一○，7）。

　　尖状器　1 件。T6L2：88，石英石打制而成，一端呈尖状，器表打制痕迹很清晰，长 6.2、宽 3.3、厚 1.6 厘米（图二二，11）。

　　大石块　1 件。M1：3，黄褐色粗砂岩，表面经人工打磨，呈不规则的椭圆形。长径

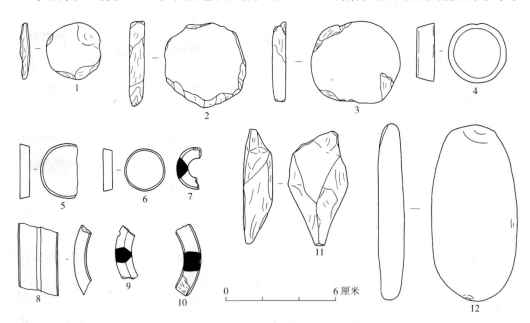

图二二　虎地凹遗址出土石器

1~3. 石环坯（T8L2：1、D8：24、采：8）　　4~6. 石环芯（D25：25、T11L1：67、T13L2：83）　7. 石玦（T12L2：74）　　8~10. 石环（M1：4、T13L1：81、T10L1：3）　11. 尖状器（T6L2：88）　12. 石坯（T2L3：20）

26、短径 20、厚 10 厘米（图版一〇，8）。

　　石坯件　5 件。T8L2：1，石英岩，环或块的坯件。圆饼状，一面已经磨光。直径 3 厘米左右，厚 0.5 厘米（图二二，1）。D8：24，石英岩，环或块的坯件。圆饼状，两面已经磨光。直径 4.5 厘米左右，厚 0.8 厘米（图二二，2）。采：8，石英岩，环或块的坯件。圆饼状，两面已经磨光。直径 4.9 厘米左右，厚 0.7 厘米（图二二，3）。T2L3：20，灰色细砂岩，石锛坯料。舌形，通体已经磨光，但未进一步加工。长 9.9、宽 4.7、厚 1.5 厘米（图二二，12）。

　　石料　17 块。多经打击过，形状、大小不一，有细砂岩，泥质板岩和石英岩，为制作石器的原料。

　　石片　14 片。为制作石器打下的余料，均呈片状，有细砂岩，泥质板岩和石英岩。

四　结　语

　　1. 在前面地层堆积的介绍中已经提到，2003 年的发掘出单纯早期遗物的文化层基本只有一层即 L3（T3 虽然有 L3 和 L4 两层文化层，但 L4 出土遗物很少，且与 L3 所出遗物特征难以区分）。各个探方／探沟出单纯早期遗物的层位所出的遗物（尤其是陶片）特征基本一致。此外，D1～D86 的一些柱洞中所出的少量陶片、F2 火塘中所出的陶片、G1 所出的遗物以及 M1、M2、M3、H2 中所出遗物的特征与文化层中所出遗物的特征均基本一致。所以从文化层和遗迹单位中出土的遗物来看，难以分出明显的期段。但是各个遗迹单位以及文化层之间应有相对的早晚，D87、D88、F2 开口于文化层下而打破生土，相对较早；文化层压在 D87、D88、F2 上，时代其次；D1～D86、G1、M1、M2、M3、H2 打破文化层，又相对晚于文化层。另外，1999 年发掘的 F1 被文化层所压，打破生土，时代相对也应较早。

　　1999 年的试掘和 2003 年的发掘面积不大，且出土的遗物很破碎（尤其是陶片），如果以后再进行发掘，或可对该遗址出土遗物进行期段的划分。

　　2. 此次发掘出土的早期遗物特征可在深圳向南村[③]、珠海后沙湾[④]、南海鱿鱼岗[⑤]、台山铜鼓湾[⑥]、香港陈家园[⑦]等许多遗址出土的遗物中找到一样或相似的特征。

　　向南村遗址的 I 式釜（罐）与虎地凹遗址的 B 型釜（罐）形制近似；向南村遗址陶器上的卷云纹、曲折纹、叶脉纹在虎地凹遗址也见；虎地凹遗址的 A、B、C 三型锛在向南村遗址都可以找到基本一样的。虎地凹遗址的时代大体应与向南村遗址一些遗物的时代相去不远。向南村遗址的时代发掘者认为是商代。

　　珠海后沙湾遗址第二期文化遗存的 B II 式釜形制与虎地凹遗址的 A 型釜（罐）近似，B III 式釜与虎地凹遗址的 B 型釜（罐）形制一样，B I 式釜与虎地凹遗址的 C 型釜

（罐）形制相似；后沙湾遗址第二期文化遗存和虎地凹遗址都有相同的叶脉纹、篮纹（条纹）、曲尺纹等。虎地凹遗址的年代应与后沙湾遗址第二期文化遗存的一些遗物的年代大体同时。已有研究者指出后沙湾遗址第二期文化遗存中以 BⅡ、BⅢ式釜为代表的一组器物的年代为商时期[⑧]。

南海鱿鱼岗遗址 T113③:31 釜与虎地凹遗址 B 型釜（罐）形制接近，M9:1 釜与虎地凹遗址 A 型釜（罐）形制有相似之处。上述鱿鱼岗遗址的两件器物属于鱿鱼岗第二期。鱿鱼岗第二期的曲尺纹、叶脉纹、卷云纹也见于虎地凹遗址。虎地凹遗址的年代应与鱿鱼岗第二期的年代相去不远。属于鱿鱼岗第二期的 F1 有两个 ^{14}C 测年数据，分别为距今 3455 ± 150 年和 3840 ± 125 年（经树轮校正），大体在夏商纪年的范围内。

台山铜鼓湾遗址 T0205②:22 釜与虎地凹遗址的 B 型釜（罐）形制接近，T0205②:23 釜与虎地凹遗址的 A 型釜（罐）形制一样。上述铜鼓湾遗址的两件器物均属于该遗址的第二期，发掘者认为该遗址第二期的年代大体在商时期。

香港陈家园遗址有上、下两个文化层，发掘者认为下文化层的年代相当于中原地区的夏代，上文化层相当于中原地区的商代。陈家园下、上两个文化层所见的曲尺纹在虎地凹遗址也见；陈家园上文化层所见的叶脉纹、云雷纹在虎地凹遗址可以找到近似或一样的纹饰。虎地凹遗址的年代应该与陈家园遗址的年代相差不会太远。

综上所述，把虎地凹遗址的年代定在商时期应该大体不误。但是应该看到，虎地凹遗址陶器上的纹饰与许多公认的商时期遗址出土陶器的纹饰相比，比较简单而且种类也少，比如没有标准的方折云雷纹，没有单线（或多线）棱格凸点纹，没有圈点纹，没有方格纹等。这可能说明虎地凹遗址的年代处于商时期偏早的阶段。

3. 如果对虎地凹遗址五座房基（ F1、F2、F3、F4、F5 ）的性质判断不误，那么可以说这些房基的发现是一项重要的收获。广东及香港地区发现的与虎地凹遗址房基同时或时代相去不很远的房基遗迹主要有曲江鲶鱼转 1 号房基、韶关走马岗 1 号房基[⑨]、高要茅岗甲、乙、丙三组木构建筑[⑩]、南海鱿鱼岗 F1～F4[⑪]、香港元朗吴家园 F1、F2[⑫]、香港西贡沙下房基[⑬]等。

曲江鲶鱼转 1 号房基是用五根立柱支撑屋顶、平面呈方形、有斜坡门道的半地穴式建筑，宽 3.2、进深 3 米，在房基的东南部有一个长方形的火塘。韶关走马岗 1 号房基是用四根立柱支撑屋顶，屋顶呈硬山状，平面为椭圆形并有斜坡门道的半地穴式的房子，宽 3.6、进深 2.5 米，在房基的西侧有一个椭圆形的火塘。虎地凹遗址发现的五座房基，也是以立柱支撑屋顶的；虎地凹遗址 F1 和 F2 发现的火塘则是继鲶鱼转和走马岗 1 号房基的火塘之后的又一新发现，且形制与后者的火塘有较大的差别。

高要茅岗发现了甲、乙、丙三组平面布局为长方形的水上干栏式建筑，是与虎地凹遗址发现的房基不同类型的建筑。茅岗干栏式建筑棚架的周壁和上盖都用树皮板和茅草搭盖（遗址内亦见保留有树皮板），那么虎地凹遗址的房子也可能是用树皮板和茅草搭盖屋顶和周壁的。

鱿鱼岗遗址的 F1～F4 居住面上铺垫红烧土；在居住面上及周围发现有数量不等的柱洞；发现有倒塌的木骨泥墙堆积覆盖在居住面上及其周围；木骨泥墙一面抹平，另一面则有木、竹、草类植物的印痕，可能房屋墙壁是在墙体骨架构建完成之后再敷泥而成。虎地凹遗址的房基没有发现红烧土和木骨泥墙的痕迹，这是因为建筑的工艺的不同，还是上述痕迹已被后来破坏光了，在今后对该遗址的发掘中应该注意这个问题。

香港元朗吴家园的 F1 是一座宽 12.5、进深 8.5 米的大型房子，为前面出廊的长方形悬山顶式房屋，建筑于夯土基础之上。前有门道、门蓬，面阔 6 间，进深 2 间，且有两扇大门。房子的立柱、外墙、房内间隔、大门、门蓬和屋顶估计是用竹、木、茅草或树皮架搭而成。F2 也为夯土房基，较 F1 小且与 F1 相毗连，目前还不能确定它是 F1 的附属房屋，还是一座独立的房屋。可以看出吴家园发现的房基远比虎地凹发现的房基的工艺高、制作精，且规模也大，这可能反映了两处聚落（村落）有等级上的差别。

香港西贡沙下遗址的房基是由柱洞组成的圆形或椭圆形的房基，从现存柱洞情况分析，应为平地挖洞立柱，房址周围的柱洞在立柱后构成墙体，房址中间的柱洞为立柱支撑房顶。几间房址间距不大，最小的仅 1 米左右。沙下遗址的房基似和虎地凹遗址的 F4 很类似。

总之，虎地凹遗址房基的发现，为研究香港地区早期人类的聚落提供了很重要的资料，而火塘在香港地区的其它遗址中还没有发现过。就目前的发现来看，围绕虎地凹遗址 G1 的两侧有大量的柱洞，虽然现在还无法确定究竟有多少建筑，但是可以断定的是在 G1 的两侧为一片住宅的分布区，应该为昔日氏族成员聚居的一个村落。

4. M1 中随葬的两件石钺，是香港地区先秦考古的重大发现。这两件体薄的巨型石钺磨制非常精致，不应为实用的兵器，应该是象征权力的礼器。类似的巨型石钺，在广东地区过去在石峡文化中偶有发现，但是无成双出土的；而香港地区则甚少发现石钺，既无如此巨型的，也无墓葬中出土的。M1 中随葬的两件石钺在一座墓中成双出土，意义重大。这揭示了 M1 墓主人的身份特殊，他当是氏族部落中执掌权力的上层人物。而与 M1 相邻的 M2、M3 两座墓葬，它们的形制虽然和 M1 近似但均无随葬品，其墓主人当为一般的氏族成员。

5. 人工挖掘的排水沟（G1）也是一项重要的发现，尤其是这条排水沟还有附属的蓄水池和水闸设施，这为研究当时人们的日常用水以及种植排灌提供了不可多得的资料。

附记：对于报告中所说的"房基"的性质和形制，参与发掘、整理的人员意见不太一致。因为大多数柱洞开口于扰乱层（L2）下，而且多数柱洞内没有遗物出土，因此很多柱洞的年代难以准确判断；再者，即使是同一时期的柱洞，究竟哪些柱洞同属于一个房基，也没有很确凿的证据。此次发掘的面积有限，对这些疑问的解决，有待今后对该遗址进一步的发掘。

虎地凹遗址 2003 年两次发掘的领队为香港考古学会主席莫稚，发掘队长是深圳市博物馆的李海荣，副队长是香港考古学会的陈锦荣和萧明华。在 11 月份，香港特区政府古物古迹办事处的李浪林博士长驻工地指导发掘。另外每天都有数位至十多位学会会员义务参与。参加发掘及资料整理的有莫稚、李海荣、萧明华、李伟文、黄美凤、招丽婵、尹耀铭、许国安、霍妙仪、吴伟鸿、陈锦荣、刘佩蓉、朱敏初、黎耀民、王惠标、何强、梅一峰、林亚元、黎艳卿、张锦昭、李海燕、林桂芬、杜志超、郑启明、萧美莲等。插图和拓片由萧明华、李海荣、李伟文制作，照片由萧明华拍摄。发掘工作得到了香港特区政府古物古迹办事处孙德荣先生、曾志雄先生、林锦源先生、李伟文先生以及区家发先生、台湾大学人类学系连照美教授、香港中文大学人类学系吕烈丹博士、广州市文物考古研究所全洪先生、朱海仁先生、河南省文物考古研究所方燕明先生的指导以及土地耕者陈官胜先生的大力支持和协助，在此谨致谢意。

执笔者：莫稚、李海荣、彭全民

附表一　　　　　　虎地凹遗址 2003 年出土及采集的商时期石器统计表

出处		石锛	石戈	石矛	石镞	石钺	砺石	石环	石砧	石环芯	水晶块	穿孔残石器	石英尖状器	石坯件	石料	石片	柱础	大石块	合计
采集		3			1									1					5
T1	L3													1					1
T2	L1	1																	1
	L2	1	1		1		1									4			8
	L3			1										1		1			3
T4	L2	1																	1
	L3	1							1										2
T6	L2											1							1
T8	L2													1					1
	L3														3				3
T10	L3								1										1
T11	L1	1								2									3

续上表

名称\数量\出处	石锛	石戈	石矛	石镞	石钺	砺石	石环	石砧	石环芯	水晶块	穿孔残石器	石英尖状器	石坯件	石料	石片	柱础	大石块	合计
T11 L2	2			1														3
T12 L2	3									1								4
T12 L3	1																	1
T13 L1	1						2											3
T13 L2								1										1
G1	9			4	1	5	1	1				1		13	8			43
H1				1														1
H2	1													1				2
M1 随葬					2												1	3
M1 填土							1								1			2
M3 填土					1													1
D8														1				1
D25											1							1
D57																1		1
合计	25	1	1	7	5	6	6	4	1	1	1	1	5	17	14	1	1	97

注　释:

① 区家发、莫稚:《元朗西部地区考古复查工作报告》,待刊;香港考古学会:《香港元朗下白泥吴家园沙丘遗址的发掘》,《考古》1999 年 6 期;香港考古学会:《香港元朗厦村陈家园沙丘遗址的发掘》,《考古学报》2002 年 3 期。

② 区家发、莫稚:《元朗西部地区考古复查工作报告》,待刊。

③ 深圳文管会办公室等:《深圳市南山向南村遗址的发掘》,《考古》1997 年 6 期。

④ 李子文:《淇澳岛后沙湾遗址发掘》,《珠海考古发现与研究》,广东人民出版社,1991 年。

⑤ 广东省文物考古研究所等:《南海市鱿鱼岗贝丘遗址发掘报告》,《广东省文物考古研究所建所十周年文集》,岭南美术出版社,2001 年。

⑥ 广东省文物考古研究所等:《广东台山铜鼓湾沙丘遗址的发掘》,《广东省文物考古研究所建所十周年文集》,岭南美术出版社,2001 年。

⑦ 香港考古学会:《香港元朗厦村陈家园沙丘遗址的发掘》,《考古学报》2002 年 3 期。

⑧ 卜工:《珠江口商时期考古学研究的几个问题》,《考古》2002 年 2 期。

⑨ 莫稚等:《广东曲江鲶鱼转、马蹄坪和韶关走马岗遗址》,《考古》1964 年 7 期。

⑩ 杨豪等:《广东高要茅岗水上木构建筑》,《文物》1983 年 12 期。

⑪ 广东省文物考古研究所等:《南海市鱿鱼岗贝丘遗址发掘报告》,《广东省文物考古研究所建所十周年文集》,岭南美术出版社,2001 年。

⑫ 香港考古学会:《香港元朗下白泥吴家园沙丘遗址的发掘》,《考古》1999 年 6 期。

⑬ 香港西贡沙下联合考古队:《香港沙下遗址考古发掘取得重要收获》,《中国文物报》2002 年 12 月 13 日。

广州市萝岗区园岗山越人墓发掘简报

广州市文物考古研究所

英文提要 A stone – built tomb of Yue people was found at Yuangangshan in Luogang Town which is located on the east suburb of Guangzhou. The tomb is dated from late Warring States Period to era between Qin and Han Dynasties. It is the first time for this kind of stone – build tomb chamber to be unearthed in Guangzhou.

　　为配合京珠国道主干线绕广州高速公路（又称东二环高速公路）的基本建设，广州市文物考古研究所于 2003 年 10 月对公路沿线施工范围进行全面调查，在位于广州市东部的广州经济技术开发区萝岗街勒竹村园岗山发掘一座越人墓，这是目前岭南地区仅见的一座以石块筑壁的先秦墓葬。

　　京珠高速公路广州段北起开发区萝岗街火村，连接北二环高速公路；南经黄埔大桥跨越珠江，在番禺区化龙镇与广珠东线高速公路相接，全程 18.7 公里。以往在萝岗境内曾发现多处先秦遗址，因此着重在萝岗的火村、小郎村、小坑村、勒竹村、斗园村及黄埔区南岗镇笔村等公路沿线的山地丘陵地段进行考古调查和勘探。在园岗发现一座石椁墓，此外还发现一些明清时期的墓葬，再没有发现其他时期的遗存。

　　园岗山位于广州经济技术开发区萝岗街（原白云区萝岗镇）勒竹村西南。处于开发区萝岗街与黄埔区南岗街交界地带，往北是小坑村，往南为斗园村。园岗是山谷地带的一个小土岗，山脚四侧是平坦的谷地，种植柑橘。园岗略呈南北向的椭圆形，长约 150 米，宽约 50 米，海拔 29.1 米，相对高度 5～6 米。山上种植松树、荔枝、龙眼等。坡面比较平缓，墓葬就坐落在岗顶中部（图一）。园岗在群山的包围之中，四周是数十米的山岭。西南面为大山，荔枝山海拔 240 米，大田山海拔 216 米。附近山岗青灰色的花岗岩石裸露于地面。

　　2003 年 10 月中旬对高速公路沿线进行文物踏查时，在 K3＋026 标段的园岗山岗顶发现有一座石块围砌的墓葬。石块裸露于地表，略高出地面 5 厘米，墓室东北部有一件米字纹陶瓮暴露，陶瓮已破损。随即对整个山岗进行勘探，以梅花布桩自北向南钻探，探孔 158 个，深度 0.70～1.80 厘米，地层简单，分灰褐泥质表土层、黄褐泥质沙冲积

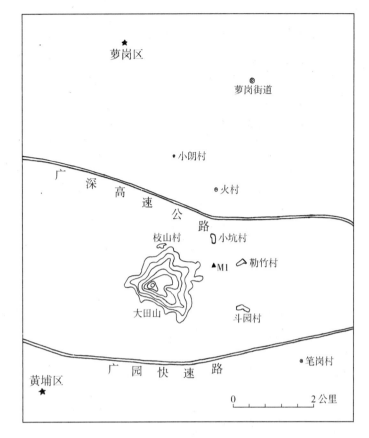

图一 广州市园岗山越人墓位置图

土层、红褐泥质风化土层，没有发现其他墓葬、遗迹和文化层。调查和勘探结果表明，整个园岗山只有一座墓葬，田野编号为2003BLYM1（简称M1）。于2003年10月23日进行发掘，至11月2日清理完毕，历时10天。现将发掘情况报告如下。

一 墓葬形制

　　M1位于园岗山的山岗中部，为长方形竖穴石椁墓，墓圹南北长6.45、东西宽1.95、现存高0.4米左右。方向为198°。西北角被一现代沟打破（图二；彩版三，1）。

　　墓室修建考究，大约分几道工序。首先在墓坑底部的东西两侧沿着坑壁开挖沟槽，目的是为了使不规则的椁壁石块能够安放平稳。沟槽平面呈长条形，东侧沟槽长5.94米，宽0.22~0.34、深0.08~0.20米；西侧沟槽长6米，宽0.20~0.32、深0.04~0.14米。

　　其次在沟槽内以大小不同青石块砌筑椁壁。所用石块形状大小各异，有的长条形，有的近似方形，还有的呈尖状形。最大的长0.60、宽0.60、厚0.20米，最小的长

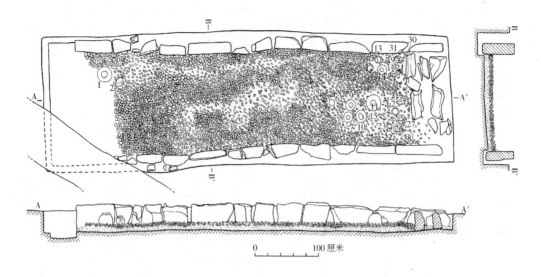

图二　M1 平、剖面图

1. 瓮　2、8～10、12～14、26～28. 罐　3. 器盖　4、24. 盂　5. 钵　6、19～22、29. 碗　7、16～18. 杯
11. 匜　15. 砺石　23、25. 盒　30、31. 砺石

0.16、宽 0.18、厚 0.12 米。砌壁时，石块有的竖放，有的横置，为了让石壁的顶部基本保持同一平面，短小的石块下面常垫土或石片。

墓穴前后有以木为壁的迹象。在距墓坑后壁约 0.10 米处挖浅槽放置木板以为椁室的后壁，从清理的板灰可推测，后壁板大约长 1.82 米，宽 0.30 米左右。前挡板也是用木板来修筑，并且在木板底部垫有青石块，前后用石块夹固。发掘时可见板灰的分布不甚规则，集中于前头竖立的石块之间。

石椁四壁筑成后，在墓底铺垫一层红褐色山岗土，再撒一层颗粒较小的薄木炭屑，然后铺上石仔。红土层厚 4～6 厘米；石仔层厚 8～10 厘米，石仔大小 1～5 厘米不等。从墓底残存板灰痕迹看，该墓可能有木棺。墓室最大石块高可达 0.60 米，从石壁的垒筑情况看，现存的石壁的顶部可能就是当时墓葬的高度。墓壁距底高 0.40 米，那么即使有木棺，其高度也在 0.40 米左右。长宽已不可考。我们推测石椁的顶盖可能是木质的，因为如果有石块或石板砌顶的话，当留下石块或其他迹象。

修建石椁的青石块应是从附近山岗开采，园岗山周边的山岗都有相同质地的花岗岩脉露头，圆形的大青石裸露于地面。石块虽然不规则，但各面都比较平整，应经过修琢。铺墓底的石子在园岗山能够找到，但也不排除从左近采集。这些石子棱角不很分明，有的能见冲磨痕，应系天然形成。

墓室内没有发现骨骸，仅见少量漆痕和板灰，墓主性别、葬姿、头向不明。根据随葬物的位置分布和墓室结构，推测头向朝南。

二　随葬器物

随葬器物共31件。大多数分布于椁室前部，只有2件在后部。除一件砺石外，全部为陶器。器型有瓮、罐、匜、盒、碗、钵、盂、杯、器盖、纺轮等。陶胎全为泥质陶，器型稍大的器皿，如瓮、罐等以灰胎硬陶居多，少量红陶；部分偏小器型的碗、盒、盂、杯等具有原始瓷器特征，表面遗留有少量青黄釉斑。另有极少泥质软陶，其中一件M1∶2，清理时已变形，无法辨认器形。纹饰有方格纹、米字纹、水波纹以及弦纹等（图三），其中以方格纹最多。瓮、罐、匜等容器在器身上有刻划符号。

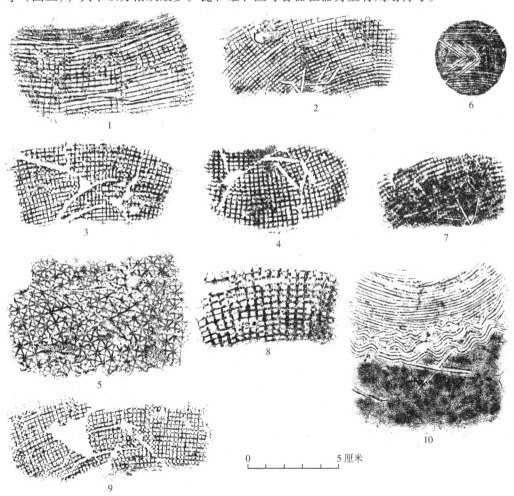

图三　M1出土陶片纹饰拓片

1. M1∶26　2. M1∶10　3. M1∶12　4. M1∶27　5. M1∶1　6. M1∶5　7. M1∶14　8. M1∶8　9. M1∶28　10. M1∶11

瓮 1件。M1：1，灰褐陶。尖唇，口沿外卷，束颈，圆肩，鼓腹，斜收成平底。肩腹部拍印米字纹，肩部有一个刻划符号。口径20、腹径26.4、底径14.4、高24.3厘米（图四；1）。

罐 9件。多为灰陶，火候较高；少数红陶，火候略低。广口，束颈，鼓腹，平底。皆拍印方格纹，有的在肩部刻划符号。据口沿、腹部的差异分三型。

I型 4件。鼓腹罐，尖唇，口沿略外翻，圆肩，腹外鼓，矮身。腹下向内收成平底。

M1：8，灰陶。最大径在腹中部。口径10.6、腹径16.6、底径9.6、高10.2厘米（图四，2）。

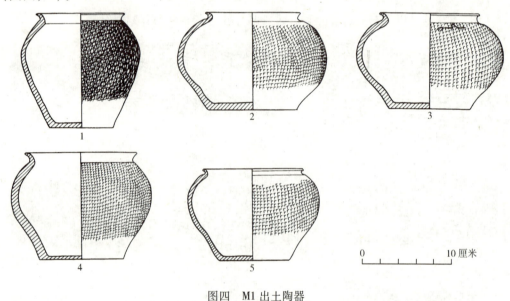

图四 M1出土陶器

1. 瓮（M1：1） 2. 罐（M1：8） 3. 罐（M1：10） 4. 罐（M1：28） 5. 罐（M1：13）

M1：10，器肩部有刻划符号。口径11.2、腹径16.4、底径9、高10.2厘米（图四，3）。

M1：13，灰陶。腹最大径靠上部，从肩部起弧至腹部，内收至底，口径11.2、腹径15、底径8、高9.8厘米（图四，5）。

M1：28，红陶。器形与M1：13近同。肩部有刻划符号。口径12.4、腹径15.6、底径11.4、高：9.2厘米（图四，4；彩版三，2）。

II型 4件。圆腹罐，尖唇，口沿略外翻，圆肩，鼓腹。最大径于腹中部，腹部下收和缓，造型比较匀称。红陶和灰陶各2件。

M1：12，红陶。最大径位于腹中上部。器肩部有刻划符号。口径13.2、腹径17.2、底径9.8、高12.8厘米（图五，1）。M1：27，红陶。最大径位于腹中部。肩部有刻划

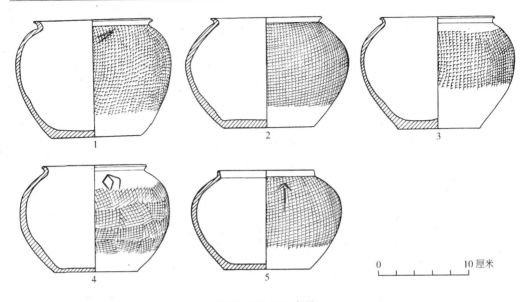

图五　M1 出土陶器

1. 罐（M1∶12）　2. 罐（M1∶27）　3. 罐（M1∶26）　4. 罐（M1∶14）　5. 罐（M1∶9）

符号，口径 12.2、腹径 18、底径 9.8、高 11.8 厘米（图五，2；彩版，3）。

M1∶26，灰陶。口径 12.8、腹径 17.0、底径 9.0、高 12.0 厘米（图五，3；彩版四，2）。

M1∶14，灰陶。最大径位于腹中上部，口沿局部有缺损。肩部有刻划符号，口径 11.4、腹径 15.6、底径 9、高 11.4 厘米（图五，4；彩版四，1）。

Ⅲ型　1 件。M1∶9，也有人称瓿。泥质灰陶。短直口，圆唇，最大径位于腹中上部，平底。造型匀称，与圆腹罐相近。施方格纹，于肩部刻划一“↑”符号。口径 10.6、腹径 16.3 底径 9.4、高 11 厘米（图五，5）。

匜　1 件。M1∶11，硬陶，胎色灰白。圆形，直口，盆身，腹较鼓，平底。于口沿捏出一短流。器外表肩、腹部施三匝水波纹和弦纹，器内也有水波纹、弦纹，在腹部近底刻划“×”符号。口径 17.6、腹径 22.3、底部 13、高 8.6 厘米（图六，1）。

盂　2 件。形体较小，具有原始瓷器的特征。出子口，缺盖。造型各异。M1∶4，青灰胎，火候高。敛口，广肩，深腹，腹下部急收成平底。素面。口径 7.5、底径 3.5、高 4.6 厘米（图六，15；彩版四，6）。M1∶24，胎色黄白。敛口，直沿，圆肩，弧壁，深腹，假圈足。素面。口径 6.7、底径 4、高 4.3 厘米（图六，16；彩版四，5）。

盒　2 件。泥质黄白胎，火候高，器内外表挂釉，已脱落，可见青黄釉斑，具有原始瓷器的特征。碗形，敞口，子母口，弧壁，平底略呈台足。素面。M1∶23，口径 9.6、底径 5.5、高 3.5 厘米（图六，13）。M1∶25，器内底部有轮制螺旋纹。口径 10.2、高 3.7、底径 4.6 厘米（图六，14；彩版四，4）。

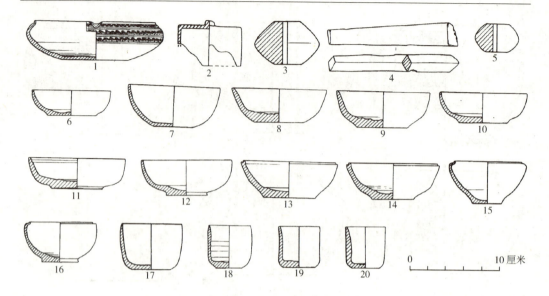

图六　M1 出土陶器

1. 匜（M1：11）　2. 器盖（M1：3）　3、5. 纺轮（M1：30、M1：31）　4. 砺石（M1：15）　6、8～12.（M1：
6、M1：22、M1：29、M1：19、M1：21、M1：20）　13、14. 盒（M1：23、M1：25）　15、16. 盂（M1：4、
M1：24）　17～20. 杯（M1：7、M1：17、M1：18、M1：16）

　　碗　6 件。泥质黄白胎，火候高，具有原始瓷器的特征，器表曾施青黄釉，大多已脱落，器内底部有轮制痕迹。有的器表见弦纹。主要是壁、底部的变化，可分二型。

　　I 型　1 件。M1：22，敞口，弧壁，大平底。口径 10.5、底径 5、高 3.75 厘米（图六，8）。

　　II 型　5 件。敞口，尖唇，弧壁，平底略凸呈台足。M1：6 器内底部有轮旋纹。口径 8.7、底径 4.6、高 3.15 厘米（图六，6）。M1：19，口径 10.3、底部 5.2、高 3.4 厘米（图六，10）。

　　M1：20 器内底部下凹，底略近饼足。器表有一道凹弦纹。口径 10、底径 4.7、高 3.9 厘米（图六，12）。

　　以上 3 件，反扣或可作盖。

　　M1：21 和 M1：29 器底较厚，当系碗身。M1：21，口径 10.3、底径 5.5、高 3.2 厘米（图六，21）。M1：29，口径 10.2、底径 5.2、高 3.7 厘米（图六，9）。

　　钵　1 件。M1：5，泥质黄白胎。敞口，尖唇，从口起弧平缓斜收，平底。底部有刻划纹。口径 10.1、底径 3.8、高 3.8 厘米（图六，7）。

　　器盖　1 件。M1：3，泥质软陶，色灰白。口沿部残破。圆筒形，平顶，深腹，直壁。小圆柱形纽，盖顶部略弧。素面。纽径 1.2、纽高 0.7、直径 6.7、残高 4.8 厘米

（图六，2）。

杯　4件。泥质黄白胎，火候高。具有原始瓷器的特征，内外表有青黄釉斑。皆平底，器内底有轮制痕迹，呈螺旋形。分二型。

Ⅰ型　3件。有2件较为接近，直壁深腹。M1：18，口微敞，唇沿较平。器壁微束。口径4.7、底径3、高4.5厘米（图六，19）。M1：16，唇沿薄平，直壁较厚。口径4.4、底径2.9、高4.6厘米（图六，20）。M1：17，口微敛，唇沿薄平，直壁稍外弧，小平底。口径4.6、底径2.8、高4.7厘米（图六，18）。

Ⅱ型　1件，M1：7。稍大，或可称盅。口稍敛，壁稍斜，弧收成平底。口径6.5、底径3.8、高5厘米（图六，17；彩版四，3）。

纺轮　2件。算珠形。青灰色，较硬。M1：31略大，直径3.4、厚2.3、孔径0.5厘米（图六，5）。M1：30稍小，直径2.4、厚1.5、孔径0.4厘米。

砺石　1件，M1：15。青灰色砂岩。长条形，四个面磨得非常光滑，应是实用器。长14、宽1.9～2.6、厚1.6～1.8厘米（图六，4）。

三　墓葬年代

类似萝岗镇勒竹村园岗山这种墓坑狭长、墓底铺石仔，随葬器物中只有陶瓮、罐、杯、碗，不见鼎、盒、壶等汉式组合陶器的墓葬，当属典型的越人墓。是岭南地区秦汉时期习见的葬俗。萝岗园岗山M1出土的罐、碗、杯、盂等器物多与广东揭阳云路镇面头山[1]、广东广宁铜鼓岗[2]、龙嘴岗[3]、广东封开利羊墩[4]、广西平乐银山岭[5]、广西武鸣安等秧山[6]所出的同类器物相近。其共同的特点是杯、碗等素面，外表施釉；瓮、罐等饰米字纹、方格纹，少量施水波纹、弦纹和刻划符号。这些越人墓的年代，考古工作者一般都推断为战国时期，封开利羊墩、平乐银山岭部分墓葬的下限可到西汉早期。而广州市近郊发现墓底铺石仔的墓都是属于西汉早期（南越国时期），直至汉武帝元鼎六年平南越，即公元前111年以后才完全消失。

关于萝岗园岗山M1的年代，试从几个方面进行分析：

1. 园岗山M1的碗、钵、杯、盂等与广东广宁龙嘴岗战国墓所出相同，如龙嘴岗M11出土的Ⅰ型盂、M8的Ⅲ型碗；泥质软陶圆柱纽筒形器盖（M1：3）也与M11：9瓿盖相近。陶匜形器虽然与揭阳云路镇面头岭M14出土的原始瓷匜造型不太相同，也是属于同一时代出现的器类。广宁龙嘴岗和揭阳云路镇面头岭墓葬的年代，发掘者断为战国晚期。

2. 园岗山M1出土了9件陶罐与广州郊区的秦汉越人墓所出的罐，器型和纹饰都存在较大的区别。M1的陶罐大体的造型是矮身，扁腹，腹径大于身高。广州华侨新村的

Ⅰ式罐[⑦]，是西汉墓中最常见的、数量最多的（占全数 95% 以上）。罐身稍高，腹部显得浑圆，往往腹径与罐身高相当。换言之，前者的横截面呈长方形，后者的横截面则略近方形。纹饰方面，M1 罐仅见方格纹，且略显粗糙。广州汉墓的方格纹比较精细。最明显的差别在于没有西汉早期墓中最具特征的带戳印方格纹，表明园岗墓的年代应略早于华侨新村汉墓。

3. 广州西村石头岗 M1 出土的一件方格纹陶罐与园岗山 M1 的陶罐相似。此罐在《广州汉墓》重新编号为 1097：1，属 BⅡ型罐[⑧]。石头岗 M1 出一件有"蕃禺"两字烙印的漆奁，一枚秦半两铜钱。发掘者断为秦墓[⑨]。

综上所述萝岗园岗山 M1 的年代为战国晚期，其下限可能至秦汉之际。

历史上古越人主要分布于我国东南沿海及华南地区，既南蛮之地，古越人分支众多，统称"百越"。此次发现萝岗园岗山 M1 的墓主应为生活在珠江三角洲的"百越"之一的南越人。岭南地区发现的百越墓数百座，有的在墓底铺小石、有的铺炭屑、有的还挖圆形或方形腰坑，但是以石为椁的墓葬在岭南还是第一次发现。园岗山 M1 的发掘将为研究岭南地区以石为壁、碎石铺底等葬俗的文化渊源提供新的资料。

领队：全洪

发掘：覃杰、陈春丽、廖明全

资料整理：覃杰、全洪

绘图：曾凡华、李亚舟

器物摄影：何民本、关舜甫

执笔：覃杰

注　释：

① 广东省博物馆等：《广东揭阳战国墓》，《考古》1992 年第 3 期。

② 广东省博物馆：《广东广宁县铜鼓岗战国墓》，《考古学集刊（一）》1981 年。

③ 广东省文物考古研究所等：《广东省广宁县龙嘴岗战国墓》，《考古》1998 年 7 期。

④ 杨式挺等：《广东封开利羊墩墓葬群发掘简报》，《南方文物》1995 年 3 期。

⑤ 广西壮族自治区文物工作队：《平乐银山岭战国墓》，《考古学报》1978 年 2 期。

⑥ 广西壮族自治区文物工作队：《广西武鸣马头安等秧山战国墓群发掘简报》，《文物》1988 年 12 期。

⑦ 麦英豪：《广州华侨新村西汉墓》，《考古学报》1958 年 2 期。

⑧ 广州市文物管理委员会等：《广州汉墓》下册，图版一一，5，文物出版社，1981 年。

⑨ 《广州市文物志》编委会编著：《广州市文物志》，岭南美术出版社，1990 年。

广东省肇庆市康乐中路七号墓发掘简报

广东省文物考古研究所

英文提要　Cooperating with Zhaoqing Municipal Bureau of Culture and Zhaoqing Municipal Museum, Guangdong Provincial Institute of Cultural Relics & Archaeology excavated 12 tombs and remains of ash pits, wells in Zhaoqing city from November, 2004 to January, 2005. M7 is a rectangular earth pit with four pillar hole in each comer. the coffin bed lies in the middle of the chamber, 3m in length, 2. 2m in width and 0. 2m in height. The tomb yielded 81 funeral objects, including porcelains, glazed potteries, bronzes, Talcum artifacts and so on. The excavation of this cemetery provides important archaeological data for the research of grave types and burial custom of Six Dynasties in guangdong.

2004 年 11 月，广东省肇庆市城西在改造城市道路时，于康乐中路发现古墓葬（图一）。同月，广东省文物考古研究所在肇庆市文化局、博物馆的配合下，对墓地进行了抢救发掘。经对施工路段进行的全面考古勘探，本次发掘共布探方 39 个，全部取正南北向，探方为 10×10 米，发掘面积 3900 平方米。发掘汉晋时期墓葬 12 座以及一批宋代水井、灰坑。现将肇庆市康乐中路墓地的第 7 号墓（编号 2004ZKM7，以下简称 M7）报告如下。

一　墓葬形制

M7 位于 T0304 北部，为长方形竖穴土坑墓，长 6. 2、宽 3.6、残深 1. 02 米，方向 76°。墓葬开口情况不详。墓坑周壁垂直，平整。墓底四角各有柱洞 1 个，柱洞直径约 0. 28~0. 3 米、深约 0. 25~0. 3 米，直壁，略呈圜底，壁、底规整。墓底中部为生土棺床，棺床长 3、宽 2. 2、较墓底高 0. 2 米，较平整。棺床前端发现头坑 1 个，头坑直径 0. 2、深 0. 3 米，直壁平底。坑内出土铜耳杯、陶耳杯和陶豆等 3 件器物，其余随葬品主要集中在棺床的前端、右侧及后端（图二）。葬具及人骨无存。

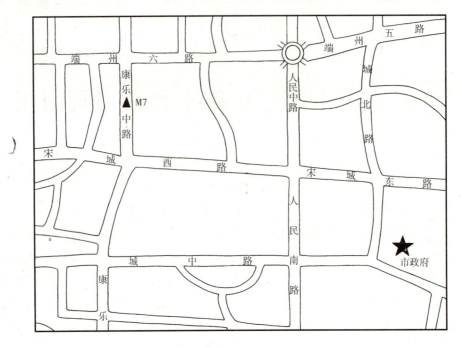

图一 康乐中路 M7 位置示意图

二 随葬器物

有陶器、釉陶器、青铜器和滑石器等 81 件（套）。以釉陶器为大宗，陶器次之。釉陶器的胎质多为灰白色，较硬，器表施青黄色或黄褐色釉，基本剥落，以下未注明质地者均为釉陶。

灶 2 件。1 件陶质为陶屋内模型，于此从略。M7:5，灶体呈长方形，有额墙，烟突残，灶身前窄后宽，灶门长方形，灶面开釜眼 3 个。额墙饰刻划棱格加短线纹。通长36.6、宽 12、高 20.6 厘米（图三，1）。

鼎 2 件。M7:24，由鼎身和盖组成。盖敞口，方唇，弧面，顶饰 3 圆环，环上有乳突。顶面饰凹弦纹三组各 2 周。鼎身圆唇，子口，折腹，平底内凹，下附 3 兽蹄足。上腹部直立对称长方形耳，耳饰长方形镂孔及刻划叶脉纹，折腹处饰凹弦纹 1 周。口径19.6、腹径 25.2、底径 15.2、通高 24 厘米（图三，3）。M7:25，青绿釉，施釉不均匀，大部分剥落。由鼎身和盖组成。盖敞口，弧面。顶面刻划四叶纹，并饰凹弦纹 3 周及 3 圆环，环上有乳突。鼎身子口，圆唇，折腹，平底微凹，下附 3 兽蹄足，略外撇。上腹部直立对称长方形耳，耳饰长方形镂孔，折腹处饰 2 周凹弦纹。口径 20.8、腹径24.6、底径 16.7、通高 23.1 厘米（图三，4）。

魁 1 件。M7:26，器表施黄褐色釉。方圆唇，弧腹，假圈足。把手呈龙首形。口

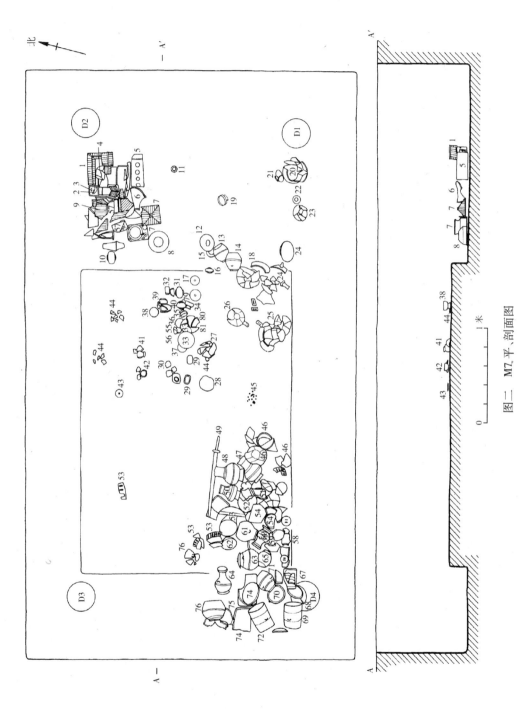

图二　M7 平、剖面图

1、9. 陶屋　2、3. 陶猪　4、10、16、21、31、39、40、66、79、81. 陶罐　11、41、42. 陶釜　13、14、18、27、51、59、61、63、65、71、75. 四系罐　15、19、30、35、36、38、56、78. 陶灶　5、73. 陶耳杯　6、20、52、76. 陶井　7. 陶罐　8、12、90. 陶盆　23、62 钵　24、25. 鼎　26. 魁　28、55. 铜耳环　29. 陶套盒　33. 盆　37、43、44. 滑石璧　45. 串珠　46、53. 篙　47、48、50、60、64. 壶　49. 铜剑　57. 陶仓　67、69、70、72、74. 提筒　68. 陶器盖　17. 陶豆　77. 陶盂　22、32、34、54、58、80. 铜器盖

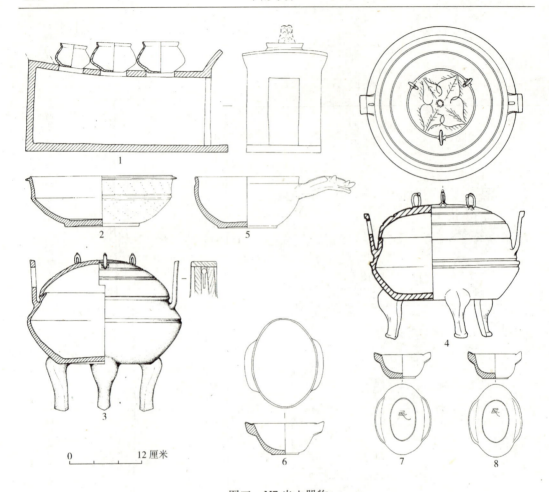

图三　M7 出土器物

1. 陶灶（M7:5）　 2. A 型釉陶盆（M7:8）　 3. 釉陶鼎（M7:24）　 4. 釉陶鼎（M7:25）　 5. 釉陶魁（M7:
26）　 6. 陶耳杯（M7:4）　 7. 陶耳杯（M7:32）　 8. 陶耳杯（M7:40）

径 16、底径 9.6、高 8.2 厘米（图三，5）。

　　耳杯　13 件。有铜质和陶质两种。

　　铜耳杯　2 件，腐蚀严重。

　　陶耳杯　11 件，形制大致相同。泥质红（灰）褐陶，质硬。器表施红色陶衣，大部分已剥落。椭圆形，敞口，两侧新月形耳，耳内侧低于杯口，外侧高于杯口，台足平底或平底微凹。M7:4，台足平底。口长 14.4、宽 10.8、底长 7.8、宽 4.4、高 5.2 厘米（图三，6）。M7:32，台足微内凹。器底刻划符号。口长 11、宽 6.8、底长 6.6、宽 4、高 4 厘米（图三，7）。M7:40，台足平底。器底也刻划符号。口长 11.4、宽 6.8、底长 6.5、宽 4.3、高 4.3 厘米（图三，8）。

陶豆　9 件。根据腹部和圈足不同分两型。

A 型　7 件。圆唇，侈口，垂折腹，高圈足外撇。M7：38，泥质橙黄陶。器身施黑衣朱红彩，大部分剥落。腹部饰 1 周凹弦纹。口径 10、底径 6.2、通高 5.5 厘米（图四，1）。M7：15，泥质橙黄陶。器身施黑衣朱红彩，部分剥落。口径 10.4、底径 5.6、通高 5.6 厘米（图四，2）。

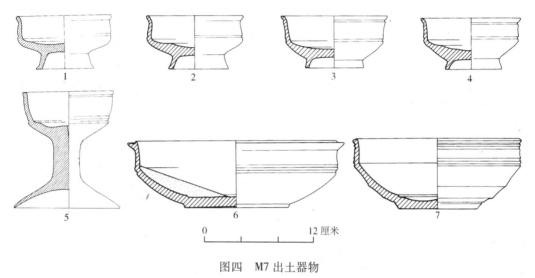

图四　M7 出土器物

1、2. A 型陶豆（M7：38、M7：15）　3、4. B 型陶豆（M7：19、M7：78）　5. 陶灯（M7：17）　6. A 型釉陶盆（M7：80）　7. B 型釉陶盆（M7：12）

B 型　2 件。尖唇，敞口，折腹，矮圈足外撇。M7：19，泥质橙黄陶。器身施黑衣朱红彩，大部分剥落。沿下及折腹处各饰 1 周凹弦纹。豆盘略变形。口径 11～11.6、底径 6.2、高 5.4 厘米（图四，3）。M7：78，泥质橙黄陶。器身施黑衣朱红彩，大部分剥落。沿下及折腹处各饰 1 周凹弦纹。口径 11.4、底径 6.3、高 5.4 厘米（图四，4）。

盆　3 件。根据口沿、腹部的不同可分两型。

A 型　2 件。宽折沿、单折腹。M7：8，尖圆唇，宽折沿，口微侈，折腹，假圈足。折腹处饰 2 周凹弦纹，腹部饰篦点纹，外下腹有 12 个支烧痕。口径 23.6、底径 12.4、高 8 厘米（图三，2）。M7：80，局部施青绿釉，器内有积釉。口部微变形，尖圆唇，宽折沿，口微侈，折腹，平底微内凹。折腹处饰 2 周凹弦纹，内折腹处及底各饰 1 周凹弦纹。口径 11.8、底径 5.7、高 7 厘米（图四，6）。

B 型　1 件。M7：12，斜方唇，口微侈，沿下内束，双折腹，台足平底，沿下及上折腹处各饰 2 周凹弦纹，内底饰 1 周凹弦纹。口径 18.6、底径 8.6、高 7.4 厘米（图四，7）。

陶灯　1 件。M7：17，泥质红陶，质硬。由灯盏、灯座及连接两者的圆柱组成。灯盏呈碗形，方唇，斜直腹。灯座呈覆碟形，方圆唇。灯盏沿下及下腹部各饰凹弦纹 1 周。通高 12.2、口径 9.8、底径 11.4 厘米（图四，5）。

簋　2 件。形制大致相同。M7：46，器表施釉，基本剥落。盖方唇，盖面呈弧形，顶有小圆孔 1 对。盖顶中央有乳突 1 个，盖面饰 4 周凹弦纹并饰模印四叶纹。广口内敛；高唇，深弧腹，高圈足，圈足微起凸棱。唇间饰长方形镂孔，外饰叶脉纹及 4 周凹弦纹。口径 27.6、底径 15.2、通高 24.8 厘米（图五，1）。M7：53，盖方唇，盖面呈弧形，顶有小圆孔 1 对。盖顶中央有乳突 1 个，盖面饰 4 周凹弦纹并饰模贴四叶纹。广口内敛，高唇，深弧腹，高圈足。唇间饰长方形镂孔，外饰叶脉纹及 2 周弦纹。口径 26.4、底径 17.6、通高 24 厘米（图五，2）。

壶　5 件。根据盘口、腹部的不同分两型。

A 型　2 件。带盖。方唇，盘口，束径，圆鼓腹，高圈足。肩部横置对应条形耳和兽铺首衔环各一对。M7：47，器表施酱绿釉，大部分剥落。盖圆唇，子口，口敛收，弧面，盖顶正中立"凹"字形钮。盖面饰 2 周凹弦纹。颈与肩部饰叶脉纹，器表饰凹弦纹数周。圈足起 2 周凸棱，与耳对应处穿 2 圆孔。口径 16、腹径 28、底径 17.4、通高 41.6 厘米（图五，3）。M7：48，施酱绿釉，大部分剥落。盖圆唇，子口，口敛收，弧面，盖顶正中立"凹"字形钮。盖面饰 2 周凹弦纹。颈、肩、腹、圈足饰弦纹数周，圈足起 2 周凸棱，且与耳对应处穿 2 圆孔。口径 16、腹径 27.9、底径 17.2、通高 41.9 厘米（图五，4）。

B 型　3 件。无盖。斜方唇，唇下起两道凸棱，盘口，束颈，扁圆腹，高圈足，圈足微起凸棱，肩部横置一对对应条形耳。M7：50，颈、肩、腹部各饰弦纹一周。圈足与耳对应处穿 2 圆孔。口径 10、腹径 19.2、底径 12.8、高 23 厘米（图五，5）。M7：60，施酱绿釉，部分已剥落。颈部饰 1 周凹弦纹，肩、腹部饰凹弦纹，圈足与耳对应处穿 2 圆孔。口径 11、腹径 19.4、底径 12.2、高 23 厘米（图五，6）。M7：64，颈部饰 1 周凹弦纹，肩至腹部饰 3 周凹弦纹，圈足与耳相对应处穿 2 圆孔。口径 11.4、腹径 19.6、底径 13.4、高 23.6 厘米（图五，7）。

四系罐　12 件。均为小口。带盖，盖口敛收，弧面，附"凹"字形钮。罐直口，溜肩，鼓腹，平底或平底微内凹。肩部横置对称 4 个条形系。M7：65，上腹及盖面施深绿釉，部分剥落。盖顶面饰 2 周凹弦纹。罐斜方唇，肩、腹部各饰 2 周凹弦纹。口径 8.4、腹径 20.4、底径 14.8、通高 17 厘米（图六，1；图版一一，1）。M7：51，盖顶面饰 2 组凹弦纹。罐斜方唇，肩、腹部各饰 2 周凹弦纹。口径 10.2、腹径 21.7、底径 14.6、通高 19.4 厘米（图六，2）。M7：18，施青黄釉。盖素面。罐方唇，肩、腹部饰 2 周凹弦纹。口径 9.8、腹径 21.8、底径 14.6、通高 21 厘米（图六，3）。M7：63，

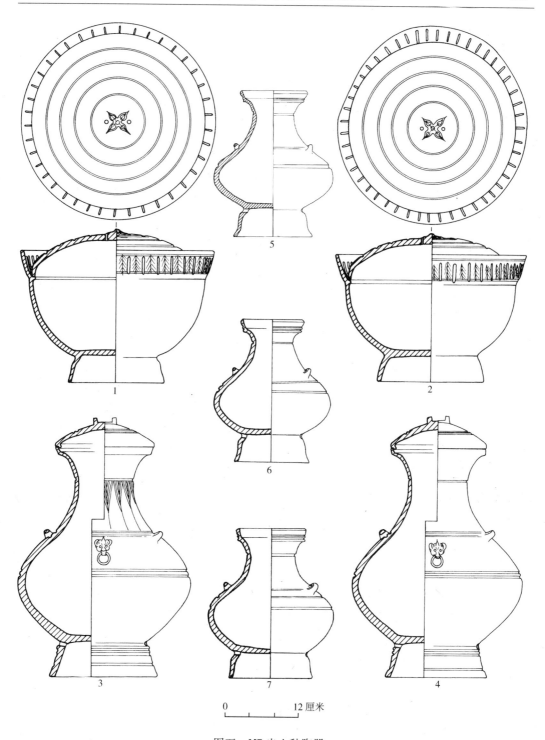

图五 M7 出土釉陶器

1、2. 簋（M7：46、M7：53） 3、4. A 型壶（M7：47、M7：48） 5～7. B 型壶（M7：50、M7：60、M7：64）

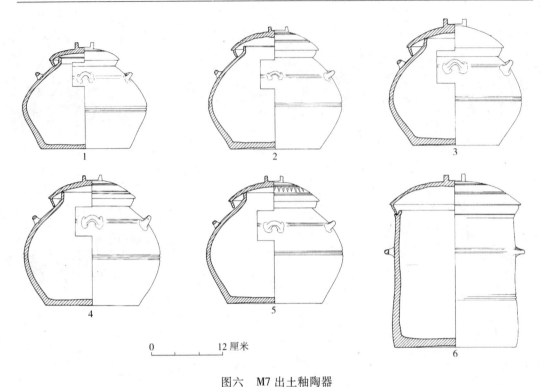

0 _____ 12 厘米

图六　M7 出土釉陶器

1～5. 四系罐（M7：65、M7：51、M7：18、M7：63、M7：27）　　6. 提筒（M7：70）

盖顶饰 2 组凹弦纹。罐方唇，肩、腹部各饰 2 周凹弦纹。口径 10、腹径 22.4、底径 15.4、通高 20.6 厘米（图六，4）。M7：27，盖顶面饰 2 组凹弦纹，在 2 组弦纹间饰刻划纹。罐方唇，肩、腹部各饰 2 周凹弦纹。口径 9.8、腹径 22.4、底径 15.6、通高 20.2 厘米（图六，5）。

提筒　5 件。形制基本相同。M7：70，器身修长。灰胎，硬陶。器物施青黄釉，大部分剥落。盖方圆唇，口内敛，面弧形，附"凹"字形钮。盖面饰凹弦纹 2 组。子口，圆唇，近直腹，平底或平底微内凹。腹壁上部对称横置条形耳 2 个，耳部及下腹各饰 2 周凹弦纹。口径 18、底径 20、通高 27.4 厘米（图六，6；图版一一，3）。

罐　5 件。根据口部的不同分三型。

A 型　1 件。M7：54，尖唇，卷沿，短束颈，溜肩，鼓腹（最大腹径在中部），平底。肩、腹部饰凹弦纹。口径 15.2、腹径 29.2、底径 19.8、高 22.6 厘米（图七，1）。

B 型　2 件。口微侈，卷沿，短直颈，鼓腹（最大腹径略靠上），平底微凹。肩、腹部各饰 2 周凹弦纹。M7：6，口径 18、腹径 25.8、底径 19.4、高 20.8 厘米（图七，2）。M7：20，口径 18.4、腹径 24.8、底径 19、高 19 厘米（图七，3）。

C 型　2 件。方唇，盘口，束颈，鼓腹（最大腹径略偏下），平底。唇下起一道凸

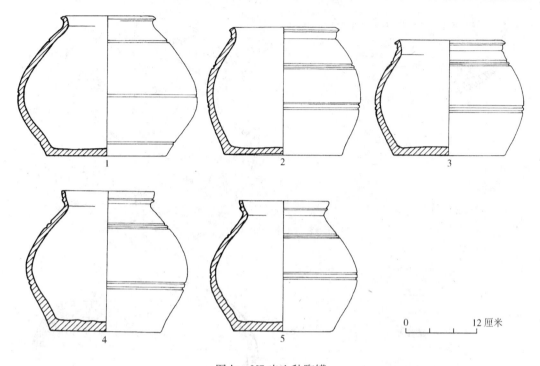

图七　M7 出土釉陶罐

1. A 型（M7：54）　2. B 型（M7：6）　3. B 型（M7：20）　4. C 型（M7：52）　5. C 型（M7：76）

棱，肩、腹部各饰 2 周凹弦纹。M7：52，口径 15.4、腹径 26.4、底径 18.4、高 22.6 厘米（图七，4）。M7：76，口径 14.6、腹径 24.4、底径 16.4、高 21.2 厘米（图七，5）。

钵　2 件。根据器底不同分两型。

A 型　1 件。M7：23，器物轮制痕明显。方唇，深弧腹，平底微内凹。口径 16.8、底径 7.7、高 7.4 厘米（图八，1）。

B 型　1 件。M7：62，器物稍变形。圆唇，口微敛，深弧腹，圜底。外沿下饰 4 周凹弦纹。口径 17.7～16、高 7.8 厘米（图八，2）。

陶盂　2 件。形制基本相同。泥质橙红陶，质硬。圆唇，侈口，短束颈，扁垂腹，平底。M7：22，口径 6、腹径 7.8、高 4.9 厘米（图版一一，2）。

陶套盒　1 件。M7：29，泥质浅灰褐陶。圆角长方形，有盖。盖方唇，直口，直腹，弧顶，顶面及腹部饰不规则刻划棱格纹。盒方唇，直口，直腹，平底。盖口径 9.2～5.9、盒口径 7.9～5、底径 9.4～6.3、通高 6.3 厘米（图八，3；图版一一，4）。

盒　1 件。M7：33，器体如扁球形。灰白胎，硬陶。器物施釉，全部剥落。盖斜方唇，弧面平顶，中立乳钉，钉周刻划四叶纹，边缘饰 1 周凸棱，凸棱外分卧三只羊及刻划双线曲折纹。器腹及盖面饰双线棱格纹，盖面棱格内刻划短双线。子口，深弧腹，圈

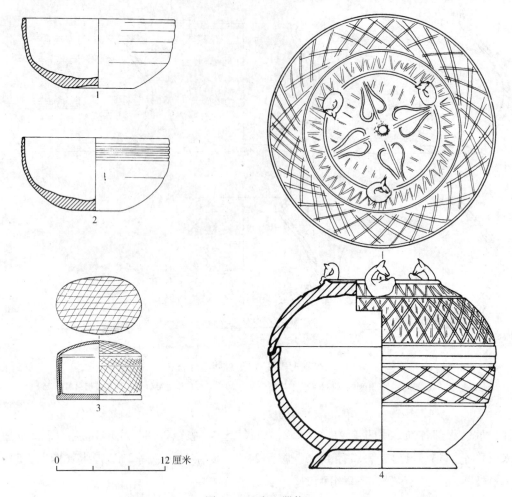

0 ————— 12 厘米

图八　M7 出土器物

1. A 型钵（M7：23）　2. B 型钵（M7：62）　3. 陶套盒（M7：29）　4. 釉陶盒（M7：33）

足外撇。口径 23.2、底径 15.6、通高 22 厘米（图八，4）。

陶井　1 件。M7：7，由亭和井栏组成。亭为泥质橙红陶，质软。近方形，四阿式，正中有脊，坡上有瓦垄。井栏为泥质灰胎，硬陶。圆形，长方形台地，台地四角有方形柱础，中有圆孔，孔内插亭柱。一人站在井边，右脚立于地台上，左脚踏在井栏上，双手伸出作取水状。井内有一小水桶。人前放置一水盆，盆靠近井旁的排水槽。井口径 16、井高 11、通高 22.4、地台长 23.4、宽 20.8 厘米（图版一一，5）。

陶仓　1 件。M7：57，泥质橙红陶，质硬。平面作长方形，底有四孔，干栏式。分前、后两部分，前为横廊，后为仓室。正面中间开长方形门口，两侧为菱形镂孔方窗。隔墙正中设门，两扇门上各饰门环，横廊两端置棂条窗。悬山式两坡屋顶，排列瓦垄，

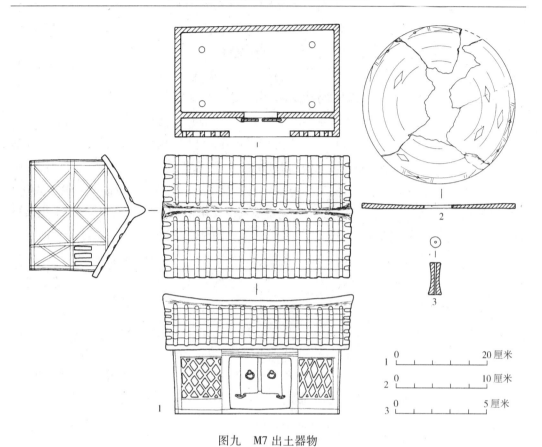

图九　M7 出土器物

1. 陶仓（M7：57）　　2. 滑石璧（M7：37）　　3. 珠饰（M7：45）

刻划线条以示铺板瓦。两侧山墙及后墙划横、直、斜线纹，以示柱枋梁架。长21、宽14、高12.8厘米（图九，1；图版——，6）。

青铜剑　1件。M7：49，剑身狭长，剑柄仅存一段朽木，中间有铜芯相穿。截面椭圆形。剑身与剑鞘绣连在一起，鞘为木质，已朽。剑长85.6、最宽3.5厘米。

珠饰　1串。M7：45，出土时已散乱，所有珠饰均中穿孔。以质地和颜色大致分为四种：玛瑙珠1粒，长1.7、直径0.6厘米（图九，2）。绿色料珠7粒，扁圆形；浅蓝色2粒，扁圆形；蓝色料珠最多，分大、小两种，扁圆形，不甚规整，最小者直径为0.3厘米。

滑石璧　3件。M7：44，残。部分残片上有墨线图案。M7：37，残，灰白色。圆形，中穿孔，外缘厚，中间薄。一面平素、略粗糙；一面涂朱，光滑平整。缘边隐约饰3周墨线，其内饰墨线菱格纹和模糊的几何纹。直径16.8、厚0.3～0.6厘米（图九，3；图版——，7）。

三　结　语

从出土器物特征及其组合观察分析，M7 出土器物具有广东西汉晚期至东汉初期的随葬物品特征。虽然滑石壁常见于广东西汉中期墓葬，西汉后期比较少见，但釉陶簋在广州西汉后期墓葬中才开始出现[①]。M7 的 B 型壶与广东乐昌对面山东周秦汉墓西汉晚期 M29 中 AII式壶[②]、广州南田路古墓葬西汉晚期 M4 的 3 式壶[③]相似，M7 的 A 型盆与广州汉墓中 M3031 IV型盆相似，鼎同广州汉墓中 M3020 V型鼎相似，提筒同广州汉墓 M4001、M4013 的 V型 3 式相似，盒与广东乐昌对面山东周秦汉墓东汉初期 M9：9 相似，簋与广东乐昌对面山东周秦汉墓东汉初期 M174 中 B 型III式簋相似，四耳罐与广州市先烈南路大宝岗东汉初期 M2 出土的四耳罐[④]相同，陶盉与广州先烈南路东汉时期的 M5：28 相似[⑤]。

随葬器物特征显示，M7 的上限不早于西汉晚期，下限不晚于东汉初期，其年代大致可定为东汉初期。

领队：卜工
主要发掘人员：尚杰、邓杰、齐雪芳、尚中克
资料整理：尚杰、齐雪芳、龚海珍、邹俭平
执笔：尚杰

注　释：

① 广州市文物管理委员会、广州市博物馆：《广州汉墓》，文物出版社，1981 年。

② 广东省文物考古研究所、乐昌市博物馆、韶关市博物馆：《广东乐昌市对面山东周秦汉墓》，《考古》2000 年 6 期。

③ 广州市文物考古研究所：《广州南田路古墓葬》，《华南考古 1》，文物出版社，2004 年。

④ 广州市文物考古研究所：《广州市先烈南路大宝岗汉墓发掘简报》，《广州文物考古集》，文物出版社，1998 年。

⑤ 广州市文物考古研究所：《广州市先烈南路汉晋南朝墓》，广州文物考古集之五《羊城考古发现与研究（一）》，文物出版社，2005 年。

广东清新县布坑东汉墓发掘简报

广东省文物考古研究所、清远市博物馆

英文提要　In 2002, a salvage excavation on a brick and stone built tomb in Qingxin County was carried out by Guangdong Provincial Institute of Cultural Relics and Archaeology. Judged from the tomb type and the characteristics of the burial objects, this tomb is dated to the Eastern Han Dynasty.

　　布坑东汉墓位于广东省清新县城西北约 28 公里的三坑镇布坑村西约 30 米的小山冈上（图一）。2002 年 8 月因村民建房取土时被发现。为确保文物安全，广东省文物考古研究所派员会同清远市博物馆、清新县文化局联合对该墓进行抢救发掘，墓葬编号为 2002QBM1。

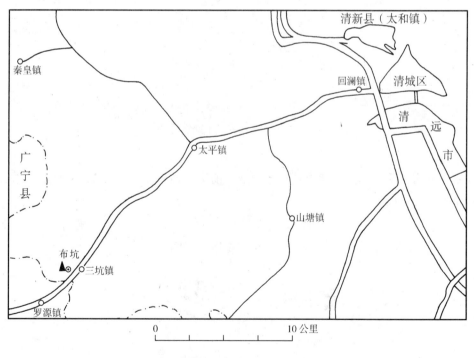

图一　清新县布坑 M1 位置示意图

一 墓葬形制

该墓为单室券顶砖室墓，平面呈长方形（图二）。长 438、宽 167、墓室通高 150、券顶高 84 厘米。方向 170°。墓道破坏严重，形状不详。仅存前室和主室。主室平面呈长方形，长 248、宽 130、高 133 厘米。前室位于主室的前端，平面近正方形。前室与主室都是以长方形砖单层错缝平铺叠砌，但二者起券高度不同，前室于 108 厘米、主室在 66 厘米处用楔形砖构筑券顶。券顶保存完好。封门以长方形砖错缝平铺砌筑。

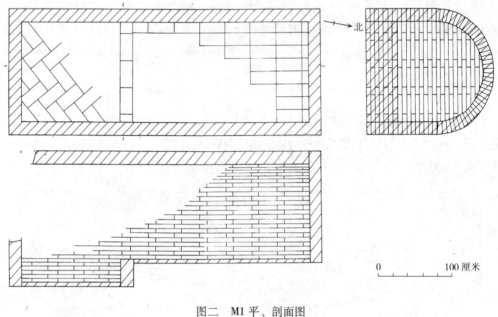

北

0 ⊢———————⊣ 100 厘米

图二　M1 平、剖面图

主室墓底用单层长方形砖横列对缝平铺。前室底面较主室底面低 42 厘米，用长方形砖呈人字形铺砌。

长方形砖的规格为长 36、宽 17、厚 6 厘米，楔形砖长 35～36、宽 17、厚 5～6 厘米。砖的一平面拍印绳纹，一侧面印饰几何菱格纹（图三）。

0 ⊢————⊣ 10 厘米

图三　M2 出土墓砖拓片

二　随葬器物

随葬器物由村民取出扰乱，已无法了解其原来位置。出土 23 件器物，以釉陶器为主，陶器次之，并有铜镜 1 面。

1. 釉陶器　19 件。有鼎、簋、瓶、壶、四系盖罐、双系盖罐、㔻、釜、碗和井等。基本是泥质灰白胎，陶质硬，器表施黄褐色釉，着釉较差，多已脱落。有的局部有绿褐色釉滴。

瓶　1 件。M1：10，圆唇，小口，长颈，球腹微扁，高圈足，足底斜收。颈及颈下、腹上饰刻划弦纹 6 道。釉至底。口径 4、底径 9.2、腹径 15.2、高 20.2 厘米（图四，1）。

壶　2 件。形制基本相同。M1：8，方唇，长颈，扁圆腹，圈足，足底斜收。颈下饰对称扁环形耳一对，凹弦纹两道。带盖，盖顶有扁环形纽一个，盖面饰弦纹一道。口径 12、底径 11.6、腹径 20.8、高 26 厘米（图四，2）。

井　1 件。M1：4，形如一直筒罐，有井栏，圆形地台，有柱础和柱穴。不见井亭和柱子。通高 12.8 厘米（图四，3）。

鼎　1 件。M1：6，斜方唇，子口，腹部扁圆，附耳作长方形，中镂孔长方形，下设三蹄状鼎足，实心外撇。带盖，盖面饰刻划花，上有弧形纽三个（二个残），盖顶饰锥状乳钉纽。局部有流釉。腹径 20、通高 16.4 厘米（图四，5）。

簋　1 件。M1：5，方唇，盘口，束颈，弧腹，圈足。口沿下饰斜边方格对角划线纹，四角镂孔。带盖，盖面微弧，面饰刻划花，顶饰锥状乳钉纽，纽两侧镂孔。口径 21.6、底径 12.4、通高 17.2 厘米（图四，6）。

四系盖罐　4 件。形制基本相同。M1：20，方唇，近直口，鼓腹，下腹斜直至底，大平底。腹部饰 6 道划弦纹，腹上饰对称扁环形器耳 4 个。盖面饰凹弦纹一道、划弦纹 2 道，顶饰扁环形纽一个。口径 8.8、底径 11.6、通高 15 厘米（图五，1）。

双系盖罐　5 件。形制基本相同。M1：17，方唇，近直口，斜肩，直腹，大平底。肩上饰凹弦纹一道，肩下有对称扁环形耳一对。盖顶略平，面饰划弦纹 2 道，顶饰扁环形纽一个。釉色绿褐，器盖及器身局部有流釉。口径 8.8、底径 14.4、通高 15.4 厘米（图五，2）。

㔻　1 件。M1：13，方唇，直口微侈，腹微束，下腹短折至底，平底，底下有乳钉状矮足 3 个，腹一侧施一曲尺形把手。口下、腹中各饰弦纹一道。口径 10、通高 5.6 厘米（图五，3）。

釜　1 件。M1：14，圆唇，微束颈，鼓腹，下腹斜收至底，平底。口下饰凹弦纹一

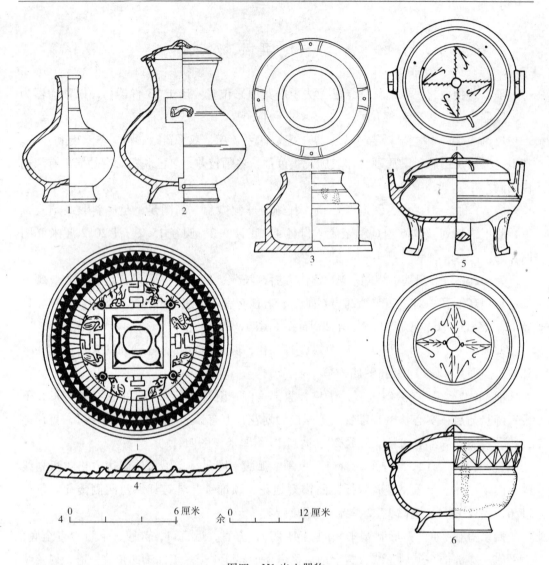

图四　M1 出土器物

1. 釉陶瓶（M1：10）　2. 釉陶壶（M1：8）　3. 釉陶井（M1：4）　4. 铜镜（M1：4）　5. 釉陶鼎（M1：6）
6. 釉陶簋（M1：5）

道，近底部饰凹弦纹一道。器表施釉至腹中，内壁仅施口部。口径 6.4、腹径 8、高
5.2 厘米（图五，4）。

　　碗　2 件。基本相同。M1：11 尖唇，微敞口，束颈，浅腹，假圈足。器表施釉，内
为满釉并有流釉，釉色绿褐。口径 16.2、底径 8、高 5.6 厘米（图五，5）。M1：12，口
径 16、底径 7.8、高 6.8 厘米（图五，6）。

　　2. 陶器　3 件，分别为屋、仓、灯。泥质灰陶，胎质较硬。

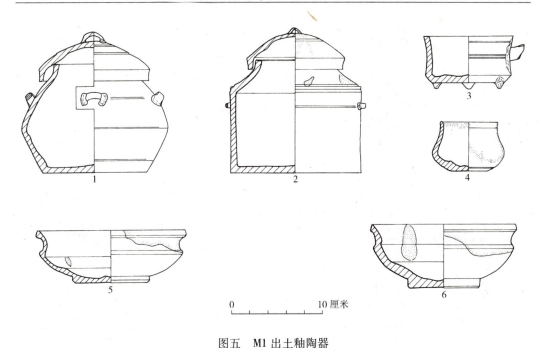

图五　M1 出土釉陶器

1. 四系罐（M1:20）　2. 双系罐（M1:17）　3. 卮（M1:13）　4. 釜（M1:14）　5、6. 碗（M1:11、M1:12）

陶屋　1 件。M1:3，平面方形，屋呈曲尺形三层楼阁式。悬山顶，屋顶两正脊等高相交，前后坡面合角，瓦垅宽而疏。屋外立面面阔三间，中辟大门。后侧设置院落天井。墙壁间刻划斜方格纹与构架线条，正面的左右次间设棂条窗，左次间窗下刻划栅栏构架，右次间下部刻菱格纹墙饰，上部刻棂条与菱格混合纹饰。两侧立面均在普柏枋上置心间铺作和转角铺作。屋两侧山面刻划出三层楼的梁架结构，山尖处两侧镂孔有三角形气窗，靠院落天井的一侧楼后墙顶辟置一方形窗。院落的墙头设两面坡式瓦顶。屋边长 20、高 20.8 厘米（图六，1）。

陶仓　1 件。M1:2，平面长方形，二屋干栏式建筑。面阔三间，进深二间，悬山顶。顶饰板瓦、垄沟和鸱尾。大门为壶门，形制别具一格。立面两次间划菱格纹，四角及转角结构反柱头硕大栌斗，无栱，斗上承普柏枋。山面刻划出进深二间梁柱及斗等结构。仓底设 4 个安木柱的小圆孔。长 20.4、宽 15.2、高 17.8 厘米（图六，2）。

陶灯　1 件。M1:1，由灯盏、灯座及连接两者的圆柱组成。灯盏尖圆唇，敞口，束颈，腹微深。盏下连接圆柱。灯座为喇叭形，座面饰 4 道划弦纹。口径 9.6、高 14 厘米（图六，3）。

3. 铜镜　1 件。M1:9，圆形，四乳八鸟纹。圆纽，四叶纹座，有方框，外区饰规矩，外缘为锯齿纹。直径 10.4 厘米（图四，4）。

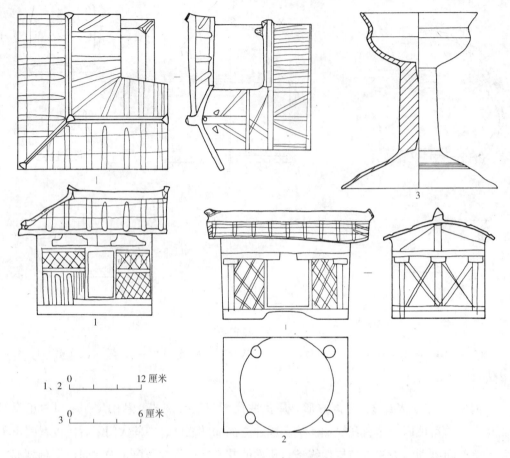

图六　M1 出土陶器

1. 陶屋（M1∶3）　2. 陶仓（M1∶2）　3. 陶灯（M1∶1）

三　结　语

　　该墓因受扰乱严重，为我们确定墓葬的年代及其他问题带来了一定困难。墓葬的平面形状及其结构与韶关四河居后山清理的东汉墓（66 韶、西地 M12）近同[①]。布坑墓中的随葬器物如釉陶双系罐（M1∶17）、簋（M1∶5）、陶屋（M1∶3）等，形制与韶关市东郊汉墓（SSS－M8）的同类器物相似[②]，另有多件器物与广州汉墓中的东汉墓的出土器物相近，如四系罐（M1∶20）与《广州汉墓》的Ⅱ型四系罐（M4017∶22），又如陶井（M1∶4）与《广州汉墓》的Ⅲ型井（M5064∶3）很接近。而该墓的铜镜（M1∶9）也见于《广州汉墓》，如ⅩⅤ型[③]式镜（M4026∶9）。据此推定，布坑墓葬的年代应为东汉时期。

另据发掘期间调查，在该墓的北边也曾有相类的墓葬被村民取土时破坏，因时间久远，资料不详。现在山岗上、山周围及村内偶可发现有丢弃的墓砖。结合该处地形、地貌，与不时有散墓砖发现等情况分析，此处不止有一座东汉墓葬，可能是一墓地。此推断是否确实，尚待进一步开展考古工作。

布坑汉墓是在清新县境内现时唯一经发掘的东汉时期墓葬，这对研究清新在东汉时期的政治、经济、文化和葬俗等提供了珍贵的实物资料。

报告整理时得到清新县文化局的帮助，广东省文物考古研究所魏峻先生提出很好的建议，在此表示感谢。

发掘人员：李岩、魏峻、黄敏强、尚杰、邓志养

摄影：尚杰

整理：尚杰、齐雪芳

绘图：齐雪芳、龚海珍

执笔：尚杰

注　释：

① 广东省博物馆：《广东韶关市郊古墓发掘报告》，《考古》1961 年 8 期。

② 杨豪：《广东韶关西河汉墓发掘》，《考古学集刊》，中国社会科学出版社，1981 年。

③ 广州市文物管理委员会等：《广州汉墓》，文物出版社，1981 年。

广东佛岗县民安晋墓发掘简报

广东省文物考古研究所、佛岗县博物馆

英文提要　According to the inscriptions "Jianshi（建始）" (a reign mark of the Western Jin Dynasty) on the tomb brick, the tomb is dated to the Western Jin Dynasty. The excavation of this tomb has provided material for the dating of burial objects of the same time, the exploration of tomb structure, the type of tombs as well as the development of burial custom in Han and Jin Dynasties.

2004 年 3 月，佛岗县民安镇上岳村村民朱伟仟在建造房子挖房基时发现一座古墓（图一），随即向佛岗县有关部门报告。广东省文物考古研究所接佛岗县文体局报告后，派员会同县博物馆对古墓进行抢救性发掘。现将清理情况报告如下。

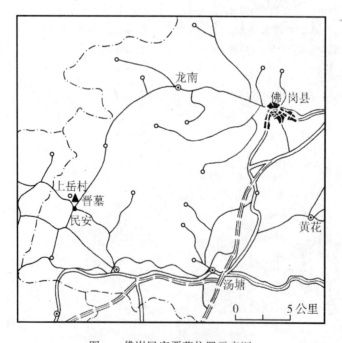

图一　佛岗民安晋墓位置示意图

一　位置与形制

　　墓葬位于佛岗县西南民安镇东北约 700 米处（编号 FMSM1），在通向县城的公路西侧。这里原为山坡地，早年平整为耕地。墓葬为"卜"字形券顶砖室，分甬道、前室、耳室、后室（棺室）四部分。清理时，券顶已被早年毁去不存；墓道（甬道）的封门及西侧近封门处被毁，后室的东面拐角部分亦被毁。后室前半部分的铺地砖多被挖去，均应是墓葬早年被盗所致。而前室东壁和耳室的一侧则因挖房基而被局部毁损。

　　墓葬全长 6 米，墓壁用长方形砖平铺顺砌（图二；图版一二，1）。墓向 323°。其中甬道长 1.2、宽 0.97、残高 0.72～0.82 米，地面铺一列横砖、三列顺砖；前室长 1.4、宽 2.05、残高 0.52～0.66 米，地面铺七列横砖；耳室在前室的西侧，长 2.05、宽 0.90、

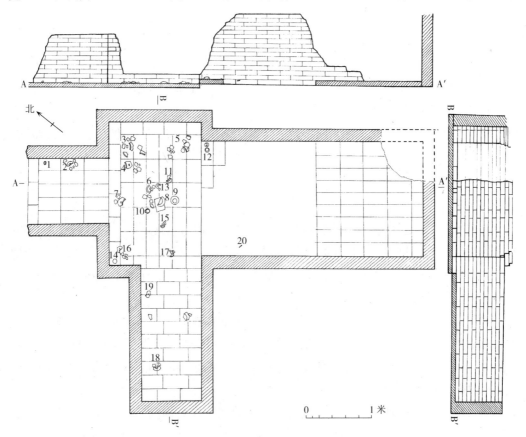

图二　M1 平、剖面图

1. 青釉纺轮　2. 青釉盖　3. 青釉洗　4、19. 青釉罐　5. 陶罐　6. 青釉盘　7. A 型青釉盏　8. 青釉钵　9. 青釉灯盘　10、11、14、15. B 型青釉盏　12、13、16～18. C 型青釉盏　20. 铁棺钉

残高 0.25～0.84 米，地面铺十列横砖；后室长 3.4、宽 1.65、残高 0.70～0.96 米，地面前部保存二列半横砖，后半部保存四列半顺砖。前室的地面低于耳室和后室一个砖位；前室的前部两个拐角距地面 0.53 米墓壁处各伸出半个砖用以承托灯盏。

　　墓砖均为长方形，尺寸为 33～35、宽 18～19、厚 5～6 厘米。券顶砖的一侧厚 2～3 厘米。砖的平面印网格纹，以增加附着力（图三，13、14）；部分砖的一个长边或一个短边侧面印有纪年文字或纹饰，纹样有叶脉纹、叶脉与重方格组合纹、半重圈与钱形组合纹、多种图案组合纹等（图三，7～11）；纪年砖铭中，部分为"建始元年辛酉岁七月周家立"（图三，4、6）；部分为"建始元年亲（辛）酉岁七月周家"（图三，1～3、5），不见"立"字；还有一种是两端饰半重圈纹，中间铭文为"周家立"（图三，12）。

　　此墓因早年被盗扰严重，仅在墓道、前室、耳室残存少量陶器和青釉器，且多已残破；后室仅存一枚铁棺钉。

二　随葬器物

　　残存的随葬器物有陶器与青釉器两种，共 19 件，另有少量未能复原的陶瓷碎片。

　　1. 陶器　仅有罐一种。

　　罐　1 件。M1：5，口微敞近直，唇沿外折，溜肩，深腹，下腹微内收，平底微凹。肩部一周凹弦纹，四横耳，其中一对耳在弦纹处，另一对耳略低一些。器表灰黑色。口径 9.8、高 15.2、底径 10.8 厘米（图四，1；图版一二，3）。

　　2. 青釉器　18 件。有罐、钵、洗、盘、盏、器盖、纺轮等。

　　青釉罐　2 件。M1：4，口微敞近直，唇沿外折，溜肩，深腹，下腹微内收，平底。肩上四横耳。釉已脱落，仅存残迹。口径 15、高 23.2、底径 20 厘米（图四，2；图版一二，2）。M1：19，器已残，仅存下腹至底部，下腹微内收，平底。釉脱落。残高 7、底径 19.2 厘米（图四，3）。

　　青釉钵　1 件。M1：8，敛口，圆唇鼓出，弧收深腹，平底作璧形足。上腹三周弦纹。釉脱落。口径 21.4、高 12.2、底径 11.6 厘米（图四，6；图版一二，4）。

　　青釉洗　1 件。M1：3，器上部残，腹较宽大，平底作璧形足。釉脱落。残高 4、底径 12.6 厘米（图四，7）。

　　青釉盘　1 件。M1：6，敞口，浅腹，腹壁斜弧，底略内凹呈圈足状。外壁近沿处一周凹弦纹，内底中央一圈微凹，旁边黏结一残器，似属杯类。外底沿及中央各一周凹弦纹。青釉部分脱落。口径 18、高 3、底径 14.4 厘米（图四，5）。

　　青釉灯盘　1 件。M1：9，敞口，圆唇略鼓出，浅盘腹，底部不平，有粗糙面，下接灯把（灯座），已不存。釉脱落。口径 12、高 3.2、底径 6.6 厘米（图五，11）。

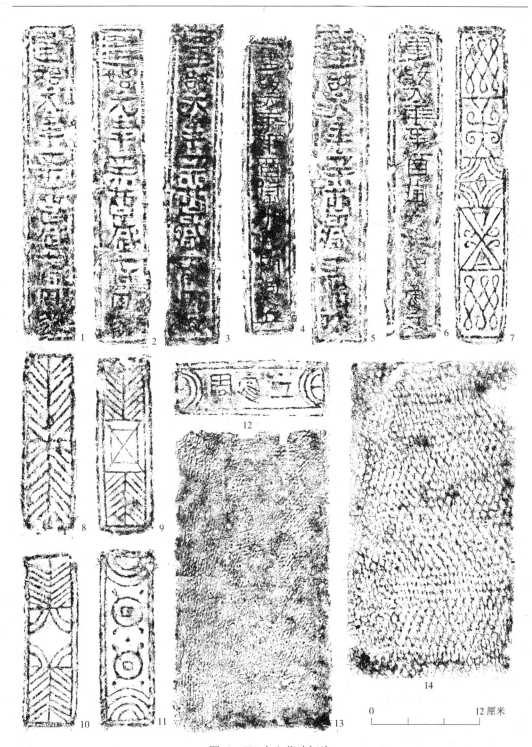

图三　M1 出土墓砖拓片

1~5. 纪年砖铭　7~11. 墓砖纹样　12. 铭文砖　13、14. 砖平面纹样

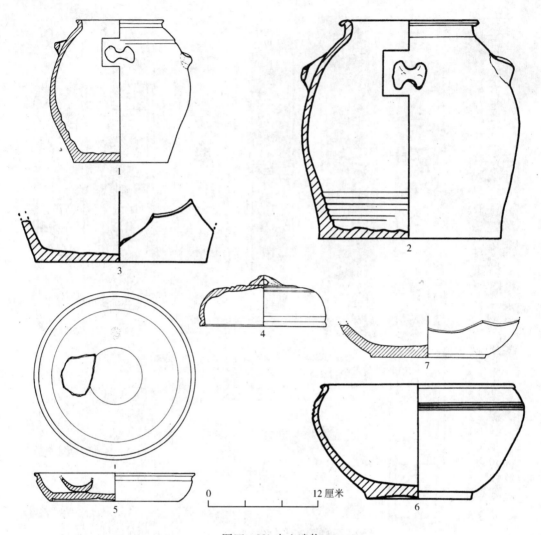

图四 M1 出土遗物

1. 陶四系罐（M1∶5） 2、3 青釉四系罐（M1∶4、M1∶19） 4. 青釉盖（M1∶2） 5. 青釉盘（M1∶6）
6. 青釉钵（M1∶8） 7. 青釉洗（M1∶3）

青釉盏 10 件。分 3 型。

A 型 1 件。M1∶7，口微敞近直，圆唇，微出肩，浅腹斜收，平底。近沿处一周凹弦纹，内底两周凹弦纹。釉脱落。口径 8、高 2.8、底径 4.2 厘米（图五，2）。

B 型 4 件。口微敞近直，圆唇，浅腹，弧收平底，近沿处一周凹弦纹，内底亦有凹弦纹。釉脱落。M1∶10，口径 7.8、高 2.5、底径 3.8 厘米（图五，7）；M1∶11，口径 7.6、高 3、底径 4.4 厘米（图五，1）；M1∶14，口径 8、高 2.5、底径 2.8 厘米（图五，4）；M1∶15，口径 7.6、高 2.6、底径 3.2 厘米（图五，10）。

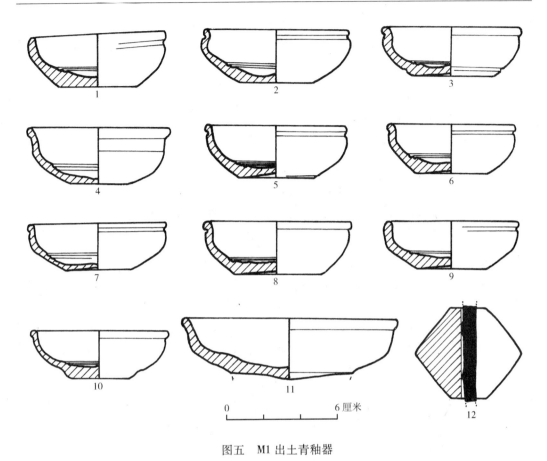

图五　M1 出土青釉器

1、2、7、10. B 型盏（M1∶11、M1∶14、M1∶10、M1∶15）　2. A 型盏（M1∶7）　3、5、6、8、9. C 型盏
（M1∶13、M1∶12、M1∶18、M1∶16、M1∶17）　11. 青釉灯盘（M1∶9）　12. 青釉纺轮（M1∶1）

C 型　5 件。口近直，圆唇，浅腹，弧收平底，微凹。近沿处一周凹弦纹，内底亦有凹弦纹。釉脱落。M1∶18，口径 7.2、高 2.6、底径 4 厘米（图五，6）；M1∶12，口径 7.8、高 2.8、底径 4.12 厘米（图五，5）；M1∶13，口径 7.8、高 2.6、底径 4.6 厘米（图五，3）；M1∶16，口径 8.2、高 2.8、底径 4.8 厘米（图五，8）；M1∶17，口径 7.6、高 2.5、底径 4 厘米（图五，9）。

青釉盖　1 件。M1∶2，覆钵形，顶中央有桥形纽，三周凹弦纹。近盖沿处一周凹弦纹。器表施釉已脱落。通高 5.5、口径 15 厘米（图四，4；图版一二，5）。

青釉纺轮　1 件。M1∶1，菱形作算珠状，中有孔，插有铁杆。器表施青釉。器高 2.4、直径 3 厘米（图五，12）。

3. 铁棺钉　1 枚。M1∶20，锈蚀。长条形，顶端略粗且折曲，另一端残断。残长 10.5 厘米。

三　结　语

关于墓葬的年代，因墓中出有纪年砖铭，为年代的判断提供了直接的文字依据。查考纪年砖铭上的"建始"年号，历史上有五次使用：一、西汉时期的成帝刘骜，使用"建始"年号共五年，即公元前 32～前 28 年，干支纪年为己丑～癸巳，但墓葬的随葬器物绝非西汉时期，广东地区在西汉时期也从不见砖室墓，故此西汉的"建始"纪年与墓葬年代不合；二、东晋时期的后燕慕容详，使用"建始"年号仅一年，即公元 397 年，干支纪年为丁酉；三、东晋时期的后燕慕容熙，使用"建始"年号也是一年，即公元 407 年，干支纪年为丁未。后燕为东晋末期北方地区的五胡十六国之一，广东不是后燕的属地，没有道理使用北方属国的年号，加之墓葬的随葬器物也非东晋末期之物，因而可以肯定墓葬年代与后燕的"建始"年不合；四、东晋时期的桓玄。晋安帝司马德宗元兴二年，桓玄篡位，初出伪诏，改年"建始"，因右丞王悠之提出，"建始"是赵王伦的伪号，故又改为"永始"。由此可见，此"建始"年号并未正式使用，其时为公元 403 年，干支纪年为癸卯，与墓葬年代当亦不合；五、西晋时期，史称"八王之乱"之一的赵王司马伦，于晋惠帝司马衷永康二年正月，僭即帝位，幽禁惠帝，改元"建始"[①]。同年四月，惠帝复位，改元"永宁"，司马伦被赐死，是时为公元 301 年，干支纪年为"辛酉"，与砖铭中的"建始元年辛酉岁"纪年相合。

从墓葬形制看，佛岗这座有单耳室的砖室墓，具有浓厚的汉代遗风。广东的考古发现表明，这种墓型主要见于东汉时期，如 1959 年清理的韶关市郊 7 号墓（东汉永和三年）[②]、1961 年清理的佛山澜石 6 号墓[③]、1972 年清理的佛山澜石 2 号墓[④]。其中以佛山澜石 2 号墓的墓葬形制与佛岗民安这座墓葬最为接近。广东地区的西晋末年至东晋初年墓葬，砖室墓中的单耳室已从前室移至后室，并以壁龛形式出现，如广州黄埔姬堂西晋墓[⑤]、肇庆坪石岗东晋墓[⑥]，这是从东汉墓的耳室发展到晋时期的壁龛的演变过程。由此看来，佛岗这座墓葬的年代，应在东汉与东晋之间。

以墓葬残存的随葬器物分析，由于不见晋南朝时期常见的断代典型器物如鸡首壶、唾壶等青釉瓷器，这给墓葬年代的判定带来一定的困难。仅就尚存的器物考察，罐的下腹内收不很明显，与东晋南朝时期罐的下腹明显内收有很大区别；盏的底部作平底状，不见璧形足，这也是年代较早的特征。墓砖的纹样与尺寸也主要见于西晋时期。加之墓砖纪年为"建始元年辛酉岁"，与西晋司马伦僭越帝位改元"建始"之年相合，依此分析，佛岗民安这座墓葬的年代可确定为西晋时期，下葬之年即为公元 301 年。但该墓下葬时间为"七月"，其时惠帝已复位并改元"永宁"。

佛岗这座晋墓出土的随葬器物不多，但墓葬形制对探讨汉晋时期墓葬结构、形式及葬俗的发展演变提供了极有意义的实物例证；颇为丰富的墓砖纹样是当时社会风尚及其艺术水平的反映；墓砖纪铭的"建始"年号为西晋时期，是墓中随葬器物下葬年代的重要依据，为判定同期器物的年代树立了标尺，具有可资比较的考古分期意义。

西晋赵王司马伦改元"建始"年号仅数月，但位于岭南腹地佛岗民安的这座晋墓也使用了这个不是正统的纪年，可见其年号在当时当地也有相当的影响。墓葬砖铭中使用非正统年号的情况十分少见，佛岗这座墓的"建始元年辛酉岁"纪年砖铭，是司马伦改元"建始"年号的实物证据，具有重要的证史价值。此外，西晋时佛岗民安地属广州始兴郡中宿县，这座晋墓的主人是否属于司马伦的族人或部下，在岭南任职，死后葬于佛岗，故而在惠帝已改元"永宁"数月后仍使用司马伦的"建始"年号，这也是值得探考的事情。

附记：参加发掘的有广东省文物考古研究所邱立诚、黎飞艳；广东省博物馆曹子钧；佛岗县文体局朱伟初；佛岗县博物馆宋抗壹。

执笔：邱立诚
绘图：曹子钧、齐雪芳
拓片：齐雪芳
摄影：黎飞艳

注 释：

① 《晋书》列传第二十九·赵王伦。

② 广东省博物馆：《广东韶关市郊古墓发掘报告》，《考古》1961 年 8 期。

③ 广东省文物管理委员会：《广东佛山市郊澜石东汉墓发掘报告》，《考古》1964 年 9 期。

④ 广东省博物馆：《广东佛山市郊澜石东汉墓清理简报》，《文物资料丛刊》第 4 辑，1981 年。

⑤ 广州市文物考古研究所：《广州晋代考古的重要发现——黄埔姬堂晋墓》，《广州文物考古集》，文物出版社，1998 年。

⑥ 广东省文物考古研究所等：《广东肇庆市坪石岗东晋墓》，《华南考古 1》，文物出版社，2004 年。

深圳铁仔山古墓群发掘简报

深圳市文物管理委员会办公室、深圳市博物馆、宝安区文化局

英文提要　In 2000, an archaeological working team from Shenzhen City excavated the middle and east zones of Tiezaishan Cemetery, where more than 220 tombs of the Eastern Jin Dynasty, the Southern Dynasties, Song, Yuan, Ming and Qing Dynasties were distributed in an exceptionally regularly order. Among them were unearthed a large amount of tombs bricks with inscriptive dates, ceramics and so forth. Among the ancient cemeteries in Pearl River Delta, this cemetery was the longest one in serving time and the largest one in tomb quantity.

铁仔山位于深圳市宝安区西乡镇，海拔约 200 米，南距海约三公里，背山面海呈靴形。古墓区位于铁仔山东南坡地理坐标为北纬 22°33′、东经 113°50′。铁仔山古墓群首次发现于 1983 年。1983～1989 年，深圳市博物馆为配合宝安区基建进行过多次抢救性发掘。1987 年出土了东汉"熹平四年"（175 年）的纪年砖及东汉人头印纹砖和铜镜等重要文物。

2000 年初，深圳市文物管理委员会办公室、深圳市博物馆、宝安区文化局组成联合考古队，对深圳市宝安区西乡铁仔山古墓群进行了三个月的考古发掘。此次发掘自西向东分 A、B 二区，以探方法进行发掘，面积约 3500 平方米。发掘整理东晋、南朝、宋、明、清五个时期的墓葬 225 座，出土了一批纪年砖和大量的陶、瓷器等珍贵文物。深圳铁仔山古墓群被评为"2000 年全国重要考古发现"之一（图一，图版一三，1）。

一　东晋墓

（一）墓葬形制

东晋墓共 16 座，主要分布在 A 区西部，有砖室墓 9 座，土坑墓 7 座。

1. 长方形砖室墓

9 座。编号 T20M46、T20M19、T21M6、T21M125、T15M62、T8M57、T5M195、T19M111、T19M112。

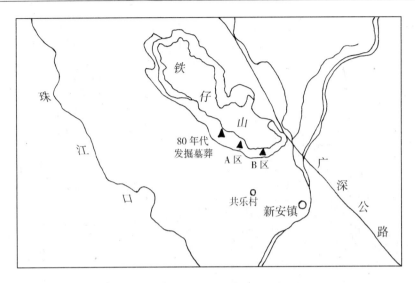

图一　深圳铁仔山墓葬位置示意图

　　M19　墓向朝南，由墓道、墓室两部分组成的券顶单室墓，方向175°。墓道在墓室前方，南端及西壁北端被现代坑扰乱，残长2.1、宽0.96、底至上口残高0.55～0.62米。直壁，平底，壁面凹凸不平。墓道内填五花土，呈缓坡状。墓门上部已被破坏，残存两侧壁砖，呈直壁，均用平砖平砌。门残长0.18、宽0.8、残高0.84、距地表0.30米。墓门用顺砖侧立砌封，层与层间呈斜向交叉，残存三层（图二，彩版五，1）。墓室用平砖错缝顺砖砌壁，直壁，上部略内收，顶用楔形砖筑券弧顶。墓室顶南端大部分坍塌，北端保存较好。券顶砖采用单砖顺向侧卧错缝起券，个别处为排券，砖中多用楔形砖，砖与砖上部缝隙较大，缝隙处用半砖夹缝或用沙岩块填塞。从顶外残状看，券顶高低凹凸不平，顶北部略高于顶中部。券顶内侧，在顶中部偏北弧券中央有二块文字砖，文字在砖的侧面，字面向墓室内，两砖对称顺置于顶中部两侧，间隔七砖，距墓室后壁1.16米。砖铭纹经辨认为"太宁二年□□宜子孙"。墓室四壁用顺砖错缝砌筑，直壁，东、西两壁壁面由下至上稍有内收。北壁（即后壁）中下部有一长方形壁龛，长0.12、高0.11、进深0.18米，距东壁0.48、距墓室底0.26米。墓室底多铺残砖，少量整砖，为错缝平砌，北高南低呈坡状。墓室底中部有红砂岩土小坑，坑长0.18、宽0.1米，应为渗水之用。墓室壁砖为青砖，多为素面，个别为几何图案装饰，有祥云纹、斜纹及各种复合菱形纹等。墓室曾被盗扰，仅在墓室北部发现一件随葬的陶碗。

　　"太宁二年"为公元324年，是东晋明帝司马绍的年号，所以M19为东晋早期墓。

　　M6　未见墓道，顶部完全坍塌，仅残留墓壁。长3.42、南宽0.61、北宽0.8米，方向350°。墓室四壁均用顺砖错缝平砌，直壁。在北壁中央有壁龛，长0.17、高0.05、

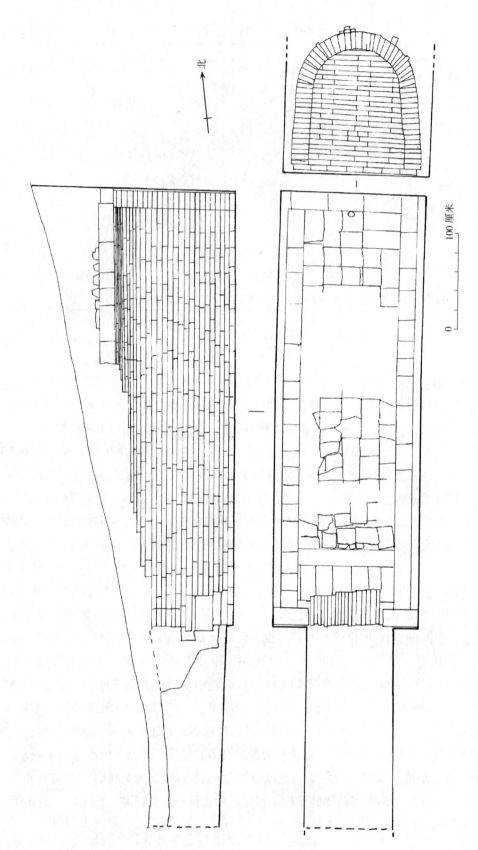

北

0   100 厘米

图二　M19 平、剖面图

进深 0.15 米。在墓室西壁南端第一层，由南至北有二块砖面上各印制手掌印。此外还发现有纪年砖四块，其中一块可辨铭文"大兴二年六月"（319 年）。墓壁用砖均匀，侧面多模制凹凸几何纹饰，有网格纹、米字纹、菱格纹、祥云纹等四种。墓砖长 35、35.5、36 厘米三种，宽 14.5、厚 4～4.5 厘米。墓底为黄砂岩土，北半部平铺不规则砂岩石 3 块。墓室内较完整的随葬品有釉陶罐 4 件、釉陶钵 2 件、铁片 1 件、银饰 1 件、珠饰 3 粒（图三）。

"大兴二年"为公元 319 年是东晋元帝司马睿的年号。因此 M6 为东晋早期。

M46　由墓道和墓室组成，方向 175°。墓室坍塌，南北长 3.2、宽 0.81～0.83、残高 0.38～0.58 米。墓道残长 1.84、宽 0.6 米。墓门残，从残状看为侧立砖封堵，残宽 0.62、残高 0.08 米。墓室呈长方形，壁砖青灰色，顺砖错缝平砌，直壁。在北壁中部

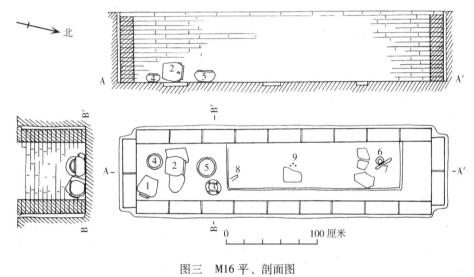

图三　M16 平、剖面图

1、3. 釉陶罐　2. 陶罐　4、5. 釉陶钵　6. 釉陶盂　7. 铁器　8. 银饰　9. 珠饰（3 粒）

偏下有长 0.13、宽 0.09、深 0.15 米的长方形小壁龛。墓室底部为红砂岩土（生土），平底。墓底发现散乱陶器残片。此外，清理墓室外围时发现有土圹，土圹与墓室间距 0.1～0.25 米，中间填红砂岩土。墓砖的纹饰为网格纹和斜线纹之组合纹。

M62　残毁，仅余北壁。长 3.70～3.35、宽 1～0.95 米，方向 350°。墓壁为顺砖错缝平砌。从残状看当为叠涩顶。墓底铺间距相等二排断砖，排列有序，应为垫棺之用。

M125　由墓道和墓室组成。墓的封门砖仅余一层，为侧立小砖纵向排列。墓室长 4.07、宽 0.68～0.70、深 1.0 米，方向 160°。墓室东西两壁残，残高 0.15～0.57 米。由底向上四层为平砖错缝平砌，第五层为单砖侧立纵横砌，六层至十一层又是平砖错缝平砌。北壁保存较好，为平砖错缝平砌。北壁有一长 0.10、宽 0.04 米的小壁龛。由北

壁之砌筑可以推断此墓墓顶应为叠涩顶。在墓室底中间残留整砖五块，应为垫棺之用。

M111 由墓道和墓室组成。墓道被清代土坑墓（M113）打破，残长 2.6、宽 0.6～0.68 米，方向 175°。直壁，平底。墓门残，形状不明。墓室呈长方形，长 4、宽 0.62～0.66、深 1.4 米。墓室东西两壁坍塌严重，后壁保存较好。墓壁用灰砖单砖错缝平砌。墓砖长 0.34、宽 0.16、厚 0.045 米。

M195 墓道在墓室南，长 2.5、宽 0.74～0.8、残高 0.18 米，墓向 160°。直壁平底，底见红砂岩土（生土）。墓门及墓室上部被现代树坑破坏。封门砖为一侧顺夹二侧竖砖起封，上部筑平砖，残高 0.37 米。墓室为长方形，残存长 2.64、宽 0.8、残高 0.4～0.5 米，直壁，均用灰砖顺砖错缝平砌砌筑。上部微向内弧，平底。底铺用三排顺砖平铺，每排二块呈"11"字形。墓室外有土坑，坑与砖间距 0.06～0.1 米。

此墓发现纪年铭文砖和纹饰砖。墓砖有三种：第一种素面；第二种背有网纹、一侧有菱形纹；第三种背有网格纹、一侧有文字纪年。纪年砖共 16 块，其中 11 块在墓室中间发现（应为坍塌所致），其余 5 块在墓室东西二壁上发现。纪年砖残，可辨文字有："□□□子孙"、"□□□宜子孙"、"太□□□甲申宜□□"、"太宁二年岁甲□□□"、"□□□□申宜子孙"、"太宁二年□□□"、"太宁二年□□□"、"□□□年甲申宜□□"、"太宁□□□"、"□□□岁甲□□□"、"□□□年甲□□□"等 11 种。经拼对，完整的内容应为"太宁二年甲申宜子孙"。

M57 由墓道和墓室组成。墓道前窄后宽，长 1.46、前宽 0.50、后宽 0.80 米。方向 337°。墓室长 4.25、宽 1.10～1.30 米。墓壁坍塌，西壁仅余二层，为平砖平砌。后壁保存稍好，残余 12 层，平砖错缝叠砌，有凸字形壁龛。墓顶坍塌。底铺零散青灰砖，均为素面。在墓室南端中部均匀排列三只小瓷杯，另有青釉罐、钵残片散落在东壁一侧。

M112 墓道平面呈长方形，残长 3.02、宽 0.72～0.75 米，方向 182°。直壁，平底。墓门宽 0.76、残高 0.6 米，由两排横向内斜侧砖和两排平砖封堵。墓室为长方形，长 4、宽 0.72 米。墓壁用灰砖单砖错缝直砌，壁残，参差不齐。北壁保存较好，余 1.2 米。墓底为人字形铺地砖。

2. 长方形竖穴土坑墓

7 座。编号：T15M174、T15M175、T15M66、T15M42、T16M176、T10M2、T10M4。除 T10M2 外其余 6 座保存完整，随葬品较为丰富。

M42 长 2.70、宽 0.80、深 0.45 米，方向 350°。未见棺、骨。随葬青釉四系罐 2 件、青釉钵 2 件、剪刀 1 把、纺轮 2 件、银指环 3 件及珠饰 4 粒。

M66 长 3、宽 0.82～0.93、深 0.42 米，方向 350°。随葬青釉四系罐 2 件、敛口钵 1 件、银钗 1 件及朱砂、云母片等。

M175 长 2.65～2.42、宽 0.80～0.54、深 0.55 米，方向 340°。有墓道，残长

0.68米。在墓室南端随葬青釉四系罐2件、钵2件、发笄4件。在北端随葬剪刀1把、扁平小罐1件。在墓室中央发现银指环2组，每组4件共8个。

M174 长3.15、宽1.03米，方向340°。在墓室南端随葬青釉四系罐2件、钵2件、盘1件、发笄4件，在墓室北端则有剪刀1把，在墓室中部有指环2件。

M176 因部分墓室深入隔梁，残长1.97、宽0.82～0.74米，方向353°。在墓室北端出土圆形铜镜1枚。在墓室中间偏北随葬银镯2只。

M4 长3.63、宽1.30米，方向350°。随葬青釉四系罐2件、钵2件、黑釉小碗1件、剪刀1把（图四）。

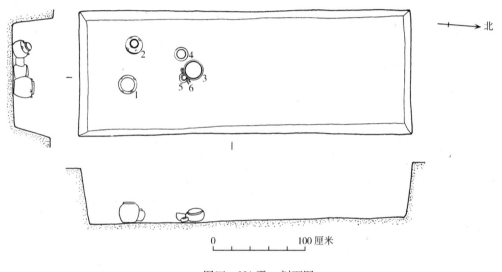

图四 M4 平、剖面图
1、2. 四系罐 3、4. 钵 5. 碗 6. 剪刀

（二）随葬器物

共40件。陶瓷器为主，有罐、钵、碟、纺轮等，大多施釉，但多已脱落。另有铜镜、银镯、银笄、银指环和铁剪等。

四系罐 15件。灰白色胎，内外挂釉，釉呈青绿色或青黄色，有细开片及滴釉现象，大部分器物的釉层脱落，其中2件为无釉酱色陶罐。分五式。

Ⅰ式 6件。直口，圆唇，宽肩，桥形耳，收腹，平底或底稍内凹。有的口沿有弦纹。M42：2，腹径22.2、高21厘米（图五，1；彩版六，1）。

Ⅱ式 4件。直口，圆唇，溜肩，肩附半环形横耳，鼓腹，平底。M62：1，腹径19.5、高16.2厘米（图五，2）。

Ⅲ式 1件。M6：1，酱褐色桶形罐，无釉。直口，尖唇，桥形耳，直身，底内凹。腹径20.4、高21厘米（图五，3；彩版，2）。

Ⅳ式　1件。M175：5，直口，圆唇，鼓腹，桥形耳，施青黄釉。腹径12厘米，高6.4厘米（图五，4）。

Ⅴ式　3件。M6：3，直口，圆肩，最大腹径在肩部，平底。腹径17、高16.5厘米（图五，5）。

罐　1件。M6：6，施釉小罐，无耳，直口，圆唇，鼓腹。腹径7.8、高4厘米（图五，6）。

钵　13件。分三式。

Ⅰ式　5件。敛口，圆唇，鼓腹，腹部及口沿有弦纹，平底。M6：5，口径20.1、高11.8厘米（图五，7）。

Ⅱ式　7件。敞口，尖唇，在口沿部有一道或二道弦纹，施釉，平底。M174：4，口径15.3、高6.3厘米（图五，8）。

Ⅲ式　1件。M6：4，敛口，尖唇，平底。施酱色釉，釉剥落。口径13.8、高10.5厘米（图五，9）。

碟　1件。M174：5，平底，中间有弦纹。口径11厘米（图五，10）。

纺轮　2件。M57：4，锥形，出土时中间有一铁棍。直径2.9、厚1.9厘米（图五，11）。

铜镜　1件。M176：1，圆形，圆钮，可辨云纹、瑞兽纹，锈蚀严重。直径10.5厘米（图五，12）。

银镯　2件。M176：2，圆形，直径6.5厘米（图五，13）。

另外，还发现"U"形银笄及环形银指环，剪刀4把，残毁严重。

（三）小结

东晋时期墓葬主要在分布 A 区的西部。砖室墓在北部山坡，土坑墓则在砖室墓之下，位于南部。砖室墓均为长方形单室墓。大部分墓室前端设墓道，墓室内有些设壁龛。墓顶起券或砌叠涩顶。墓砖为青灰色，尺寸有三种规格，长32、34.5、37.5厘米，宽16.4、16.5厘米，厚4、4.5厘米。墓砖除少数纪年砖和手印砖外，以素面为主，部分饰纹饰，有网纹、菱形纹、米字纹、水波纹、祥云纹、斜线纹和网纹、菱形纹组成的复合纹等。从纪年砖上的年号看，"大兴二年"（319年）、"太宁二年"（324年），均为东晋较早时期。砖室墓由于多坍塌或曾被盗扰，发现随葬品较少。土坑墓随葬器物保存完整。在所发现的东晋土坑墓中，随葬品多为两罐两钵组合。值得注意的是这六座土坑墓均随葬发笄、银手镯、指环、剪刀、纺轮、铜镜等女性生活用品。女性埋葬土坑墓，男性埋葬于砖室墓是否为当时的丧葬制度和习俗，尚需更多资料和进一步研究。

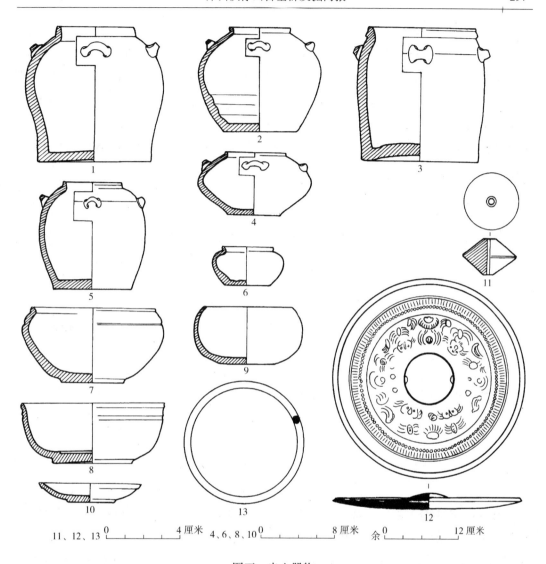

11、12、13 ⟞————⟝ 4厘米　　4、6、8、10 ⟞————⟝ 8厘米　　余 ⟞————⟝ 12厘米

图五　出土器物

1~5. 四系罐（M42：2、M62：1、M6：1、M175：5、M6：3）　　6. 罐（M6：6）　　7~9.（M6：5、M174：4、M6：4）
10. 碟（M174：5）　　11. 纺轮（M57：4）　　12. 铜镜（M176：1）　　13. 银镯（M176：2）

二　南　朝　墓

（一）墓葬形制

共58座，其中砖室墓50座，长方形竖穴土坑墓8座。砖室墓以长方形为多，共46座，包括带排水道的长方形砖室墓3座和8座小型砖室墓。凸字形墓室4座。

1. 长方形砖室墓

46 座。以 T2M75、T4M163、T21M126、T20M20、T20M24、T10M73、T15M4 为例。

M75　单室砖墓。长 2.36～2.9、宽 0.52～0.9、残高 0.84 米，方向 360°。除券顶坍塌外，保存较好。封门用一平砖一侧砖砌成，凹凸相间。墓壁最底两层为单砖错缝平砌，三层为侧砖立砌，四层以上为平砖错缝平砌，十层始起券。墓底铺人字形砖。此墓随葬品较为丰富，有鸡首壶、三足砚、青釉四系罐、青釉碟、青釉钵及青釉杯共 12 件（图六；彩版五，2）。

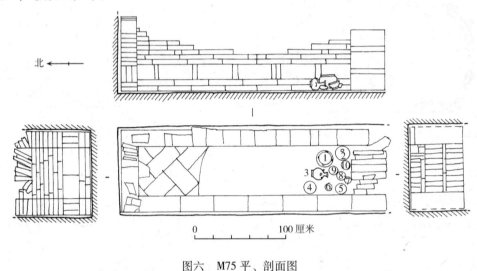

图六　M75 平、剖面图

1. 四系罐　2. 碟　3. 陶壶　4. 三足砚　7、9. 钵　5、8、10. 杯

M163　墓室分前后室，墓室前有斜坡墓道，方向 343°。封门砖已扰乱，仅存纵向平铺砖四块。前室长 1.95、宽 0.6～0.9 米，仅余底铺砖五块。后室长 2.45、宽 0.6 米，墓底到券顶高 0.80 米。顶已坍塌。墓壁的砌法为二横一顺，从第十层开始用楔形砖起券，墓壁左右对称。后壁保存较完整，砌法与东西二壁相对应，在第五层有长 0.13、宽 0.04 米的壁龛。墓室底部中央间隔平铺三块横砖，应为垫棺之用。前后室均无随葬品。

M20　由墓室、排水道两部分组成，均用红砖砌成，方向 170°。封门残，从残状看为二横一竖砌法。封门底二层顺砖砌一方形排水坑，长 0.19、宽 0.20 米，坑口与墓室底平，与墓室前之排水道相通。排水道为南北走向，底部先用顺砖平铺一层，后两边用窄条砖顺砖砌槽，上用单砖顺置盖顶，成为暗道。排水道残长 3.5、内槽宽 0.07、槽深 0.06 米。墓室长 4.06、宽 0.37 米，分前、后室，顶坍塌。墓室东、西、北三壁均用平砖错缝平砌。前室比后室低，以墓室底铺间隔。前室底铺为二排横铺砖夹一排顺铺砖，后室地铺成人字形。前室随葬青釉碗2件，在后室底部中央则随葬滑石猪2件（图七）。

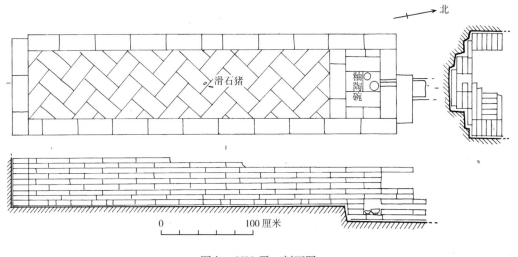

图七 M20平、剖面图

M126 由墓道、排水道、封门、小前室及后室组成，方向162°。墓道与墓室底部相平，由南向北呈坡状，残长1.42～1.44、宽0.90米。内设一排水道，排水道北入口在封门砖内侧，与前室相通。排水道宽0.08～0.11米，以三层平砖叠砌，南部部分用残砖纵向排放。墓室由前室及后室组成。封门砖底一层平砖横放，第二层为整砖侧立纵放，上残余四层为平砖横放。前室长0.86、宽1.13、残高0.65～0.83米，北端东西两侧靠墓壁设置砖柱两个，砖柱为单砖纵向平砌，两横三纵叠压砌筑而成，从而将墓室分为前、后两室。后室长2.9、宽1.12、残高0.63～0.93米。前、后室墓壁均为平砖错缝平砌。从残状看约在离墓底0.56米处开始起券，惜券顶坍塌。前室底铺砖为平砖错缝横铺，后室底铺砖为平砖纵向平铺。该墓坍塌严重，含大量乱砖及少量陶瓷片。墓砖以青灰色较多，砖面是拍打菱形网格纹，少量楔形砖。陶瓷片为泥质灰褐色，可辨器形有罐、钵，素面，部分施酱釉。后室北部残留1铁棺钉及铜质残片（疑为扰乱），骨架及葬具朽（图八）。

M24 由排水道和墓室组成，方向160°。封门用红砖封堵，为二横一竖砖错缝平砌，已坍塌，残存三层。墓室以单砖在东西两壁内侧砌立柱分前后室，前室比后室低。前室长1.14、宽1.1米，东、西两壁中部砌有一对称窗棂，窗棂有6格，每格分别为两块半截侧立砖横砌，余均用平砖错缝平砌。后室长1.96、宽1.08、残高0.28～0.58米。墓室东、西两壁均用平砖错缝平砌，底为人字形地铺。排水道与封门连接呈南北走向，残长9、宽0.39米。为三层平砖叠压平砌，底部一层为横砖平铺，两边顺砖平砌，

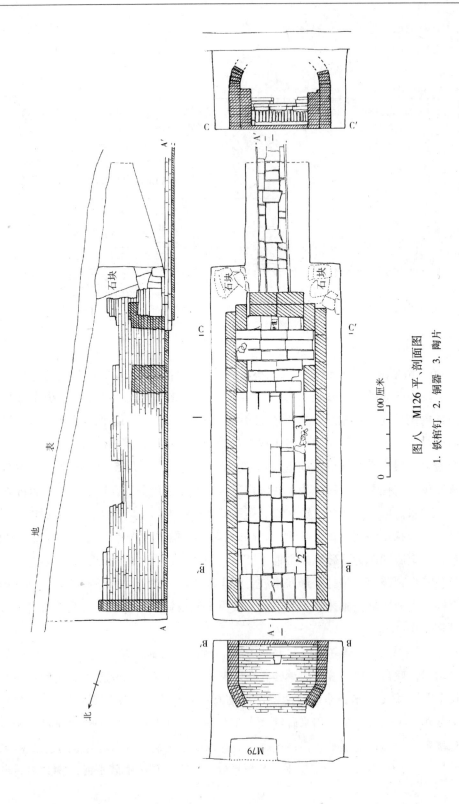

图八　M126 平、剖面图
1. 铁棺钉　2. 铜器　3. 陶片

上部用单砖顺置盖顶。

M73　小型砖室墓，保存完整。墓口长1.14、宽0.56米，墓底长0.98、宽0.24米，方向350°。东西两壁红砖平砌四层，底铺六块红砖，墓顶以六块红砖封顶。在墓室底部随葬一小碗（图九）。

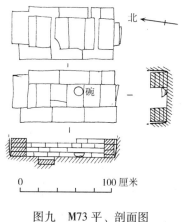

图九　M73平、剖面图

M4　小型砖室墓。墓室南宽北窄。长1、南宽0.57、北宽0.52米，方向350°。东西两壁平砖错缝平砌，墓壁残高0.12～0.16米，墓顶坍塌。墓底用小平砖铺成"人"字形。砖长32、宽14、厚4厘米。

2. 凸字形砖室墓

4座。编号：T13M159、T14M5、T15M139、T8M56。

M159　墓室平面呈凸字形，分前、后室。长3.8、宽1.1米，方向350°。封门坍塌。前室墓壁平砖错缝平砌，残余四层。后室凿山为穴，没有砌砖。前、后墓室底均为人字形铺地砖（图一〇）。

M5　带墓道，墓道长1.8、宽0.80米，方向355°。墓室分前后室，前宽后窄。残长3～3.47、前宽1.65、后宽1.32米。封门及墓室坍塌。封门残留二层，为侧立砖呈"之"字状斜砌。前室东西两壁平砖错缝平砌，残留十层。后室东西二壁一至十层为平砖错缝平砌，十一层为侧砖立砌，十二至十九层为平砖错缝平砌，后半部毁。未见随葬品。

M56　墓室前窄后宽。长3.6、前宽0.9、后宽1米，方向338°。墓室为利用山坡之走势，挖山为穴，不见墓壁砖。墓底为人字形铺地砖。

M139　从残状看，其封门及前室凸出于后室，残长2.6、前室宽1.70、后室宽1.50、残高0.91米，方向355°。墓室前有墓道。墓室仅余二块底铺砖及陶片三块，扰毁严重。

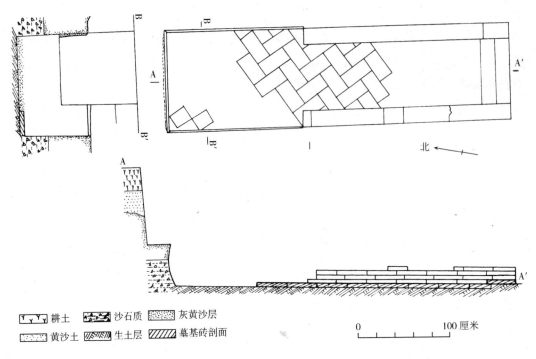

| | 耕土 | | 沙石质 | | 灰黄沙层 |
| | 黄沙土 | | 生土层 | | 墓基砖剖面 |

0   100厘米

图一〇　M159 平、剖面图

3. 长方形竖穴土坑墓

8 座。编号：T21M127、T5M194、T16M243、T16M121、T9M203、T9M206、T9M211、T9M212。

M127　长 3.08、宽 1、深 0.07～0.26 米，方向 340°。墓壁整齐、平底，无骨架及棺。随葬青釉小碗 1 件、罐 2 件、钵 2 件。

M194　残长 2.2、宽 0.68、残高 0.1～0.2 米，方向 346°。直壁平底。随葬青釉罐 2 件、青釉钵 3 件，均放置于墓南端，青釉钵扣在罐上。

M243　长 2.12、宽 0.85～0.91 米，方向 2°。在墓坑南端发现青釉钵 2 件、青釉壶 1 件、均残。

M121　长 2.82、宽 0.76 米，方向 355°。直壁平底。随葬青釉罐 2 件、青釉钵 2 件。

M212　长 3.1、宽 0.90、深 0.5 米，方向 352°。在墓坑底部南北二端中间各放置一整砖，南端随葬 2 小碗。

M211　长 2.55、宽 0.65、深 1.1 米，方向 345°。直壁平底。随葬青釉四系罐 1 件、钵 2 件、碗 2 件。

M203　长 1.93、宽 0.9、深 0.7 米，方向 350°。随葬陶罐 1 件、钵 1 件、小碗 2 件。

（二）随葬器物

青釉四系罐　17 件。

Ⅰ式　4 件。直口，圆唇，溜肩，口沿饰弦纹，肩部有四横耳，底内凹。灰白胎，施青黄釉。M227：3，腹径 14、高 13 厘米。（图一一，1）。

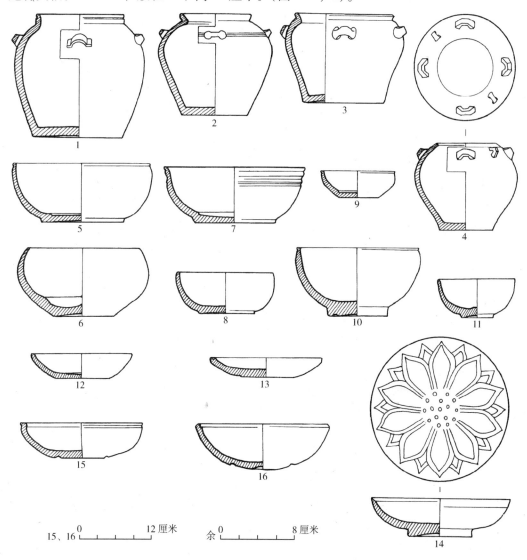

15、16 ┕━━0━━━━━12厘米━━┙　余 ┕━0━━━━━8厘米━━┙

图一一　南朝墓葬出土器物

1. Ⅰ式四耳罐（T12M227：3）　2. Ⅱ式四耳罐（T20M24：4）　3. Ⅲ式四耳罐（T2M75：2）　4. Ⅳ式六耳瓜形罐（T12M227：2）　5. Ⅰ式钵（T14M7：7）　6. Ⅱ式钵（T9 采 3）　7. Ⅲ式钵（T9M211：3）　8. Ⅳ式钵（T16M82：2）　9. Ⅴ式钵（T9M211：1）　10、11. 碗（T5M138：2）（T13M157：3）　12、13. Ⅰ式碟（T5M138：8、T12M227：5）　14. Ⅱ式碟（T2M75：3）　15. Ⅰ式盘（T12M227：16）　16. Ⅱ式盘（T12M227：17）

Ⅱ式 10 件。直口或稍侈，卷沿，圆肩，腹下部内收。M24：4，腹径 12.3、高 10.8 厘米（图一一，2）。

Ⅲ式 3 件。敞口，圆唇，口径较大，肩部为最大腹径，腹下部束腰，平底内凹。M75：2，腹径 19、高 14 厘米（图一一，3）。

青釉六系罐 1 件。M227：2，敛口，尖唇，最大腹径在肩部，近罐底处内收，平底。六耳，三个一组分别置肩部左右两侧。三耳中，二方形耳，一环形耳。通体施青黄釉，釉下裂纹均匀。腹径 11.2、高 9.2 厘米（图一一，4；彩版六，3）。

青釉钵 46 件。

Ⅰ式 4 件，其中 2 件采集品。敛口，鼓肩，圆唇。肩部有玄纹，腹深，腹下部内收，实足。施青黄釉，釉剥落，灰白胎。M7：1，口径 15、高 6 厘米（图一一，5）。

Ⅱ式 5 件，其中 3 件采集品。敛口，尖唇，平底。T9 采 3，口径 12.2、高 3.6 厘米（图一一，6）。

Ⅲ式 10 件，其中 6 件采集品。除 M4：3 为无釉酱色陶外，余均为青瓷，施青釉，釉剥落。敞口，圆唇，口沿外饰一道或二道弦纹，平底。M211：3，口径 15.2、高 6 厘米（图一一，7）。

Ⅳ式 15 件，直口，尖唇，口沿外饰弦纹者 3 件，余均为素面。M82：2，口径 10.4、高 4.4 厘米（图一一，8）。

Ⅴ式 12 件，4 件采集品。直口，圆唇，平底，折腹。钵内中间有一圈弦纹，口沿外均饰弦纹。M211：1，口径 8、高 2.8 厘米（图一一，9）。

青釉碗 43 件。直口稍敞，尖唇，腹较深，实足较小，收腹明显。施青黄釉，釉剥落，灰白胎。此种碗在南朝墓随葬器物中所占比例较大，但形制变化不明显。多数为素面，9 件口沿外饰一道弦纹。M138：2，口径 8.5、高 2.2 厘米（图一一，10）。M157：3，口径 13.2、高 7.2 厘米（图一一，11）。

青釉碟 11 件。

Ⅰ式 7 件。敞口，圆唇，圜底，胎稍厚。M138：8，口径 11、高 2.6 厘米。（图一一，12）。M227：5，口径 12、高 2.6 厘米（图一一，13）。

Ⅱ式 4 件。敞口稍侈，尖唇，实足。青釉。M75：3，口径 15.2、高 4 厘米。碟中饰莲花纹（图一一，14；彩版六，5）。

青釉盘 2 件。

Ⅰ式 敞口，平唇，圜底。口沿有弦纹。M227：16，口径 19.8、高 5.5 厘米。（图一一，15）。

Ⅱ式 侈口，平唇，斜壁，圜底。M227：17，口径 21.5、高 7 厘米。（图一一，16）。

青釉三足砚 1 件。M75：4，釉剥落。圆形，正面中间稍凸，光滑。蹄形足，三足中一足残缺。直径 15.5、高 3.2 厘米（图一二，1）。

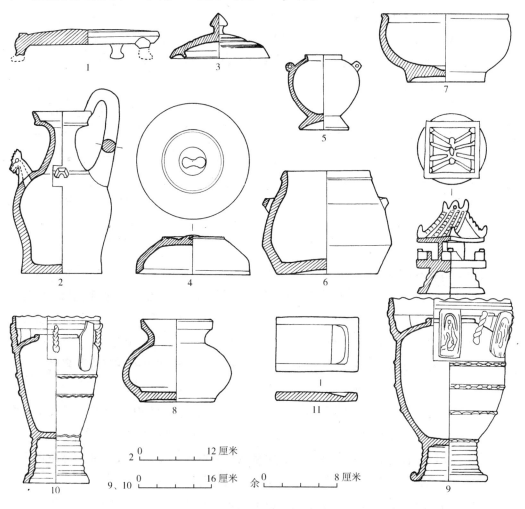

图一二　南朝墓、宋墓出土器物

1. 三足砚（T2M75：4）　2. 鸡首壶（T12M227：1）　3. Ⅰ式器盖（T20M24：3）　4. Ⅱ式器盖（T21M127：1）
5. 双耳罐（T10：采7）　6. 折腹罐（T10：采6）　7. 圈足钵（T10 采：B5）　8. 青釉唾壶（T16：采1）
9. Ⅰ式魂坛（T15：采1）　10. Ⅱ式魂坛（T18M237：1）　11. 石砚（TBM180：1）

　　青釉鸡首壶　2件。M227：1，盘口，长颈，圆肩，下腹渐收，至底部外撇，平底。肩口间有把手，流作鸡首形。肩部有一对桥形耳。高 26、腹径 16.2 厘米（图一二，2）。M75：1，高 16.6、腹径 11.2 厘米（彩版六，4）。

　　青釉器盖　5件。

　　Ⅰ式　2件。伞形，上有弦纹，蘑菇形纽，内侧有子母口。釉剥落。M24：3，直径 11 厘米（图一二，3）。

Ⅱ式　3件，1件采集品。圆形，顶平饰弦纹，上有圆形纽，内侧无槽。M127：1，直径 12.6 厘米。（图一二，4）。

另外，由于部分墓葬被盗扰，有一些采集品，其中 4 件形制较为特别。

双耳罐　1件。T10：采 7，直口，圆唇，鼓腹，喇叭形圈足。无釉，肩部有二竖耳，耳中间有孔。高 8、腹径 8 厘米（图一二，5）。

折腹罐　1件。T10：采 6，直口，圆唇，折腹，最大腹径偏下，口沿外侧有弦纹，器身左右对称二圆纽，其中一纽残。平底内凹。高 11、腹径 14.2 厘米（图一二，6）。

钵　1件。T10：采 B5，敞口，圆唇，弧壁，鼓腹，圈足。口径 4、高 7.2 厘米（图一二，7）。

青釉唾壶　1件。T16：采 1，盘口，束颈、鼓腹，体扁平，平底稍凹。腹径 12、高 8.8 厘米（图一二，8）。

（三）小结

铁仔山南朝墓以砖室墓为多，58 座中有 50 座为砖室墓，占所发掘南朝墓葬总量的 85%。砖室墓有券顶和叠涩顶两种。规格差异较大，在所整理的资料中最大的为 T13M200，长 4.62、宽 1.64 米。最小的 T3M173，长 0.90、宽 0.46 米。大型墓以券顶为多，小型墓以叠涩顶为主。值得一提的是小型砖室墓，长仅 1 米左右，宽 0.50 米左右，显然难以容下成年人。这种形制的墓究竟是一种什么样的葬俗，有待积累更多资料进一步探讨。

与东晋墓一样，南朝砖室墓破坏严重。随葬品以青釉瓷器为主，多寡不一。其中 M227 随葬品最多，共 17 件，种类也较齐全，有鸡首壶、四系罐、六系罐、钵、碗、杯、碟等。土坑墓保存较好，随葬品多为两罐两钵或两碗，共四件或五件。与东晋土坑墓不同的是在南朝土坑墓中，未见剪刀、纺轮、银饰等随葬品。

在所发掘的南朝时期的砖室墓中以长方形的单室墓为主，形制比较单一。除四座凸字型墓外，不见南头古城南郊的大王山、红花园古墓群发现的"日"字型、"中"字型和"十"字型墓葬，且凸字型墓与这二处遗址的凸字型墓葬相比形制并不十分典型。由于南朝墓葬发现数量较多，形制相同未描述者，详见附表一。

三　宋墓

（一）墓葬形制

6 座。可分瓦砌墓和土坑墓。采集完整塔式魂坛 2 件。

1. 瓦砌墓　4 座。编号：TBM180（原 M2）、TBM182（原 M1）、TBM183（原 M4）和 TBM181（原 M3），均为长方形。所谓瓦砌墓是墓壁用约长 0.28 米，宽 0.18 米，厚

0.01～0.02米的板瓦或残瓦堆砌而成。此次发现的瓦砌墓均位于铁仔山的东边，即B区。

M180 墓室顶用一石板和石条封盖，四壁用瓦砌筑，底铺沙石。长2.28、宽0.8、深0.70米，方向319°。未见人骨和葬具，有棺钉18枚。随葬品有石砚、铁剑、铜钱26枚。铜钱主要随葬在墓室中部及南部，估计应为腰部以下沿腿摆放，以腰部居多。可辨年号有"开元通宝"、"天圣元宝"（图一三；彩版五，3）。

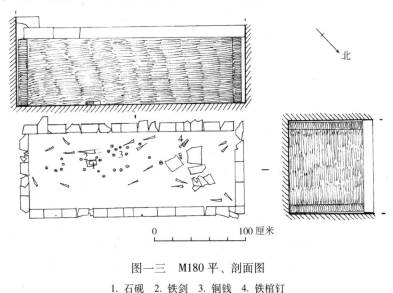

图一三　M180平、剖面图
1. 石砚　2. 铁剑　3. 铜钱　4. 铁棺钉

M182 顶用二块石板封盖，四壁用瓦砌，底铺沙石。长2.40、宽0.70、深0.85米，方向323°。墓室四壁被切开一缺口，应为盗扰所致。没发现随葬品。

M183 顶封圭形石条，中部石条被扰。长2.2、宽0.76米，方向323°。无随葬品。

M181 残长1.80、宽0.58米，方向320°。无随葬品。

2. 长方形竖穴土坑墓　1座。

M237 南宽北窄，西壁南端被明墓（M238）打破，未见棺具尸骨。长2.1、宽0.56～0.64米，方向354°。随葬塔式魂坛2件，一件完整，一件残。铜钱2枚，位于墓室中部。一枚可辨"祥符元宝"（图一四）。

3. 特殊形制墓　1座。编号为TB宋墓。墓壁一半瓦砌，一半土坑。平面呈长方形，墓口长2.5、宽0.7、墓底长2.38、宽0.62米。方向337°。东、西二壁的北半部及北壁均为土壁。南壁自上至下0.65米为瓦砌，下部0.11米为土壁；东壁南端自上至下0.32米为瓦砌，下部0.44米为土壁；西壁南端上部0.28米为瓦砌，下部0.48米为土壁。墓底铺沙石。墓室顶部用二块石板封盖，未见骨棺，随葬品仅见"熙宁元宝"一枚。

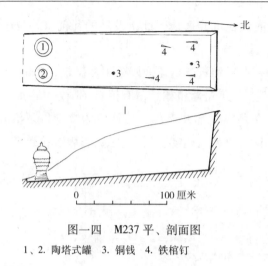

图一四　M237 平、剖面图

1、2. 陶塔式罐　3. 铜钱　4. 铁棺钉

（二）随葬器物

除了若干北宋年间的铜钱外，还有魂坛和石砚。

魂坛　4 件。分二式。

Ⅰ式　2 件。形制相同。T15：采 1，施酱褐釉，六脊凉亭式盖顶，宽肩收腹。肩部由六条扁柱相间六条纽绳状细柱承托围栏。围栏上部呈齿状，围栏直径 27 厘米。扁柱上划祥云纹，腹部饰四道齿状附加堆纹，高圈足。通高 58 厘米（图一二，9；彩版六，7）。

Ⅱ式　2 件。形制相同。M237：1，未施釉。灰白胎，火候高。圆形塔刹顶盖，肩部由四条扁柱相间四条纽绳状细柱承托围栏。围栏残缺，最大腹径 19 厘米。腹部有三道齿状附加堆纹，高圈足。通高 36 厘米（图一二，10）。

砚台　1 件。M180：1，石质。长方形，平底。砚堂平，半弧形砚池。长 9、宽 5.8、厚 0.9 厘米（图一二，11）。

（三）小结

四座瓦砌墓均分布在 B 区。从随葬品来看，瓦砌墓因多被盗扰，除 M180 有石砚及铁剑外，没有发现陶瓷器，但都有铜钱随葬，从可辨年号看，均为北宋早期和中期。土坑墓保存了一些陶瓷器，可能与没有盗扰有关。从器物的形态分析也属北宋较早时期。深圳地区发现宋墓的数量不多，据目前已发表的资料统计共有 8 座。龙岗大鹏镇咸头岭曾发现 5 座宋代土坑墓，南头牛埔排发现的 2 座及 1986 年铁仔山发现的 1 座，均为砖瓦石结构[①]。土坑墓与瓦砌墓在时代上是共存还是有早晚关系，由于没有明确的层位，出土遗物极少，目前还不能断定。铁仔山东区发现半瓦砌半土坑的形制似乎预示着二种墓葬形制可能同期存在。

四 明墓

(一) 墓葬形制

明墓数量最多，共94座。有长方形竖穴土坑墓和带地表建筑的墓葬两种形制。

1. 长方形竖穴土坑墓 91座。以单人仰身直肢葬为主，共87座。合葬墓4座，编号为T5M130、T12M224、T19M101、T8M27。现分述如下（文中未描述者，详见附表二）。

M169 长2.30、宽0.64米，方向325°。直壁，平底。在墓室之南端有二层台。随葬四耳酱釉陶罐2件，在罐上各盖一碗。左侧陶罐内置一小青花瓷杯，瓷杯内残余液体蒸发后的残渍。右侧陶罐有碳化稻谷。铜钱一枚（年号不清），置两腿中间。葬式为仰身直肢，骨架保存较完整。（图一五）。

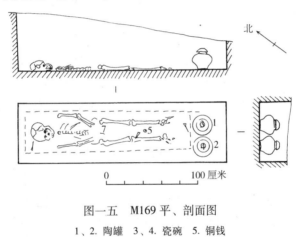

图一五 M169平、剖面图
1、2. 陶罐 3、4. 瓷碗 5. 铜钱

M168 长3.10、宽0.78米，方向330°。死者头戴铜丝结成的冠饰，左手握铜杯，右手拿铁剑（剑鞘及剑柄已朽），较为少见。随葬一釉陶罐和瓷碟。

M161 该墓较为特别。墓壁及墓顶用三合土夯筑。长2.62、宽0.8～0.5米，方向330°。随葬釉陶罐2件，上盖碗，其中一碗朱书"公"字。铜钱一枚（年号不清），置于股骨内侧。骨架保存较好，为仰身直肢。

M130 长2.6、宽1.45、深0.50米，方向338°。男东女西，骨架保存较好，为夫妻合葬墓。根据清理时的状况，女棺稍有叠压在男棺上，说明男先葬，女后葬。男墓头枕瓦，随葬二酱釉陶罐，罐上盖碟；女墓也是随葬二釉陶罐，罐上盖碟。出土铜钱6枚（图一六；彩版五，4）。

2. 带地表建筑之墓葬 3座，T5M192、TBM185、TBM184。

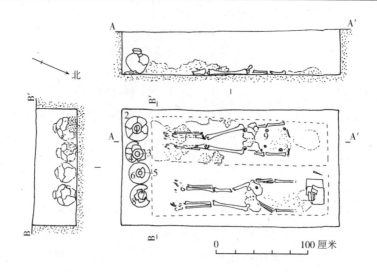

图一六　M130 平、剖面图

1、3、5、7. 碟　2、4、6、8. 罐　9. 铜钱

M185　地表建筑以砖和红砂石砌成，由碑亭、祭台、水槽和护坡墙等组成，平面呈半圆形。东西宽 3.40、南北长 2.34 米，方向 325°。碑亭在正中墓室之上。祭台位于碑亭之前，是以两排长方形红砂石板和数块石条铺砌而成，东西长 3.95、宽 1.20 米。护坡墙在碑亭外围，以大小不同的石头垒砌而成半圆形。南部东西宽 5.50、墙残高1.1、厚 0.28 米。水槽在碑亭与护坡墙、祭台之间，北高南低，山上流水正好可以从祭台两侧向外流走。墓室分东、西二室。东室为长方形竖穴土坑，长 1.40、宽 0.48 米，底有薄灰土，未见尸骨棺具，随葬二枚铜钱。西室长 2.20、宽 0.64～0.68 米，有棺有椁。椁室用石块、砖垒砌，顶部盖三块大石板，呈圆形，俗称石盖瓦椁墓，似有宋代之遗风。椁室有木棺，残留棺钉 25 枚，底铺 0.15 米之石灰，共筑瓦 26 层。西壁五层下有砖四层。随葬石砚、铜钱 5 枚（3 枚残），未见陶瓷器（图一七）。

M192　由通道、拜台、祭坛和墓室四部分组成。东西宽约 3、南北长约 5 米，方向5°。通道在拜台南，平面呈"八"字形，通道两壁用小石块砌筑，壁面凹凸不平，呈弧状。拜台在祭坛南，平面也呈"八"字，台面较平，正面用一排石块砌筑。墓室在祭坛中部，为二座合葬墓。墓室南宽北窄，残长 2.38、南宽 0.68、北 0.6 米。地面用石砌围墙呈半地穴圆形；残。未见棺具尸骨。随葬铁剪及釉陶罐 2 件。

（二）随葬器物

陶罐　139 件。釉陶。直口微敞，卷沿，颈高。因肩腹部不同分三式。

Ⅰ式　69 件。颈稍长，宽肩折腹。肩部横贯四耳，少数三耳或二耳。釉色以酱褐色为主，亦有施酱黑釉，釉不及底。大罐高 35 厘米，小罐则有 13 厘米。以小罐数量较

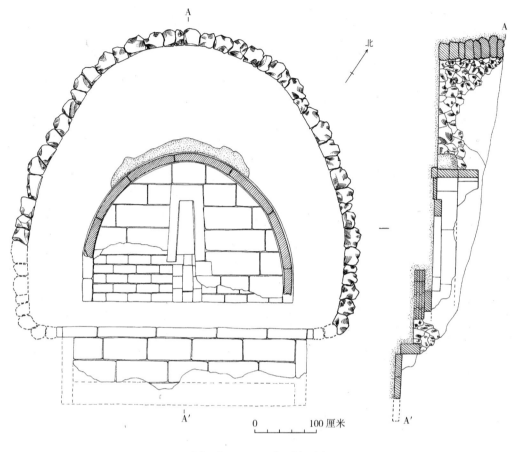

图一七 M185 平、剖面图

多，有60件。由于折腹明显，小罐外观呈扁平状。M117：3，高15、最大腹径18.5厘米（图一八，1）。M79：3，高22.2、腹径22.2厘米（图一八，2）。

Ⅱ式 59件。宽肩收腹，折沿圆滑。此式罐以大罐居多，约占90%。M192：1，高25.5、腹径25厘米（图一八，3）。

Ⅲ式 11件。鼓腹不明显，酱褐色釉及酱黑釉，釉不及底。M1：1，高31、腹径25.5厘米（图一八，4）。

碗 46件。绝大多数为青花瓷器，少量青瓷和陶质。分六式。

Ⅰ式 22件，其中6件残。青花瓷。侈口，斜壁或稍弧，小圈足。器内及圈足部分未施釉。釉色灰白，纹饰有花草、点纹、条纹和水波纹，有的素面。M169：2，高3.8、口径12厘米（图一八，5）；M27：1，口径12.8、高4.8厘米（图一八，6）。

Ⅱ式 4件。青花瓷。敞口，腹较深。器内饰海螺，外饰花草、叶脉纹、竹纹、云

图一八　明代墓葬出土器物

1、2. Ⅰ式陶罐（T16M117：3、T21M79：3）　3. Ⅱ式陶罐（T5M192：1）　4. Ⅲ式罐（T10M1：1）　5、6. Ⅰ式碗（T3M169：2、T8M27：1）　7. Ⅱ式碗（T4M150：1）　8. Ⅲ式碗（T5M130：4）　9. Ⅳ式碗（T14：采1）　10. Ⅰ式碟（T16M118：2）　11. Ⅱ式碟（T18M239：1）　12. Ⅲ式碟（T14：采2）　13. Ⅳ式碟（T20M11：4）

纹和飞马等纹饰。M150：1，器内底饰海螺，器外口沿饰线纹组合纹饰，靠圈足处饰一圈叶脉纹口径 13.5、高 6.3 厘米。（图一八，7）。

Ⅲ式　3 件，青花瓷。直口，深腹，圈足。碗内底有团花，圈足底有铭纹。碗外布满花草、叶蔓纹。M130：4，碗外饰高士、蝴蝶和花草，圈足底铭"玉堂铭器"。口径 12、高 6.2 厘米（图一八，8）。M142：1，圈足铭"长命富贵"。口径 11.8、高 6.6 厘米。M130：3，圈足铭"万福攸同"。铭文均为烧制前彩写。口径 12.3、高 6.6 厘米。

Ⅳ式　6 件。青花瓷。3 件稍大，口径约 15、高 6.6 厘米。3 件稍小。敞口，口沿稍外撇，灰白色釉，大圈足。口沿处饰单体花草，叶蔓、云纹、飞鸟。碗底及圈足未施釉。T14：采 1，口径 10、高 5.5 厘米（图一八，9）。

Ⅴ式　5 件。青瓷。敞口，素面，胎厚，大圈足，圈足内外无釉。

Ⅵ式　2 件。青花瓷。敞口，圈足较大，灰釉，圈足内外未施釉。外沿饰竹叶纹。M32：1，口径 11、高 5.5 厘米。

Ⅶ式　4 件。釉陶。侈口，小圈足。无釉或在口沿施一圈褐色釉。

碟　34 件。青花瓷、白瓷、青瓷和釉陶。分八式。

Ⅰ式　7 件。青花瓷。敞口，口微敛，圈足。碟中间饰花草。有的圈足有铭纹。M118：2，直径 10.3、高 2.3 厘米（图一八，10）。M92：4，圈足铭"永保长泰"，铭文均为烧制前书写。M230：1，圈足底铭"仁"字，则为烧制后墨书。

Ⅱ式　5 件。青花瓷。敞口，口微敛，卧足。碟内外饰花草、竹、芭蕉、鱼纹、团花和"寿"、"斋"字。M239：1，直径 10、高 2.7 厘米（图一八，11）。

Ⅲ式　3 件。青花瓷。敞口，展唇，碟内外均饰叶蔓花草图案。2 件口径较大，为 17.5 厘米。T14：采 2，口径 8.4、高 2.6 厘米（图一八，12）。

Ⅳ式　9 件。白瓷。敞口外撇，素面。M11：4，口径 10.5、高 2.4 厘米（图一八，13）。

Ⅴ式　3 件，均残，青瓷。敞口，素面，内外圈足均未施釉。M76：1，圈足底墨书"利"字。口径 11、高 2.4 厘米。

Ⅵ式　2 件。均残，青瓷。素面，厚胎，圈足平。M178：4，口径 14.8、高 2.8 厘米。

Ⅶ式　3 件，均残，青瓷。素面，厚胎，折腹，圈足。M117：2，口径 14.5 厘米。

Ⅷ式　2 件。局部施酱釉。侈口，假圈足。M132：5，口径 13、高 3.5 厘米。

杯　27 件。分五式。

Ⅰ式　4 件。青花瓷。直口，深腹，弧壁，小圈足。器身饰团花。其中 2 件，杯内饰花草。M15：2，口径 6.8、高 5 厘米（图一九，1）。

Ⅱ式　8 件。青花瓷。敞口外撇。直身稍收，器外饰青花花草、飞鸟。6 件杯内有花饰。M26：3，口径 6.4、高 4.2 厘米（图一九，2）。

Ⅲ式　4 件。青花瓷。敞口，斜壁，下腹鼓。器身外饰鱼、虾、水草、梅花，圈足

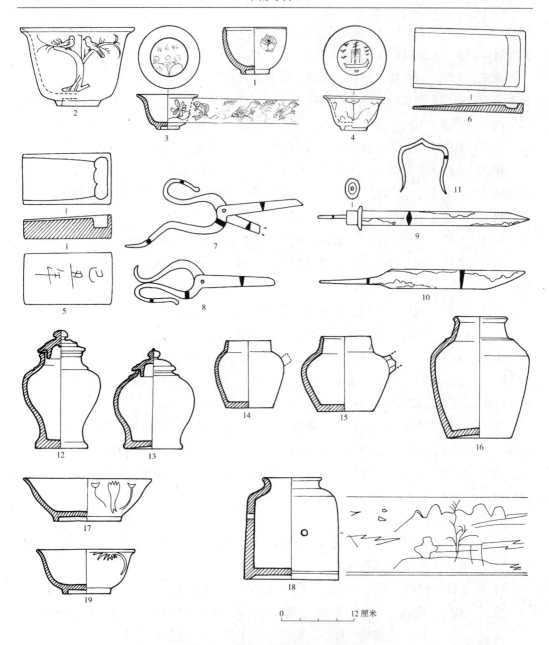

图一九　明代、清代墓葬出土器物

1. Ⅰ式杯（T20M15：2）　2. Ⅱ式杯（T15M26：3）　3. Ⅲ式杯（T3M169：1）　4. Ⅳ式杯（T20M5：3）　5、

6. 砚台（TBM185：1、T12M230：1）　7、8. 剪刀（T21M116：1、TBM184：1）　9. 铁剑（T3M168：1）　10.

铁刀（T9M31：1）　11. 铜冠饰（T13M168：2）　12. Ⅰ式带盖绿釉罐（T15M39：1）　13. Ⅱ式带盖绿釉罐

（T2M99：1）　14. Ⅰ式假流罐（T18M235：1）　15. Ⅱ式假流罐（T4M93：1）　16. 直口罐（T15M21：1）

17. Ⅰ式碗（T22M83：2）　18. Ⅱ式碗（T9M204：1）　19. 青花小瓶（T16M179：1）

内饰花草。M169∶1，口径6.8、高3.8厘米（图一九，3）。

Ⅳ式 5件。除M6∶5为素面白瓷，余为青花瓷。敞口，口沿外撇，收腹。杯内底饰宝塔，外饰花草，圈足。M5∶3，口径6.6、高3.4厘米（图一九，4）。

Ⅴ式 6件。1件青花瓷。M222∶1，敞口，尖唇，斜壁，小圈足。5件陶器。陶质，褐黄色。敞口，方唇，素面，假圈足。这种陶质小杯应为专门为随葬而烧制之冥器。

石砚 2件。M185∶1。长9.6、宽5.5、厚2～2.6厘米。背面刻己丑年（图一九，5）。M230∶1，长12.5、宽6.4、厚0.5～1厘米（图一九，6）。

铁剪 8件。M116∶1，一边把手向上卷起，一边向下弯曲，长28厘米（图一九，7）。M184∶1，两边把手均向上弯曲，长23厘米（图一九，8）。

铁剑 1把。M168∶1，锈蚀严重。长57、宽3.5厘米（图一九，9）。

铁刀 4把。锈残严重。T9M31∶1，残长35、宽3.2厘米（图一九，10）。

另外，在一些明墓中，还出土了部分银饰，如银镯、银耳环，"T"形铜配件等。

（三）小结

从整理的材料来看，明代的埋葬习俗以单人竖穴土坑墓为主。葬式有枕瓦的习俗。随葬品格式化，以二罐、一碗，一碟，碗、碟与罐相扣为主。通常一罐装稻谷，一罐盛酒。有的还在其中一罐中放置一小瓷杯。少量随葬铁剪、铜饰等。大部分墓葬随葬铜钱。在明代墓葬中还出土了较多的青花瓷器，多为江西景德镇民窑产品，时代为明代早、中期[②]。陶罐中随葬的稻谷，有的谷壳保存完整，有的则完全风化。经华南农业大学农业遗传研究室有关专家鉴定，为栽培稻中的籼稻和粳稻两个物种。

五 清墓

（一）墓葬形制

共52座，其中4座为瓮棺葬，瓮棺葬多为二次葬。余均为单人竖穴土坑墓（详见附表三）。

M21 长2.7、宽1.17、深0.4米。方向350°。此墓与另一清墓重合，尺寸可能有误。随葬直口黄釉瓷罐，上扣灰白胎圈足碗。

M39 长2.4～2、宽0.54米。方向350°。头枕瓦，骨棺未存。随葬绿釉带盖小罐2件，一罐内置小碗，一罐内置稻米。

M170 并列二瓮棺，内有骨架。长方形土坑。长1.40、宽0.76米。方向340°。

（二）随葬器物

罐 38件。

绿釉罐 25件，3件残。

Ⅰ式　13件。青绿釉，直口，鼓腹，收腹明显，平底，带盖。器形瘦长。M39：1，腹径13、通高19厘米（图一九，12）。

Ⅱ式　12件。青绿釉，直口，肩宽，腹渐收，平底稍凹，带盖。器形稍肥。M99：1，腹径13、通高16.2厘米（图一九，13）。

假流罐　9件。胎白较薄，外壁不施釉，器内施酱褐釉。

Ⅰ式　5件。带把而无流，直口，溜肩，平底内凹。M235：1，腹径11.2、高10.8厘米（图一九，14）。

Ⅱ式　4件。体形扁，带把而无流，直口，溜肩，平底内凹。M93：1，腹径14.5、高11.7厘米（图一九，15）。

直口罐　4件。直口，卷沿，长颈，宽肩，收腹，施半截酱黄釉或酱褐釉。T15M21：1，腹径16.5厘米，高19.5厘米（图一九，16）。

碗　24件。

Ⅰ式　2件。T15：采1，青花瓷，残。侈口，外饰一排排蓖点。

Ⅱ式　4件。青花瓷。敞口，口沿外撇，浅腹，釉色灰白，胎较厚，圈足大，圈足内外不施釉。外饰花草个体。M83：2，口径14.5、高4.6厘米（图一九，17）。

Ⅲ式　7件。青花瓷。敞口，口沿外撇。圈足内外不施釉，有的圈足较厚，腹较深。碗外饰兰花、水仙、菊花、竹叶等单体。M204：1，口径11、高4.8厘米（图一九，18）。

Ⅳ式　11件。青花瓷。侈口，施釉粗糙，圈足内外不施釉，无纹饰或仅在外沿饰一道青花。M93：4，口径12、高4.2厘米。圈足外底有墨书"元"字。

盘　1件。T20：采6，青花瓷。敞口，浅腹。盘内见圈足叠烧痕迹，圈足内有点饰，外饰花草个体，圈足底未施釉。口径11、高3厘米。

小瓶　1件。M179：1，青花瓷。高5.5、腹径5厘米（图一九，19）。

杯　7件。青花瓷。

Ⅰ式　4件。敞口，弧壁，小圈足。M32：1，在口沿外饰一圈斜线纹。

Ⅱ式　3件。敞口，斜壁。T10：采1，口沿外饰川字纹，圈足不明显。直径4.7、高2.5厘米。M204：2，杯底饰团花，内外沿有带饰。口径6.7、高3厘米。

墓砖碑　2块。青砖，长26、宽10、厚6厘米。T14M9：16，刻"罗锦良"；T14M9：17，刻"罗门黄氏"。

（三）小结

清代墓，除随葬绿釉带盖小罐、带流陶罐和瓷碗外，部分随葬也铜钱、铁剪。头枕瓦等随葬习俗基本延续明墓的特点。瓷器为江西景德镇民窑产品。

六   结语

铁仔山古墓群首次发现于 1983 年，主要分布在铁仔山的东南坡，面积约一万平方米面积。当时的发掘主要集中铁仔山的古墓群西区。这次发掘位于古墓群的中部（A区）和东部（B区），发掘面积 3585 平方米，发现东晋至明清时代的墓葬数量之多，分布之密集，延续时间之长，在深圳地区较为少见。

铁仔山墓地的分布极具规律，从西至东依次分布着汉、东晋、南朝至明清各时代的墓葬。东晋墓葬分布 A 区的西部，砖室墓在北部半山坡，土坑墓则在砖室墓之下，位于南部。南朝墓位于 A 区中部，分布大体也依照此规律。明代带地表建筑的墓葬，均在 B 区，土坑墓则分布在 A 区的东部偏南。宋代墓葬则主要分布在 B 区。明清墓葬主要分布在 A 区山坡下和东部。这种有规划的布局说明铁仔山古墓地极有可能作为当时南头古城居民之公共墓地。

据史籍记载，汉代时深圳属南海郡番禺县。东吴时属东莞郡博罗县。西晋初年，东官郡并入南海郡，深圳隶属番禺、博罗二县[③]。东晋咸和六年（331 年）分南海郡立东官郡，郡设宝安县，郡治和县治的行政机构同设今南头古城一带。唐至德二年（757年），县治移东莞（今莞城）。至明万历年间，明朝政府重新在深圳设新安县，县治仍在南头。明清时期，南头作为深圳地区包括今天之香港的政治、经济、军事和文化中心的地位被确定下来。铁仔山古墓地距南头城仅两公里，所发现的东汉特别是晋以来直至明清各个时期墓葬的数量，以明代墓发现最多，其次是南朝墓，未见隋、唐时期的墓。印证了南头城作为粤东南政治、经济、军事和文化中心地位的兴衰和变迁[④]。

自秦平定岭南"徙民五十万人戍五岭、与越杂处"，开创了中原黎庶向岭南移民之先河，汉武帝平定南越是中原汉族人民向岭南的第二次大移民。在这次发掘中，出土了东晋"大兴二年"、"太宁二年"的铭文砖，说明在东官郡正式设置以前，深圳地区已经有中原移民并具有相当的规模。至六朝时期，由于连年战乱和饥荒，"晋五胡之乱，中原望族相率南奔"。铁仔山墓葬的排列整齐有序是否说明为家族墓地，尚需要进一步研究。但铁仔山古墓地的东晋南朝墓葬随葬品与江浙一带同时期的墓葬风格较为接近。宋明以后的墓葬形制、随葬品越来越简化，似乎与内地的薄葬之风不无关系。铁仔山古墓群的发掘以实物资料证实了这一民族的迁徙历史和南北文化的传播融合，记录了中华民族历史发展的足迹。

铁仔山古墓地是目前环珠江口地区所发掘的墓葬最多、延续时代最长，出土文物丰富的重要考古发现，证明早自东汉时，深圳的先民们与内地各民族一起共同创造了灿烂的中华文明。为更深入地研究深圳自东官郡建制到明清时期社会政治、经济、民俗提供了宝贵的资料。

发掘领队有杨耀林、吴增德；工作人员有王乃栋、文本亨、史红蔚、暨远志、黄小宏、刘均雄、高爱萍、周军、彭全民和河南省洛阳市第二工作队的部分队员。本文在整理写作过程中得到深圳市博物馆杨耀林、深圳市文物考古鉴定所郭学雷先生的指导，广州市文物考古研究所全洪、朱海仁先生提出修改意见，在此致谢。

执笔：史红蔚
绘图：秦光政、屈学芳
摄影：黄小宏、周昆、刘文林

注 释：

① 深圳博物馆：《深圳市南头东晋南朝隋墓发掘简报》，《深圳考古发现与研究》，文物出版社，1994 年。

② 穆青、汤伟建：《明清瓷器之断代参考·明代民窑青花》，河北人民出版社，2000 年。

③ 张一兵：《深圳古代简史》，63 页，文物出版社，1997 年。

④ 张一兵：《深圳古代简史》，第三章，文物出版社，1997 年。

附表一 深圳铁仔山南朝墓葬登记表

墓号	方向	结构	尺寸	随葬品
T2M74	355°	砖室墓	残长 1.90×0.66	杯2、碗1、碟1
T2M75	360°	砖室墓	2.9×0.9	杯5、碗3、罐1、鸡首壶1、三足砚1、碟1
T3M171	337°	砖室墓	3.96×1.28	罐1（残）、残片1
T3M172	348°	砖室墓	2.28×0.66	瓷片
T3M173	340°	砖室墓	0.9×0.46	
T4M149	340°	砖室墓	2.3×0.8	
T4M162	334°	砖室墓	3.7×0.92	
T4M163	343°	砖室墓	4.4×0.9	
T5M136	167°	砖室墓	残长 2.5×0.68	
T5M138	347°	砖室墓	2.36×0.4	碗7、碟3
T5M194	346°	土坑墓	2.2×0.68	罐2钵2
T8M56	338°	砖室墓	3.6×0.9	
T9M34	360°	砖室墓	2.5×1.65	
T9M202	353°	砖室墓	2.65×0.85	
T9M203	350°	土坑墓	残长 1.93×0.9	罐1、钵1、碗1
T9M206	350°	土坑墓	2.8×0.7	罐2、钵1

续表一

墓号	方向	结构	尺寸	随葬品
T9M207	346°	砖室墓	3.6×0.75	
T9M208	355°	砖室墓	2×0.6	
T9M209	355°	砖室墓	4.5×1.25	碗1
T9M210	357°	砖室墓	1.3×0.7	
T9M211	345°	土坑墓	2.55×0.68	罐1、碗3
T9M212	352°	土坑墓	3.1×0.9	碗2
T9M217	340°	砖室墓	1.7×0.95	
T10M8	350°	砖室墓	2.25×1.10	碗1
T10M8（b）	350	砖室墓	1.13×0.55	钵1
T10M73	345°	砖室墓	1.14×0.56	钵1
T12M227	354°	砖室墓	2.76×0.72	罐1、碗4、碟3、钵2、杯5、六系罐1、鸡首壶1
T13M159	350°	砖室墓	3.8×1.1	
T13M157	351°	砖室墓	残2.7×1.46	罐1、碗4、杯3、碟2、鸡首（残）1
T13M199	360°	砖室墓	3.98×1.10	
T13M200	350°	砖室墓	4.62×1.64	
T13M201	350°	砖室墓	残长3.15×1.28	罐2、残1
T14M5	350°	砖室墓	3.47×1.65	
T14M6B	355°	砖室墓	残长3.27×1.2	罐1
T14M7	350	砖室墓	1.35×0.35	
T14M8	340	砖室墓	2.2×1.2	
T14M10	335°	砖室墓	3.7×1.12	罐1、碗2、碟1、残片若干
T14M25	350	砖室墓	3.1×1.45	钵1
T15M4	350°	砖室墓	3.63×1.31×0.57	罐2、钵2、碗1、剪刀1
T15M7	350	砖室墓	1.35×0.55	
T15M23	350°	砖室墓	3.2×0.8	
T15M35	340°	砖室墓	残长2.5×0.7	碗1
T15M63	350°	砖室墓	残长2.2×1	
T15M139	355°	砖室墓	2.6×1.7	陶片3
T16M82	335°	砖室墓	残长0.96×0.24	碗3
T16M121	355°	土坑墓	2.82×0.78	罐2、拨碗1
T16M122	169°	砖室墓	残长1.78×0.84	碗1、钵2
T16M177	162°	砖室墓	残长1.78×0.44	

续附表一

墓号	方向	结构	尺寸	随葬品
T16M243	2°	土坑墓	2.12×0.92	钵2、壶1
T20M16	360°	砖室墓	残长0.56×0.3	
T20M17	350°	砖室墓	1.71×0.71	
T20M20	170°	砖室墓	4.06×0.73	
T20M24	160°	砖室墓	3.1×1.08	碗3、器盖3、陶片4
T21M115	359°	砖室墓	4×0.96	碗3（残）
T21M123	355°	砖室墓	残长2.36×0.4	
T21M124	356°	砖室墓	残长0.4×1	
T21M126	162°	砖室墓	3.76×1.13	
T21M127	340°	土坑墓	3.08×1	碗1、罐2、钵2
T22M128	340°	砖室墓	残2.05×0.81	

附表二　　　　　　深圳铁仔山明代墓葬登记表

墓号	方向	结构	尺寸	随葬品
T1M1	320°	土坑墓	2.36×2.1	银耳坠、铜钱、铁剪
T2M94	330°	土坑墓	2.34×0.65	陶罐2、瓷碗2、铜钱
T2M95	360°	土坑墓	2.08×0.84	罐2、碟1
T2M96	335°	土坑墓	2.35×1.2	罐2、碗1
T2M76	360°	土坑墓	2.5×0.76	罐2、碗1、杯1
T3M 圆	340°	土坑墓	2.4×0.8	罐2、碗2、杯1、稻谷
T3M164	340°	土坑墓	2.47×0.74	罐2、铜钱2
T3M165	320°	土坑墓	2.44×0.56	罐2、铜钱1
T3M166	331°	土坑墓	残2.2×0.48	罐1、碗1、杯1、铜钱3
T3M167	335°	土坑墓	2.28×0.64	罐2、碗2、杯1、铜钱1
T3M168	330°	土坑墓	3.1×0.78	罐、碟、铁剑1、铜杯1
T3M169	325°	土坑墓	2.3×0.64	罐2、碗2、杯1、铜钱1
T4M142	322°	土坑墓	2.28×0.56	罐2、碗2、铜钱3
T4M143	346°	土坑墓	2.3×0.60	罐2、碗2、铜钱
T4M146	327°	土坑墓	2.02×0.52	
T4M147	340°	土坑墓	2.2×0.52	罐2
T4M150	332°	土坑墓	2.3×0.6	罐2、碗2、铜钱3
T4M151	337°	土坑墓	1.86×0.58	铁器（残）、铜钱
T4M152	335°	土坑墓	2.32×0.6	罐2、碗2、铁器1

续附表二

墓号	方向	结构	尺寸	随葬品
T4M161	330°	土坑墓	2.62×0.8	罐2、碗2、铜钱1
T4M215	330°	土坑墓	2.1×0.56	罐2、碗2、铜钱3
T4M229	337°	土坑墓	2.1×0.72	罐、碗
T5M130（合葬墓）	338°	土坑墓	2.6×1.45	罐、碗、碟、铜钱6
T5M135	352°	土坑墓	2.4×0.6	铜钱
T5M137	355°	土坑墓	2.3×0.7	罐、碗、剪刀1、铜钱4
T5M132	335°	土坑墓	2.32×0.64	罐2、碗1、碟1、铜钱1
T5M192	5°	带地表建筑之土坑墓	2.38×0.6	罐2、铜钱1、铁剪1
T7暂MI	358°	坑墓	2.4×0.72	罐2、碗2、铁勺1
T7暂M2	354°	土坑墓	1.96×0.48	罐2、碗1
T8M27（合葬墓）	356°	土坑墓	2.6×1.2	罐4、碗1
T8M28	335°	土坑墓	1.7×0.5	罐2、碗2
T8M54	335°	土坑墓	2.24×0.54	罐2、碗2
T9M31	324°	土坑墓	2.35×0.85	铁刀1、铜钱1
T9M85	360°	土坑墓	2.55×0.85	罐2、碗1、碟1、铁剪1
T10M1	340°	土坑墓	2.35×0.70	罐2、碗1、碟1、铜钱2、铁剪1
T12M218	360°	土坑墓	2.35×0.6	罐2、碗2、剪刀1、铜钱3
T12M219	352°	土坑墓	1.5×0.67	罐2、碗2、铁刀1、铜钱3
T12M220	358°	土坑墓	2.24×0.7	剪刀1、铜钱3
T12M221	352°	土坑墓	2.14×0.5	鹅卵石1
T12M222	342°	土坑墓	2.1×0.6	罐2、碗2、杯1
T12M224（东室）	342°	土坑墓	2.2×0.6	罐2、碗1、杯1、铜钱3、铁刀1
T12M224（西室）	345°	土坑墓	2.2×0.51	罐2、碗2
T12M225	345°	土坑墓	2.35×0.55	罐2、碗2、杯1、铁刀1、铜钱3
T12M226	335°	土坑墓	1.86×0.8	铁剪1、铜钱3、银饰1
T12M228	330°	土坑墓	2.16×0.70	铁剪1、铜钱5
T12M230	350°	土坑墓	2.33×0.6	罐2、碟、杯2、石砚
T13M153	360°	土坑墓	2.4×0.64	罐2、碟1、铜钱6
T13M154	343°	土坑墓	2.14×0.52	罐2、碟2
T13M155	353°	土坑墓	2.6×0.8	罐2、碟2、铜钱5

续附表二

墓号	方向	结构	尺寸	随葬品
T13M156	345°	土坑墓	2.4×0.6	罐2、罗门黄氏碑砖1
T13M198	352°	土坑墓	2.2×0.58	罐2、碟1
T15M26	350°	土坑墓	2.1×0.56	罐2、碗1、杯1
T15M64	355°	土坑墓	2×0.60	罐（残）、铜钱
T15M22	350	土坑墓	2.15×0.48	罐2
T15M93	350°	土坑墓	2.7×0.7	罐2、碗2、铜钱2
T16M91	355°	土坑墓	2.1×0.6	罐2
T16M92	345°	土坑墓	2.42×0.58	罐2、碗2
T16M118	346°	土坑墓	2.1×0.52	罐2、碗2、杯1
T16M117	53°	土坑墓	残1.64×0.66	罐2、碗2、铜钱1
T16M119	356°	土坑墓	2.33×0.62	铜笈1
T16M178	47°	土坑墓	1.93×0.5	罐2、碗2、铜笈1、铁剪1、铜饰1、银饰1
T18M233	20°	土坑墓	2.2×0.6	罐2、杯1
T18M234	360°	土坑墓	2.52×0.70	铜珠12枚
T18M236	355°	土坑墓	2.26×0.6	罐2、碗2
T18M238	359°	土坑墓	2.44×0.7	罐2、碗2、剪刀、鹅卵石1
T18M239	340°	土坑墓	2.5×0.46	罐2、（残）碗1
T18M240	352°	土坑墓	2.76×0.6	罐（残）1、铜钱2
T19M101（合葬墓）	356°	土坑墓	2×1.12	铁剪1、铁刀1
T19M102	319°	土坑墓	残1.18×0.56	
T19M104	354°	土坑墓	残长1.5×0.65	枕瓦10（残片）
T19M105	355°	土坑墓	2.18×0.89	
T19M106	354°	土坑墓	2.3×0.92	
T19M107	340°	土坑墓	2.44×0.6	罐2、碟1、碗1、铜钱3、铁器
T20M5	350°	土坑墓	1.8×0.62	罐2
T20M11	350°	土坑墓	2.42×0.86	罐2、杯1、铜钱2
T20M15	360°	土坑墓	2.1×0.58	罐2、碗1、杯1
T20M18	350°	土坑墓	残0.8×0.7	罐2、碗1、铜钱1
T20M36	350°	土坑墓	1.91×0.64	铁器1、铜钱5
T20M45	360°	土坑墓	2.17×0.68	罐、碗
T21M78	358°	土坑墓	2.12×0.56	罐2
T21M79	350°	土坑墓	2.11×0.56	罐2、铁1

续附表二

墓号	方向	结构	尺寸	随葬品
T21M80	355°	土坑墓	2×0.56	罐2、铁刀1、铜钱
T21M3	350°	土坑墓	2×0.74	瓷片1
T21M116	340°	土坑墓	2.2×0.6	铁剪1、铜钱1
T22M83	360°	土坑墓	2.46×0.68	罐2、碗2（残）
T22M84	356°	土坑墓	2.1×0.58	罐2
TBM5	320°	土坑墓	2.55×0.65	罐2
TBM6	316°	土坑墓	2.48×0.7	罐2、碗2
TBM8	320°	土坑墓	2.4×0.7	罐1、碗2
TBM9	310°	土坑墓	2.2×1	罐1、碗1
TBM11	330°	土坑墓	2.3×0.54	罐2（残）
TBM184（合葬墓）	323°	带地表建筑之土坑墓	东室1.4×0.48、西室2.2×0.68	石砚1、铜钱5
TBM185（合葬墓）	325°	带地表建筑之土坑墓	东2.18×0.58、西室2.08×0.58	铁剪2、铜钱12、银耳坠

附表三　　　　　深圳铁仔山清代墓葬登记表

墓号	方向	结构	尺寸	随葬品
T2M97	340°	土坑墓	2.8×0.8	罐2、银耳环1对
T2N1	350°	土坑墓	2×0.6	罐2、碗2
T2M98	340°	土坑墓	1.64×0.58	枕瓦、铜钱4
T2M99	340°	土坑墓	2.3×0.6	罐2、铜钱
T3M170	340°	瓮棺葬	1.4×0.26	
T4M144	338°	土坑墓	残1.7×0.62	罐2、碗1、铜钱3
T4M145	338°	土坑墓	残1.70×0.46	碗1、铜钱1
T4M93	328°	土坑墓	1.8×0.54	罐2、碗2
T5M129	351°	土坑墓	1.96×0.56	弧瓦3
T5M134	352°	土坑墓	2.02×0.76	
T8M1	345°	土坑墓	2.2×0.6	枕瓦、手镯、罐
T8M27	356°	土坑墓	2.6×1.2	罐4、碗1
T8M29	339°	土坑墓	2.2×0.8	瓦、罐、铜钱1
T8M52	357°	土坑墓	1.88×0.7	罐、枕瓦
T9M32	350°	土坑墓	2.3×0.6	罐2、碗2
T9M86	343°	土坑墓	2.7×0.7	罐2
T9M87	345°	土坑墓	2.35×0.65	罐1

续附表三

墓号	方向	结构	尺寸	随葬品
T9M88	340°	土坑墓	2.35×0.72	枕瓦
T9M89	325°	土坑墓	2.15×0.65	枕瓦、铜钱1
T9M204	350°	土坑墓	残长1.02×0.6	罐2、碗1
T9M205	325°	土坑墓	2.05×0.6	
T10M2	340°	土坑墓	2.2×0.8	罐、银戒1、枕瓦
T10M69	345°	土坑墓	1.95×0.62	罐2
T10M71	348°	土坑墓	2.4×0.6	残片
T12M217	350°	土坑墓	2.26×0.52	罐2、碗1
T12M222	342°	土坑墓	2.1×0.6	罐2、碗2、杯1
T12M224	345°	土坑墓	2.7×0.55	罐4、碗1、碟2、杯1、铜钱3、铁刀
T14M3	335°	土坑墓	2×0.92	罐（残）、铜钱、铁剪
T14M9	50°	土坑墓	2.5×0.85	枕瓦、罐、铜钱、铁刀、发笄
T14M34	333°	土坑墓	2.1×0.68	
T14M37	360°	土坑墓	残0.84×0.6	
T14M38	350°	土坑墓	2.4×0.70	铜钱、铜钮
T14M40	355°	土坑墓	残1.98×0.8	剪刀1、铜钱1
T14M49	360°	土坑墓	2.1×0.58	
T14M50	360°	土坑墓	残1.5×0.7	罐1（残）
T15M21	350°	土坑墓	2.7×1.17	罐2、碗2
T15M30	350°	土坑墓	2×0.6	枕瓦、铜戒
T15M39	350°	土坑墓	2.4×0.54	罐2、碗1、瓦
T15M43	350°	土坑墓	2.3×0.73	枕瓦
T15M44	340°	土坑墓	2.2×0.7	铜钱2
T15M65	350°	土坑墓	1.8×0.42	罐2、碗1
T15M140	350°	土坑墓	2.2×0.6	
T15M141	350°	土坑墓	1.1×0.65	
T16M81	355°	土坑墓	1.96×0.66	
T16M120	352°	土坑墓	2.28×0.62	枕瓦
T16M179	360°	土坑墓	2.08×0.6	枕瓦、青花瓷瓶
T18M235	360°	土坑墓	残0.84×0.68	罐2、碗2
T18M241	337°	土坑墓	2.5×0.74	罐2
T19M109	352°	土坑墓	残2.16×0.6	罐2
T19M113	355°	土坑墓	1.9×0.5	
T20M14	350°	土坑墓	2.2×0.72	罐2
T22M83	360°	土坑墓	2.45×0.68	罐2、碗2

广州增城市荔城镇岭尾山南朝墓发掘简报

广州市文物考古研究所、增城博物馆

英文提要　Three brick – built tombs of the Southern Dynasties were excavated at Lingweishan in Licheng Town, Zengcheng City. One of them is well conserved, from which the order of tomb construction can be clearly observed. Many burial objects emerged from the three tombs including potter jar, porcelain bowl, chicken – headed ewer, basin, dish, three – footed inkslab, iron scissor and talcum model of pig.

1997 年 6 月，广州市文物考古研究所会同增城博物馆在增城市荔城镇西山村岭尾山发掘了 3 座南朝砖室墓，编号为 97ZXLM1～M3。岭尾山位于西山村水东合作社东面，是一处岗埠毗连的山冈，西南坡有南朝墓群分布。1995 年已发现 6 座，其中一座尽毁，一座仅余几块底砖。1997 年计划发掘 4 座，但发现处南坡的一座已无发掘价值，只有部分墓砖挂在断壁之上，因此只发掘了 3 座。田野工作从 1997 年 6 月 5 日至 20 日，历时 15 天。这次发掘的 3 座墓略呈 "品" 字形分布，居上（北）的是 M1，左侧为 M2，M3 在右（图一）。三墓都是南朝砖室墓，墓向西南。M1、M2 遭受破坏较为严重，M3 墓室保存较好。棺具和人骨架腐朽无存，仅 M3 存铁棺钉。

一　墓室结构

M1　规模较大，砌筑工整。早年没遭盗扰。1995 年发现时，除封门被村民破坏外，其余部分保存完好，室内底部有 10 多厘米厚的淤泥。据当时在场的增城博物馆的工作人员称，进入墓室时可就看到部分器物出露。墓顶距地表约 2 米，后因取土，墓室乃全部裸露而坍塌（图二）。墓道不明。墓室平面为 "凸" 字形，残长 8.4 米，用青灰砖以错缝平铺法砌筑，方向 255°。有封门，由甬道、前室、过道和后室四部分组成，甬道、过道和后室分别有多重券拱。全室底铺 "人" 字形。砖质较好，火候较高，有平砖和楔形砖两种，两表拍印斜格纹。平砖长 34、宽 14、厚 4 厘米；楔形砖分为刀形和斧形，刀砖长 35、宽 14、上厚 4、下厚 2 厘米；斧砖长 35、宽 14、上厚 5、下厚 2.5 厘米。甬

图一　增城岭尾山墓葬位置示意图

道发掘时上半部已塌。有两重券拱。券顶内有 2 道内衬拱（或称间柱）；甬道口外顶有三层不及底半轮护拱，最外一层用刀砖，次层用斧砖砌筑，内重刀砖。券拱的底部建在出跳的横砖上。出土 2 件青瓷盘。甬道长 1.40、内宽 0.94、残高 0.80 米。前室单偶，底与甬道平。室内侧上半部有 3 道间柱，下半部设仿木作装饰。在下的一道为直棂窗，中间的是菱角牙，再上则是破子棂窗。前室的券顶就以破子棂窗横砖为承托起筑。在西南角出一件青釉三足砚，过道前有 2 件小碗。据增城博物馆有关人士称前、后室之间原有砖砌的祭台，为翻找遗物才拆掉的，一些器物就在祭台旁见到。前室长 1.3、内宽1.88 厘米。过道双偶，有 3 道内衬拱。过道口外前、后分别有前室与后室的包券拱。于过道中部高起一级是为后室。坎限砌筑考究，砌成破子棂窗。长 1.2、宽 1.3 米。后室长方形，比前室高出 0.2 米。侧壁两重券拱，后壁结构复杂美观。外顶与过道同券，内设 9 道间柱，下壁饰一行破子棂窗。外包一层半轮拱，其底筑在破子棂窗出跳的横砖上。后壁在以刀砖结砌的券拱内又用斧形砖发券，再用刀砖起内衬拱。断面看起来为 3 重券拱。壁上有 3 道假柱，中间者直抵券顶。后室长 3.88、宽 1.60、高 1.66 米。发掘出土的随葬品有青釉碗、盘、砚等 5 件，另有原先由村民和博物馆取出的青釉鸡首壶、四耳罐、碗、盆和酱釉直腹罐等 10 件，共 15 件。

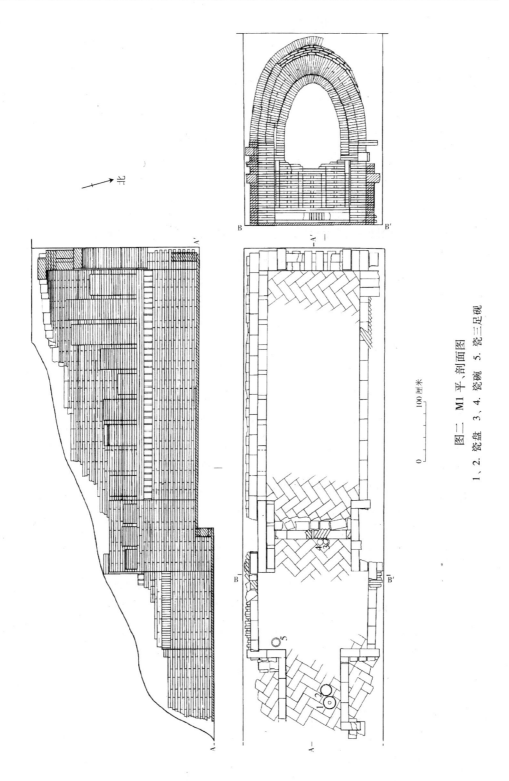

北

图二 M1 平、剖面图

1、2. 瓷盘 3、4. 瓷碗 5. 瓷三足砚

0　　　100 厘米

M2 破坏严重，仅存半边，残长 6.60、残宽 1.16 厘米。方向 250°。但该墓形制结构独特，用砖也特别。墓的前部已毁，封门和墓道情况不详，可知有后室、过道、前室和壁龛。双偶，在各不同的部位用不同形状的砖砌筑。两重地砖，面层为"人"字形，下层纵横铺就（图三）。砖厚重，红黄色，拍印叶脉纹、网格纹二种。平砖最多，侧壁和铺底都用，长 36、宽 19、厚 5 厘米；斧砖用于室顶起券，长 36、宽 18、上厚 6、下厚 3.5 厘米。前室形制不明。东侧有一壁龛，距前室底面 0.44 米结砌，双偶，起券，双层底砖。用砖与墓室不同，刀砖长 36、宽 17.5、上厚 4、下厚 2 厘米；有一种平砖长 18、宽 11、厚 5 厘米。残宽 0.45、进深残长 0.55 米。过道在室内起券，砌有 2 道内衬拱，道口底设 6 级砖阶。长 0.98 米。后室长 3.28、残高 1.92 米。室中部发现一件破碎青釉瓷碗。在前后拐角处都设假柱。后壁结构复杂，用多种特型砖砌筑，惜已残破，未能复原。只见有假柱、内衬拱，条砖砌直棂窗，其下为二行菱角牙。刀砖长 35、宽 17、上厚 5、下厚 2.5 厘米，仅用于后壁内衬拱；条砖长 36、厚 5 厘米，见于后壁装饰；还有一种特形砖，两上角切抹。已散乱，不见于残存的墓室，可能是后壁的六角形假柱专用。

M3 发掘时墓室的西部已被取土剥露，券顶仍存。墓顶距山坡地表 2.20 米左右，草丛下厚约 1 米是灰褐色土，疏松，有近现代砖瓦（图四）。共发现盗洞 3 个，D1 位于中前部，内有墓砖和宋代陶片，奇特的是在洞底有一堆乱砖，却像是 M2 的砖；D2 较小，未挖到墓室；D3 在墓道，因挖不正墓室，又向北掏，打破甬道和封门。在墓圹北部，即墓后室上部约 70 厘米，在填土中专门铺了一层砖。共 8 列 9 行，以平砖和刀砖对缝平铺。这种现象在广州地区以往的发掘中所未见。M3 砖有黄白、红黄和青灰等色，有素面，也有的拍印幼细网格纹。平砖长 36、宽 16、厚 4 厘米；刀砖长 36、宽 16、上厚 4、下厚 2 厘米。墓向 245°，斜坡墓道因时间关系没清到头，长不详，宽约 1.50 米。墓室有封门、甬道、前室和后室。封门以顺丁法结砌，封门外砌一层护拱。甬道短直，单重券顶。长 0.90、宽 1.06、高 1.60 米。部分遭以前盗墓破坏。前室平面呈"凸"字形，在与甬道相接处砌二重护拱，在券顶与上层护拱之间的空隙处用刀砖填砌。前室底与甬道底相通，底砖纵向对缝单层平铺。后室单偶，在室口处起一道内衬拱。后壁正中砌一假柱。壁上两侧各有三块砖突出。底铺二层砖，下层纵向错缝平铺；上层横向对缝平铺。因早年被盗，仅发掘出 11 件器物，分布于各室。有陶碗、罐、砚、滑石猪、铁剪等。

二 随葬器物

M1 发掘出土的随葬器物 5 件，采集 10 件（采集器物以 00 编号），有青釉四系罐 2、

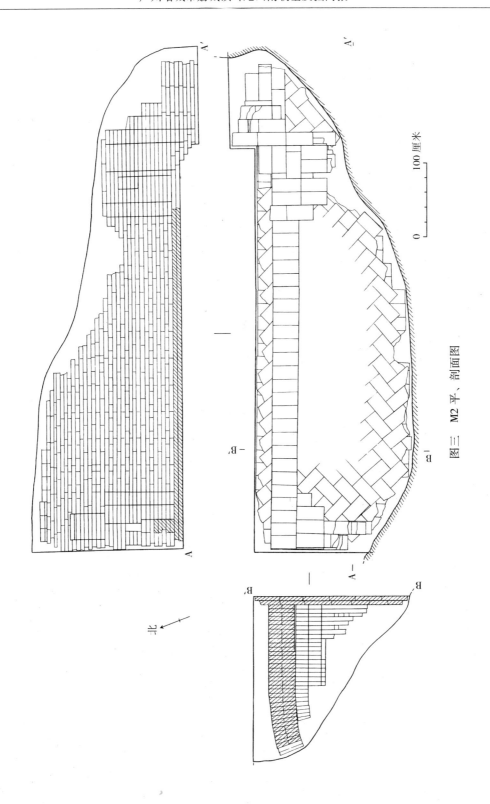

图三　M2 平、剖面图

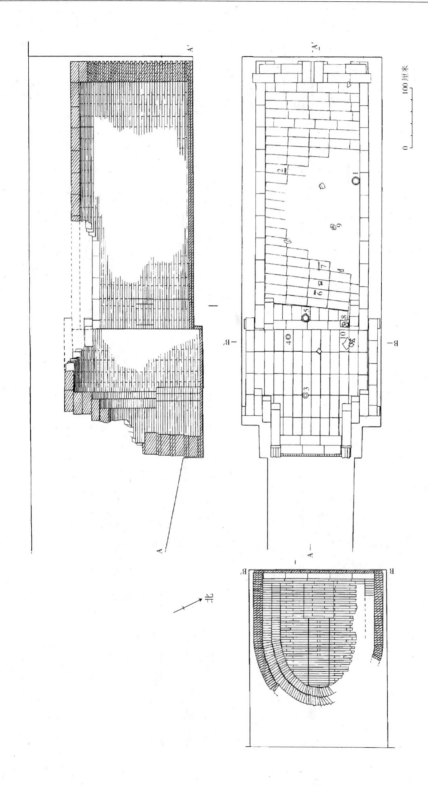

图四　M3 平、剖面图

1. 瓷碗　2. 滑石猪　3. 瓷碗　4. 瓷碗　5. 瓷三足砚　6. 滑石猪　7. 铁剪　8. 陶碗　9. 瓷碗　10. 陶罐

盆1、盘2、碗6、鸡首壶1、三足砚1、陶直腹罐2。M2只有1件残破的青釉碗。M3共出10件，有青釉碗4、三足砚1、陶罐1、陶碗1、滑石猪2，铁剪1、铁棺钉1。

酱釉直腹罐　3件。造型、大小相近。胎色红黄，施紫酱色釉。敞口，圆唇，斜折沿，外沿有一道突棱，斜肩，腹上部稍隆，下部斜收近直，凹底。肩部对称安4枚半环形横耳。M1：003，腹下近底部较直（图五，8；图版一四，1右）。M1：002，稍外撇，口径15.8、腹径20.8、底径18.2、高20厘米（图五，7；图版一四，1左）。

青釉四系罐　2件。红黄胎，青釉，多已脱落。侈口，圆唇，溜肩，上鼓腹，肩部施一周细旋纹，并附4个对称横耳，下腹斜收成平底。M1：004，口径9、腹径12.5、底径7.5、高11.6厘米（图四，6）。M1：005，稍矮，口径8.4、腹径13、底径8、高10.5厘米（图四，7）。

青釉鸡首壶　1件。M1：001，盘口，尖圆唇，束颈，溜肩，圆腹，平底。肩部施弦纹，有鸡首形壶嘴，于对称处置弧形把手与口沿相连接，还贴2枚方桥形耳。釉色莹润，青绿偏黄，呈细小冰裂状。口径8.8、腹径18、底12.5、高22.2厘米（图四，5；图版一四，2）。

碗　10件。根据底不同分二型。

A型　4件。青釉，胎质灰白，假圈足。M1：007，敞口，尖唇，唇下有一道细旋纹。口径8.4、底径5、高3.6厘米（图四，3）。M1：3，直口，尖唇，唇下有凹槽似子口。口径8、底径5、高4厘米（图四，2）。M2：1，敞口，尖圆唇，平折沿，深圆腹，底稍内凸。青釉脱落。口径13.8、底径6.5、高7.3厘米（图四，4）。

B型　6件。平底，斜腹。口微敞，圆唇，唇下有凹槽，有4件器形较小，红黄胎，青釉，多已剥落。M3：1，口径9.5、底径5.3、高3.8厘米（图四，1）。另2件器形较大，M3：8，酱褐釉，先施一层黑色陶衣。口径14、腹径14.4、底径9.2、高5.8厘米（图五，5）。M3：9，青釉，唇下压宽凹槽。口径13.2、底径7.6、高5.2厘米（图五，3）。

青釉钵　2件。口微敛，尖圆唇，圆鼓腹，假圈足。M1：009，口径13.2、底径8.2、高6.6厘米（图五，4）。M1：006，口径8、底径4.6、高3.4厘米（图五，1）。

青釉盆　1件。M1：010，敛口，斜折沿，尖圆唇，弧腹，大假圈足。口径23、底径14.5、高7厘米（图五，2；图版一四，3）。

青釉盘　2件。敞口，斜壁，内底中部有一周旋纹；底背面也施数圈弦纹。盘内可见支烧垫痕。M1：1，唇沿方折有棱，底内凹隆起。口径20.7、底径17.7、高2.4厘米（图四，9；图版一四，4）。M1：2，稍小，平底。口径18.5、底径16.2、高2.5厘米（图四，10）

青釉三足砚　2件。直口，浅盘形，蹄足，底施弦纹。M1：5，托盘直壁，砚面较

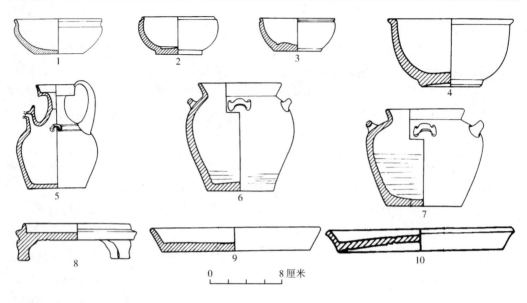

图四　出土陶瓷器

1～4. 青釉碗（M3：1、M1：3、M1：007、M2：001）　5. 青釉鸡首壶（M1：001）　6、7. 青釉四系罐
（M1004、M1005）　8. 青釉三足砚（M1：5）　9、10. 青釉盘（M1：1、M1：2）

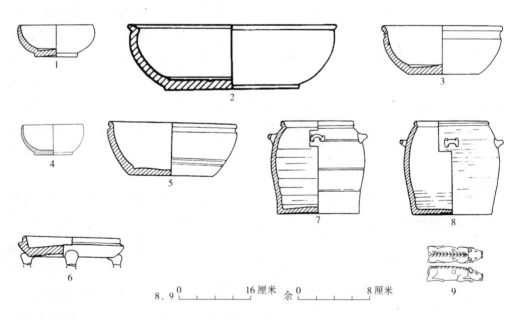

图五　出土陶瓷器

1、4. 青釉钵（M1：006、M1：009）　2. 青釉盆（M1：010）　3. 青釉碗（M3：9）　5. 酱釉碗（M3：8）

6. 青釉三足砚（M3：5）　7、8. 酱釉罐（M1：003、M1：002）　9. 滑石猪（M3：6）

平。口径11.7、通高4厘米（图四，8；图版一四，5）。M3:5，托盘壁斜，砚面微隆。口径10.8、通高3厘米（图五，6）。

铁剪（?）　1件。M3:7，锈蚀严重，只余一小段。残长12厘米。

滑石猪　2件。灰白色滑石雕刻而成，通体圆滑。呈伏卧状，前腹部有一穿孔。M3:6，长6、宽1.7、高1.8厘米（图五，9；图版一四，6）。

三　小　结

据以往发掘的资料，岭尾山墓葬基本上可以断为南朝时期。M1与M3砖的胎质、规格、厚薄和花纹都相近，这两座墓的年代应相同，当属南朝前期；M2以厚大红黄砖砌筑，室壁砌假柱等装饰，前后室之间的过道起阶级，显示其可能稍晚，大概是南朝后期。这些墓葬从形制、结构、砖材以及随葬器物来看都与广州同类同期墓很近似，表明自古以来增城在人文、丧葬习俗方面跟广州是一致的。

M1结构完好，砌筑考究，形制完备，在广州地区也是少见的精品，可惜发现以后已塌毁。以往发掘南朝墓，或者由于墓室已塌，或者由于时间关系，很少清理墓室外部。因而对墓室的内部认识较多，对外部结构的解剖和观察则较少。这次由于村民取土把墓室剥露，为我们考察南朝墓营造工艺提供了一个标本。建造一座砖室墓，有的地方是一次性砌成的，有的时候因各部位结构功能的不同则采取分段修筑。下面就我们在发掘过程中对M1的观察，将墓室的结砌次序作一初步介绍：

1. 墓穴　在山坡开挖一长方形竖穴，修出斜坡墓道。在后室部位预留出棺室的土台，即前室跌一级。

2. 铺底　在墓穴底的生土上用砖铺成"人"字形。甬道和前室为一级，后室底起于过道中部高出一级。前后室之间过道的坎限处加以修饰，用砖砌出破子棂窗，中间一砖正置，左右分边斜向竖立。为就位，砖全都击断。

3. 砌壁　全墓各室的左右侧壁与后壁、后壁的假柱同时结砌。两侧壁与后壁之间的砖是相互咬合的。当到一定高度时，就根据不同需要改错缝平铺砌法为其他装饰法。如后壁在两侧的假柱上横砌二层砖，在此上起内衬拱；后室侧壁高至0.74米时，砌破子棂窗；前室至0.70米处砌直棂窗，往上隔3行砖砌2层菱角牙，再上3行砖砌破子棂窗。假窗向横出跳的砖就成为后面砌最外层包券的承托点；当前室和后室的装饰部分砌好后，就在诸室侧壁的内侧砌筑起拱护作用的内衬拱（又称间柱），甬道、过道和前室、后室的内衬拱分别为2道、3道和9道。

4. 发券　墓室各部分的发券情形有所不同。先说后室，后壁分别用刀砖和斧砖砌二重内壁拱；整个后室券顶用刀砖筑在侧壁出跳的横砖上，也就是说后室的券顶是没到墓底的。前室发券包顶的情形亦然。在后壁外重（即用斧砖结砌）券拱与包券之间和空隙部分以砖填塞。过道和甬道各自发券，过道以刀砖发二重券顶，加上内衬拱和前室的包券，过道口就有四重拱券；甬道内衬拱上也有三重券拱，上下层用刀砖，中间层用斧砖结砌。外券同样是半轮不及底。由封门处看共四重拱券。至此，我们可以看到该墓的砌筑过程是由底及上，先内后外，当最外一层包券砌好之后，墓室就大体上完成了。

5. 封门　封门是墓室的最后一道工序。把棺材和随葬物等安放停当之后，就在墓道处向内用砖将甬道口封堵起来。然后，用土回填竖穴和墓道。该墓由于封门被拆毁，具体的砌法已不可知。

上述仅是一座墓的基本砌法，同时我们的认识还不是很深刻的，只是一些不成熟的看法。谨提出来就教于识者。

领队：冯永驱

发掘与整理：全洪、朱家振、张小锋

绘图：朱家振、李亚洲

器物拍摄：关舜甫

执笔：全洪、张小锋

广州市广大路东汉至唐代遗址发掘简报

广州市文物考古研究所

英文提要　From May to August in 2004, a tentative excavation was conducted by Guangzhou Municipal Institute of Cultural Relics and Archaeology at a construction site to the south shoulder of Guangwei Road and the west shoulder of Guanda Road. In the excavation were discovered cultural layers dated from the Eastern Han to Qing Dyansty, remains of house, well and trash pit as well as a quantity of artifacts. These finds will provide valuable data for the research of the development of ancient Guangzhou city and the material culture of this period.

广大路位于广州市旧城区中心（图一），南接中山五路，北连广卫路，其东是北京路，西为吉祥路，地势东高西低，南面地势平缓，北面呈斜坡下降。近两年，广卫路东端、北京路东侧的原儿童公园发现有秦造船遗址、南越国宫署遗址、六朝的高台建筑、唐代砖砌路面、南汉宫殿和苑池、明清布政司署层层叠压[①]；1972年在广大路北侧的广仁路正对越华路处，发现宋代子城西墙[②]；上世纪80年代在广卫路与广仁路交界处，发现秦代码头遗址[③]；1996～1997年在中山五路与吉祥路分别揭露出明代及宋代六脉渠[④]；1998年在中山五路南侧清理出东汉、晋、南朝三期城墙[⑤]；

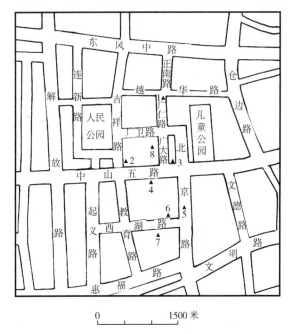

0　　　　　1500 米

图一　广大路汉唐遗址位置示意图

1. 广仁路宋代城墙遗址　2. 吉祥路宋代六脉渠遗址　3. 新大新公司南越国宫署遗址　4. 中山五路东汉—东晋—南朝城墙遗址　5. 北京路千年古道与千年古门楼遗址　6. 广百新翼三国铜钱窖藏与唐代铸币遗址　7. 西湖路光明广场南越国水闸、唐代城墙遗址　8. 广大路汉唐遗址

2000 年在西湖路光明广场工地发掘出南越国时期的水闸、东汉城墙基础和唐代城墙遗址[⑥]；在广百新翼工地发现三国铜钱窖藏和唐代铸币遗址[⑦]；2002 年在北京路中段揭露了唐至清代的千年古道和千年古门楼遗址[⑧]。众多考古成果表明，自古以来北京路、广卫路一带是广州的城市中心。

2004 年 5 月至 8 月，为配合工程建设，广州市文物考古研究所对位于广大路的广卫路停车场工地进行了考古发掘。工地东距北京路约 100 米，南距中山五路约 20 米，西距吉祥路约 90 米。建筑占地面积 1996 平方米，由于工地东部尚有楼房未拆，选在西部布 10 米×10 米探方 4 个，呈"L"形分布（图二）。发掘面积 400 平方米，清理出东汉、晋南朝、唐、宋及明清各时期文化层，出土遗物一批。现将东汉至唐代遗存情况报告如下。

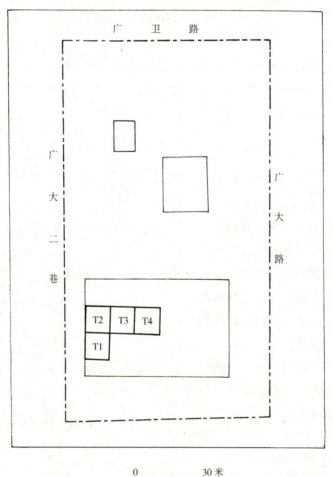

图二　广卫路工地探方分布示意图

一　地层堆积

由于遗址处在历代城区中心，文化层深厚，地下水位较高，为预防塌方，方便出土，采用回旋内收法向下发掘。文化层堆积于红色山岗亚黏土之上。遗址西南部亦即T1西部文化堆积相对较薄，深 3.5 米，最底为东汉文化层。T1 东部及 T2、T3、T4 文化堆积较厚，深 4.5 米左右，底部有超过 1 米厚的淤泥，为晋南朝文化层。现以 T1 与 T4 典型地层分别介绍。

T1 北壁：

第 1A 层：扰乱层。厚 0.6～0.8 米。遍布全方，包含大量近现代残砖碎瓦、混凝土块。本层底部，探方西南残留一片红方砖铺砌的地面，为清末民初房屋地面。探方东部，有三个砖石围砌的长方形灰坑，为同时期的化粪池（图三）。

第 1B 层：近代文化层。灰褐土，土质疏松，杂有大量贝壳。深 0.9～1.3、厚 0.15～0.45 米。包含物有青花瓷、酱釉瓷、白瓷、五彩、粉彩瓷器及散断砖块、红砂岩石碎块等。此层底部出露一条砖石混铺的走道、一个砖石混砌的长方形化粪池及多个形状各异的灰坑。

第 2 层：明清文化层。红褐土，夹贝壳，土质松软。深 1.2～1.4、厚 0.1～0.25 米。出青花瓷、青白瓷、酱釉瓷等。此层下在探方西部出露一段东西走向红砂岩石铺砌

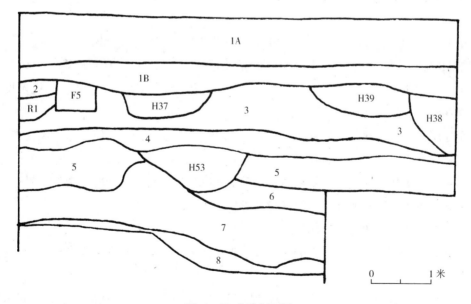

图三　T1 北壁剖面图

的路面。

第 3 层：宋元文化层。灰黑沙土，掺大量贝壳，土质疏松。深 1.5～2.2、厚 0.2～0.75 米。有房屋墙基、灰沟、灰坑等遗迹，包含大量灰陶瓦片，出土青瓷、青白瓷、石砚等。

第 4 层：宋代文化层。褐色黏土，夹贝壳，土质紧密。深 2.05～2.3、厚 0.1～0.45 米。有砖铺地面、水井、灰坑等遗迹，出土青瓷、莲花纹瓦当、元祐通宝铜钱等。

第 5 层：唐代文化层，分两小层。

第 5A 层：红褐黏土。夹贝壳，土质较软。深 2.15～2.55、厚 0.05～0.65 米。出青灰瓦片、青釉瓷、黑瓷、白瓷和开元通宝铜钱。

第 5B 层：仅在探方西南部有分布，土质土色与第 5A 相近，唯贝壳含量减少。深 2.25～3、厚 0.45 米。

第 6 层：灰黑沙土，疏松。深 2.3～3.15、厚 0.1～0.5 米。包含物有青釉瓷、陶罐等晋南朝遗物。

第 7 层：红褐沙土，疏松。深 3～4.3、厚 0.3～1 米。探方西部较浅，东部较厚。出土青釉瓷、方格纹陶罐等晋南朝遗物，另有万岁瓦当等汉代遗物。

以上两层为晋南朝文化层。

第 8 层：东汉文化层，仅在探方西部有分布。红黏土，松软，较纯净。深 3.45～3.5、厚 0.05～0.6 米，探方北部较薄，南部较厚。出云纹瓦当、釉陶钵等东汉遗物。8 层下是纯净红色山岗黏土，为生土。

T4 南壁：

第 1A 层：现代扰乱层。厚 0.6～0.8 米（图四）。

第 1B 层：近代文化层。灰褐土，夹贝壳，土质疏松。深 1.2～1.5、厚 0.4～0.9 米。

第 2 层：明清文化层。褐色沙土。深 1.6～1.8、厚 0.15～0.45 米。含较多贝壳，出土青花瓷、酱釉瓷及釉陶器等。

第 3 层：宋元文化层。红褐色沙土。深 2.1～2.25、厚 0.2～0.7 米。含较多小贝壳，出青瓷、青白瓷、釉陶、瓦当及瓦片等。

第 4 层：宋代文化层。灰褐色沙土。深 2.4～2.8、厚 0.12～0.55 米。含贝壳，出土大量青灰色碎砖、瓦片和少量影青瓷和青瓷。

第 5 层：唐代文化层。分两小层。

第 5A 层：灰黑沙土。深 2.45～2.85、厚 0.1～0.3 米。疏松，遗物较少，有莲纹瓦当等。

第 5B 层：瓦砾层。深 2.7～2.95、厚 0.1～0.25 米。含少量灰黑土、石灰和木屑，出土大量灰陶瓦片、莲花纹瓦当和少量青瓷、白瓷及开元通宝铜钱。

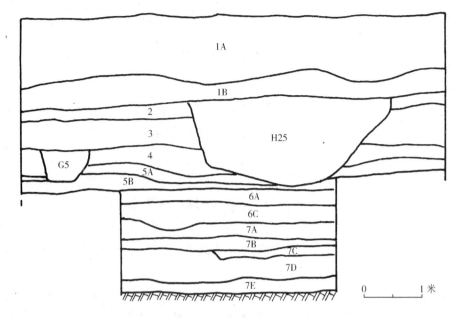

图四　T4 南壁剖面图

第 6 层：晋南朝文化层。分三小层。

第 6A 层：灰红沙土。深 3.0～3.1、厚 0.1～0.25 米。疏松，北部偏灰，南部偏红，含有少量砖块、木屑，出土青釉器、瓦当等。

第 6B 层：为瓦砾堆积，仅见于探方北边。深 3.1～3.4、厚 0.3 米。出莲花纹瓦当、云纹瓦当等。

第 6C 层：灰黑沙土。深 3.4～3.75、厚 0.25～0.5 米。含炭屑，疏松。出土少量青釉器、紫衣陶罐及灰陶器残片。

第 7 层：晋南朝淤积土层。分五小层。

第 7A 层：红褐黏土。深 3.6～3.8、厚约 0.25 米。分布于探方南半部，土质细腻，纯净，黏性强，含少量炭屑。遗物不多，出有青釉器、万岁瓦当等。

第 7B 层：灰褐黏土。深 3.95～4.05、厚约 0.1～0.3 米。土质与 7A 层相似，仅土色有分别，分布于探方南半部。出少量青釉瓷片。

第 7C 层：灰黑沙土。深 4.0～4.05、厚 0.1～0.35 米。分布于探方大部。基本无遗物。

第 7D 层：灰褐黏土。深 4.1～4.35、厚 0.15～0.70 米。细腻纯净，含树叶及树枝的腐质。遗物少，有青釉瓷片、云纹瓦当和少量瓦片。

第 7E 层：红褐黏土，土质与 7D 相同。深 4.3～4.75、厚 0.15～0.55 米。遗物少，含青釉瓷片及云纹瓦当。7层以下为红色山岗生土。

二　汉代遗存

本次发掘仅T1西部有东汉地层。未见遗迹。汉代遗物不多，主要出在第7、8两层中。全为陶器，有碗、盆、钵、盘、罐等日常生活用品和瓦当等建筑构件。

陶碗　2件。分两型。

A型　1件。T2⑦C：1，灰红硬陶，直口，卷沿，圆鼓腹，圈足微外撇。腹上部饰两周弦纹。口径17.2、腹径18、足径10、高8.4厘米（图五，1）。

B型　1件。T3⑦B：1，灰黄硬陶，敞口，方唇，深腹近直，平底。口沿外一周凹弦纹，内底压出两周凸棱，外底有一周浅凹槽。口径15、底径9、高7厘米（图五，2）。

陶盆　4件。根据腹底部不同分三型。

A型　1件。T2⑦D：6，橙黄硬陶，广口，平沿，深弧腹，平底。腹中部饰两道凹弦纹，腹中上部拍印方格纹，并间饰戳印纹。口径32、底径18.8、高12.5厘米（图五，5）。

B型　2件。T1⑥：14，撇口，上腹敛束，下腹折入，台足。唇部饰两周细弦纹及两道水波纹，内底刻划2组细弦纹。黄褐釉呈麻点状，外腹下部见垫烧痕。口径19、底径10、高5.4厘米（图五，12）。T3⑦D：6，广口，宽平沿，腹上部敛束，下部折收，台足底经修削。内腹壁转折处刻划三周细弦纹，足底划两周细弦纹，表施黄褐釉。口径16.6、底径8.6、高5.8厘米（图五，3）。

C型　1件。T1⑥：25，敛口，折腹，平底。器表施黄绿釉，大部脱落。口径32、底径22、高9.2厘米（图五，4）。

陶罐　3件。型式相同。T4⑦E：2，灰白硬陶，侈口，折沿，短领溜肩，阔腹较直，平底内凹。上腹部拍印方格纹，近底刻划数周细弦纹。器表施黄褐釉。口径20.8、腹径26、底径22、高22.3厘米（图五，10）。

陶四耳罐　1件。T1⑧：3，灰白硬陶，表呈红褐色。直口，短领，溜肩，长直腹，大平底内凹。肩附四横耳，颈部起凸棱一周，肩部饰两周细弦纹，腹底刻划一周弦纹。口径13、腹径18、底径16、高21.6厘米（图五，13）。

陶钵　4件。分四型。

A型　1件。T1⑦：3，灰红硬陶，敛口，深腹，腹壁上直下斜收，平底。口径18、底径12、高7.3厘米（图五，6）。

B型　1件。T1⑥：17，灰白硬陶，敛口，折腹，平底微内凹。腹下部有折棱。口径11、腹径12.2、底径6、高5.8厘米（图五，8）。

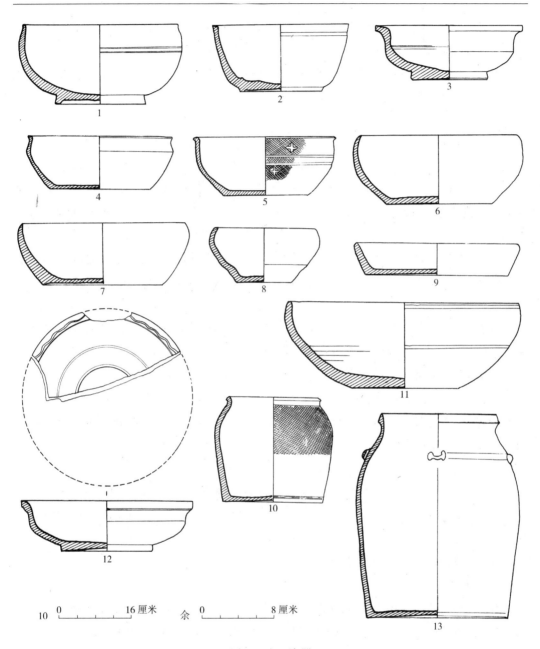

图五 出土陶器

1、2. 碗（T1⑦C：1、T3⑦B：1） 3～5、12. 盆（T3⑦D：6、T1⑥：25、T2⑦D：6、T1⑥：14） 6～8、11. 钵（T1⑦：3、T1⑧：1、T1⑥：17、T3⑦A：5） 9. 盘（T1⑧：4） 10、13. 罐（T4⑦E：2、T1⑧：3）

C 型　1件。T1⑧：1，敛口尖唇，浅腹弧收，窄沿假圈足式大平底。施褐绿釉，呈麻点状。口径18、底径13、高6.5厘米（图五，7）。

D 型　1 件。T3⑦A：5，敛口方唇，弧收腹，平底。口沿下饰两细弦纹，腹中部饰一道细弦纹，器上部施黄褐釉。口径 25.6、底径 12、高 9.2 厘米（图五，11）。

陶盘　1 件。T1⑧：4，敛口，尖唇，浅腹斜收，大平底。口径 17.8、底径 16、高 3.4 厘米（图五，9）。

云纹瓦当　6 件。分三型。

A 型　3 件。当心一圆泡，主纹在两周凸弦纹间以双直线等分四区，每区饰蘑菇形云纹一朵。窄边轮。T3⑦D：7，灰白陶，直径 13.5、厚 1.8 厘米（图六，1）。

B 型　2 件。当心一圆泡，主纹在两周凸弦纹间以四叶分四区，每区饰蘑菇形云纹一朵。边轮低平，饰凸弦纹一周。T1⑦：4，灰白陶，再外两周凸弦纹。直径 15、厚 1.5 厘米（图六，2）。

C 型　1 件。T4⑦A：7，灰白陶，当心高隆圆泡，主纹在两周凸弦纹之间以单直线分隔四区，每区饰蘑菇形云纹一朵。云顶伸出短线与外弦相接，其中两个相对的云内饰一突点，边轮残缺。残径 12.8、厚 2.1 厘米（图六，3）。

万岁瓦当　2 件。T1⑦：1，灰白陶，黑皮，边缘饰两周凸弦纹，内篆书"万岁"二字。字体相边，笔划方正。直径 14.8、厚 1.8 厘米（图六，4）。

印文瓦片　6 片。红胎或白胎，表面饰绳纹，内里拍印凸圆点，有戳印（如"官"）字、也有拍印字（图六，5、6）。

陶砖　1 件。T3⑦D：4，浅灰胎，长方形，残断，扁平一面有指划"十"字。残长 24、宽 20、厚 5.5 厘米。

三　晋、南朝遗存

（一）遗迹

包括 1 处木构挡土遗迹、8 个灰坑。

1. 木构挡土遗迹

位于 T4 的北边（图七），第 6A 层下出露，一排七个木桩，大致呈东西走向，两头因受场地限制发掘未到尽头，间距基本相等，约 0.65 米。木桩有方有圆，直径或长宽在 8～10 厘米左右。木桩南北两面土层截然不同。北面为第 6B 瓦砾堆积，南面为第 6C 灰黑沙土。推测木桩间原有横板，用以挡土。由于木桩位置靠近 T4 北壁，露头处距地表深达 3 米，为安全计未予发掘，木桩长度不得而知。

2. 灰坑

H57　位于 T2 中东部，开口于第 6C 层面。长方形，直壁，平底。长 1.20、宽 0.70、深 0.40 米。周边围有木板，三边已朽，留下板灰痕。板灰厚 3 厘米。坑中填灰

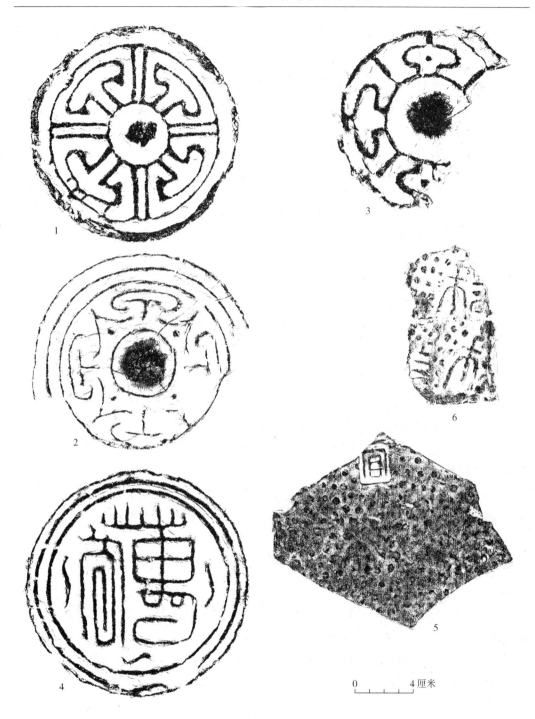

图六 出土瓦当拓片

1~3. 云纹瓦当（T3⑦D：7、T1⑦：4、T4⑦A：7） 4. 万岁瓦当（T1⑦：1） 5、6. 印文瓦片（T1⑦：6、T2⑩：3）

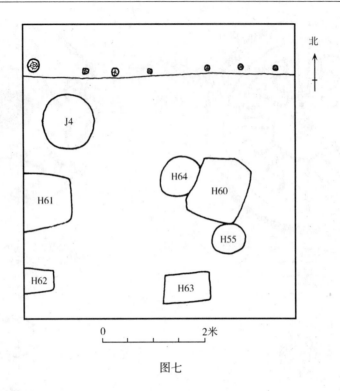

图七

褐土，含沙，出青釉瓷、红褐釉陶片与灰陶瓦片。

H60、H61、H62、H63、H64 分布于 T4 南面，出露于第 6C 层面。坑内填红色黏土掺炭屑（图七）。

H60　位于 T4 中部偏东，近长方形。长 1.2、宽 1.02、深 0.48 米，坑底有一块长90、宽 34、厚 1.8 厘米的薄木板，木板周围铺有瓦片及砖块。出青釉碗、莲花纹瓦当（图八，1）。

H61　大部压于 T4 西壁下，现状呈长方形，壁斜收。宽 1.15、深 0.32 米。在坑的一角有一直径 0.18 米的柱洞（图八，2）。

H62　长方形，斜壁，平底，铺有碎砖瓦。长 0.6、宽 0.5、深 0.2 米。坑内上层为红色黏土夹炭屑，下层堆积大量砖瓦碎块。出青釉碗。

H63　长方形，直壁，平底。长 0.9、宽 0.52、深 0.16 米。出青釉碗。

H64　圆形。直径约 0.9 米、深 0.23 米。用板瓦围筑坑壁，南部被 H60 打破。出青釉瓷片。

H65　位于 T4 东北角，出露于第 7B 层面，长方形浅坑，弧壁，平底。长 3.3、宽2.3、高 0.3 米左右。坑内堆积灰褐黏土夹大量炭屑，出紫红陶三足炉、青釉钵等遗物。

H66　位于 T4 西南部，出露于第 7B 层面，椭圆形小坑，直壁，平底。长径 0.55、

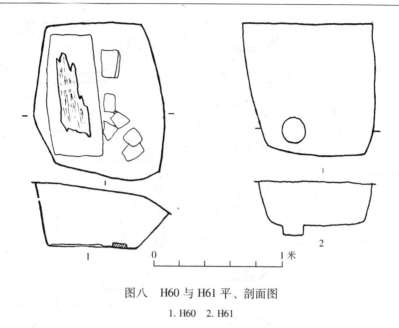

图八　H60 与 H61 平、剖面图

1. H60　2. H61

短径 0.4、深 0.25 米。坑内填灰黏土，含较多细沙，出青釉瓷片。

（二）遗物

遗物较汉代明显增多，主要出在第 6、7 层。包括日常用品、建筑构件、武器等。

1. 日常用品

陶器数量较少，皆泥质硬陶，多数陶片裹着紫红陶衣。可辨认及复原的器型仅陶三足炉和陶臼两种。青釉瓷器皆灰白胎，薄施青釉。釉色青绿，少数呈青灰色或灰黄色。有玻璃光泽，开冰裂纹。器型有碗、盏、杯、盘、钵、盆、罐、砚、炉等，前二者数量最多。纹饰单调，仅见弦纹及点褐彩两种。

青釉碗　46 件。根据足部不同分五型。

A 型　9 件。直口，圆唇，浅腹弧收，平底。T2⑦A：10，口沿外一周凹弦纹。通体施釉，青绿色，有杂质，开片。内底及外腹壁骨支钉痕。口径 17.4、底径 9.4、高 5.1 厘米（图九，1）。

B 型　9 件。直口或微侈口，浅腹，弧壁，矮圈足。口沿外一道宽凹弦纹，内底压一周弦纹。T3⑥C：17，口径 15.6、足径 9.2、高 5.3 厘米（图九，2）。

C 型　25 件。敞口，浅腹弧壁，台足。口沿外一至三道凹弦纹，内底压一周弦纹。T1⑤：9，口沿饰褐点彩。口径 20、底径 10.4、高 8.7 厘米（图九，5）。

D 型　2 件。敞口，深腹，腹壁斜直，台足。T4⑥A：21，口沿外两周细弦纹夹一周宽凹弦纹，内底压一周弦纹，中心有一块黑褐斑，口沿饰点状褐斑，似炱烧痕。外底匀布垫烧疤痕。口径 17.4、底径 9、高 7.6 厘米（图九，3）。

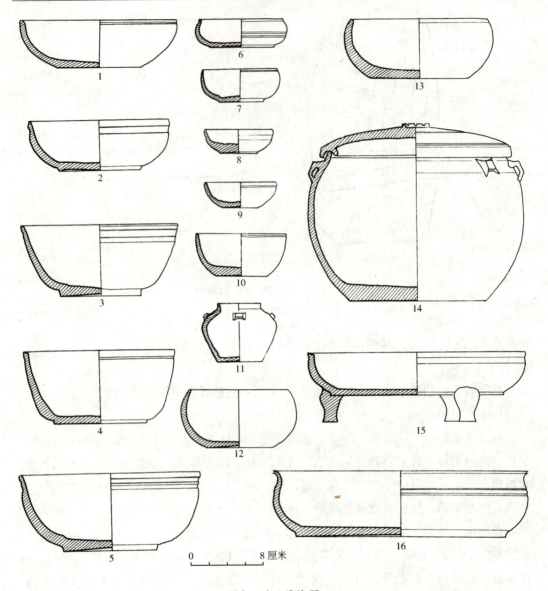

0　　　　　　8 厘米

图九　出土陶瓷器

1～5. 青釉碗（T2⑦A：10、T3⑥C：17、T4⑥A：21、T1⑥：18、T1⑤：9）　6. 青釉盂（T1⑥：15）　7～10. 青釉盏（T1⑦：2、T3⑥C：4、T2⑦C：7、T3⑥A：25）　11. 青釉四系小罐（T4⑦A：3）　12、13. 青釉钵（T3⑥C：11、T3⑦D：1）　14. 青釉盖罐（T3⑥A：5）　15. 陶三足炉（H65：1）　16. 青釉盆（洗）（T4⑥C：4）

　　E 型　1 件。T1⑥：18，敞口，平唇，深腹近直，矮台足。口沿外一道细凹弦纹。黄绿釉呈麻点状，底足露胎。口径 16.8、底径 11.4、高 7.7 厘米（图九，4）。

　　青釉盏　74 件。直口或微侈口，浅弧腹，平底或矮台足，口沿外皆有一周凹弦纹。根据足部不同分两型。

A 型　58 件。平底，内底有两周细弦纹。T3⑥A：25，直口，圆唇，釉色浅黄，无光泽，有脱落。口径 10、底径 5.5、高 4.5 厘米（图九，10）。T2⑦C：7，敞口，釉色青灰。口径 8、底径 3.8、高 2.7 厘米（图九，9）。

B 型　16 件。台足。T1⑦：2，直口，尖唇，浅鼓腹。内底压一周凸棱。通体青绿釉，腹外壁有支烧痕。口径 8.3、腹径 8.6、底径 5、高 3.5 厘米（图九，7）。T3⑥C：4，敞口，腹上部一周宽凹弦纹，内底亦压一周宽凹弦纹。通体青绿釉，玻璃质，开片。口径 7.6、底径 4.1、高 2.5 厘米（图九，8）。

青釉盂　1 件。T1⑥：15，敛口，卷沿，浅鼓腹，璧足。腹中部饰两周凹弦纹。青釉发灰，有杂质，多脱落。底足露胎。口径 9.2、底径 7、高 3 厘米（图九，6）。

青釉钵　3 件。敛口，尖唇，深鼓腹，平底微内凹。T3⑥C：11，通体施青灰釉，外腹壁散布褐色斑点。口径 15、腹径 16.2、底径 10.8、高 6.3 厘米（图九，12）。T3⑦D：1，胎较厚，腹较浅。口沿外一道细弦纹，外腹壁有支烧痕。口径 10.8、腹径 12.8、底径 7.3、高 7.3 厘米（图九，13）。

青釉盆（洗）　1 件。T4⑥C：4，撇口，扁鼓腹，台足。腹中部饰两道凹弦纹。通体青绿釉，开片，外底匀布垫烧疤痕。残口径 27.8、底径 23、高 7 厘米（图九，16）。

青釉盖罐　1 件。T3⑥A：5，敛口，扁鼓腹，平底。腹上部附六个方桥耳，横直相间。耳内穿过两周弦纹。内外底及口沿处皆有支烧疤痕。盖为子母口，盖面平弧，盖顶产方形钮，相对两边各有三处缺口。盖面中间及边缘分饰三道凹弦纹。通体施青绿玻璃釉，釉色晶莹，釉层均匀，开冰片。罐口径 18.6、腹径 23.6、底径 15.4、高 15.9、盖口径 21、高 4.1、通高 19.3 厘米（图九，14；彩版八，1）。

青釉四系小罐　1 件。T4⑦A：3，器形特小，侈口，短领，鼓腹下部斜收，平底微内凹。肩部附四横方桥耳。口沿外一道凹弦纹，腹下部刻划一道细弦纹。通体施青绿釉，开片，外底有三枚垫烧疤。口径 4.8、腹径 8、底径 5、高 6.2 厘米（图九，11；彩版八，2）。

青釉盘　4 件。分四型。

A 型　T4⑥A：25，敞口尖唇，浅腹斜直，平底微凹，内底微隆，外底均匀分布支烧痕。通体施青绿釉，釉层不匀。口径 17.8、底径 16、高 2 厘米（图一○，11）。

B 型　T2⑦A：8，敞口，宽平沿，浅直腹，下部折入，大平底。口径 12.6、底径 9、高 2 厘米（图一○，3）。

C 型　T2：⑤：3，直口，宽平沿，浅直腹，大平底。通体青绿釉，开片，外底有圆形垫烧痕。口径 12、底径 10.6、高 2 厘米（图一○，2）。

D 型　H65：2，敞口，折沿，斜腹，平底内凹。通体施青绿釉，开片，有支烧疤。口径 12、底径 9、高 3.3 厘米（图一○，1）。

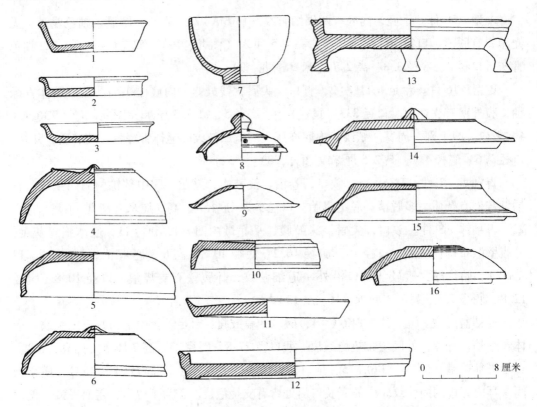

图一〇 出土青瓷器

1~3、11. 盘（H65:2、T2⑤:3、T2⑦A:8、T4⑥A:25）　4~6、8~10、14~16. 器盖（T4⑥A:28、T3⑥C:10、H64:1、T4⑥A:29、T4⑥C:10、T4⑥A:27、T2⑦C:6、T3⑦C:2、H66:2）　7. 杯（T1⑥:9）　12、13. 砚（T4⑥A:3、T1⑥:10）

青釉杯　1件。T1⑥:9，微侈口，深腹，饼底内压一周深凹槽。外腹近底部刻划一"X"符。灰黄胎，器上部施青黄釉，已脱落。口径11、腹径10.6、底径3.8、高7.1厘米（图一〇，7）。

青釉砚　1件。T4⑥A:3，口沿压一周凹槽，浅腹，宽沿假圈足。腹底部饰两周弦纹。通体施青釉，器里呈青绿色，薄而不匀，器表呈黑绿色。口径25.6、底径24、高3厘米（图一〇，12）。

青釉三足砚　2件。T1⑥:10，直口压出凹槽，浅直腹，平底下附三蹄足。腹外壁饰一周凹弦纹。器表施青绿釉，玻璃质，开片。口径22、底径21.2、高5.5厘米（图一〇，13）。

青釉器盖　15件。分五型。

A型　7件。平顶，直口或敞口。

I式 5件。盖面隆圆，盖顶有半环形钮。T4⑥A：28，钮周有一圈宽凹弦纹，盖顶边缘及口沿外各压一周凹纹纹。通体施青绿釉，玻璃质，开片，内外底及唇沿皆有垫烧痕。口径16、顶径9、高6.3厘米（图一〇，4）。

II式 1件。无钮。T3⑥C：10，直口，尖唇，盖面隆圆，大平顶。盖顶及唇沿匀布垫烧痕。通体青绿釉，开片。口径16、顶径9.4、高4.9厘米（图一〇，5）。

III式 1件。顶有半环形钮，盖面斜折。钮周饰两周凹弦纹，口沿外一周凹弦纹。通体施青绿釉，盖顶边缘及内底有支烧痕。H64：1，口径16、顶径9、高5.2厘米（图一〇，6）。

B型 3件。平顶，子母口。顶有半环形钮，斜面。T2⑦C：6，钮周及折顶处分饰数道凹弦纹。通体施釉，含杂质。盖内外皆有支烧疤。盖面支钉痕细小，盖内垫烧疤较大，近圆形。母口径22、子口径18.4、顶径13.4、高4.2厘米（图一〇，14）。T3⑦C：2，无钮（图一〇，15）。

C型 2件。直口，浅身，近顶折收，平顶。T4⑥A：27，平顶微内凹。盖顶中部及边缘分饰两道凹弦纹，口沿外压一周凹弦纹。通体施青绿釉，玻璃质，开片，有脱落。口径14、顶径12.2、高3厘米（图一〇，10）。

D型 2件。弧顶，子母口。T4⑥A：29，盖面漫圆，盖顶立伞形钮。盖内凸出尖唇子口，微内敛。盖面中间及边缘分饰两道弦纹。通体施青绿釉，玻璃质，开片，盖顶及盖面釉上散布黑褐斑点。口径8、高5厘米（图一〇，8）。H66：2，钮缺失。顶边缘压三周凹弦纹。通体青绿釉，开片，盖面点褐斑。口径12.8、高4.2厘米（图一〇，16）。

E型 1件。T4⑥C：10，弧顶穿一圆孔，折沿微上翘。通体青绿釉，开片，有积釉块。口径12、高2.4、孔径2厘米（图一〇，9）。

陶三足炉 1件。H65：1，灰黄胎泥质硬陶，广口，折沿，浅弧腹，平底下附三蹄足。口沿外压一周宽凹槽，表里施紫红陶衣。口径48、底径38、高14.8厘米（图九，15）。

陶臼 1件。T3⑦D：5，灰褐硬陶。残余下部，腹底斜收，斜坡形圆台底。底面遍布锥刺纹。底径12.8、残高6.7厘米（图一三，5）。

2. 建筑构件

包括瓦当、筒瓦、板瓦和砖。瓦当有云纹瓦当与莲花纹瓦当两种。皆泥质硬陶，圆形，以线条装饰图案。

云纹瓦当 6件。其中一件带筒。胎色黄白或灰褐，纹饰相同。当心为十字花瓣，主纹为两周短直线圈带之间以三线等分四区，每区饰蘑菇形云纹一朵。标本T4⑥A：4，灰褐陶，边轮较宽，凸起。直径14.5、厚1.3厘米（图一一，1）。

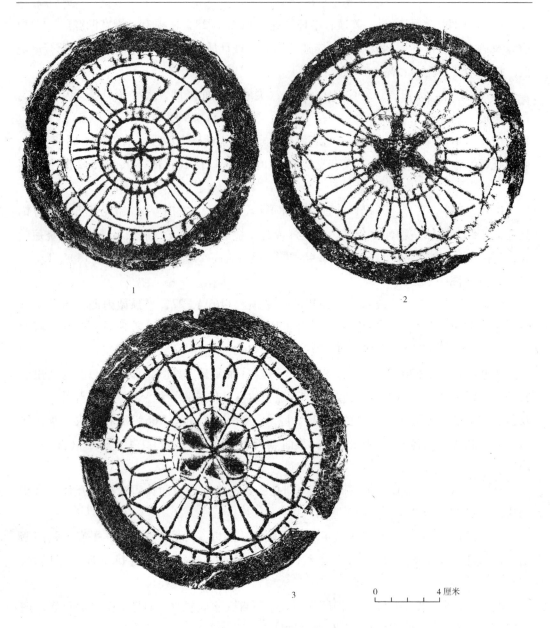

0 ⊢—⊢—⊢—⊢—⊢ 4厘米

图一一　瓦当拓片

1. 云纹瓦当（T4⑥A：4）　　2、3. 莲纹瓦当（T4⑥A：1、T4⑥A：6）

　　莲花纹瓦当　7件。灰红或灰白胎，当心浮雕六莲瓣，主纹为两周短直线圈带之间饰交叠的十二莲瓣，边轮较宽，凸起。T4⑥A：1，灰红陶，当心高隆，浮雕六莲瓣。直径15.4、厚1.5厘米（图一一，2）。T4⑥A：6，灰白陶，当心六莲瓣以凸线勾勒，直径16.7、厚1.6厘米（图一一，3）。

　　板瓦　7件。灰白胎，有的表皮呈黑色。多数内里拍印布纹，表面纹饰有方格纹、斜方格纹、菱格纹等（图一二，1～4）。也有内施方格纹，外施绳纹的（图一二，5、6）。

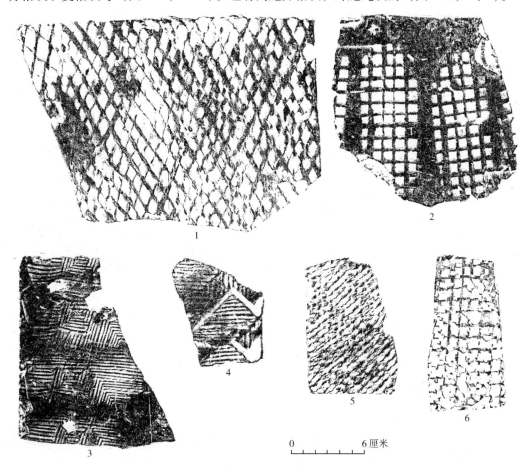

图一二　板瓦纹饰拓片
1. 斜方格纹　2. 方格纹　3、4. 菱格纹　5. 绳纹（外）　6. 方格纹（内）

　　筒瓦　3件。青灰或灰白胎，横截面呈半圆形，内施布纹。表面有光素也有饰绳纹。T3⑦B：2，中腰压一道宽凹槽，筒径15、通长43.5、厚1.2～1.7厘米（彩版八，4）。

　　砖　2件。T2⑦C：5，青灰色平砖，残长13、宽17、厚4.5厘米，扁平一面压印菱格纹。T3⑥：12，灰黄色平砖，残长22、宽15.5、厚4厘米，扁平两面拍印方格纹。

　　3. 木构件

　　2件。T2⑦B：1，圆柱体，两端出榫口，中间凿成8片扇叶。通长169、中段长125、直径30、两端头直径15厘米（彩版八，3）。T4⑦E：1，圆木，直径约30、长度超过210厘米，中段凿出2个长方形榫口，榫口长30～35、宽8～10厘米。

4. 其他

均陶质。有防卫武器蒺藜、制药用的碾轮、捕鱼用的网坠、制陶用的模范等。

蒺藜　4件。分两型。

A 型　2件。四出三角体，每一凸口各插一孔。T2⑦C：2，边长5.4~6、孔径0.8厘米（图一三，1）。

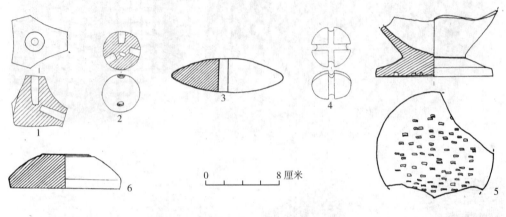

图一三　出土器物

1、2. 蒺藜（T2⑦C：2、T2⑦B：2）　3. 碾轮（T4⑥A：11）　4. 网坠（T2⑦A：9）　5. 臼（T3⑦D：5）
6. 陶模（T4⑦：1）

B 型　2件。球体，插5孔，不相通。T2⑦B：2，表面有一块墨绿色釉块。直径4、孔径0.8厘米（图一三，2）。

碾轮　1件。T4⑥A：11，圆形，中穿圆孔，中间厚，边缘薄，一面刻划两道细弦纹。直径12、孔径2、厚2.5厘米（图一三，3）。

网坠　2件。扁圆体，中压出十字形凹槽。T2⑦A：9，黄白硬陶，直径4.2、高3厘米（图一三，4）。

陶模　1件。T4⑦：1，实心饼形，平底，面微隆，平顶。边缘修成斜直。顶部压两周凹弦纹。器表施黄褐釉，有脱落。口径5.2、底径12、高3.6厘米（图一三，6）。

四　唐代遗存

（一）遗迹

1. 房址

1处。F5，残留3个方形碋墩，呈"L"形分布于 T2 中部，编号为 Z4、Z5、Z6。南北向间距2.35、东西向间距1.4米，碋墩长宽约0.9、深约0.5米。由灰褐黏土掺石子、砖瓦及陶瓷碎片分层夯筑，上层多残砖碎石，下层多灰瓦片。陶瓷碎片有青瓷和黑瓷两类。

2. 灰坑

1个。H59，位于T1南壁中部，圆形，弧壁，圜底。直径2.4、深0.8米。坑内含灰黑、灰黄沙土，掺少量木炭，出青瓷、黑瓷及灰陶瓦片。

3. 水井

1口。J4，位于T4西北部。圆形，直壁，平底。直径1、深0.7米，井内填灰黏土，含较多砖瓦及陶瓷碎片，出黑瓷六系小罐。

（二）遗物

唐代遗物主要出在第5层。包括日常用品、建筑构件、铜钱等。

1. 日常用品

陶器很少，瓷器居多，青瓷为主，黑瓷次之，还有少量白瓷。青瓷器数量最多，皆为素面，胎呈灰、浅灰色或灰黄色。釉呈青绿色色或青灰色。多数施釉在器物的上部，即所谓的"施半釉"或"釉不及底"，一般青绿色釉有光亮玻璃质感，釉层厚薄不均，多见垂釉和积釉现象。青灰色釉暗哑无光，釉层较均匀；器形有碗、罐、壶、盘、盏、盆等，多素面无纹。黑瓷器形单一，仅见罐一种，胎色灰黄，质坚实，通体施釉，釉色乌黑亮泽。

陶碗　1件。T1⑤B：28，红黄陶，敞口圆唇，深腹近直，台足。内底有尖突。口径13.6、底径5.6、高7厘米（图一四，5）。

陶盆　1件。T4⑤B：19，红胎硬陶，敞口，折沿，深腹，圈足。

青釉器盖　4件。分四型。

A型　1件。T1⑤B：1，直口，盖面隆圆，近口沿处贴一半环形捉手，盖顶有蒜头形钮。盖面匀施黄褐釉，开片。口径6.4、高3.9厘米（图一四，4）。

B型　1件。T3⑤：3，形小，直口平唇，盖面呈斜坡二层台，平顶，盖内凸出筒形尖唇子口。盖面施浅绿釉。口径4.9、子口径1.8、高1.4厘米（图一四，1）。

C型　1件。T1⑤B：5，敞口，盖面微隆，顶附半环形钮。盖内中央凸出喇叭形子口。盖面施褐绿釉。口径9、子口径3、高3.4厘米（图一四，2）。

D型　1件。T3⑤：24，盖面近平，顶有圆台钮，盖内凸出实心圆柱形子口。钮周饰一周水波纹及一周凹弦纹。盖面施青黄釉。口径8.2、高3.3、子口径4厘米（图一四，3）。

青釉碗　根据口腹部形态分三型。

A型　4件。敞口，弧腹，饼足。根据腹部深浅分两式。

I式　1件。深腹。H59：3，足底内凹。薄施青釉，外不及底。釉面开细碎冰裂纹，

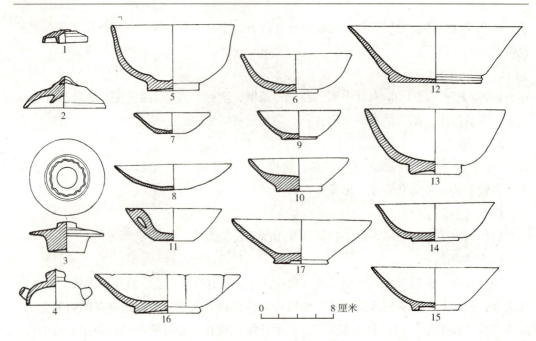

图一四　出土陶瓷器

1~4. 青釉器盖（T3⑤：3、T1⑤B：5、T1⑤：24、T1⑤B：1）　5. 陶碗（T1⑤B：28）　6、12~17. 青釉碗
（T1⑤B：6、T1⑤B：7、H59：3、T1⑤B：4、T1⑤：11、T1⑤：5、T4⑤B：5）　7~10. 青釉盏（T1⑤：10、T3⑤：
5、T1⑤B：26、T3⑤：4）　11. 青釉灯盏（T3⑤：6）

有流釉。内底有垫烧疤。口径15.4、足径5.8、高7厘米（图一四，13）。

II式　3件。浅腹。T1⑤B：6，圆唇，饼足内凹，边缘经修削。釉层薄而不匀，器表挂半釉。口径12、底径4.8、高4.2厘米（图一四，6）。T1⑤B：4，尖唇，口径13、底径5、高4厘米（图一四，14）。

B型　6件。敞口，深腹斜收。根据足部特征分三式。

I式　3件。台足，T1⑤B：7，腹内壁近底处饰一周细弦纹，台足边缘压一周凹槽。器表半釉，釉色青绿，釉层不匀，有流釉。口径19、底径10、高6厘米（图一四，12）。

II式　1件。玉璧足。T4⑤B：5，黄白胎，施青灰釉，无光泽，足底露胎。口径15.2、底径6.1、高4.7厘米（图一四，17）。

III式　2件。矮圈足。T1⑤：11，青灰胎，致密。表里施青釉，灰暗无光，足露胎。内底有支烧痕。口径14、足径5、高4.6厘米（图一四，15）。

C型　1件。花口，斜腹，台足。T1⑤：5，四出花口，与缺口相接内外壁有直楞。釉色深青，玻璃质，开片，底足露胎。口径16、底径3.6、高4.2厘米（图一四，16）。

青釉盏 4件。敞口，浅腹。根据底部不同分三型。

A型 1件。T1⑤：10，弧收腹，小平底微内凹。口沿内饰一周细弦纹，盏内施褐绿釉。口径8.4、底径3.2、高2.2厘米（图一四，7）。

B型 1件。T1⑤B：26，弧收腹，圜平底。器里全釉，器表上部挂釉，釉层薄而不匀，釉色青灰，大部脱落。口径13、底径3、高2.7厘米（图一四，9）。

C型 2件。斜收腹，台足。T3⑤：4，厚底，器里全釉，器表上部挂釉，底足露胎。青灰胎，釉色青灰掺黑斑。口径11、底径5、高3.5厘米（图一四，10）。T3⑤：5，形小，胎厚，底薄。内底压一周宽凹槽，中心微凸。盏内施黄绿釉，斑驳脱落。口径8.8、底径5、高2.8厘米（图一四，8）。

青釉灯盏 1件。T3⑤：6，敞口，尖唇，浅腹斜收，平底，内壁附一条拱形捉手。盏内及口沿外施褐绿釉。口径10.6、底径4.2、高3.4厘米（图一四，11）。

青釉罐 1件。T3⑤：10，侈口，圆唇，扁鼓腹，最大径靠下，平底。口部变形，略呈椭圆形。施黄绿釉，器里全釉，器表上部有釉。口径7.6、腹径10、底径6、高7.6厘米（图一五，3）。

青釉六系罐 1件。T3⑤：9，胎体厚重，直口，短领，溜肩，长椭圆形腹，平底。肩附六横耳，口沿处有垫烧痕，肩部饰两道细弦纹，腹内壁密布旋纹。釉色青黄有杂质，釉层薄而不匀，开片，器里全釉，器表半釉。口径11.4、腹径19、底径12、高26.2厘米（图一五，2）。

青釉执壶 1件。T4⑦：6，口残，束颈，溜肩，腹直且深，假圈足式大平底。腹前有短直流，后有錾手，残缺，肩两侧有一对直条耳，一耳缺失。颈下部饰一周弦纹。腹底部压一周凹弦纹。器形施浅黄釉，开细碎冰裂纹，流及錾手下有大块褐斑。残口径4、腹径8.8、底径8.4、残高13.2厘米。从造型及装饰风格、工艺特点看，当为长沙窑产品（图一五，1；彩版八，5）。

黑釉双系罐 T1⑤：7，直筒形，尖唇，平底内凹。腹中部附一对横耳，口沿外压出一道宽凹槽，腹部密布凹弦纹。通体黑釉，局部脱落。口径19、腹径24、底径20、高20.5厘米（图一五，5）。

黑釉四系罐 T3⑤：8，侈口，折沿，短直领，扁鼓腹，平底，腹上部附4横耳。腹壁见密集旋痕。通体施黑釉，胎体呈黑紫色。口径12.4、腹径16.8、底径12.6、高12.8厘米（图一五，7）。

黑釉六系罐 T4⑤B：6，侈口外翻，短领，扁圆腹，平底内凹。肩腹部附6横耳，器内壁见细密轮制旋痕。器表及口沿内施黑釉。口径12.2、腹径19、底径13、高16.6厘米（图一五，6）。

黑釉六系小罐 J4：1，厚胎，广口，深腹近直，平底微外撇。肩附6横耳，器内

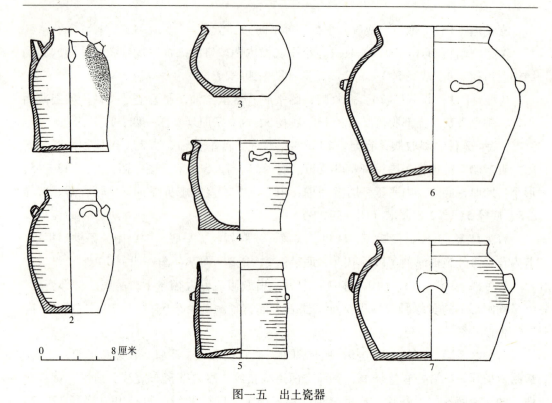

图一五　出土瓷器

1. 青釉执壶（T4⑦:6）　2. 青釉六系罐（T3⑤:9）　3. 青釉罐（T3⑤:10）　4. 黑釉六系小罐（J4:1）　5.
黑釉双系罐（T1⑤:7）　6. 黑釉六系罐（T4⑤B:6）　7. 黑釉四系罐（T3⑤:8）

外施黑釉。口径 11.7、腹径 11、底径 9、高 9.6 厘米（图一五，4；彩版八，6）。

2. 建筑构件

陶构件　1 件。T4⑤B:8，青灰陶，八棱形座，上有二级圆台。残长宽 16、高 9.5、座高 3.8 厘米。

凹（曲尺）形砖　T1⑤:14，灰黄硬陶，近方形，一边凸出。四边均有残缺。长 38、宽 35、中厚 3.5 厘米。

莲花纹瓦当　21 件。皆泥质硬灰陶，根据当心莲蓬、外区莲瓣及边轮不同分六型。

A 型　1 件。当心一圆圈，饰七突点以示莲蓬，外区饰七瓣莲花，莲瓣肥短，边轮高起，上饰联珠纹。T1⑤B:8，黑皮白胎。残径 12、厚 2 厘米（图一六，1）。

B 型　1 件。当心微凸，饰七圆点示意莲蓬，外区于两周凸弦纹之间饰八瓣双瓣形莲花，瓣间饰三角纹，边轮较宽，稍高于当面。T1⑤B:2，灰褐陶。直径 14.5、厚 1 厘米（图一六，2）。

C 型　2 件。当心凸起，饰七圆点示意莲蓬，外区于两周凸弦纹之间饰八瓣莲花，莲

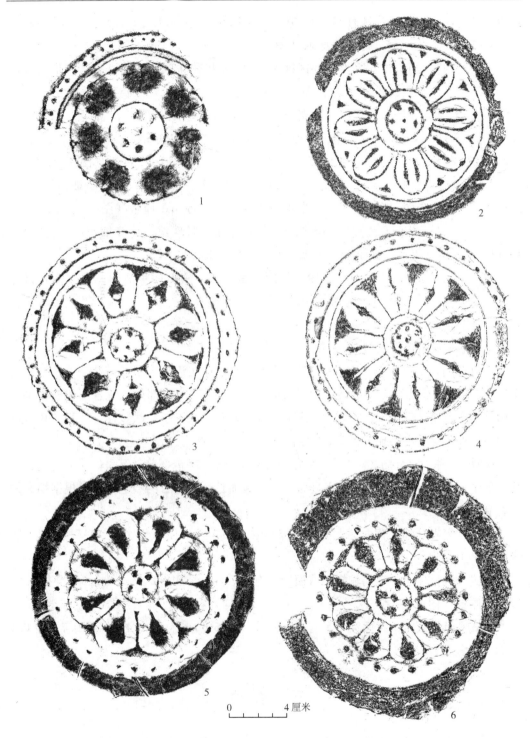

图一六 莲花纹瓦当拓片

1. T1⑤B：8　2. T1⑤B：2　3. T3⑤：2　4. T3⑤：1　5. T4⑤B：4　6. T4④：6

瓣菱形，边轮凸起，上饰联珠纹。T3⑤:1，青灰色。直径 14、厚 1.5 厘米（图一六，4）。T3⑤:2，直径 14.5、厚 1.7 厘米（图一六，3）。

D 型　2 件。当心饰五突点，外区饰 8～9 瓣莲花和联珠纹，莲瓣呈水滴形，宽边轮。T4⑤B:4，灰白陶，带筒瓦，表皮呈灰黑色。残长 16.5、当径 15、厚 1.5 厘米（图一六，5）。T4④:6，边轮特宽。直径 16.8、厚 1.5 厘米（图一六，6）。

E 型　2 件。当心以十字分隔四突点，外区饰 8 瓣莲花和联珠纹，间以凸弦纹，莲瓣菱形，边轮宽平，低于当面。T4④:25，灰白陶，直径 15.5、厚 1.2 厘米（图一七，1）。

F 型　9 件。当心饰 6～7 突点，外区饰 9～10 瓣莲花和联珠纹，莲瓣细长呈榄形，边轮宽平，低于当面。T4⑤B:7，青灰胎，直径 14.5、厚 1.1 厘米（图一七，2）。

G 型　4 件。当心五突点，外区饰 7～9 瓣莲花和联珠纹，莲瓣细短，边轮宽平。T4⑤B:15，黑皮灰胎。直径 13、厚 1.2 厘米（图一七，3）。

绳纹板瓦　1 件。H59:4，灰胎，平面略呈梯形，横截面呈弧形，表面饰直行绳纹，内里饰布纹。长 35.8、宽 23.5～25.2、厚 1.5 厘米。

4. 铜钱

开元通宝 8 枚。分两型。

A 型　4 件。背面光素，制作规整，轮廓分明，钱文清晰，字体端庄。"开"字间架匀称，"元"辽首划为一短横，次划长横左挑，"通"字走部前三笔各不相连，略呈三撇状，甬上笔开口较大，"寶"字贝部内为二短横，不与左右两竖连接。T4⑤B:11，穿四角之外各穿一小圆孔。径 2.5、穿径 0.7、厚 0.1 厘米（图一七，7）。

B 型　3 件。背有掐文。"元"字首横加长，"通"字走部前三笔呈似连非连的顿折状，甬字上笔开口较扁，"寶"字贝部中间双横加长，与左右两竖笔连接。根据掐文的位置和形状分三式。

Ⅰ式　笔划纤细，背面穿上有细长仰月纹。T3⑤:4，径 2.5、穿径 0.7、厚 0.1 厘米（图一七，4）。

Ⅱ式　规格较小，笔划较粗，背面穿上有粗短月纹。T4⑤B:3，径 2.3、穿径 0.6、厚 0.1 厘米（图一七，5）。

Ⅲ式　笔划较粗，背面穿上下有粗短月纹。T4⑤B:13，径 2.4、穿径 0.7、厚 0.1 厘米（图一七，6）。

五　结语

据广州市中心的地理形胜及多年考古发现表明，两千多年前广州古城区曾存在东、西两个半岛和一支珠江古河汊。东为番山半岛，西为坡山半岛，古河汊从两者之间穿

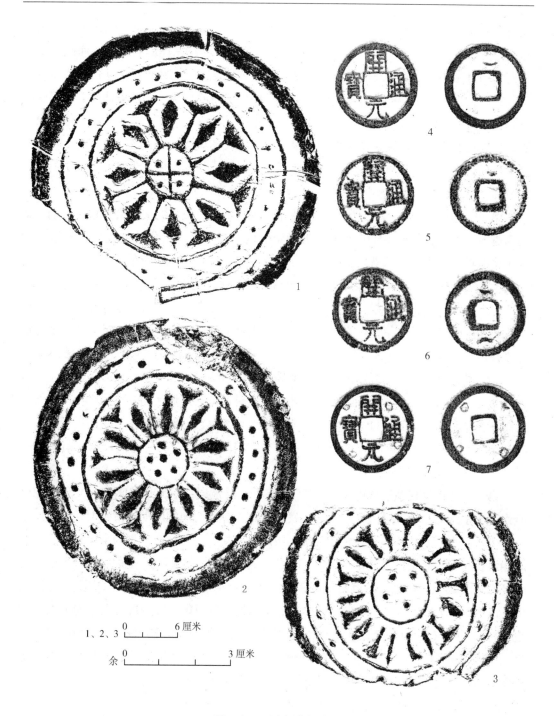

图一七 瓦当铜钱拓片

1～3. 莲花纹瓦当（T4④：25、T4⑤B：7、T4⑤B：15） 4～7. 开元通宝（T3⑤：4、T4⑤B：3、T4⑤B：13、T4⑤B：11）

过。古河汉在今广仁路、北京路以西，吉祥路、教育路以东狭长地段，向北通至中山纪念堂、省政府有及小北路一带⑨。广大路工地正位于古河汉东岸的高地上，西距儿童公园南越国宫署遗址仅百米左右，与广仁路宋代广州子城西墙相距更近。从历史沿革及地理位置看，广大路工地的考古发掘对于掌握广州城市中心历代地层堆积情况、对了解南越国宫署遗址的西界及宋代广州子城西城墙的走向等都有重要意义。虽然，发掘结果表明，该处没有南越国时期的文化堆积，也未发现宋代的城墙遗址，但遗址中的一些遗迹遗物仍可为探讨广州古城的发展变迁和不同历史时期广州的物质文化提供有价值的研究资料。

第一，考古发掘揭示了这一地域的原始地貌为山岗，最早的文化层为东汉时期。证明南越国宫署遗址的西界未达此处，为确定南越国都番禺城（俗称赵佗城、越城）的城市格局提供了线索。目前发现南越国宫署遗址最西的地点在北京路与中山五路交界处的新大新公司附近，1988 年曾发现南越国宫署的印花砖铺地面⑩；东至忠佑大街，北至儿童公园北墙至梯云里一线，南至中山四路⑪。赵佗城宫城的范围应与南越国宫署遗址大致相当。北京路还在南越国宫城之内，而广大路遗址已在宫城之外，赵佗城宫城的西界当在两者之间。"筑城以卫君，造郭以守民"，赵佗城除了宫城，还有居民生活区——郭城。目前南越国时期的建筑遗迹除南越国宫署遗址外少有发现，墓葬的发掘材料较为丰富，墓葬区当在附郭之野，墓葬分布情况可以反证城区的方位大小。广州西汉前期墓葬以南越国宫署遗址为中心，西面最近地点为解放北路迎宾馆，东面最近地点为红花岗烈士陵园，两者相距仅 2 公里左右⑫。证实南宋方信孺的《南海百咏》有关赵佗城"周十里"⑬记载比较可信。

第二，考古发现遗址西南部亦即 T1 西部有东汉地层，东面地势陡降，文化层深厚但都晚于东汉。T1 东部及 T2、T3、T4 底部有相当厚的晋南朝时期的淤积层，平均厚度达 1.2 米，土质细腻纯净，含树叶及细小树枝的腐质，不含蚌壳，当为水流相对静止的湖相沉积。在淤积层的最底部，出土了晋代的青釉瓷片。在山岗台地的原始地貌中，出现晚期地层低于早期地层的沉积淤泥，泥中不含蚌壳，显然不是咸淡水交汇的近海河滩。最底的 7D、7E 两层淤泥也不含沙，说明不属自然河床。推测晋时在山岗上人工凿池，打破了东汉文化层。水池使用经年，淤泥厚积，到南朝时被填平，开始有了建筑。T1 中部地势陡降位置当为水池西侧池壁，T4 北部的 6B 层南朝瓦砾堆积及木构挡土遗迹则与后来的建筑遗存有关。结合 1998 年在中山五路发现南北走向的东汉—东晋—南朝三期城墙，推测人工池与城墙有关，可能是城墙外的护城壕。

第三，广卫路遗址发现了唐代房屋基址和成片的瓦砾层。瓦砾层出土的开元通宝铜钱，有 A、B 两型，A 型为典型的欧阳询书钱文，流行于初唐；B 型钱文风格和背面掐文装饰，具有中唐时代特征⑭，推测瓦砾层形成的时间在中唐。据日本真人开元《唐大和上东征传》记载，唐开元年间，广州城已是"州城三重"[15]。哪三重？有学者认为是指东西并列的子城（官衙区，与赵佗城宫城位置相当）、东面古越城（即赵佗城郭城）及西面的番坊三重；也有人认为是指南北向排列的南城、子城和官城，即从珠江岸上陆，穿过南城区，经清海军楼入子城，再入古越王宫的官衙区三重[16]。若论城区发展规模，后一种看法明显涵盖面积过小，单指有城墙护卫的城区可能较为恰当。2000 年在西湖路光明广场工地发现一段唐代中晚期的城墙遗址，南北走向[17]，当为唐代广州子城西城墙的一段。广卫路遗址位于此城墙的延长线之东，当在子城之内。

第四，广卫路遗址发现了一批瓦当，有着清晰的时代脉络和演变轨迹，对广州地区瓦当的类型学研究提供了宝贵的实物资料。其中，以南朝瓦当的发现较为重要。广卫路遗址发现年代最早的瓦当为东汉时期。数量不多。有图案瓦当与文字瓦当两种。图案瓦当仅见云纹题材。与南越国时期的云纹瓦当不同，这一时期的云纹由卷云演变为蘑菇云，树纹消失，图案全采用四分法，线条疏朗粗壮。文字瓦当为万岁瓦当。"万岁"二字字体相连，方正规矩，"岁"字笔划简化，不如南越国时期字体流畅洒脱、变化多姿。广州以往仅在南越国宫署遗址内出土了少量的六朝瓦当[18]，但残缺不全，图案不清。广卫路遗址不仅出土了数件南朝瓦当，地层可靠，而且瓦当品相较好，图案完整清晰。这时期的瓦当流行两种图案，一为云纹，一为莲花纹。云纹瓦当沿袭了东汉的四分法构图和蘑菇形云纹，又出现了一些新的变化。当心从圆点变为十字花瓣，主区在云纹内外饰短直线圈带，线条繁密纤细，边轮加宽。

莲花纹瓦当的出现是以佛教的流传为背景。由于莲花既有圣洁的象征含义，又有优美的形态，六朝以来成为瓦当的主流图案，全国通用。广卫路遗址发现的南朝莲花纹瓦当，大小规格及装饰手法与云纹瓦当一脉相承。当心饰花瓣，主纹为十二瓣交叠莲花，布置在两周短直线圈带之间，主题突出，构图匀称，富有线条美。迄今为止，广州发现的唐代瓦当全为莲花图案。1994 年在德政中路唐代建筑及码头遗址发现为数众多、款式多样的莲花纹瓦当[19]，南越国宫署遗址唐文化层也发现不少莲花纹瓦当[20]。广卫路遗址出土的唐代莲花纹瓦当，数量及种类也较为丰富。其装饰手法焕然一新，变线条勾勒为浅浮雕。当心莲蓬有凸台、圆内带突点、圆内十字带突点之分；主区的莲瓣既有水滴形、杏形、榄形等形的区别，又有七瓣、八瓣、九瓣、十瓣等数的差异；外区的边轮有高有低，有素面有饰联珠。形态各异，精彩纷呈，补充了瓦当的研究材料。

附记：本次发掘领队为全洪，参与发掘的有邝桂荣、陈春丽及中山大学人类学系学生张兴国、陈岳鹏、张希、陈德好。

执笔：邝桂荣

插图：徐汝彬、夏云冬

拍照：关舜甫

拓片：黄兆强

注　释：

① 赖少芬：《南越国宫署遗址开放展现广州两千年历史》，新华网广东频道 2006 年 6 月 11 日。

② 黎金：《越华路宋代城基遗址考略》，广州市文化局、广州市文博学会编：《羊城文物博物研究》，广东人民出版社，1993 年。

③、⑨　广州市文化局：《广州秦汉考古三大发现》，广州出版社，1999 年。

④、⑤　广州市文化局等：《广州市文物志》，广州出版社，2000 年。

⑥ 广州市文化局：《广州文物保护工作五年（1996 – 2000）》，广州出版社，2001 年。广州市文物考古研究所：《广州西湖路光明广场唐代城墙遗址》，《羊城考古发现与研究（一）》，文物出版社，2005 年。

⑦ 广州市文物考古研究所：《广州市西湖路三国钱币窖藏和唐代铸币遗址》，《羊城考古发现与研究（一）》，文物出版社，2005 年。

⑧ 广州市文物考古研究所：《广州市北京路千年古道遗址的发掘》，《羊城考古发现与研究（一）》，文物出版社，2005。

⑩ 全洪：《广州市中山五路南越国建筑遗迹清理简报》，《广州文物考古集（三）》，《广州考古五十年文选》，广州出版社，2003 年。

⑪ 广州市文化局：《广州文物保护工作五年（1996 – 2000）》，广州出版社，2001 年。

⑫ 广州市文物管理委员会：《广州汉墓》，文物出版社，1981 年。

⑬ （南宋）方信孺《南海百咏》任嚣城条引北宋郑熊《番禺杂志》称：今城东二百步，小城也。始嚣所理，后号为东城，今为盐仓，即旧番禺县也。为越城，周十里。

⑭ 徐殿魁：《试论唐开元通宝的分期》，《考古》1991 年 6 期。

⑮ （日）真人开元著，汪向荣校注：《唐大和上东征传》，中华书局，1979 年。

⑯ 曾昭璇：《广州历史地理》，广东人民出版社，1991 年。

⑰ 广州市文物考古研究所：《广州西湖路光明广场唐代城墙遗址》，广州市文物考古研究所编：《羊城考古发现与研究（一）》，文物出版社，2005 年。

⑱、⑳　李灶新：《南越国宫署遗址 2000 年发掘出土瓦当研究》，《华南考古 1》，文物出版社，2004 年。

⑲ 陈伟汉：《广州德政中路唐、五代遗址》，《中国考古学年鉴（1995）》，文物出版社，1996 年。

广东四会市南田水库唐墓发掘简报

广东省文物考古研究所

英文提要　In May 2006, Sihui Municipal Museum found a brick – chambered tomb of late Tang dynasty near Nantian reservoir. There are 14 funeral artifacts excavated in this brick – chambered tomb, including 10 rectangle – shaped or trapezoid – shaped brick sculptures. The excavation of this tomb provides the important archaeological data for the research of grave types and burial customs of Tang Dynasties in Guangdong.

2006 年 5 月，广东省四会市博物馆在距城区约 3 公里的南田水库发现一座唐代砖室墓。同月，广东省文物考古研究所在四会市文化局、博物馆的配合下对墓葬进行了抢救发掘。墓葬编号为 2006SNM1（以下简称 M1）。该墓位于四会市东城区陶塘村委会以东约 2.5 公里处南田水库中一座小山坡上，发现时墓葬已遭毁坏。现将 M1 发掘情况报告如下：

一　墓葬形制

M1 为长方形券顶砖室墓，由墓圹和墓室组成，墓圹长 4.22、宽 1.5 米，墓室长 3.88、宽 1.13 米，方向 63°（图一）。

M1 建造方法为先挖好竖穴土坑然后铺砌墓底，又在墓底上码筑墓壁，再起券顶，最后封门回填墓坑。铺底、墓壁均用长方形砖砌成。券顶则用刀形砖起券。墓砖青灰色，不甚规整，均为素面。其中长方形砖常见规格为长 30～30.5、宽 14～14.5、厚 2.5～3 厘米。刀形砖常见规格为长 27.5～28、宽 13.5～14、厚 2～3 厘米。

封门砌于两侧壁和券顶内，部分已毁，残留部分由长方形砖一平一立垒砌。

墓室平面为长方形，室内长 3.16、宽 0.85、高 0.98 米。券顶为单券，起券高度 0.66 米。起券中为调整券顶弧度，在刀形砖之间夹楔陶片。墓壁为单隔长方形砖错缝平铺叠砌，在 0.6 米处用两层长方形砖作菱角牙子装饰，该砖伸出墓壁。在墓室外的菱角牙子砖之上平砌 1 层砖作固定。为起到对墓壁的保护作用，在壁外菱角牙子砖下方四

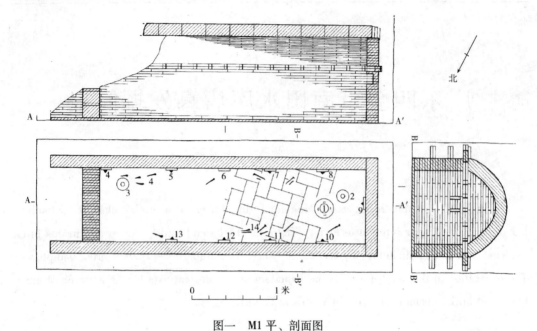

图一　M1 平、剖面图

1. 青釉四系罐　2、3. 青釉碗　4～13. 陶砖雕　14. 铁棺钉

层、十层分别平砌两层长方形砖，紧贴墓壁，上下层间用土填实。墓室后壁置于券顶内，为长方形砖单隅错缝平铺叠砌，在中部设长方形壁龛，上部同墓壁一样作两层菱角牙子，后壁菱角牙子同墓壁的菱角牙子连成一体。墓底用长方形砖作"人"字形铺砌。在墓室内发现多枚棺钉，未见棺木及人骨架。十块生肖砖雕分别对称紧贴墓壁竖立。

二　随葬品

M1 出土随葬品 14 件（组）。随葬品放置在墓室前、后两端及两侧壁下和后壁下。随葬品有青瓷器、陶砖雕。

1. 青瓷器

四系罐　1 件。M1:1，灰胎，施青黄釉，内满釉，外釉至下腹部。直口，圆唇，溜肩，扁圆腹，大平底。肩部饰对称两组条形耳及弦纹一周。口径 10.4、腹径 24.6、底径 15.4、高 2.2 厘米（图二，1；图版一五，1）。

碗　2 件。M1:2，微变形，灰胎，施青黄釉，内满釉，外釉至腹部。敞口，圆唇，斜腹，玉璧底。口径 13、底径 4.6、高 3.8～4.2 厘米（图二，2；图版一五，2）。M1:3，灰胎，施青黄釉，部分剥落，内满釉，外釉至腹部。敞口，圆唇，斜腹，旋削玉璧底。口径 13.3、底径 4.2、高 4.4 厘米（图二，3）。

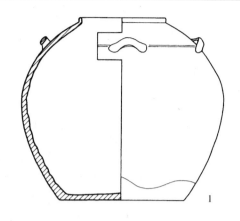 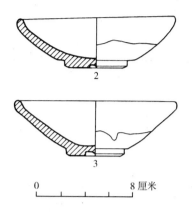

0 ──────────── 8 厘米

图二　M1 出土瓷器

1. 四系罐（M1∶1）　2、3. 碗（M1∶2、M1∶3）

2. 陶砖雕

共 10 件，均为浮雕生肖。俑为人身兽头，双手抱于胸前作侍应状。除 1 件浮雕俑头部损坏外，其他均保存完好。生肖分别为子鼠、丑牛、辰龙、巳蛇、午马、未羊、申猴、酉鸡、戌狗、亥猪。砖雕为一次性模制成形，后经过局部加工。生肖头像除丑牛、酉鸡外，其他制作略显粗糙。砖雕的规格、形状也不尽相同。砖雕规格为长 26.5～30、宽 13～15.5、厚 2～2.5 厘米，形状分为梯形和长方形两种。

鼠　1 件。M1∶12，略变形，砖雕为青灰色，长方形砖长 28、宽 14、厚 2～4 厘米。一面模制鼠首人身俑，鼠首小眼，大耳，尖嘴，俑身着长袍，双手抱于胸前，在鼠首右上方刻划"子"字，在俑的上方和左右两侧刻划十字交叉纹（图一三，1；图版一五，3、4）。

牛　1 件。M1∶13，砖雕为青灰色，梯形砖长 28、宽 13.5～8.4、厚 2.5 厘米。一面模制牛首人身俑，牛首大角，俑身着长袍，双手抱于胸前，在牛首右上方刻划"丑"字（图三，2；图版一五，3）。

龙　1 件。M1∶4，砖雕为青灰色，长方形砖长 26.5、宽 13.4、厚 2 厘米。一面模制龙首人身俑，俑身着长袍，双手抱于胸前（图三，3；图版一五，6、7）。

蛇　1 件。M1∶5，砖雕为青灰色，长方形砖长 27、宽 13、厚 2.2 厘米。一面模制蛇首人身俑，蛇首扁平，俑身着长袍，双手抱于胸前，在蛇首的右上方刻划"巳"字（图三，4；图版一五，8）。

马　1 件。M1∶6，略变形，砖雕为青灰色，长方形砖长 30、宽 14、厚 2 厘米。一面模制马首人身俑，马首已残，俑身着长袍双手抱于胸前，在砖的背面刻划"午"字（图三，5；图版一六，1）。

图三　M1 出土砖雕

1. 鼠（M1∶12）　2. 牛（M1∶13）　3. 龙（M1∶4）　4. 蛇（M1∶5）　5. 马（M1∶6）　6. 羊（M1∶7）

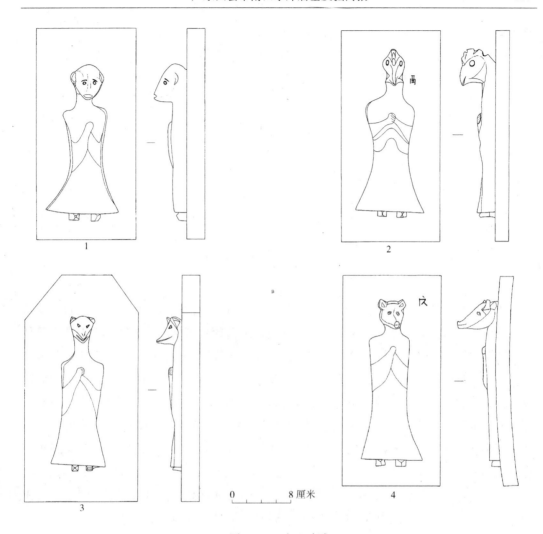

图四　M1 出土砖雕

1. 猴（M1：8）　2. 鸡（M1：9）　3. 狗（M1：10）　4. 猪（M1：11）

羊　1 件。M1：7，略变形，砖雕为青灰色，梯形砖长 30、宽 15～7.4、厚 2.5 厘米。一面模制羊首人身俑，羊首的耳和角部均残，俑身着长袍，双手抱于胸前（图三，6；图版一六，2、3）。

猴　1 件。M1：8，砖雕为青灰色，长方形砖长 28、宽 13.5、厚 2.5 厘米。一面模制猴首人身俑，猴首粗眉圆眼咧嘴，俑身着长袍，双手抱于胸前（图四，1；图版一六，4、5）。

鸡　1 件。M1：9，砖雕为青灰色，长方形砖长 28、宽 13.5、厚 2 厘米。一面模制鸡首人身俑，鸡首高冠圆眼，俑身着长袍，双手抱于胸前，在鸡首的右方刻划"酉"

字（图四，2；图版一六，6）。

狗　1件。M1：10，砖雕为青灰色，梯形砖长30、宽15.5～7、厚2.5厘米。一面模制狗首人身俑，狗首立耳，三角眼，尖嘴微张，俑身着长袍，双手抱于胸前，在砖的背面刻划"戌"字（图四，3；图版一六，7、8）。

猪　1件。M1：11，略变形，砖雕为青灰色，长方形砖长28、宽13.5、厚2厘米。一面模制猪首人身俑，猪首大耳，圆眼，长嘴，俑身着长袍，双手抱于胸前，在猪首右上方刻划"亥"字（图四，4；图版一六，9）。

3. 铁棺钉

16枚。锈蚀严重。

三　结语

M1无纪年砖或纪年器物出土，年代尚难确定，但结合墓葬形制及随葬品特征分析，其大致年代可做如下推断：墓内出土的2件碗为典型唐代玉璧底碗，施釉特点也为唐代中、晚期常见的施半釉方式。墓室的铺底也为晋、南朝、唐时期最为普遍的"人"字铺砌，但其墓砖的尺寸又具有北宋、五代时期的特征。因此，M1的年代大致定为唐代晚期。墓葬内饰一周相通的菱角牙子，在已发掘过的墓葬中实属少见。近年来也少有墓葬内出土生肖的报告。墓葬内出土生肖的如广东紫金县宋墓[1]，该墓出土的是石生肖俑；福建连江宋墓[2]，该墓出土的是陶俑，但生肖动物是附加俑头之上；江苏高邮车逻唐墓[3]，该墓出土的是陶人身兽头生肖俑。上述各墓出土的生肖均与M1中出土的不同。M1内出土生肖的排列有序，但少了2个生肖，其分别为寅虎、卯兔，这2件是墓主出于忌讳，还是被盗，现无法搞清。M1的发掘对研究这一时期的埋葬风俗、墓葬形制、社会生活等提供了宝贵的实物资料。

主要发掘人员：黄道钦、尚杰、毛远广、陈子坚、齐雪芳

整理、绘图：齐雪芳、龚海珍

摄影：齐雪芳

执笔：尚杰

注　释：

① 广东省博物馆：《广东紫金县宋墓出土石雕》，《考古》1984年6期。

② 曾凡：《福建连江宋墓清理简报》，《考古通讯》1958年5期。

③ 南京博物院、江苏省文管会、江苏省博物馆：《江苏高邮车逻唐墓的清理》，《考古通讯》1958年5期。

广东省东莞市南城水濂山
白衣庙遗址发掘简报

广东省文物考古研究所

英文提要　The excavated temple site, large in scale and obvious in local features, came into being in the Southern Song Dynasty and was ever remedied and enlarged in Ming and Qing Dynasty. The essential difference between this kind of temple of Pandaravasini and other common Avalokiteshvara temples is that not only the figure of Pandaravasini was in special raiment but also the believers wore white clothes. A believer of Pandaravasini should obey Buddhist doctrine while learn Confucian manners and lived like a Taoist follower.

近年来，南城区党委、政府在东莞市委、政府的领导和支持下，非常重视保护自然人文遗产和历史文化遗产。2004 年 2 月下旬至 7 月下旬，广东省文物考古研究所受南城区政府之邀，派出专业人员对水濂山白衣庙古代建筑遗址进行了抢救性发掘。现将发掘情况报告如下：

一　遗址位置及地层堆积

白衣庙遗址位于东莞市南城区水濂村的水濂山西面半山腰，坐东向西，西偏南 9°，(GPS) N22°55′36.8″，E113°45′41.7″，海拔高度 266.40 米（图一）。遗址左、右、后三面环山，其前面一口水塘，呈梨形，周围灌木树林繁茂葱绿。依有关历史资料记载，水濂山原名"彭峒山"，旧置观音庙（又称大士宫）、白衣庙、东山寺及其书院，后来，相继毁坏无存。新庙十年前修建，为石墙水泥顶。位于古庙建筑遗址中间地带，周围地表生长繁茂的杂树灌木，露出极少石柱础、墙基、残砖瓦。

建筑遗址的发掘共布正方向 10×10 米探方 13 个，部分探方有扩方，总计发掘面积1600 多平方米。经发掘后，根据土色、土质和包含物的不同，建筑遗址上有 3 层堆积，以 T0102、T0401 的西壁为例：

第 1 层：厚 10～20 厘米，黑褐色土，土质疏松，含零星的炭粒、石粒等。

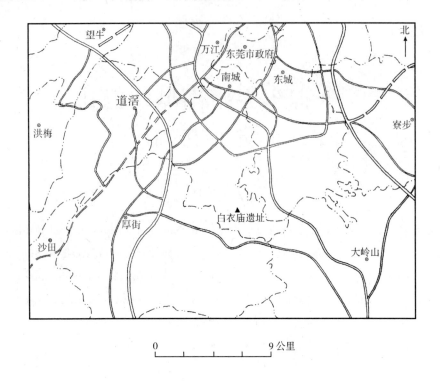

图一　水濂山遗址地理位置示意图

第2层：厚15～30厘米，灰褐色杂土，土质较疏松，含少量的碎瓦、断砖等。

第3层：厚30～35厘米，黄褐色土，土质松散，出土明清时期陶瓷残件和大量砖瓦等。

又如 T0304 西壁：

第1层：厚10～20厘米，黑褐色土，土质松软，含零星的残瓦片、炭粒等。

第2层：厚15～25厘米，灰褐色土，土质较疏松，出土少量的碎瓦砖等。

第3层：厚20～30厘米，黄褐色土，土质松散，出土明清时期陶瓷残件和砖瓦等。

在各探方的第3层下发现了台基和建筑基址，台基编号为 TJ1。建筑基址共 7 座，根据发现的先后次序，分别编号为 F1、F2、F3、F4、F5、F6、F7，其对应的建筑名称为：F1—门厅，F2—左次殿，F3—左朵殿，F4—正殿，F5—右次殿，F6—右夹屋，F7—后殿（图二）。现存各厅殿的墙基、残裙肩下碱、柱础及踏跺、月台、天井、排水的明沟暗道。根据建筑遗址的平面布局、形式结构、材料质地和出土的器物、建筑构件及有关的史料等分析初定，F1、F2、F4、F5 等属于明代建筑基址，F3、F6、F7 等为清代建筑基址，TJ1 在明代建筑基址地面之下，其年代应早于明代。

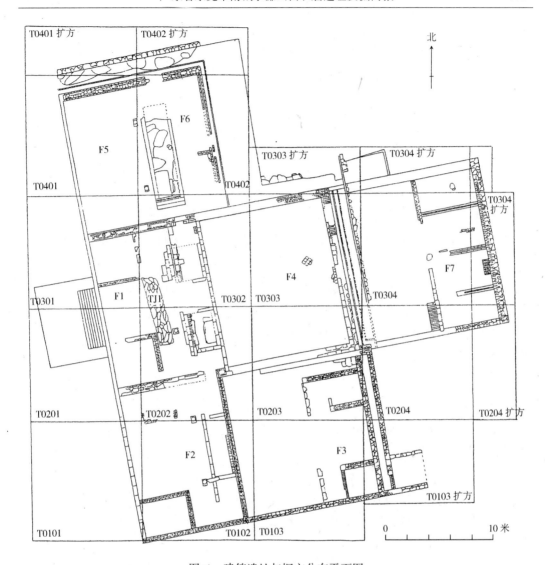

图二　建筑遗址与探方分布平面图

二　建筑遗址

(一) 明代建筑基址

分布于 T0101～T0102、T0201～T0203、T0301～T0303、T0303 扩方、T0401～T0402 和 T0401 扩方内，由编号 F1、F2、F4、F5 的门厅、正殿、左次前殿和右次前殿等四间厅殿和四个天井及踏跺、月台所组成。现存各厅殿的墙基、残裙肩下碱、柱础及踏跺、月台、天井、排水的明沟暗道。

1. 平面

前置坪地、放生池、蓄水池、月台、踏跺，主要建筑平面呈"T"形，即中轴线上建筑分前门厅、后正殿两进，门厅两侧各设一座次殿。坪地前右角设入庙山路口。

门厅　通面阔 13.85、通进深 6.80 米，分三间，后置步梁檐廊，下檐出 1.00 米，左右次间为暗房，即采取"一明二暗"形式。现存方形柱础、荷叶墩各 2 件和方柱断节 6 件，花岗岩石质地。明间设正门，宽约 2.20 米，原位余存一件荷叶墩，另一件荷叶墩则斜倒填土中。后檐台明出沿处，原位存一件方柱础，另一件方柱础则倒入明间内的凹坑填土中。门厅前置踏跺和月台，踏跺设六级，长 1.80、宽 5.20 米，以花岗岩条石砌筑，现存 15 条，长、宽、厚略有不同，有 138×30×23、84×32×23、52×31×23、113×32×23、168×32×23、126×32×23 厘米等 14 种不同尺寸的规格，比例未成定型化；蚬窝石比地面高 6 厘米。月台为长方形，长 5.30、宽 7.20、高 0.20 米；外围压面石，内填残瓦碎砖灰土，夯实墁地；左前角残存 2 条压面石，规格为：116×37×13、68×32×18 厘米，花岗岩条石、黄砂岩条石各 1 件；右侧边遗留 5 条压面石，规格为：79×39×10、43×36×12、79×45×14、52×33×14、49×37×12 厘米等，1 条为花岗岩石，剩余为黄砂岩。黄砂岩石比花岗岩石风化严重。

正殿　通面阔 13.85、通进深 12.00 米，前面正中置一甬路，其左、右各置一天井。天井周围压面石，左井底为凸凹不平的山坡石，右井底是略平整的天然石和夯土层。天井一侧各设一门通左、右次殿；天井内前边置一条排水暗道，两侧向南、北延伸串通左、右次殿的天井，全部出水的排水暗道是隐埋于门厅明间右隔断墙基旁。

左次殿　通面阔 12.28、通进深 6.70 米，分三间，后置步梁檐廊和天井，下檐出 0.70 米。原位置存有檐廊柱础 2 件，分露明与不露明两部分，以花岗岩石雕凿。右山墙依托中路的门厅山墙，左山墙砌筑于挡土墙之上。天井四围压面石，后围紧靠左朵殿院落的墙基，井底平铺夯土层。

右次殿　通面阔 12.12、通进深 6.60 米，分三间，后置步梁檐廊和天井，下檐出 0.70 米。原位置遗存檐廊柱础 2 件，露明与不露明两部分，前者精雕，后者粗斫，以一块花岗岩石镌刻，比较特别。左山墙以中路的门厅山墙替代，右山墙为包砖墙。天井原四围压面石，现缺北围，井底为凸凹不平的山坡石。

前院右面设置蓄水池和放生池，两者之间凿制一凹槽相通。蓄水池在原生石上雕凿成一个梨形状，深 0.25～0.50 米；放生池呈现不规则形状，利用原生石自然形状，池边稍略加工而成就。

2. 各厅殿的墙体

门厅的前檐墙残存墙基石，长方形，粗制未修平，左次间有 3 件，长 0.95～1.20 米；右次间有 4 件，长 0.35～1.20 米。隔断墙、扇面墙的墙基以长方条石侧面顺砌土衬石，金边宽 2 厘米、高 8 厘米；裙肩平砖顺砌错缝，采用"金镶玉"的包砖墙砌法，中间以断砖、碎石、土坯填实；隔断墙残高 0.24～0.30 米，扇面墙残高 0.15～0.46 米。左山墙下碱残高 0.24 米，仅余 2 皮砖，平垫土衬石，金边宽 2.5、高 8 厘米。右山墙下碱残高 0.48 米，前半部余 6 皮砖无土衬石，后半部残余 5 皮砖，露明下垫土衬石，金边宽 2.5、高 8 厘米。门厅各墙的砖分青、褐红两种颜色，素面。

正殿残存左、右山墙和后檐墙的墙基、残裙肩下碱，墙基砌筑在削平的山坡石上。左山墙基剩余部分土衬石。右山墙与后檐墙相连的后右角，是将山坡天然石凿制成墙壁，长 2.10 米，宽 0.75、高 0.48 米，其上残余 2～8 皮砖。后檐墙砌筑在凿平的天然石上，现余土衬石和凿制的右侧石壁。天然石为黄砂岩质地。砖有青砖、灰褐砖、褐红砖，素面。

左次殿前檐墙残存 2 件墙基石，长方形，粗制未修平，长 0.35～1.50 米。左山墙下碱余 7 皮砖，残高 0.59 米；隔断墙、槛墙残余 2～5 皮砖，砖有青色、灰褐、红褐等颜色，素面。采用平砖顺砌错缝和"金镶玉"的做法。左侧挡土墙以不规则的大块石砌筑于山坡石上，宽 0.45、高 1.30～2.5 米间。

右次殿前檐墙残存 3 件墙基石，长方形，粗制未修平，长 0.55～0.85 米。右山墙基垫块石或将山坡天然石凿平，下碱现存 5～6 皮砖，残高 0.40～0.48 米；次间的隔断墙、槛墙残余 2～6 皮砖。各墙采用平砖顺砌错缝和"金镶玉"的做法，墙内填满块石、断砖、灰褐土坯。砖有青砖、灰褐砖、褐红砖，素面。

各厅殿的砖的火候较高，硬度较强，其规格尺寸有 $29.5 \times 11.5 \times 7.5$、$29 \times 12 \times 7.5$、$29 \times 11.5 \times 7$、$28.5 \times 12 \times 7.5$、$28.5 \times 11 \times 7$、$28 \times 12 \times 8$、$28 \times 12 \times 7$、$28 \times 12 \times 6$、$27.5 \times 11.5 \times 7$、$27 \times 12 \times 7$、$26.5 \times 11.5 \times 7$ 厘米等。

3. 各厅殿的基础

门厅前檐墙、山墙的基础以块石迭砌成连磉的条形基础，残高 0.90～1.30 米；山墙从上至下分三层：上、下石块层各厚 0.25～0.35 米，中间夯土层厚 0.35～0.40 米；隔断墙、扇面墙的基础宽出墙体 0.10～0.13 米，分三层：上、下夯土层各厚 0.25～0.35 米，中间块石层厚 0.10～0.20 米。夯土以黄褐土、粗沙、石灰混合而成。

正殿各墙基础大部分是凿削平整的山坡石面，左、右山墙前部以块石迭砌成连磉的条形基础，残高 0.25～0.45 米。

左、右次殿的前檐墙基础以块石迭砌成连磉的带状结构，残高 0.45～0.55 米。左次殿的隔断墙、槛墙基础是由黄褐土、粗沙、粒石混合成的两层夯土，厚 0.30～0.40 米；左山墙以挡土墙为基础。右次殿的右山墙以凿平的山坡石为基础，隔断墙基础是由黄褐土、粗沙、粒石混合成的两层夯土，各厚 0.15～0.20 米和 0.25～0.30 米。

4. 墁地

月台三周沿边平铺压面石，其内以残砖碎瓦灰褐土夯实墁地；压面石残存 5 件黄砂岩条石和 2 件花岗岩条石，前者比后者风化较重。

门厅地面铺饰褐红砂浆层，厚 2.5 厘米，较坚硬，其下为 3 层夯实的填土：①层厚 0.10 米，灰白土，含沙、石灰多；②层厚 0.15～0.20 米，黄褐土，含沙、粒石；③层厚 0.30～0.45 米，淡黄土，含少量的沙、石灰。左次间地表残留 3 块不规则的烧黑痕迹。

正殿铺垫地砖，残存两处地砖，一处为直行勾缝平铺，一处为斜铺对角成菱形，其下是凿制成平面的天然石。地砖为白泥烧制，素面，规格有 23.5 × 23.5 × 2.5、23.6 × 23.6 × 2.5 厘米等。正殿前右面的阶条石后贴砌一层砖，上铺盖一层灰砂浆，长 3.10、0.38、0.06 米。

左、右次殿以地面铺饰褐红砂浆层，厚 2.5 厘米，其下为 3 层夯实的填土：①层厚 0.10 米，灰褐土，含沙、石灰；②层厚 0.15～0.20 米，黄褐土，含粗沙、粒石；③层厚 0.25～0.30 米，黄褐土，含粗沙、粒石。左次殿天井左侧和右次殿右次间后檐廊的地表各有 2 块烧黑痕迹，与门厅左次间的烧黑痕迹一致。

各厅殿铺饰的地砖与灰砂浆层，应是清代修建时的遗迹，其下多层夯土则是明代的墁地构造做法。地面遗存多处烧黑痕迹，说明该庙曾经过火灾。

5. 排水设施

整个建筑基址有内、外两部分排水设施：一条暗道连通四个天井，再经过门厅地面下的暗道流出，顺着月台右侧明沟排泄至放生池，这构成了内部的排水系统。正殿后檐墙东北角外，是两条明沟的高点与分界线，一条向南沿着正殿后檐墙基的明沟，经左朵殿后面洼地，再排泄到山坡下；另一条向西顺着正殿右山墙基明沟流长 10.40 米处，转北经右夹屋后檐墙脚，再向西沿着右次殿右山墙基旁明沟流入蓄水池，池水满溢则流入放生池，这构成了外部的排水系统。

（二）清代建筑基址

分布于 T0103、T0103 扩方、T0203、T0204、T0204 扩方、T0304、T0304 扩方、T0402 和 T0402 扩方内，有编号 F3、F6、F7 的左朵殿、右夹屋、后殿三间，其中后殿建于山坡上。现存各殿、屋的墙基、残裙肩下碱、排水的明沟。它们是清乾隆年间重修明代建筑时的扩建部分，主要对明代建筑布局进行合理的排序配置：中轴线上形成了门厅、正殿、后殿三进主体建筑的传统模式，左、右两侧组成院落布局。

1. 左朵殿

前置院落，右侧设一通道，以进出山坡上的后殿。左朵殿，通面阔 10.80、通进深 5.18 米，分三间。前置步梁檐廊，压面石以不规则的块石铺饰。山墙以块石砌筑，左山墙坐落于挡土墙上，残高 0.15～0.43 米；右山墙残高 0.31～0.34 米。隔断墙以块石砌筑，残高 0.02～0.11 米。后檐墙基为块石垒砌，残高 0.35～0.54 米，其间铺垫破碎板瓦。各次间槛墙残余一层砖，均为残缺的断砖，采用双层断砖的侧砖丁砌做法，不同于其他各殿所采用的平砖顺砌错缝和"金镶玉"的砌法。地面以三合土铺饰，简朴实用。

2. 右夹屋

通面阔 12.12、进深 3.40 米，分三间。左隔断墙残余 3 皮砖，高 0.24 米，采用双层砖的平砖顺砌错缝手法。右山墙、后檐墙都直接砌于原山石上，残余 4～6 皮砖，采用平砖顺砌错缝和"金镶玉"的包砖墙砌法，其内填入块石、土坯。右山墙中间夹一大山石。右山墙、后檐墙的外侧设排水明沟。室内原铺三合土地面。

3. 后殿

坐落在正殿后面的山坡上，比正殿地面高约 2.80 米，整个建筑占地面积约 194 平方米。通面阔 14.15、通进深 6.20 米，分四间，少见的一种偶数分间形式。左次间前檐残存砖砌的下出檐地面。当心左间后墙处置一神案基座，以砖砌就，面宽 1.33、深 0.60、残高 0.28 米。右次间前檐墙直接砌筑于山坡石上，各间前檐墙、隔断墙均以花岗岩条石垫基；山墙、后檐墙则以不规则的石块砌墙基，其中右次间部分墙基是凿平原生石而成。裙肩、下碱残余 2～6 皮砖，百分之九十以上都采用残缺的断砖，这表明扩建后殿时，筹款拮据，唯有利用明代建筑的废旧材料。由于残砖多，基本采用丁头平铺错缝砌法。各砖墙运用"金镶玉"的包砖墙砌法，隔断墙内仅填实土坯，檐墙、山墙内填塞残砖、石块、土坯等。各间地表铺饰沙、石灰、黄土混合夯筑的三合土，厚 3 厘米；其下有夯土和黄沙土两层，前者厚 0.10～0.12 米，含碎瓦、残砖、黄沙土等；后者纯净无杂物。

4. 其他

后殿前面右侧有一小间建筑遗迹，面阔 1.90、进深 3.73 米，部分壁面与地面是将原生石凿平而成。左朵殿后檐墙外左侧有一小间建筑墙基遗迹，面阔 3.2、进深 3.6、高 0.45 米，以不规则的块石砌筑。这两间建筑遗迹用途不清。

清代重修明代的门厅、左次殿、右次殿时，在各厅殿前檐墙基外包筑一层条石，多采用"劈面"手法雕制，露面平直光滑，晶粒均匀，残余陡板石与土衬石，金边宽 2.5 厘米。现余 22 件陡板石和 27 件土衬石，花岗岩石质地，其规格有 90×36×20、99×32×20、115×30×21、124×34×20、136×33×18、142×33×18 厘米等。

（三）TJ1

分布于 T0202、T0302 内，在编号 F1 门厅的后半部分地面下 0.25 米处。TJ1 以较大的不规则的块石砌筑，呈东南—西北方向，通长 6.2、南端宽 1.3、北端宽 1.2、高 0.38～0.78 米；南端紧靠左次间扇面墙基础，北端与明间右隔断墙基础相连。由于门厅埋设排水暗道和天井的兴建，破坏了 TJ1 的北端一部分和东面构造的原貌。

三　遗　物

（一）建筑构件

除上述介绍月台、踏跺、各厅殿的方砖、条砖、条石外，其余建筑构件如下：

滴水　如意形，灰白胎，模制，纹饰浮塑，上边饰万字纹（回纹），两侧饰多重凸弦纹，花叶主题，残缺不全，属一种型分三式。

Ⅰ式　2件。花蕊呈菱形，叶尖瘦长，茎脉清晰，通长残 8、宽 23.9、厚 1.2、滴子面高 10.6 厘米。F1③：3，F4③：39（图三，1）。

Ⅱ式　1件。菊花（暂名）纹饰，上端较平，花大叶小，仅存滴子面，残宽 15.7（原宽 23 厘米）、厚 1.2、高 9.4 厘米。前台阶③：4（图三，2）。

Ⅲ式　2件。花蕊呈菱形，叶纹近似②式，规格稍小，花小叶大，仅存滴子面，宽 21.3、厚 1.2、高 10.1 厘米。F3③：19，前台阶③：9（图三，3）。

板瓦　7件。数量众多，均破坏成碎片，略残的仅有 7件，分两型。

A 型　胎质灰白，通长 27、宽 27.4、厚 1.4 厘米（图三，4）。

B 型　胎质褐红，通长 23、宽 18、8、厚 1.0 厘米，做工较粗糙。F3③：26（图三，5）。

筒瓦　半圆形，素面，瓦唇略薄，较多的筒瓦已破碎，稍残和完整的共 17件（表一）

筒瓦　分两型。

A 型　灰白胎，质地较软，形体厚重粗大，通长在 23.7～24.5 厘米间，如表中 1、2、3、4（图三，6）。

B 型　分两式。

Ⅰ式　10件，灰白陶和浅褐红陶，通长在 20.0～21.3 厘米间，如表中 5～14（图三，7）。

Ⅱ式　3件，褐红陶，硬度较高，规格较小，通长在 18.5～18.7 厘米，如表中 15、16、17（图三，8），这一种筒瓦制作较粗糙，显然是按 B 型Ⅰ式仿造的。

瓦当　灰白胎，模制，纹饰浮塑，均残缺不全，有圆形、如意形两型。

A 型　圆形瓦当，较好的 14件，外边饰一周凸弦纹，外缘再饰一周万字纹（回纹），花叶主题，大多数残存当面。分四式。

Ⅰ式　1件，当面直径 10.3 厘米，厚 1.1 厘米，F2③：1（图三，9）。

Ⅱ式　3件，当面直径 10 厘米，厚 1.1 厘米，F1③：4，F3③：20、22（图三，10）。

Ⅲ式　6件，当面直径 10.6 厘米，厚 1.2 厘米，花蕊较大，花呈盛开状，F1③：12，F2③：2，前台阶③：1、3、5、13（图三，11）。

Ⅳ式　4件，当面直径 10 厘米，厚 1 厘米，花叶中间藏"美"一字（"美"字少

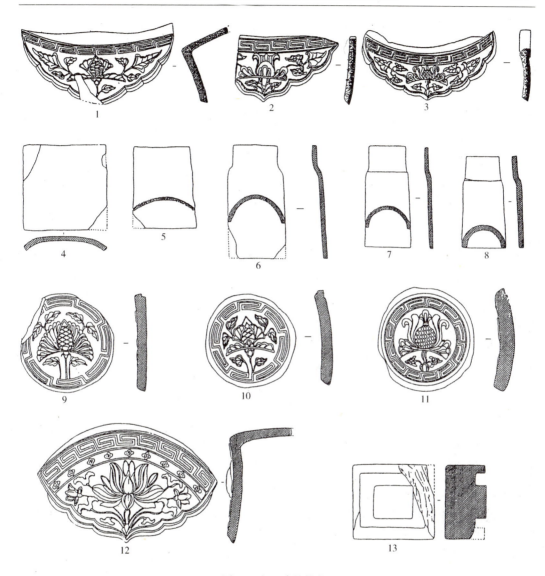

图三 出土建筑构件

1. Ⅰ式滴水 2. Ⅱ式滴水 3. Ⅲ式滴水 4. A型板瓦 5. B型板瓦 6. A型筒瓦 7. B型Ⅰ式筒瓦 8. B型Ⅱ式筒瓦 9. A型Ⅰ式圆形瓦当 10. A型Ⅱ式圆形瓦当 11. A型Ⅲ式圆形瓦当 12. B型如意瓦当 13. 长方形石构件（1、2、3为1/6；4为1/12；5为1/11；6、7、8、13为1/8；余为1/4）

一横，通"美"），F3③：21、23、24，F4③：32。

B型 如意瓦当，4件，当面宽19.9、高11.7、厚1.8厘米，上端环饰万字纹（回纹）与九朵小莲花，中心主题为一朵盛开大莲花，花瓣较宽大，前台阶③：2、3，F3③：20、22，（图三，12）。它同河南嵩岳寺旧址发现的瓦件近似[1]，当是北宋《营造法式》所指的"垂尖华头呕瓦",原为合瓦之勾头,曾经昙花一现,由于徒具"垂尖"之形,而不起"滴水"作用,从元代开始,"垂尖"移到仰瓦之端,变成名副其实的"滴水瓦"。明代期间除了个别地区的民间建筑上尚偶尔见到以外,垂尖华头呕瓦基本上已经绝迹②。

表一　　　　　　东莞市南城水濂山古代建筑遗址筒瓦出土统计表　　　　　　单位:厘米

序号	层位	通长	唇宽	唇高	筒宽	筒高	瓦翅厚	颜色质地	现状
1	F3③:11	23.7	9.2	5.2	12.3	6.2	0.9	灰白陶	稍残
2	F3③:9	24.5	10.0	4.7	12.3	5.9	0.8	灰白陶	稍残
3	F3③:10	24.5	9.3	4.7	11.7	5.7	0.8	灰白陶	稍残
4	F3③:12	24.5	9.3	4.7	11.7	5.7	0.9	灰白陶	稍残
5	F1③:8	20.4	7.5	3.8	9.0	5.6	0.9	灰白陶	稍残
6	F1③:9	20.5	7.5	3.8	9.9	5.8	0.7	灰白陶	完整
7	F1③:10	20.5	6.5	4.1	9.3	5.3	0.9	灰白陶	完整
8	F1③:11	21.3	6.8	4.0	10.0	5.2	0.9	灰白陶	完整
9	F3③:13	21.1	8.5	4.3	9.9	4.8	0.9	灰白陶	稍残
10	F3③:14	20.0	6.9	4.5	9.7	5.4	0.9	浅褐红陶	稍残
11	F3③:15	20.4	6.8	4.1	10.2	5.1	0.9	浅褐红陶	完整
12	F3③:17	21.3	7.9	3.9	9.9	4.6	0.6	灰白陶	完整
13	F3③:18	21.1	7.1	4.37	9.8	5.0	0.9	浅褐红陶	完整
14	F4③:7	20.5	6.7	4.4	9.3	5.7	0.9	浅褐红陶	稍残
15	F4③:6	18.7	6.7	4.4	9.4	5.0	0.9	褐红陶	完整
16	F4③:8	18.5	7.1	4.0	9.6	5.0	0.8	褐红陶	完整
17	F4③:9	18.7	6.7	4.4	9.4	5.0	0.9	褐红陶	完整

　　按照瓦件不同尺寸规格的组合:如意瓦当可与I式、II式滴水、A型筒瓦、A型板瓦等搭配,合成一组瓦件,为明代时期的遗物;圆形瓦当可与III式滴水、B型I、II式筒瓦、B型板瓦等搭配,合成另一组瓦件,其中一部分是清代重修时仿照明代瓦件烧制的,为清代时期的遗物。

　　荷叶墩　2件。在门厅正门位置,方形,设隔扇转轴的凹槽,花岗岩石质地,完整。长34.3厘米、宽28厘米、高50厘米。

　　檐柱　残6件,方形,在门厅、正殿之间的地面发掘出来,花岗岩石质地,属于门厅后廊檐柱,其中2件上端设额枋、步梁的卯口穿槽,各件尺寸有残长172、边宽27～27.5,残长55、边宽27～27.5,残长123、边宽27～27,残长96、边宽27.5～28,残长85、边宽27.5～28,残长172、边宽27.5～28厘米等。

　　柱础　12件。2件红砂岩石柱础,规格较小且无榫,双层,束腰鼓形,属侧门的柱础;10件花岗岩石(8件有榫,各榫厚0.8～1厘米;2件无榫),属于各厅、殿的金柱、檐柱的柱础，其中 2 件为方形，8 件呈覆盆式。在厅、殿原位置出土 5 件，即门厅后廊檐柱础，1 件，方形，分三层，高 35 厘米，边长 40.4 厘米；左次殿后廊檐柱础，2 件，覆盆式，双层，通高 25 厘米、通宽 35 厘米；右次殿后廊檐柱础，2 件，覆盆式，双层，1 件通高 26.5 厘米，通宽 31 厘米；1 件通高 30 厘米，通宽 35 厘米。左、右次殿的柱础形制基本相同。

长方形石构件 1 件。残缺，规格为 18.7×14.7×9 厘米，红砂岩石凿制，其内斫雕一长方形凹槽（图三，13）。

荷叶墩、檐柱、柱础等石构件，均为明至清初时期的遗物。

（二）日常用具

1. 瓷器

青花杯 5 件。F4③:15，残，敞口，斜腹，圈足。外饰青花纹，足底书写"大明成化年制"六字。高 4.8、底径 3.2 厘米（图四，1）。F4③:32，残，敞口，斜腹，圈足。外饰青花鸟纹，足底年款仅存"大"一字。口径 8、高 4.5、底径 3.8 厘米（图四，2）。F2②:3，残，敞口，斜腹，圈足。口沿、足底的内外绘饰一圈青弦。高 4.8、底径 3.2 厘米（图四，3）。F4③:38，残，敞口，圈足。外壁饰山水画，足底书写"大清丙午年制"六字。残高 2.6、底径 3.6 厘米（图四，4）。F4③:36，残，敞口，圈足。外壁饰山水画，足底书写"大清丁未年制"六字。残高 2、底径 3.6 厘米（图四，5）。

青花碗 4 件。F4③:18，口沿微残，灰色胎，敞口，尖唇，斜腹，圈足，足底外露胎。口沿、足底的内外饰两圈青弦，底内有铭文。口径 14、高 4.4、底径 5.4 厘米（图四，6）。F4③:28，残，白色胎，圈足，里外施乳白釉，足底书写"大明嘉靖年制"六字。残高 2.7、底径 4 厘米（图四，7）。F4③:20，灰色胎，敞口，折沿，斜腹，圈足。内面饰青花，足底外露胎。口径 12.8、高 4、底径 5.2 厘米（图四，8）。F4③:24 和 F5②:8，白色胎，敞口，圆唇，微弧壁，圈足。通体施青白釉，蓝色彩绘，口沿内外、腹内及圈足外分别各施一、二道弦纹，底内有铭文。口径 12.6、高 5.3、底径 4.6 厘米（图四，9、10）。

青瓷碗 3 件。F3③:4，残，浅灰色胎，敞口，斜腹，圈足，足底露胎，足底内外各墨书"峒"一字。口径 13、高 4.7、底径 6 厘米（图四，11）。F4③:4，残，浅灰色胎，敞口，圆唇，浅腹，圈足，足底外露胎，内底书写"福"一大字于釉下，两笔书毕。口径 11.2、高 3.6、底径 4.7 厘米（图四，12）。F3③:3，口沿稍残，灰色胎，敞口，尖唇，斜腹，圈足，足底露胎。口径 12.4、高 3.5、底径 6.3 厘米（图四，14）。

2. 陶器

均是清代时期的遗物。

陶碟 1 件。放生池③:7，灰褐色胎，仅于内面施酱褐釉。高 2、口径 8.6、底径

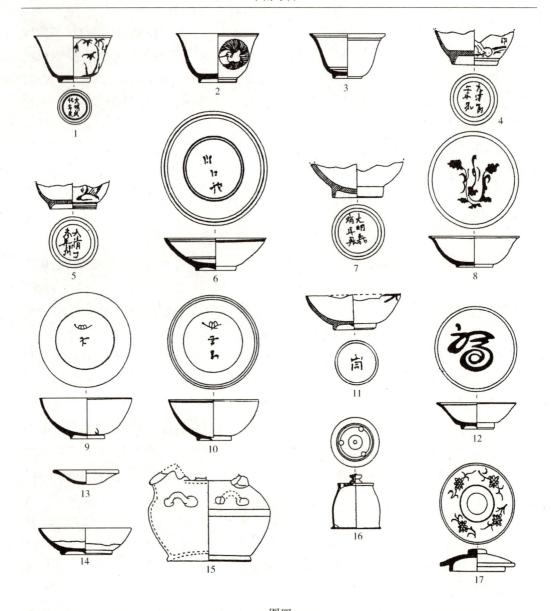

图四

1~5. 青花瓷杯　6~10. 青花瓷碗　11、12、14. 青瓷碗　13. 陶碟　15. 陶四系罐　16. 陶香熏盖　17. 陶杯盖（1、2、3、17 为 1/4；4、5、7 为 1/3；16 为 1/8；余为 1/5）

3.4 厘米（图四，13）。

　　陶四系壶　1件。F5③：2，酱油色，足底未施釉，柄残，粗口短流，肩部立四系。残高 13.5、底径 13.2 厘米（图四，15）。

　　陶香熏盖　1件。F1 前③：1，残，浅黄色胎，外施黄褐釉，盖上三角形布设三个镂孔。高 11.5、上径 7.8、底径 10.8 厘米（图四，16）。

陶杯盖　1 件。F5③：3，灰色胎，盖表施黄褐釉，饰四菊印花。高 2.4、上径 8.3、底径 6.2 厘米（图四，17）。

（三）钱币

在右次殿明间地面采集 1 枚"元丰通宝"铜钱，隶书，宽缘，斑锈较重。

四　结　语

水濂山古代建筑遗址发掘的情况表明，始建年代应在南宋时期：（1）TJ1 位于门厅后半部，其左端同门厅后檐廊柱础磉墩不成平行线，不属于明代建筑基址，其年代早于明代，应属于传说中的南宋遗迹。（2）垂尖华头瓪瓦在广东比较罕见，明代已基本绝迹。但是，此庙仍有保存这种瓦当，应当是明代修建时模仿南宋时该庙瓦当式样烧制的遗物。（3）此庙的垂尖华头瓪瓦当面饰长条形的莲瓣纹，这是宋代瓦件上常见的一种莲花纹饰。

从出土的铭文瓷器，不同的瓦件组合搭配关系③，残存基址的形制、结构、材料等都说明了明、清时期曾对该建筑进行修缮和扩建：（1）明代建筑基址包括门厅、正殿、左次殿、右次殿和四个天井及踏跺、月台等，根据正殿通面阔与通进深的比例关系，推测该殿是穿斗与抬梁混合式七架梁④。（2）清代建筑基址有左朵殿、右夹屋、后殿，都是清乾隆年间重修明代建筑时的扩建部分，并重新对明代建筑布局进行合理的配置，从而在中轴线上形成了门厅、正殿、后殿三进主体建筑的传统模式，左、右两侧组成新的院落布局。

据有关历史资料记载，水濂山原名"彭峒山"。彭峒，"相传有彭翁者居其上"⑤，即古时曾有一位彭姓长老者于峒里隐居、养性、修炼，故名之；又因"有泉迸散如珠，邑人谓之水濂"⑥，明代陈靖吉曾作《彭峒水濂》一诗，其中言："峒门倚空如壁立，隔断红尘飞不入。三秋风剪银河水，四时天雨珍珠粒。"可见"水濂"景致魅力所在。自明初"彭峒水濂"成为"宝安八景"后⑦，"水濂"景观益彰，影响扩展覆盖整座山的范围，以致后人将"水濂山"取代"彭峒山"之称呼。彭峒山旧置观音庙（大士宫）、白衣庙、东山寺及其书院，后来，相继毁坏无存。彭峒山最高处的山顶为海拔 379.4 米，人们习惯于将顶峰作为东、西分界线，东山寺、书院在其东面，观音庙、白衣庙在其西面。观音庙建于"水濂"之前，宋代始建，明、清曾经重建；白衣庙则在山腰间，始建何时未有文字记载，初步推断在南宋，明、清时期曾经修缮与扩建。按彭峒山西面的景观、地形、山势、海拔高度和彭峒名峰"岩嵘争奇明神宅焉，踪其遗迹，左有白衣庙雄踞山腰，右有观音宫正当水濂前面"，"西东并峙福庇生民"，从观音庙"循途而上，自西而东入谒白衣宫"⑧和至清康熙丁卯岁（1687 年）时，白衣庙碧瓦萧疏，椽题枯朽，危势将圮覆，后经佛僧信徒们的募捐集资进行了修复与扩建的有关史料记述和发掘的建筑基址及其出土众多的构件、器物等综合分析，我们认为，现在发掘的建筑遗址正是白衣庙建筑遗址。

发掘前，水濂山三座古寺庙，我们唯一知道的是观音庙遗址，即今"水濂古庙"所在地。通过这次发掘，不但确定了白衣庙的建筑遗址，同时，经过多次的实地勘察，也落实了东山寺及书院的旧址范围。这样，水濂山历代所兴建的古寺庙、书院的遗址，全部一清二楚，它从另一个侧面更加准确无疑地证明了本次发掘的遗址是白衣庙建筑遗址。所谓"白衣庙"，是因信徒入教须穿白衣以供奉白衣观世音菩萨（又称南海大士）教祖而得名。观世音，梵文 Avalokitesvara（阿缚卢枳低湿伐罗）的音译，因唐人避"世"字讳，简称观音，为佛教大乘菩萨之一。佛经称观音菩萨为广化众生，示现种种形象，与大势至同为阿弥陀佛左右胁侍，合称"西方三圣"。在我省，供奉白衣观音这一类菩萨的白衣庙是比较少见的古代建筑。白衣庙不但供奉的白衣观音菩萨服饰特别，教徒上香时要身着白衣服，而且在于其奉佛教之法，习儒教之礼，修道教之行，融合三教为一体；入教者戒饮酒、吸烟、贪嗔、妄语、逆忤，到清代初期，增加了密授、遵守、实行反清复明的宗旨。白衣庙的历史较长，建制规模较大，地方特色明显，是我省比较少见的一座观音庙。它对于研究我省的古代寺庙、宗教信仰、民间工艺、社会风俗等诸多方面都具有较高的历史价值。

领队：冯孟钦

执行领队：郭顺利

主要发掘：郭顺利、邹池根

整理绘图：陈红冰、梁国劲、邹池根

执笔：郭顺利

注　释：

① 河南省文化局文物工作队：《在嵩岳寺旧址发现的瓦件》，《文物》1965 年 7 期。

② 中国科学院自然科学史研究所主编：《中国古代建筑技术史》，科学出版社，1985 年。

③ 戈父编著：《古代瓦当》，中国书店，1997 年。

④ （明）午荣编、李峰整理：《新刊京版工师雕斫正式鲁班经匠家镜》（又名《鲁班经》），海南出版社，2003 年。

⑤、⑥　（明·崇祯）张二果、曾起莘著：《东莞县志》卷三《学校志·贤迹附古迹》。

⑦ 东晋至唐初东莞属于宝安县，唐至德二年（757 年）将保安改为东莞县。明代东莞隶属广州府。万历元年（1573 年）析东莞一部立新安县，从此东莞与宝安分立。邑中君子博雅好古，一直仍以"宝安"为本县之雅称。

⑧ 宇闲张极：《修彭峒山白衣庙缘簿引》，见（东莞市周溪村）清·乾隆十九年编撰《翟氏族谱》卷之六《簿引》。

中共三大旧址考古勘查与复原研究

广州市文物考古研究所

英文提要　The meeting site of the 3th National Congress of the CPC in Guangzhou was destroyed at the beginning of the Resistance War. In 1970's, the approximate area of the site was limited and in 2006, in virtue of archaeological excavation, the exact location of the meeting site and the conservation condition were both confirmed. Furthermore, a restoring research has been conducted.

1923 年 6 月，中国共产党第三次全国代表大会在广州召开，确定了国共合作的革命统一战线政策，在历史上具有重要意义。中共三大会议是在广州东山临时租用民居召开，包括春园和附近另一座民居。新河浦路的春园是会议期间共产国际代表马林和毛泽东、张太雷、谭平山、瞿秋白等部分中共三大代表的住处，中共三大中央委员会也在春园召开。春园是有特色的民国时期民居建筑，至今保存完整，已于 1993 年 8 月公布为广州市文物保护单位。

当年同时租用附近一座民居作为中共三大会议的会场和部分代表的住处，即目前所说的中共三大会址或中共三大旧址。抗日战争初期，广州沦陷前，日军飞机轰炸广州，曾作为中共三大会场的这座民居被毁。由于历史档案的缺乏和城市环境的变迁，中共三大会址的具体地点到五十年代已经不明确。

20 世纪 60 年代，广东革命历史博物馆向原中共三大代表徐梅坤了解到会址在东山恤孤院路的线索。70 年代，广州市进行了对中共三大会址的专门调查，并编写了材料翔实的调查报告，包括文字记录、照片、相关图纸等[①]。调查报告依据徐梅坤等同志的回忆，结合实地调查与有关地形测绘图的对比，确定会址的位置在原东山恤孤院后街 31 号，现为恤孤院路 3 号。原建筑是一幢砖木结构的两层楼房，大约在 1938 年被日军飞机炸毁。会址现存低矮的建筑是五十年代后兴建，70 年代曾作为预制件工棚。1979 年，中共第三次全国代表大会会址被公布为广东省文物保护单位。

2006 年 1 月，为配合中共三大旧址的保护工程，对原调查确定的中共三大会址区域 20 世纪 50 年代后兴建的低矮建筑进行拆迁。

2006 年 1 月 10 日开始，由广州市文物考古研究所对该区域进行考古勘查。考古勘查的目的是在 70 年代调查确定的中共三大会址区域寻找旧址，以验证原调查结论并确定中共三大旧址的准确位置与保存现状，为中共三大旧址的保护工程建立科学基础。

一　考古勘查经过

2006 年 1 月 10 日，广州市文物考古研究所开始对中共三大会址区域进行发掘。在发掘之前，考古人员对 70 年代的调查资料进行了深入研究，确定报告中收集的 1926 年至 1933 年期间测绘的《广州市经界图》（局部）是寻找中共三大旧址原建筑基址的重要依据。考古发掘可分为三个阶段。

第一阶段：1 月 10 日至 19 日，全面揭露旧址建筑四面墙基础。首先对现代铺地砖面与混凝土地面进行清除，并在清除工作中密切寻找旧址线索。1 月 13 日下午，在现代建筑柱础坑底部发现局部墙基础，结合《广州市经界图》等资料分析确认为旧址建筑南墙基础。由于发掘时间紧迫，采用首先揭露墙基础的办法，至 1 月 19 日全面揭露四面墙基础，并根据北墙外侧残存红阶砖地面的现象推定其外侧有围墙。

第二阶段：1 月 20 日至 1 月 29 日，对旧址内部进行清理。旧址北半部保存的垫沙层较高，局部保存有红阶砖地面、地下排水沟、方形混凝土柱础等。旧址西南角保存有麻石板地面及与之相连的地漏和排水沟等。旧址中部被现代简易防空洞打破。旧址东南部是破坏坑，坑底局部发现焚烧迹象，有炭灰和碎砖等，上部回填瓦砾。

第三阶段：2 月 5 日至 2 月 12 日，开挖北侧道路，确定旧址的侧院与围墙基础。围墙的位置走向与《广州市经界图》基本吻合。

二　地层堆积

中共三大旧址的主体建筑基址上部主要是回填的瓦砾堆积和 20 世纪 50 年代以来形成的现代建筑基址堆积，北边的侧院上部主要是回填土堆积和现代人行道与混凝土道路堆积。现以旧址中部南北向剖面图为例说明地层堆积情况如下（图一）。

第 1 层：现代瓷砖地面建筑基址，包括以瓷砖铺成的地面、混凝土地面、混凝土垫层、垫土层，厚 0.25～0.3 米。基址北侧紧贴人行道有红砖砌筑的双隔墙基础，内部有红砖砌筑的单隔隔墙基础和钢筋混凝土柱础。该建筑基址约始建于 80 年代，并经改建延续使用至今，局部发现有早晚两层铺地砖地面。

第 2 层：现代混凝土砖地面建筑基址，包括以混凝土砖铺成的地面、垫沙层和垫土层，厚 0.10～0.15 米。基址内部发现有红砖砌筑的隔墙基础、排水沟等遗迹，中部地

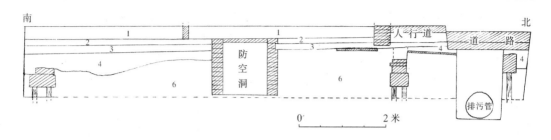

图一　中共三大旧址中部南北向剖面图

面下有防空洞设施。该建筑基址约始建于50年代，并经改建使用至80年代。

第1、2层建筑基址北侧是现代人行道和混凝土道路。人行道包括瓷砖铺成的路面、混凝土垫层和垫土层，混凝土垫层厚约0.15、垫土层厚约0.25米。混凝土道路发现有上下两层路面，上层厚约0.25、下层厚约0.15米。在下层路面下发现有东西向的沟槽，宽1.1、深1.5米，底部埋有直径约0.6米的混凝土排污管。

第3层：灰黑沙土，厚0.1～0.3米。含炭灰，经平整，结构致密，属人为铺垫层。东南部有方形石灰池。该层堆积形成时期约为50年代。

第4层：红褐沙土，深0.85～1.10、厚0.10～0.65米。含大量瓦砾，局部含较多细石子。出土端砚、少量锈铁片、花瓶碎片等。表面经平整，底起伏不平。应是三大会址被炸毁后回填形成的堆积。

第5层：灰烬层，仅西南角有局部残留，包含经焚烧的瓦砾、灰烬，应是会址被炸时形成的堆积。出土有铁门轴、铁合页、白瓷灯砣、电灯的塑料开关等遗物。

第6层：中共三大旧址建筑基址，包括建筑的墙基础、柱础、局部红阶砖地面、局部石板地面、地下排水沟和地面以下的铺垫黄沙层。深1.7～1.85、厚0.55～1米。该层堆积仅作局部解剖。

第6层以下见灰黑土，包含较多瓦片，应属三大会址建筑形成之前的原地表。由于原地保留三大旧址，下部堆积仅作局部解剖了解。

三　旧址建筑平面

考古揭露的旧址位于现恤孤院路西侧、瓦窑旧前街南侧，北面正对逵园（图二）。旧址建筑平面包括主体建筑基址与北边围墙内的侧院，总面积约125平方米，其中主体建筑基址约105平方米，侧院约20平方米（图三）。

（一）主体建筑基址

平面略呈长方形，南北面阔约8.6、东西进深约11米；其中北墙呈曲尺形，西北

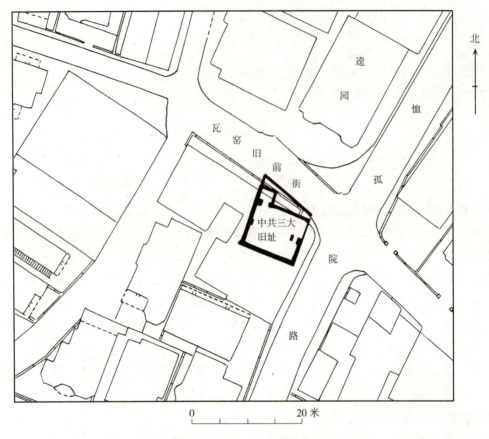

图二　中共三大旧址位置示意

角凸出区域东西 3.2、南北 2.4 米。

　　建筑基址原地面以下填有厚达 1 米的细沙层。建筑基础构筑形式是先打木桩后浇混凝土地梁，仅东墙北段未见基础。木桩直径 12～14 厘米，中心间距 0.6～0.7 米，呈两排交错分布。地梁宽 0.45～0.6、厚 0.25～0.3 米，用混凝土和碎石混合，夹板浇筑。地梁底部距现地面深约 1.3 米。

　　南墙、西墙、东墙南段均在地梁上先用石板或石条铺成墙脚，上面再砌青砖墙脚。西墙多用较规整的麻石板，南墙用麻石板夹杂短石条，东墙多用短红砂岩石条。北墙仅东北角在地梁上铺石条，其余部位均直接在地梁上砌青砖墙脚。主体建筑为双隅砖墙，厚 0.24 米。残留砖墙脚绝大多数为青砖，间有少量红砖。建筑基址东墙外侧紧临早期马路，路面铺沥青。

　　在主体建筑基址内发现有四个略近方形的混凝土柱础，其中两个位于东墙一端，对应的西墙一端附有砖砌柱础，三个柱础基本位于基址的南北分中线上。另外两个位于北

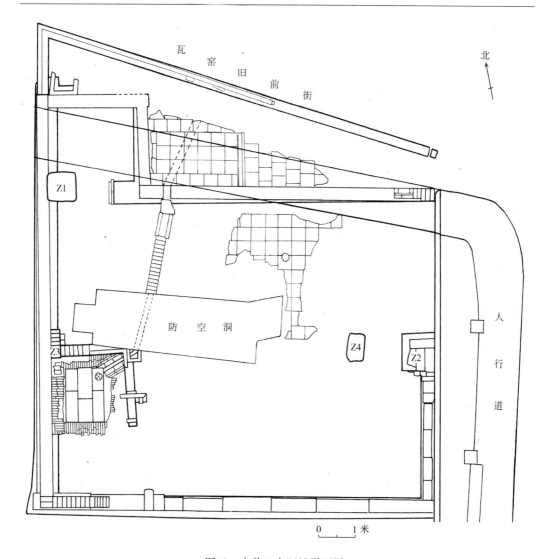

图三　中共三大旧址平面图

墙西端凸出区域的南侧。这些柱础上原来应该砌有砖柱，与建筑内部间隔有直接关系。

　　建筑基址北墙内侧局部残存红阶砖地面，距现地面深约0.65米。红阶砖边长35、厚4厘米。基址北半部基本保存原垫沙层，发现有原地面下的排水沟通向侧院。排水沟底铺红阶砖，青砖砌壁，并平铺青砖作上盖。

　　基址西南角残留麻石板地面，周围铺青砖，北侧与东侧保存有单隔青砖墙基础。该区域略呈方形，边长约2.3米。中间的麻石板地面南北长1.4、东西宽1.1米，用6块麻石分三列南北向平铺。其中东北角的一块麻石凿出圆形地漏，与地下排水沟相连。其西侧紧贴西墙，墙外自来水管通到此处有转接口。

建筑基址东北角与东南大片区域是破坏坑，局部发现经焚烧的迹象，坑底发现有经火烧的铁片、铁门轴、铁合页、电灯开关、白瓷灯砣、碎砖、炭灰等。

（二）侧院

北墙外侧有斜直围墙，范围是西北角外延约 1.9、东北角外延约 1 米，连成斜线，形成不规则的侧院。围墙基础较浅，距现马路面深 0.6 米。围墙的构筑形式也是先打木桩后浇混凝土地梁，在地梁上砌单隔砖墙，墙内外抹白灰。保存有围墙地梁和最底下的一层墙砖，围墙地梁宽 0.25、厚 0.4 米。木桩单排，中心间距约 1.5 米，上端已腐朽。

侧院局部残存红阶砖地面和单隔隔墙基础，地面以下也填有厚达 1 米的细沙层。靠围墙边的地面被后来的市政排污管道沟破坏。西北角原有砖砌的水池及部分墙基均被管道沟破坏。在距西端约 4.2 米的围墙内侧有一块平铺的红砖，可能与围墙横门的设置有关。

四　相关遗物

中共三大旧址考古发掘出土遗物较少，与旧址具有较密切关系的遗物主要出于第 4、5 两层。第 4 层的瓦砾堆积中发现有彩瓷花瓶碎片、铁片、端砚等遗物。第 5 层的焚烧堆积中发现有铁门臼、铁合页、铁片、电灯塑料开关、白瓷灯砣等遗物。

白瓷灯砣　1 件。椭圆形，内空，上平下尖。中部有一周凸棱，一侧有半环形横耳，平的一端有原形小孔。腹径 8.2、高 10.4 厘米（图四，1）。

端砚　1 件。略呈椭圆形，形小体薄。长 9、宽 6.5、厚 1 厘米（图四，2）。

塑料开关　1 件。黑色，圆形，属拉绳式电灯开关。直径 5.5、高 3 厘米（图四，4）。

铁门臼　1 件。六棱柱形，中有圆形凹槽。外径 8、槽径 4、高 4.5 厘米（图四，3）。

铁合页　3 件。规格不一。分别为残长 10.8、宽 7、厚 0.2 厘米，长 8、宽 6、厚 0.2 厘米，长 7.7、宽 4.9、厚约 0.2 厘米（图四，5）。

铁片　数量较多，大小不一。厚度 0.1～0.3 厘米。表面多有烧融、锈蚀现象。

五　复原研究

结合考古发现与 70 年代的调查报告，可以确认考古勘查揭露的建筑基址是中共三大旧址。建筑基址的位置、平面布局与原中共三大代表徐梅坤同志的回忆基本吻合，与 1926 年至 1933 年测绘的《广州市经界图》符合。考古勘查验证 70 年代调查确定的中共三大会址位置与原建筑布局基本准确。现就复原的有关问题分析如下。

（一）关于中共三大会址的位置

20 世纪 70 年代调查确定中共三大会址位置的主要依据是原中共三大代表徐梅坤同

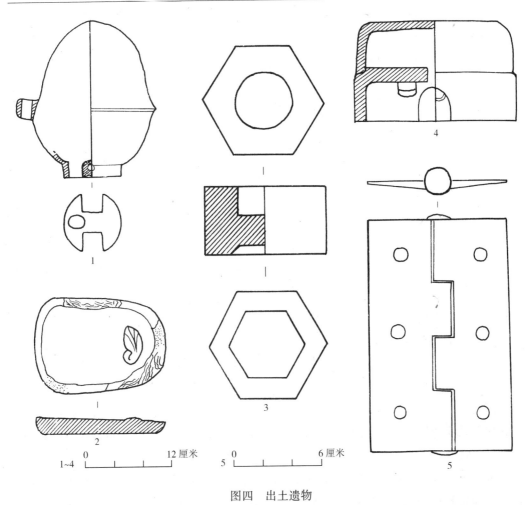

图四　出土遗物

1. 白瓷灯砣　2. 端砚　3. 铁门臼　4. 塑料开关　5. 铁合页

志的回忆与实地调查。徐梅坤同志回忆会址位于广州市恤孤院路西侧，坐西向东，门临马路。并回忆会址北面是逵园，东边可见简园，南边离春园不远。逵园、简园、春园都还存在，为确定会址提供了较准确的相对位置。七十年代专门邀请徐梅坤同志到广州进行实地调查确认，认为现恤孤院路3号是中共三大会址。

　　70年代的调查同时收集了有关地形图以确定民国时期现恤孤院路3号位置的建筑分布情况。根据1923年测绘的《四区二分署恤孤院后街图》，逵园南侧现恤孤院路3号的位置有建筑，编号是恤孤院后街31号，应是中共三大会址原建筑所在地（图五）。根据1926年至1933年间测绘的《广州市经界图》，逵园南侧现恤孤院路3号的位置有一座建筑，编号是恤孤院街90号，图中明确测绘了该建筑的外围平面形状（图六）。《四区二分署恤孤院后街图》恤孤院后街31号建筑绘有建筑的北边线、东边线，其位

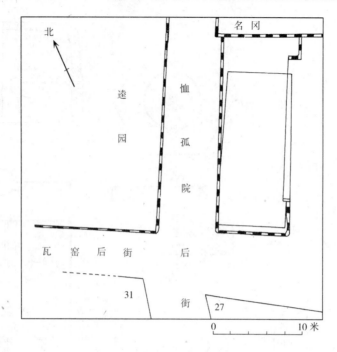

图五 四区二分署恤孤院后街图（局部）

置走向与《广州市经界图》恤孤院街 90 号建筑的相应边线吻合。70 年代的调查还收集了该建筑当年的建筑工人及附近老居民的回忆，均确认该位置原有一间坐西向东的两层砖木结构楼房。

此次考古勘查发现的建筑基址位置、平面形状及大小均与《广州市经界图》基本符合。建筑基址所用建筑材料符合民国时期的特征。考古勘查确认该位置不存在更早的建筑基址，也不存在更晚的民国建筑基址。由此可以确认该建筑基址是《广州市经界图》中测绘的恤孤院街 90 号建筑，也就是《四区二分署恤孤院后街图》中恤孤院后街 31 号建筑，结合徐梅坤同志及老工人的回忆，可以确定该建筑基址就是中共三大旧址。

（二）关于中共三大旧址的建筑形式与布局

1. 总体建筑形式

70 年代中共三大代表徐梅坤、罗章龙等同志，老工人邓锦波、邓计及附近老居民李虾、卢玉环等同志均一致认为该建筑是一座坐西向东的两层砖木结构楼房。其中老工人邓计根据回忆绘制了建筑的平面图与立面图（图七，1～3）。考古揭露的建筑基址的位置、面积与基础结构形式，符合上述回忆的建筑形式。

2. 建筑平面与面积

老工人邓计根据回忆绘制的是东西 12、南北 9 米的长方形，考古揭露的基址主体

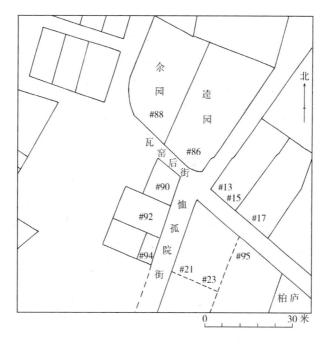

图六　广州市经界图局部

（不包括西北角凸出部分）是东西 11、南北 8.6 米，作为时隔 50 年的回忆已是相当准确。关于考古揭露的建筑基址西北角有曲尺形凸出区域、北边有侧院与围墙等情况则是 70 年代所有调查对象都没有明确提到，但考古工作确定这些均是该建筑的组成部分，是与建筑主体一次性兴建。并且考古勘查确定的建筑平面与 1926 年至 1933 年间测绘的《广州市经界图》相符，建筑的东墙与北边围墙的位置走向与 1923 年测绘的《四区二分署恤孤院后街图》也相符，由此可以推断考古勘查确定的建筑平面是中共三大旧址的准确平面。

3. 地面与墙体

代表徐梅坤同志回忆，内墙上下都是灰白色，显得很脏很旧。老工人邓锦波回忆，外墙涂一层黄色灰水，一楼地面铺红阶砖。老工人邓计回忆，房屋用旧砖建成，外墙扫白灰水。老居民卢玉环回忆，外墙是黄色。老居民李虾回忆，屋四周是红砖墙。考古勘查确定建筑基址保存的砖墙底部主要是用规格不一的青砖砌筑，杂有少量不同规格的红砖。主体建筑外墙是双隅砖墙，围墙与残留的内部间隔墙是单隅砖墙。围墙与主体建筑外墙内外局部残留有一层灰黄色白灰，推测原墙体内外均抹灰黄色灰层。考古勘查在北墙内外两侧发现残存的红阶砖地面，基本可以确定原建筑地面，包括北边侧院地面，均铺红阶砖。

4. 楼房高度与房顶结构

考古揭露的只是建筑基础部分，关于楼房高度与房顶结构主要参照 70 年代的调查。

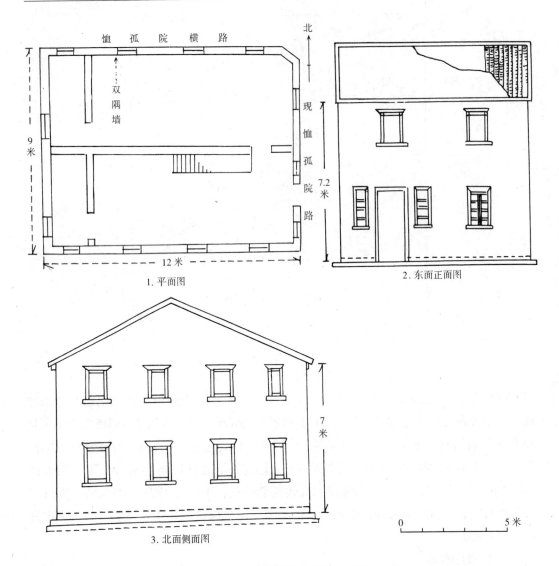

图七　邓计绘制的平面与立面图

代表徐梅坤同志回忆楼房高约 6 米，楼顶有金字架承顶横梁和桁桷，屋顶的侧面近似人字形，上盖辘筒瓦。老工人邓计绘制的楼房东面正面图与北面侧面图均显示屋顶是人字形瓦顶，并标明东檐高 7.2、西檐高 7 米。

5. 楼房正面有无骑楼的问题

徐梅坤同志回忆，正面屋檐没有栏杆，伸前平遮楼上的走廊，廊边有砖砌平直通窗组成的通透围栏，栏面铺阶砖，屋内南边一间有门可出走廊，装单扇门。地下门前有走廊，左右两边被屋墙伸前所截断，不能通外。老居民李虾（1923 年在逵园做清洁工）

回忆正面有一小骑楼，骑楼有一扇小木门。老工人邓计绘制的图中则没有骑楼。根据考古揭露的建筑基址推测该建筑分南北两间，一楼南间东面临马路无骑楼，北间则应该有骑楼。推测理由是建筑基址东墙南半部有承重的基础地梁，北半部无地梁；地梁北端有两个混凝土柱础基本位于建筑的南北分中线上，由柱础与北墙形成的东西约2、南北约3.8米的区域保留的垫沙层明显低于建筑内的地面。初步推测该区域原有骑楼，结构形式可参照徐梅坤的回忆，即北边一间的一楼和二楼均有走廊，二楼走廊上盖是平顶，二楼廊边有砖砌通透围栏，屋内南边一间有门可出走廊。至于二楼南间有无走廊则不确定，因为相关回忆只提及南间有门可出走廊，没有明确二楼南间有无走廊；从建筑基础结构分析也只能推断南间一楼无走廊，但不能确定南间二楼有无走廊。关于这个问题有两种可能：一种可能是二楼走廊连通，即南北两间的二楼都有走廊，南间有门出走廊，门向东，应位于南间东面靠间墙的位置；另一种可能是二楼南无走廊，南间出走廊的门向北，位于间墙东端两柱之间。

6. 建筑内部布局

代表徐梅坤同志回忆：（1）屋内有间墙分南北两间，楼上间墙只有半截，上有金字架承顶。（2）关于门的设置：一楼南北两间有两个门靠近间墙左右两边，都是单扇门；南边的门向南开，北边的门向北开；楼下有横门，位于中间靠后的位置，送柴火、倒垃圾是从横门进出；二楼屋内南边一间有门可出走廊；楼上楼下的间墙都有一个通门，只有门框，没有门扇，是南北两间的通路；楼上的通门靠近楼上的楼梯口，楼下的通门距离南北两间的入门刚好是一个单门扇的位置。（3）关于窗的设置：一楼南北两间（东面）中部各有一个窗口向街；北墙楼上楼下均有两个窗；南墙楼上也有两个窗。门窗都是木板造，浅褐色，记得没有玻璃窗户。后墙（西墙）没有门窗。（4）关于上二楼的木楼梯：位于北间靠间墙的位置，由屋后伸向前，入门能见楼梯底；梯宽为上下能对走一人；梯边有扶手，梯口有栏杆，只用一横木作拦、一竖木作柱，均为黄白色。

根据老工人邓计绘制的建筑平面图：（1）房屋中间有隔墙分为南北两间，每间的后部（西端）还有隔墙。（2）南间东面中部设门，隔墙均有通门。（3）正面（东面）南间一楼门两侧各有一个目字形小窗，南北两间二楼中部与一楼北间中部各有一个大窗；南北两面墙楼上楼下均有四个窗，其中靠西端的一个是目字形小窗；后墙（西墙）上南北两间各有一个窗。（4）上二楼的木楼梯位于南间靠间墙的位置。

老工人邓锦波回忆：楼上楼下没有间墙；正门朝简园这边（即朝东）；楼下没有窗，楼上两旁有窗，屋背没有门窗，窗可能装白冰雪玻璃；上二楼的木楼梯在离门口不远贴墙处（靠逵园这边），由前面上；楼梯有木扶手，梯口有木栏杆。

老居民李虾回忆：（东面）正门口紧靠马路；靠逵园这边有一小侧门；侧旁南北两边二楼有两个窗，窗框是猪肝色，白色的玻璃；一楼没有门窗；屋后没有门窗；没见有烟囱，可能有"日"字窗通烟。

老居民卢玉环回忆：是四方形的两层砖木结构小楼房，外墙是黄色；正面向东，中间有一个红色的两扇门，侧边无门；屋无走廊和骑楼，屋背无门窗；楼下没有窗，二楼前面和两侧都有绿色的玻璃窗。

结合考古揭露的建筑基址，对建筑的内部布局分析如下：

（1）关于内部分中的间墙　屋内应有间墙分为南北两间。间墙的位置基本居中，即考古发现的中部三个柱础连成的直线上。

（2）关于门的设置　正面入口应位于北间骑楼下靠南的位置；南间东面是否有入口较难确定，因为南间东墙基础紧靠马路，如果有入口，应设在侧面正对走廊的位置较合理，即东面的两个柱础之间。北墙及围墙应设有横门；北墙横门位置在中间靠后，可能正是地面下排水沟通过北墙的位置，距西墙约 3 米；围墙横门的位置大致与北墙横门相对，即考古发现围墙脚有一块红砖的位置。楼上楼下的中部间隔墙上应有通门，具体位置应靠东面，以徐梅坤、邓计同志的回忆较可信。二楼南间有门通走廊较为合理，即徐梅坤同志的回忆。

（3）关于窗的设置　南北两间东面墙楼上楼下的中部各设一个大窗较合理，即徐梅坤同志的回忆较可信。考古确定南北两面墙基础的东西直线长度是 11 米，其中北墙呈曲尺形，西端凸出部分东西长 3.2、东端走廊东西宽 2.3 米的墙体应不适合开窗，则剩下可用于开窗和设一楼横门的北墙东段直线部分仅长约 5.5 米，结合七十年代调查对象的回忆，推测北墙东段开大窗两个，西段凸出部分开大窗或目字形小窗一个（小窗的可能性较大），对应的南墙上也开同样的三个窗，楼上楼下的窗应是相互对应。二楼南北侧墙开两个大窗与徐梅坤同志及老居民李虾的回忆相符；如果按照老工人邓计的回忆在北墙东段开三个大窗则显得太密，有不合理之嫌。70 年代调查对象多数回忆屋后（西侧）是瓦砾堆和荒草地并且后墙（西墙）没有门窗，这是较为合理。

（4）关于木楼梯的位置　结合北墙楼上楼下均设窗和建筑主入口可能设在北间东面偏南位置的推断，上二楼的木楼梯位于北间靠间墙的位置并由屋后往前上较为合理，即徐梅坤同志的回忆较可信。

7. 中共三大会议时建筑内部的布局设置

这方面的情况主要是参考 70 年代原中共三大代表徐梅坤同志的回忆，他回忆一楼南间是会议室，北间是厨房与饭厅；二楼两间是代表宿舍；三大会议是由当时广东的谭平山、阮啸仙、刘尔崧、罗绮园等人筹备，会址是临时租用，所用床铺桌子等都是借来的。

会议室长度约相当于五张半双人坐的长条凳，直摆一张褪色似带红的西餐式长餐台，两边各摆一列四张双人坐的长条凳，前后两端是小方凳；共产国际代表马林坐前端的小方凳，旁有张太雷作翻译；陈独秀坐后端的小方凳，旁有李大钊；徐梅坤本人与毛主席同坐北边的一张条凳。

厨房位于北间一楼后部，楼梯口的墙角有临时造的炉灶；对边后墙的屋角放着大水缸，缸面一半有木盖，上面放六七只搪瓷或陶瓷的茶杯；近北墙处放着两张长凳架着两三块木板形成的长台作堆放蔬菜、饭箩和厨具等物之用。

饭厅位于北间一楼前部，有三张小方桌摆成品字形，各有一定距离。住春园的代表是回春园吃饭，住会址的代表与其他代表在此吃饭。

二楼北间住二、三人，屋后一边堆放杂物；南间住五、六人；床是用两张条凳架两块床板，上挂黄麻布蚊帐；床位横排、直摆、斜摆的都有，靠间墙一边较多。

徐梅坤同志对会议时屋内布局设置的上述回忆与考古揭露的建筑基址平面没有直接矛盾。结合考古揭露的建筑基址平面，推测西北角凸出区域是厨房。徐梅坤同志回忆的炉灶位置可能是在凸出区域的西南角，大水缸可能是在凸出区域的西北角。回忆中提及北间二楼一边堆放杂物，结合基础构筑形式，推测西北角凸出区域可能是平顶二层结构，并与南边连通，北墙设窗。

8. 关于电灯、自来水、洗澡间的问题

徐梅坤同志回忆会址没有电灯、自来水、厨房、洗澡间，但结合他的具体回忆北间后部还是有厨房功能的区域。老工人邓锦波回忆北间分两个房，后间是厨房；屋内没有电灯和自来水。老工人邓计回忆绘制的平面图则在南北两间的后部距西墙约 2 米的位置都有南北向隔墙与通门形成小隔间。

根据考古发现的情况，回忆中北间后部的厨房应在西北角凸出的区域。考古发现南间后部铺麻石板的区域北边与东边均发现墙基，上砌单隔青砖墙，应是形成一个小隔间。其中东墙基距西墙约 2.3 米，并在南端的焚烧灰烬中发现铁门轴与门窗的铁合页，原位置可能有小木门，这与老工人邓计绘制的南间后部隔墙相符。同时结合徐梅坤同志回忆会议室内长度约相当于五张半双人条凳，按普通双人条凳长 4 尺估算，则会议室长度约 7.3 米。考古确定南间总长 11 米，扣除东西墙体后的室内长度约 10.5 米，如果再扣除后部 2.3 米的小隔间，则作三大会议室的部分长约 8.2 米，与徐梅坤同志的回忆较接近。结合考古发现与有关回忆及推算，推测南间后部的隔间在房子兴建时及三大会议时均已存在。

南间后部的隔间对着的南墙上有目字形小窗较合理，结合考古发现的门构件位置与老工人邓计的回忆图，隔间与会议室的通门应在南北隔墙的南端。根据房屋住宅功能布局推测作会议室的部分原应是卧室，小隔间的功能应是放马桶的厕所或兼洗澡间。考古发现西墙外侧有自来水管正好通到此处有转接口，表明该建筑在 1938 年左右被毁时是有自来水，小隔间已兼有洗澡间的功能。但结合麻石板区域的铺砖情况和相连的地下排水沟打破北墙基的情况，推测作为洗澡间功能的麻石板地面与地下排水沟是在有自来水后一起增加的设施。

考古工作还在南间西南角的灰烬中发现有电灯的塑料开关和用于控制电灯升降的白瓷灯砣，表明该建筑在被炸毁时是已经有电灯。如果徐梅坤同志与老工人邓锦波的回忆属实，则自来水、电灯与洗澡间均是在1923年6月的中共三大会议以后和1938年房屋被炸毁之前增加的设施。

（三）复原图说明

在考古勘查和复原研究的基础上，初步绘制了中共三大旧址复原图，包括平面、立面与内部布局的复原图和复原透视图（图八、九）。现就复原图说明如下：

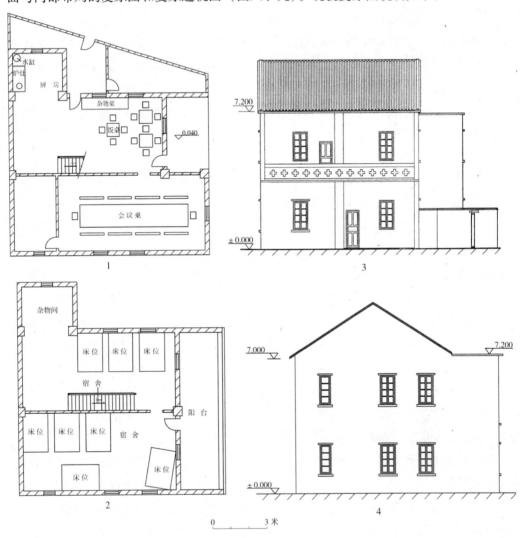

图八　中共三大旧址复原图

1. 首层平面图　2. 二层平面图　3. 正立面图　4. 南立面图

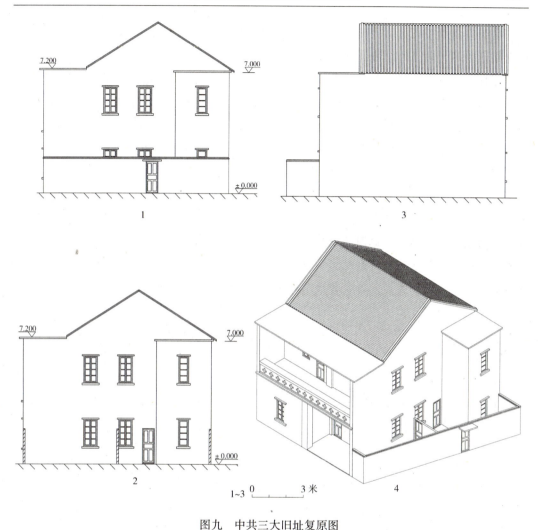

图九　中共三大旧址复原图

1. 北立面图　2. 主体建筑北立面图　3. 背立面图　4. 中共三大旧址复原透视图

1. 平面形状与数据以考古实测图为依据。

2. 在对附近类似建筑进行调查后，建筑高度采用老工人邓计回忆的数据，即前檐高7.2、后檐高7、层高3.6米。结合调查情况设定金字架屋顶高9.900～9.918、围墙高2.1米。

3. 经研究认为可能属于后期增设的与自来水相关的设施不在平面复原图中出现，包括南间后部麻石地板的洗澡间和侧院西北角的水池。

4. 建筑形式与布局以复原研究结果为依据，对个别有多种可能性的则选择较合理的方案进行复原。如一楼南间东面采用无入口的方案；二楼走廊采用南北连通的方案。

5. 外观色彩复原效果设想：屋顶用瓦为普通的灰红色板瓦与小筒瓦；外墙应呈灰黄

色，是在抹白灰层的基础上扫一层灰黄水；木门与窗框为猪肝红颜色，窗安装白玻璃；正立面二楼走廊用红砖砌造简易的通透围栏，栏面平铺红阶砖。

综合上述，中共三大旧址的考古勘查验证了 70 年代关于会址位置的调查结论基本准确。通过考古勘查确定了旧址的准确位置与保存现状。结合 70 年代有关同志的回忆与考古勘查结果，可以基本确定旧址原建筑的具体建筑形式与建筑内部布局，为中共三大旧址复原或制作复原模型奠定了科学基础。此次考古勘查对中共三大旧址保护工程具有重要意义。

附记：中共三大旧址考古发掘领队冯永驱，具体负责人朱海仁、邝桂荣。本文建筑复原图由胡晓宇绘制，其他图纸由邝桂荣绘制。考古工作得到中共广州市委员会、广州市文化局的关注与支持，得到越秀区建设局、越秀区东湖街办事处等有关部门的协助，并得到广州市文物、考古、建筑方面有关专家的指导，在此一并致谢。

执笔：朱海仁、邝桂荣、胡晓宇

注 释：

① 广州市纪念馆博物馆革命委员会：《关于"中共三大"会址的调查报告》、《关于"中共三大"会址调查报告的附件》，1972 年 12 月 28 日。

1.香港南丫岛北角咀西湾遗址远景

2.探沟 T5 的地层

香港南丫岛北角咀西湾遗址

1.遗存单元 7 号出土窑砖

2.遗存单元 8 号烧过的蚝壳

3.遗存单元 20 号的烧过的珊瑚堆

4.遗存单元 20 号的珊瑚块

香港南丫岛北角咀西湾遗址出土遗物

1.M1 墓室（南→北）

2.陶罐 M1：28

3.陶罐 M1：27

广州市萝岗区园岗山 M1 及出土陶罐

1.陶罐 M1：14

2.陶罐 M1：26

3.陶杯 M1：16、M1：18、M1：17、M1：7

4.陶盒 M1：23（盖为 M1：19）、M1：25
（盖为 M1：22）

5.陶盂 M1：24

6.陶盂 M1：4

广州市萝岗区园岗山 M1 出土陶器

1. 东晋墓 M19

2. 南朝墓 M75

3. 宋墓 M180

4. 明墓 M130

深圳铁仔山古墓群发掘情况

1.青釉四系罐 M42：2

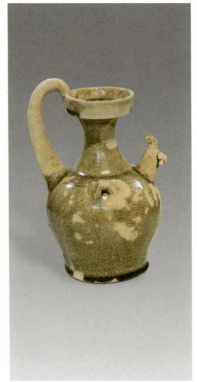

4.青釉鸡首壶 M75：1

6.青釉唾壶 T16：采 1

2.酱褐色四系罐 M6：1

3.青釉六系罐 M227：2

5.青釉碟 M75：3

7.魂坛 T15：采 1

深圳铁仔山古墓出土遗物

2.M1 全景

3.M1 前室外壁

1.M3 全景

广州增城市荔城镇岭尾山南朝墓

1.青釉盖罐 T3⑥A：5

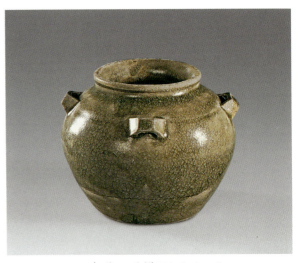

2.青釉四系罐 T4⑦A：3

3.木构件 T2⑦B：1

4.筒瓦 T3⑦B：2

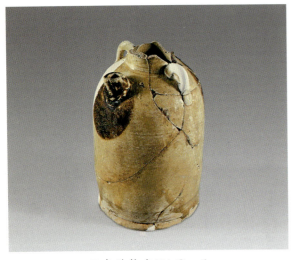

5.青釉执壶 T4⑦：6

6.黑釉六系小罐 J4：1

广州市广大路遗址出土遗物

1.万寿岩遗址远景

2.无颈鬃豪猪左下颌骨　　　　3.猕猴左上第三或第四前臼齿　　　4.大熊猫右上第三臼齿
（舌面视图）

福建三明万寿岩遗址及出土动物化石

1.最后鬣狗右上第四前白齿

2.洞斑鬣狗右上颌骨

3.东方剑齿象右上第二白齿

4.巨貘左上第一白齿（老年）

5.中国貘右上第二白齿（壮年）

6.中国犀右上第二白齿

7.矮麂左角

8.台湾斑鹿左下第三白齿

9.水鹿左下牙床带

福建三明万寿岩遗址出土动物化石

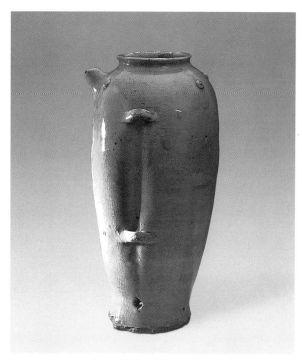

1.唐代梅县水车窑青釉鱼形壶

3.北宋潮洲笔架山窑西洋狗

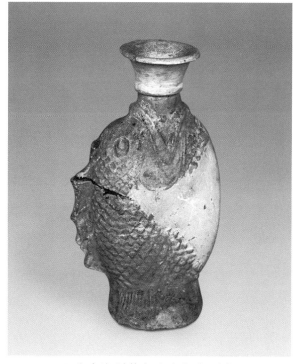

2.北宋潮州笔架山窑鲤鱼形壶

4.北宋熙宁二年笔架山窑青白釉佛像

广东出土唐宋时期陶瓷器

1.博罗出土唐代陶坛

2.北宋西村窑青白釉点彩瓜棱小盂

3.宋代雷州窑褐彩荷花纹瓷枕

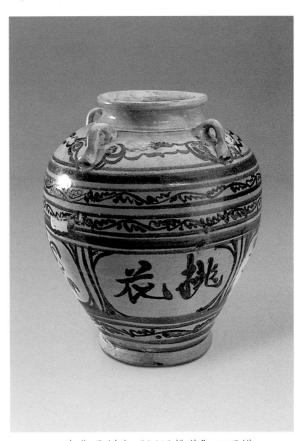

4.宋代雷州窑"洞里桃花"四耳罐

广东出土唐宋时期陶瓷器

1.青花碗底"顺"字款识

2.青花碗底"顺"字款识

3.青花碗底"顺"字款识

4.青花碗底"顺"字款识

广州明代六脉渠出土青花碗底"顺"字款识

1.蚝岗1号墓主复原像（作者：左崇新）

2.石磨盘及研石 T0304 ③：98、T0407 ② B：32

3.骨铲 T0306 ⑤：24、骨铲 T0405 ③：18、骨
锥 G1：10、骨料 T0305 ④：5、骨铲 T0405 ③：18

东莞市南城区蚝岗遗址出土遗物

1.白陶片

2.彩陶片

3.二期陶片

4.三期陶釜 T0306 ④：88

5.三期陶钵 T0404 ③：34

东莞市南城区蚝岗遗址出土遗物

1.虎地凹遗址发掘现场

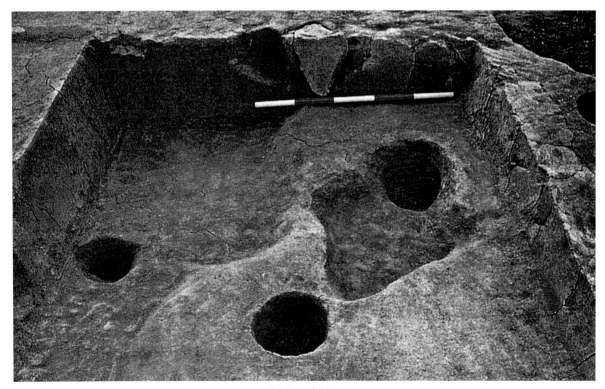

2.虎地凹遗址 F1

香港虎地凹遗址遗迹

1.虎地凹遗址 G1 的储水池和水闸柱洞

2.虎地凹遗址 M1

香港虎地凹遗址遗迹

1.炉箅 T11L3：71

2.炉箅 G1：50

3.石钺 M1：1

4.石钺 M1：2

5.石砧 G1：37

6.砺石 G1：92

7.柱础 D57：94

8.大石块 M1：3

香港虎地凹遗址出土遗物

1.釉陶四系罐 M7：65

2.陶盂 M7：22

3.釉陶提筒 M7：70

4.陶套盒 M7：29

5.陶井 M7：7

6.陶仓 M7：57

7.滑石璧 M7：37

广东肇庆市康乐中路 M7 出土遗物

1.墓室全景

2.青釉罐 M1：4

3.陶罐 M1：5

4.青釉钵 M1：8

5.青釉盖 M1：2

广东佛岗县民安晋墓及出土遗物

深圳铁仔山古墓群发掘现场

1.酱釉直腹罐 M1：002、003

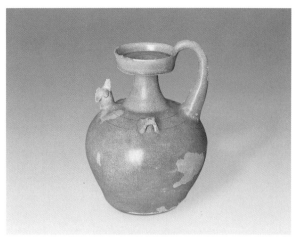

2.青釉鸡首壶 M1：001

3.青釉盆 M1：010

4.青釉盘 M1：1

5.青釉三足砚 M1：5

6.滑石猪 M3：2、6

广州增城市岭尾山南朝墓出土遗物

1.青瓷四系罐 M1：1

2.青瓷碗 M1：2

3.陶砖雕鼠 M1：12

4.陶砖雕鼠 M1：12

5.陶砖雕牛 M1：13

6.陶砖雕龙 M1：4

7.陶砖雕龙 M1：4

8.陶砖雕蛇 M1：5

广东省四会市南田水库唐墓出土遗物

1.陶砖雕马 M1：6　　2.陶砖雕羊 M1：7　　3.陶砖雕羊 M1：7（侧视）

4.陶砖雕猴 M1：8　　5.陶砖雕猴 M1：8（侧视）　　6.陶砖雕鸡 M1：9

7.陶砖雕狗 M1：10　　8.陶砖雕狗 M1：10（侧视）　　9.陶砖雕猪 M1：11

广东省四会市南田水库唐墓出土遗物